第2版〈増補〉
司法福祉入門
非行・犯罪への対応と被害者支援

伊藤冨士江 編著

New Directions in Juvenile & Criminal Justice and Victim Services
Second Revised and Enlarged Edition

Edited by **Fujie Ito**

Sophia University Press
上智大学出版

第2版によせて

　『司法福祉入門』は多くの読者に支えられ、この度さらに内容を充実させて第2版を刊行することとなった。初版刊行のさいは、司法福祉について「新しい分野ですね」とか「あまり聞いたことがない」と言われることもあったが、司法と福祉のシステムの連携が求められる分野は確実に広がっている。ニーズの把握、問題解決、社会資源の活用、多機関連携といった社会福祉におけるキーワードは、司法分野においても頻繁に用いられるようになり、少年司法、刑事司法、被害者支援の現場で具体的な実践のかたちをとってきている。2000年以降、司法福祉をタイトルに入れた本は10数冊に及ぶ。

　第2版では成人の矯正分野に関する章が加わり、法制度の改正を含む最近の動向を踏まえて各章の内容を充実させ、コラムも矯正・更生保護分野や被害者支援における新たなトピックを盛り込んだ。本書の特徴としては、①現場で研鑽を積んでいる実務家・研究者の視点が生かされていること、②犯罪被害者の権利や支援策を取り上げていること、③修復的司法／正義（Restorative Justice）の可能性を論じていること、を挙げることができる。

　犯罪・非行の問題は、一時関心をもったとしても距離を置き傍観者的な立場をとる人がほとんどであろう。しかし、犯罪・非行についてどのように対応するか、どのように予防できるか、被害からの「回復」をどのように支援すべきかを真剣に考えていくことは、われわれ社会のあり方を問い直す作業でもある。このような作業を進めるうえで、本書は役立つものと思う。

　今回も多くの執筆者の方にご尽力いただいた。こうしたご協力がなければ、短期間で第2版をまとめることはできなかった。編者の依頼に快く応じて貴重な原稿をお寄せいただいた皆様に感謝いたします。また、上智大学出版の関係者、ぎょうせいの皆様にも再び大変お世話になり、深くお礼を申し上げたい。

　2013年3月　上智大学創立百周年の年に　　　　　　編者　伊藤冨士江

※2015（平成27）年5月の時点で、第4〜8章および第10章の一部の統計数値を更新し、新たな法制度を踏まえて加筆したため、第2版〈増補〉とした。

はじめに

　非行・犯罪の問題がマスコミで取り上げられない日はない。重大事件であれば一体どんな人間がこんな犯罪を犯したのか、被害者は何と気の毒なことだろうと世間の耳目を集める。しかし、事件にまつわる関心はとかく一過性で、マスコミ報道が少なくなれば、その後のことを気にかける人は少ない。
　例えば、少年非行を考えてみよう。専門に扱う公的機関としては、警察、家庭裁判所、児童相談所、少年鑑別所、少年院、児童自立支援施設、保護観察所等が挙げられるが、どのような役割を持ち、どのように少年たちに関わり、何を目指しているかは一般にあまり知られていない。また、非行・犯罪のもう一方の当事者である被害者について、被害者の権利を擁護し支援するためにどのような機関があるか、もしくは何が必要とされるのか多くの人は知らない。
　他方2009年より裁判員制度が始まり、司法は身近なものになっている。最近の調査によれば、裁判員制度では保護観察付きの執行猶予判決が出るケースが過去の裁判官だけの裁判に比べ、約2割増えているという。裁判員が被告の「判決後」に強い関心を寄せた証しだと指摘されている。

　本書は、非行・犯罪に関わる諸制度や取組について司法福祉の視点から解説・論述したものである。司法福祉とは法的・臨床的問題解決を目指す一領域である。司法は法の適用に基づく規範的解決であるのに対し、福祉は個別の事態に即した問題解決や支援を含む実践である。司法が過去の行為に対して「判断する（断ずる）」のに対し、福祉は未来を見据えて「繋ぐ」ことを重視するともいえる。司法福祉は、こうした一見相反する分野を単に合わせたものではなく、司法過程の中の福祉的措置を指すものでもない。司法と福祉という機能を活用・統合したより高次の実践を目指している。
　司法福祉の研究は、司法と福祉両機能の発揮が顕著に求められる少年事件を中心に進められてきた経緯があるが、2000年には日本司法福祉学会が設立され学際的領域としての発展を見せている。
　本書の構成について、まず第一部では家庭裁判所と少年非行に焦点を当て、

少年司法を取り巻く情勢、家庭裁判所調査官の活動を詳説している。第二部は「非行・犯罪に取り組む」をテーマに、少年警察、児童福祉、非行少年の矯正の各現場における現状と課題、そして更生保護の法制、現状と課題を詳しく論じている。「更生保護制度」は社会福祉士の新たな養成カリキュラムに加わり、その期待と重要性が高まっているが、単に制度の知識のみではなく本書から得られるような全体的把握が不可欠である。さらに第三部では、犯罪の当事者でありながら近年まで光が当たらなかった被害者の問題・支援を取り上げている。民間支援団体の現場、更生保護における新たな施策、アメリカの現状から多角的に論じている。

　各章の執筆者は、それぞれ現場で活躍されている、もしくは長年現場に携わってこられた方である。非行少年、犯罪者、被害者に直接向き合ってきた実務経験をもとに執筆していただいた。事例が多く提示され、取組を具体的に把握できるばかりでなく、実務上の苦労や工夫、やり甲斐も生き生きと伝わる内容になっていると思う。「基本的なことを押さえたうえで、新たな視点も盛り込み読者の関心を喚起する内容に」という編者のむずかしい注文に的確に応えていただいた。深く感謝いたします。

　コラムについては、各分野における第一線の研究者・実務家、また当事者の方等、多くの方のご協力を得ることができた。コラムも力のこもった内容となっている。司法福祉をめぐる様々なトピックについて、読者の関心を広げ理解を深めるのに役立つものと思う。コラム原稿をお寄せいただいた皆様にお礼を申し上げます。

　なお、司法福祉が取り組むべき社会問題は、現在ますます広がりを見せている。児童虐待、高齢者虐待、ドメスティック・バイオレンス、犯罪者の施設内処遇等、本書で扱うことのできなかったテーマも多く今後の課題としたい。

　本書をまとめるにあたって、アメリカ東部メノナイト大学・正義と平和構築センターにおいてハワード・ゼア博士（Dr. Howard Zehr）から受けた教示が大変参考になった。Justiceの新たな可能性を実感する機会でもあった。2009年度フルブライト研究員として編者を受け入れ、熱心にご指導いただいたことを付記して感謝したい。

最後になったが、上智大学の社会福祉学科では、学科開設当初から30数年にわたって司法福祉論に関わる講義を開講し、他大学に先んじる特色を維持している。本書を上智大学出版（Sophia University Press）から刊行することを快諾してくださったSUP関係者、そして細かい編集作業を迅速に行ってくださった出版社ぎょうせいの皆様に、厚くお礼申し上げる次第である。

2010年5月

編者として　伊藤冨士江

目　次

第 2 版によせて ……………………………………………………… *i*
はじめに ……………………………………………………………… *ii*
　　❖コラム　司法福祉学の課題と日本司法福祉学会 ……………… *xi*

第一部　家庭裁判所と少年非行

第 1 章　少年審判の理念と少年司法を取り巻く情勢 …………… 3
　1　家庭裁判所の成り立ち ……………………………………… 4
　2　思春期と少年非行 …………………………………………… 8
　3　少年非行の概況 ……………………………………………… 9
　4　少年審判の理念 ……………………………………………… 13
　5　少年法改正の経過 …………………………………………… 20
　6　少年審判を取り巻く情勢とその課題 ……………………… 30
　　❖コラム　非行少年の更生と少年法 ………………………… 35
　　❖コラム　成年後見制度と社会福祉士 ……………………… 37

第 2 章　少年事件における家庭裁判所の役割と家庭裁判所調査官の活動──ある傷害事件を題材に ……………………………… 39
　1　事例の紹介 …………………………………………………… 39
　2　家庭裁判所での事件受理と観護措置 ……………………… 39
　3　家庭裁判所調査官の仕事（Ⅰ）
　　　──事件受理から調査計画まで── ……………………… 41
　4　家庭裁判所調査官の仕事（Ⅱ）
　　　──調査の着手から審判まで── ………………………… 44
　5　家庭裁判所調査官の仕事（Ⅲ）
　　　──試験観察決定から最終審判まで── ………………… 60
　6　むすびにかえて ……………………………………………… 68

第3章　家庭裁判所調査官から見た少年非行—事例を中心に ……… 69
　1　事例1：自分の居場所を見失った少年……………………… 69
　2　事例2：知的能力の低さから生きづらさを感じてきた少年
　　 ……………………………………………………………………74
　3　事例3：虐待を受けて育ち共感性に乏しい少年 …………… 79
　4　事例4：立ち直りたいともがきながらも暴走族から離れ
　　 られなかった少年 …………………………………………… 84
　5　事例5：似たもの同士である母と衝突してしまう女子少年
　　 ……………………………………………………………………92

第二部　非行・犯罪に取り組む

第4章　警察の現場から—非行少年への立直り支援 ……………… 103
　1　警察における非行防止及び健全育成活動 ………………… 103
　2　少年相談の概要 …………………………………………… 104
　3　非行少年への立直り支援 ………………………………… 110
　　✥コラム　被害者と加害者の対話 ………………………… 126
　　✥コラム　児童相談所における司法福祉機関との協働 …… 128
　　✥コラム　児童養護施設と児童自立支援施設……………… 130

第5章　少年矯正の現場から ………………………………………… 134
　Ⅰ　少年鑑別所 ………………………………………………… 134
　1　少年鑑別所とは …………………………………………… 134
　2　少年保護制度における少年鑑別所の役割 ……………… 135
　3　「鑑別」について〜「収容鑑別」の流れ ………………… 136
　4　「収容」について〜観護処遇 ……………………………… 141
　5　司法福祉の観点から見た少年鑑別所の役割 …………… 144
　6　観護処遇の新たな展開〜健全育成を考慮した処遇 …… 149
　7　少年矯正施設としての少年鑑別所〜日々入所してくる少
　　 年たちとの関わり …………………………………………… 151

         8 「収容鑑別」以外の鑑別……………………………………………153
         9 少年保護手続きを縦貫した鑑別の積極化 ………………………154
         10 非行及び犯罪の防止に関する援助～地域社会に根ざした
            活動と役割………………………………………………………155
         11 今後の方向性～法的基盤の整備に向けて ………………………157
      Ⅱ 少年院……………………………………………………………………159
         1 少年院とは ………………………………………………………160
         2 収容状況と在院者の特徴…………………………………………160
         3 少年院の種類、処遇区分、処遇課程……………………………164
         4 教育の方針と流れ ………………………………………………167
         5 矯正教育の内容及び方法 ………………………………………171
         6 少年院の生活……………………………………………………173
         7 少年院の矯正教育をめぐる今日的課題…………………………176
         8 終わりに…………………………………………………………180

第6章 成人矯正の現場から…………………………………………………183
      1 刑事施設とは ……………………………………………………183
      2 被収容者の収容状況 ……………………………………………184
      3 刑事施設における被収容者の処遇の基本法 ……………………185
      4 未決拘禁者の処遇 ………………………………………………185
      5 受刑者の処遇 ……………………………………………………186
      6 受刑者処遇に係る課題と取組……………………………………197
         ◆コラム　オールジャパンによる取組 ……………………………202
         ◆コラム　プリズン・ペット・プログラム―動物との絆がもたらすもの
            ………………………………………………………………204

第7章 更生保護とは…………………………………………………………207
      1 更生保護制度の歴史と沿革………………………………………207
      2 更生保護制度の意義と社会的役割………………………………210

3　仮釈放等……………………………………………………210
　　4　保護観察……………………………………………………211
　　5　保護観察各論………………………………………………220
　　6　生活環境の調整と就労支援………………………………222
　　7　更生緊急保護………………………………………………224
　　8　更生保護における犯罪被害者等施策……………………224
　　9　恩赦…………………………………………………………225
　　10　犯罪予防活動………………………………………………225
　　11　更生保護制度の担い手……………………………………227
　　12　更生保護における関係機関・団体との連携……………229
　　13　医療観察制度の概要………………………………………230
　　14　更生保護の課題と今後の展望……………………………230
　　　◆コラム　更生保護施設における処遇の流れと今後の課題………234
　　　◆コラム　医療観察制度の現場から……………………………236

　第8章　更生保護の現場から……………………………………237
　　1　更生保護の意義……………………………………………237
　　2　保護観察の概要……………………………………………238
　　3　更生保護の現場（保護観察官及び保護司の実際の処遇）…248
　　4　更生保護を担う者として…………………………………272
　　　◆コラム　保護観察所における性犯罪者処遇プログラムの実践………274
　　　◆コラム　保護司の現場から〜心に残るケース〜……………276
　　　◆コラム　社会福祉士と司法福祉の現場………………………277

第三部　犯罪被害者の支援

　第9章　被害者支援の現場から…………………………………281
　　1　犯罪被害者がおかれる状況と抱える問題………………281
　　2　犯罪被害後に必要な支援と求められる視点……………288
　　3　関係機関における被害者支援……………………………296

4　被害者支援におけるソーシャルワークの実践 …………………301
　　◈コラム　検事とは ……………………………………………313
　　◈コラム　弁護士とは …………………………………………315
　　◈コラム　被害者の声は届いているか―被害者参加制度 …………317
　　◈コラム　イギリスにおける犯罪被害者支援―Victim Supportの活動
　　　　　　………………………………………………………319

第10章　更生保護における犯罪被害者等施策について …………322
　　1　はじめに ………………………………………………………322
　　2　更生保護制度の概要と犯罪被害者等施策開始までの歴史
　　　的背景 …………………………………………………………323
　　3　更生保護における犯罪被害者等施策 ………………………327
　　4　更生保護における犯罪被害者等施策の実施状況 …………335
　　5　終わりに ………………………………………………………351
　　◈コラム　加害者の人権、被害者の人権どちらが重い？ …………356

第11章　アメリカにおける犯罪被害者支援 ………………………358
　　1　アメリカにおける犯罪被害者支援をめぐる動向 …………359
　　2　被害者支援トレーニングの実際 ……………………………361
　　3　被害者のための「修復的司法」の実践 ……………………367
　　4　アメリカの被害者支援からの示唆 …………………………374
　　◈コラム　修復的司法とは何か ………………………………378
　　◈コラム　Defense Initiated Victim Outreachという考え方 ………382
　　◈コラム　正義と平和構築センター　Center for Justice and
　　　　　　Peacebuilding―紛争をこえた健全なコミュニティを
　　　　　　目指して …………………………………………………384

執筆者一覧
コラム執筆者一覧
索　　引

図表Ⅰ　少年事件の主な流れ（本書概要）

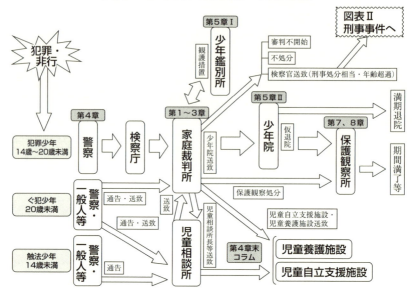

図表Ⅱ　刑事事件の主な流れ（本書概要）

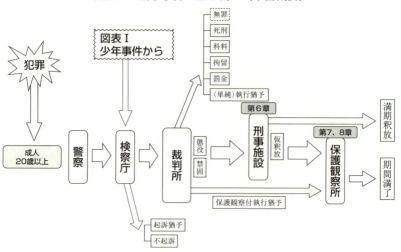

COLUMN

司法福祉学の課題と日本司法福祉学会

前野　育三（関西学院大学名誉教授、弁護士）

　日本司法福祉学会（英文名：Japanese Association of Law and Forensic Social Services）は、司法福祉学の発展のために2000年に設立された。同年11月5日に中央大学駿河台記念館で設立記念大会が開催され、設立呼びかけ人の中心であった山口幸男を会長に選出し、守屋克彦（元裁判官、当時東京経済大学教授）の「司法福祉の現代的意義」と題する記念講演が行われた。その後の大会は、毎年8月上旬の土曜、日曜に行われており、2012年の第13回大会は、東洋大学白山キャンパスで開催された。実務家の割合の高い学会なので、比較的休暇の取りやすいこの時期が選ばれたものと思われる。

　司法福祉学会の会員は、大学関係者のほか、家庭裁判所、保護観察所、少年院、児童相談所、児童自立支援施設などの場で福祉を実現するために努力する実務家によって構成されている。研究分野としては、児童福祉や非行臨床、心理学、社会学、法学などの多様な研究分野の研究者・実務家を擁している。現在三百数十人の会員からなっており、近年増加が著しいのは福祉関係者である。

　学会の運営を担当する理事会は、会員から選挙によって選出される理事によって構成されるが、2012年の大会で、創立以来の高齢理事4名が名誉会員に移行して、会の運営が若い世代に託された。若い世代感覚での学会運営が今後に期待されている。

　学会の研究誌は『司法福祉学研究』。創刊号は2001年8月4日刊で、2012年7月31日には第12号が刊行された。自由研究論文として投稿された論文が掲載されるためには、査読によって、掲載にふさわしい学術水準の論文と認定されなければならない。

　創刊号の巻頭に掲載された山口幸男氏の「創刊のことば」によれば、司法福祉学会は、法的安定性と実体的安定性の統合を目指し、国民の日常生活に密着してその福祉に実質的貢献ができるような信頼される司法を作りたいという多くの人の希望を受け止め、多様な専門分野の現場実践家・研究者の協

同、規範学と臨床学の協同によって課題に立ち向かうことが期待されている。

　法の適用場面に現れる社会問題であっても、規範的解決だけでは、社会問題の真の解決にはならない場合が多い。むしろ背後にある社会問題自体の実体的解決に向けた規範的解決が追及されなければならない。そのような実践的課題に向けた理論活動を行うのが司法福祉学会の課題である。

　現在、学会の新しい研究・実践活動分野として注目されているのが、刑事公判における福祉専門家の法廷証言活動である。裁判員制度の発足以来、判決後の犯罪者処遇について国民の関心が高まったが、犯罪者が適切に更生するためには、判決内容が適切でなければならず、そのためには、被告人の資質、成育歴、社会適応の阻害要因やその解決策などが明確に示されなければならない。これらを明らかにするのは、福祉分野の専門家証言である。専門家証言活動の分野で先進的な活動をしているアメリカのNOFSW（National Organization of Forensic Social Work）との連携が司法福祉学会の新たな活動分野の一つになりつつある。発達障害の司法的評価の問題なども含めて、今後、この分野は司法福祉の重要な一分野になるであろう。

　更生保護学会が発足したこともあり、少なくとも犯罪からの更生と自立という分野では、司法福祉学会は更生保護学会と競合する関係に立つ。そのため司法福祉学会は、以前にもまして性格を明確化する必要に迫られているように思われる。判決後の処遇を展望しつつ判決前の狭義の司法過程を充実させるための活動は司法福祉学会の固有領域であるともいえる。それとともに、少年事件や刑事事件との関連だけではなく、家事事件や民事事件との関わりにも関心を広げる必要があろうかと思われる。精神医療との関係も、以前にも増して重要分野となるであろう。

　いじめ、虐待、DVなど、重要性を増す社会問題は、司法との接点をもつ問題が多い。これらの分野で規範的解決と実体的解決との統合を目指す活動には、社会的に大きなニーズがある。それら社会的ニーズへの対応をより適切に行うために、司法福祉学会は、多様な課題への能力を高めなければならない。

第一部

家庭裁判所と少年非行

第1章
少年審判の理念と少年司法を取り巻く情勢

宮下　節子

　第一部を担当する筆者ら3人は、みな家庭裁判所で働く家庭裁判所調査官である。筆者らは少年事件を担当し、日々、家庭裁判所に来る非行少年たち、その保護者や彼らに関わる人たちに会ってその話を聞き、一緒に悩み、考えながら、その時点での最善の処分のあり方を決めていく作業をしている。少年たちは一人ひとり千差万別である。それぞれにとって家庭裁判所に来ることは、一生に一度かもしれない大きな分岐点に立つことを意味する。家庭裁判所の処分のありようによって彼らの今後の人生が決まってくることも少なくない。

　この重要な局面に筆者らは立ち会う。この関わりには、裁判所という枠組みの中で行うものであるという明確な場の設定がある。家庭裁判所は決定機関であり、その役割は非行少年の処分を決めることである。ただし、処分を決める目的は彼らが一人前の社会人、あるいは大人として成長していけるようにすることなのである。

　家庭裁判所の少年事件審理の場は、強さと優しさ、厳格さと柔軟さといった、相反するように見えるいろいろなベクトルが交錯する場であり、司法福祉ということを考える場合に、その特徴や性格が端的に現れる場所ではないかと思われる。

　第一部ではそうした家庭裁判所での少年事件への対応について、その考え方や手続の実際を紹介していきたい。まず、本章では、家庭裁判所の成り立ちや役割、少年審判手続における根本的な理念や考え方を説明する。また、近年の少年法改正の経過を振り返り、現在の少年審判手続における課題を考えていきたい。

　なお、第一部は全体を宮下節子、蔵慎之介、楠美絵里が共同執筆したが、中心となって執筆した者の名を、それぞれ第1～3章に記載している。

第一部　家庭裁判所と少年非行

1　家庭裁判所の成り立ち

1）家庭裁判所の歴史と性格

　家庭裁判所は、大正12年に設立された少年審判所と昭和23年に設立された家事審判所を統合して昭和24年に創設された。それまで行政機関だった少年審判所が司法機関になり、地方裁判所の一支部であった家事審判所が地方裁判所から独立して、合わせて新しい裁判所が設立されたのである。家庭裁判所は地方裁判所と同格の裁判所と位置づけられ、全国に50庁の家庭裁判所本庁とその支部が置かれることとなった。時期を同じくして昭和23年に家事審判法、昭和24年に少年法が施行され、家庭裁判所の法的基盤を整えた。

　家庭裁判所創設と同時に、最高裁判所事務総局の中に家庭裁判所の司法行政事務を担当する家庭局が設けられたが、初代家庭局長となった宇田川潤四郎は、家庭裁判所の指導理念として5つの性格を挙げている。それは要約すると次のとおりである。①少年保護と家庭の調整とを統合して担い、なごやかな雰囲気で手続を行う裁判所であり、白黒をはっきりさせる地方裁判所の指導理念とは異なる理念で運営する独立的性格、②民間人を関与させ、関係機関と協力するなど、国民にとって親しみのある裁判所としての民主的性格、③調査、鑑別などを活用する科学的性格、④調査、審判自体が教育であり、職員は真摯な教育者としての自覚をもつべきであるという教育的性格、⑤他の社会機関と緊密な連携、協力をする社会的性格（宇田川、1962）。

　一般に、裁判所は社会で起きた問題を法律に当てはめ、法律で定められた基準によってその問題に結論を出す役割をしている。法律は、揺るぎなく、非情であるという面もあるが、もともとは人が自分たちの社会を生きやすくするために作った道具でもある。人々が集団で生活をしていく上では、一定の決まり事が必要であり、何らかの共通の基準がなければ人々の生活は混沌とするばかりである。その基準が法であり、その法を適用して判断を示すのが裁判所である。

　人が裁判所と関わりを持つ時、人は何らかの問題を抱えている。裁判所が法に基づいて何らかの決定をすることで、その問題に一定の答えが出され、何らかの決着がつく。その答えが当事者にとって望まれたものか望まれなかったも

のかはともかく、裁判所は判断を示すことにより、その人、あるいはその件に関係する人たちに対し、役割を果たしたということになる。このとき、裁判所の結論の出し方は、法律という不動の枠組みや基準に問題を当てはめていくという方向だけではなく、問題に合わせて法律のどの部分をどう適用していくか、どのような角度からの切り口が最もその問題に適合するのか、といった視点からの検討もした上でのものとなる。法律という道具をどのように使って結論を出すかは人間である裁判官が考えることであり、そのような意味合いでは裁判所で行われる作業は決して機械的ではなく、とても人間的なものであるといえる。

　裁判所の中でも、特に家庭裁判所で扱われる問題は、過去をどう評価するかという判断もしつつ、将来に向けて非行少年の人生をどう方向付けていくか、紛争の渦中にある家庭にどんな法的枠組みを作っていくかに関する判断が求められる。問題を十分に把握するためには、相手の内面の非常にプライベートな部分にまで踏み込まなければならず、他の裁判所と比べ、問題への法律の当てはめ方には個々の問題に応じた柔軟性がより多く求められる。こうした家庭裁判所の性格を述べたのが、先の初代家庭局長の説明である。国民にとって身近なところで起こる問題を対象とし、行動科学の活用、関係機関との連携により、裁判所での手続自体の中に教育的意味合いや効果を求めていくという性格を家庭裁判所は有しているのである。

2）少年部と家事部

　家庭裁判所は少年部と家事部に分かれている。本稿ではこのあと、非行少年に関わり、その処遇を決めていく少年部での審理の実際を詳しく紹介していくが、その前に家事部について若干触れておきたい。

　家事部の実務も、子どもや家族に深く関わるものである。家事部で取り扱う事件の種類は多岐にわたるが、主な分野としては次のようなものがある。

　まず、夫婦の離婚や離婚に伴う子どもの親権や監護の問題を一手に引き受けている。家族、親子の間の割り切れない感情や生活関係をどう落ち着かせていけるか、子どもがどちらの親と生活するか、同居しない親との行き来（面会交流）をどうするか、養育費などの経済的な取り決めをどうするかなどの問題が

家庭裁判所に持ち込まれる。このような場合、通常まず調停が行われる。調停の場では、当事者間の話し合いを調停委員が仲介しつつ紛争の解決を図る。調停で合意できない際には家庭裁判所が結論を出す手続となる。審判では、当事者双方が主張を出し合い、裁判官が必要に応じて裁判所が独自に調査した他の情報も加味した上で決定をする。平成16年には人事訴訟法が施行され、それまで地方裁判所の管轄だった離婚裁判などの訴訟も家庭裁判所で取り扱うようになった。

　また、児童虐待に関しては、親などの保護者が子どもを虐待しているとして、児童相談所が子どもを施設に入所させる必要があると考えても、保護者が施設入所に同意しない場合、児童相談所が家庭裁判所に入所措置の承認を求めることになっている（児童福祉法第28条）。家庭裁判所は、保護者の意向に反してでも子どもを保護者から引き離して施設入所を承認すべきかどうかの結論を出すことになる。この分野では、平成12年の児童虐待の防止等に関する法律（いわゆる児童虐待防止法）の制定以来、公的機関の関与を整備、強化する方向での法改正が繰り返されてきた。平成24年4月には民法に親権の停止制度が導入されるなど制度の利用しやすさも整えられてきており、今後、さらに家庭裁判所として取るべき役割が増えてくることが予想される（コラム「児童相談所における司法福祉機関との協働」を参照）。

　そして、主に認知症の高齢者などを対象とする成年後見制度は、利用が急増している。この制度は、従来の禁治産者宣告の制度が平成11年の民法改正により大きくその枠組みを改めたものであり、財産管理等の判断能力に欠ける人等に後見人等を選任して、その人の生活や財産を保護しようとするものである。家庭裁判所では、対象者が後見等の状態にあるかどうか、成年後見人等に誰を選任するかなどを決め、その後、成年後見人等が適正に仕事をしているかどうかを監督している。高齢化社会の到来に伴い、社会全体で高齢者の生活を支える態勢作りが急がれており、家庭裁判所も社会福祉機関との連携を取りつつ重要な役割を担っている（コラム「成年後見制度と社会福祉士」を参照）。

3）家庭裁判所調査官

　家庭裁判所には、他の裁判所と同様に裁判官、裁判所書記官、裁判所事務官

等が配置されているが、家庭裁判所特有の職員として家庭裁判所調査官（以下「調査官」とする）や医務室技官（精神科等の医師、看護師）も配置されている。調査官は行動科学の専門家であり、家庭裁判所の科学主義、科学的性格の担い手として家庭裁判所らしさを一番に担う職種だともいえる（なお、高等裁判所で審理される家事抗告審に対応するため、高等裁判所にも家庭裁判所調査官が若干名配置されている）。

　調査官は、少年事件において、少年や保護者に会ってじっくり話を聞きながら非行の内容やその背景となる問題を明らかにし、学校その他関係機関との調整を図りながら、少年に対する処分を考えていく。家事事件では、主に家族間の紛争の渦中にある人たちに会い、あるいは両親の離婚に直面した子どもたちに会って、その家族なりの問題解決の方向性を探っていく。少年事件でも家事事件でも、調査官はいろいろな人に会って、その人のとても個人的な部分にまで踏み込んで話を聞き、その人の今後を決める作業に関わっていくことになる。家庭裁判所が扱う事件を的確に進めていくためには、このように非行少年らの内面にまで関わりつつ、その相手の生活全体を把握していく必要があり、この部分を調査官が調査の中で行っているのである。

　調査官は全国の家庭裁判所の本庁および主な支部等に合計で約1,600人配置されている。採用試験は教養試験のほか、専門試験として心理学、社会学、社会福祉学、教育学、法律学から選択して受験する形式であり、全く法律科目の試験を受験せずに採用される者も多い。

　調査官は、家庭裁判所調査官補として採用され、約2年間の研修を受けた後に調査官に任官する。約2年間の研修は全国の家庭裁判所から裁判所職員総合研修所に集まって受ける前期、後期の合同研修と、前期と後期の研修の間に研修生が所属する各地の家庭裁判所に戻って行われる約1年間に及ぶ実務修習などからなっている。合同研修では関係法規、関係諸科学、面接技法等を学び、実務修習では指導担当の主任調査官から実際の事件を通して指導を受ける。調査官への任官後も、採用6年目頃、採用11年目頃に各2週間の研修が全国から研修生を集めて実施されるほか、高等裁判所単位、家庭裁判所単位での研修も行われ、職種全体としての研修体制は充実している。

2　思春期と少年非行

1）思春期の問題行動としての少年非行

　非行少年たちは思春期のまっただ中にいる。
　思春期は誰もが通る不安定な模索の時期である。少しずつ社会というものが見えてくる中で、自分が何者であるかを考え、これまで絶対的に思えていた家での両親の価値観が絶対ではないことに気づく。だが、様々な思いや迷いが自分の中で渦巻くものの、十分にその思いを言葉に置き換えて表現したり、考えたりできるまでには成長してはいないし、社会全体を見渡せるほどの視野の広さも育っていない。自分自身の身体が大人になっていくことに伴う変化を受け止めることに戸惑い、体力的には充実したエネルギーがあるものの、そのエネルギーの向かう先は定まらない。
　誰もがこうした時期を過ごし、それぞれの方法で自分のこと、周囲の人のこと、世の中のことを確かめようとあがき、時には無謀、あるいは短絡的な考え方、行動をすることもあるが、だんだんに折り合いをつけつつ大人になっていく。
　この時期のやみくもに取った行動が法を犯すものであった場合、それが非行ということになる。その意味では、非行は誰の身近にもあるといえる。非行は、その時点でのその子どもの葛藤の表現だと捉えることができる。

2）非行を犯す少年

　そうではあっても、この年代のすべての子どもが非行を犯すわけではない。その子どもが非行という行動に至るには、それなりにいきさつがあるものである。非行という行動をとってしまった子どもが抱えているのは、本人の資質の問題、家庭内での暴力、病気、経済的問題など様々であるが、いずれにしても家庭、学校、地域といった自分の周囲の社会と安定した関わりを持ち、自分の居場所を見つけることに苦労している状態であることが多い。
　調査官として少年事件を担当していると、新聞で報道されるような重大事件を犯した少年を担当することが時にある。新聞記事を読み、警察で捜査した各種の記録を読むと「凶悪」というイメージを強く受けても、いざ、その少年に

会うと拍子抜けするほどに幼いと感じることがままある。事件の内容、態様等が「凶悪」であっても、その事件を犯した人間自身が「凶悪」であるとは限らない。特に、少年事件の場合、「凶悪」と受け取られるような事件を犯す少年ほど、他者との生活の中での一定の限度というものをきちんと考えられるまでには成長していない、あるいは年齢相応に社会のルールを身に付ける機会を持たないままこの年代に至ってしまっていることがほとんどである。まだ育っていない、あるいは育つことができていないために、行動の結果の重大性に思いが及ばないという状態なのである。

3）少年たちの変わっていく力

このように少年非行は10代だからこその問題行動の現れと捉えられる。一方で、少年たちは、この年代だからこそ驚くほどに変わり、立ち直っていける可塑性を持っている。家庭裁判所での処分決定まで少年が少年鑑別所にいる場合、調査官は通常3週間程度の間に何回か少年との面接を重ねることになるが、例えばたったそれだけの期間であっても、少年たちはどんどん自分なりに考え方を深めていき、しっかりとしていくことも多い。

非行をきっかけに少年が立ち止まり、そこから自分の育っていく方向を見定めようとするとき、家庭裁判所での手続などの過程で周囲がちょっとした支えを提供し、それをその少年が受け入れていければ、少年はそこからまっすぐに成長していくことができるのである。

3　少年非行の概況

ここで統計資料に基づいて、少年非行の概況を見ていきたい。

少年による刑法犯の検挙人員と人口比の推移を示したものが図表1-1であるが、昭和26年、昭和39年、昭和58年をそれぞれピークとする波が見られる。昭和26年の第一の波は戦後の混乱期のもので、貧しさからの窃盗事件等が主流を占めていた。昭和39年の第二の波は高度経済成長期のもので、性犯罪、粗暴犯が多い。昭和58年の第三の波は豊かになってきた社会でのスリルを求めての非行と捉えられ、「初発型（遊び型）非行」と呼ばれる。自転車やバイクの窃

第一部　家庭裁判所と少年非行

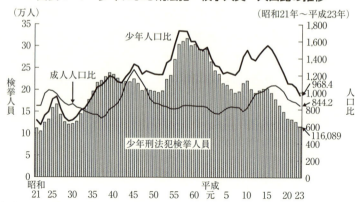

図表1-1　少年による刑法犯　検挙人員・人口比の推移
（昭和21年～平成23年）

(注)　1　警察庁の統計及び総務省統計局の人口資料による。
　　　2　年齢は犯行時である。ただし、検挙時に20歳以上であった者は、成人として計上している。
　　　3　触法少年の補導人員を含む。
　　　4　昭和45年以降は、自動車運転過失致死傷等による触法少年を除く。
　　　5　「少年人口比」は、10歳以上の少年10万人当たりの、「成人人口比」は、成人10万人当たりの刑法犯検挙人員である。
出所：「平成24年版　犯罪白書」

盗、校内暴力などの事件が多い。その後は増減があるものの、少子化に伴い少年事件は減少傾向にある。

　少年非行の内容がどのようなものであるかを示すのが図表1-2、1-3である。図表1-2は家庭裁判所が平成22年に受理した少年保護事件全体の内訳を示しており、図表1-3は図表1-2の内の刑法犯の部分の内訳を示している。図表1-2からわかるように無免許運転などの道路交通事件が19.1％、交通事故（業務上（重）過失致死傷等）が15.6％であり、交通関係事件が合わせて34.7％を占めている。交通事件以外の刑法犯では窃盗、横領が多く、図表1-3からわかる通りこの2つを合わせると刑法犯のうちの63.0％になる。横領のほとんどは遺失物等横領であり、内容は放置された自転車やバイクなどの乗り逃げである。傷害、恐喝などの粗暴犯は刑法犯のうち7.4％であり、殺人、強盗などの凶悪犯は0.6％である。

　図表1-2にある特別法犯とは刑法以外の法律に違反した事件である。内容

第1章　少年審判の理念と少年司法を取り巻く情勢

図表1-2　少年保護事件新受人員の構成比（平成22年）

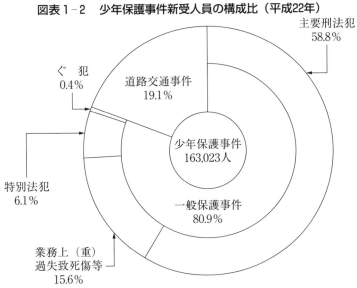

出所：「家庭裁判月報」、第64巻第2号、平成24年2月

図表1-3　刑法犯非行別新受人員の構成比（平成22年）

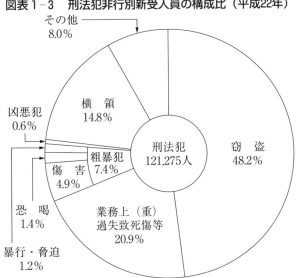

出所：「家庭裁判月報」、第64巻第2号、平成24年2月

第一部　家庭裁判所と少年非行

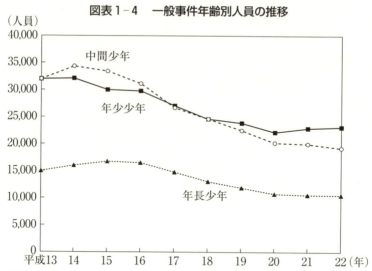

(注) 終局主人員によるもので、簡易送致事件を除く。
出所：「家庭裁判月報」、第64巻第2号、平成24年2月

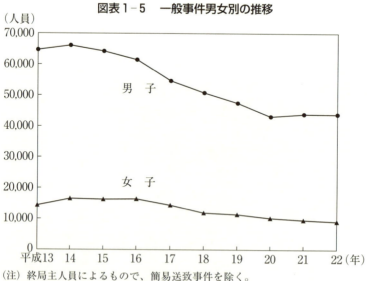

(注) 終局主人員によるもので、簡易送致事件を除く。
出所：「家庭裁判月報」、第64巻第2号、平成24年2月

としては、例えば護身用ナイフの所持や駅の改札内への不正入場といった軽犯罪法違反、覚せい剤取締法や大麻取締法などの薬物関係の法令違反、銃砲刀剣類所持等取締法（銃刀法）違反などが特別法犯の中に含まれている。

図表1-4は少年非行の年齢別の状況を示したものである。交通事件を除いた一般事件についてのものであり、年少少年は14、15歳、中間少年は16、17歳、年長少年は18、19歳である。年長少年は全体の20％程度を占めており、中間少年と年少少年は平成18年にほぼ同率の40％程度だったが、その後中間少年が少しずつ減少し、年少少年が少しずつ増加してきている。

図表1-5は男女の別の推移を示したものであり、女子はおおむね全体の20％弱でほとんど比率に変化はない。

4　少年審判の理念

1）少年法の目的

少年非行がどのようなものかについてここまで述べてきた。このような少年非行に対応するには、成人とは異なる手続が求められる。そのために家庭裁判所が設けられているのであり、少年法があるのである。

少年法は第1条で、この法律の目的として「この法律は、少年の健全な育成を期し、非行のある少年に対して性格の矯正及び環境の調整に関する保護処分を行う」と定めており、手続全体が、少年が健全に育っていけるようにすることを目的としている。成人へと成長する過程にある少年に対して、その少年が社会人としてしっかり育っていけるようにする方策を講じることを目指した制度だということであり、これを「保護主義」という。

2）少年法における「少年」

少年法が対象とする「少年」とは20歳未満の者であり、少年審判の対象となるのは①犯罪少年、②触法少年及び③ぐ犯少年である。

①犯罪少年は14歳に達し、罪を犯した少年であり、実際の少年事件の大部分を占める。②触法少年は14歳に満たない年齢で刑罰法令に触れる行為（触法行為）をした少年である。14歳未満の少年は第一義的には児童相談所等による措

置の対象となるが、児童相談所長から家庭裁判所が送致を受けた場合には14歳未満の少年も少年審判の対象となる。③ぐ犯（虞犯）少年とは「罪を犯す虞（おそれ）」のある少年ということであり、実際に検挙された犯罪行為がなくても、保護者の正当な監督に服さない、自己の徳性を害する行為をするなどの事由があり、将来罪を犯すおそれがある場合には少年審判の対象となる（詳細は第3章参照）。

以下、成人の刑事事件と比較しながら、具体的に少年事件の特徴について説明していきたい。

3）全件送致主義

成人の刑事事件の場合、検察官のみが起訴の権限を有し（起訴独占主義）、また、起訴するか否かについての裁量権を有している（起訴便宜主義）。そのため、検察官の判断により、起訴猶予処分などによって公訴が提起されずに終わることも多い。また、極めて軽微な犯罪で、検察官から送致の手続をとる必要がないとあらかじめ指定された事件については、警察段階で終局となる「微罪処分」がある。

だが、少年事件の場合は、警察や検察庁の段階で家庭裁判所に送致するかどうかのふるい分けをすることはなく、すべての事件が家庭裁判所に送致され、家庭裁判所で審理された上で処分が決まるシステムとなっている。これを「全件送致主義」という。たとえ軽微な事件であっても背景にその少年のいろいろな問題が隠れている場合も多く、そうした問題を明らかにし、適切な対処ができるようにするため、非行を専門的に扱う家庭裁判所にすべての事件を送致し、家庭裁判所が最も適切な処分を決めていけるようにと考えられているのである。

ただし、極めて軽微な一定の事件については、家庭裁判所、警察、検察庁の間の取り決めに基づき、簡略な供述調書等の捜査関係書類のみを添付して事件送致する「簡易送致」という運用もなされている。これは、ごく軽微で再犯の可能性もないと思われる事件については、早期に手続から解放することの方がその少年のためになるという考え方から行われているものである。ただし、簡易送致事件についても終局処分を決定するのは家庭裁判所であり、その意味で

は全件送致主義は貫かれている。

4）審判の方式

　少年法第22条第1項では、「審判は、懇切を旨として、和やかに行うとともに、非行のある少年に対し自己の非行について内省を促すものとしなければならない」、同第2項では「審判は、これを公開しない」と審判の方式が規定されている。

　審判を「和やか」に行うために、少年審判が行われる審判廷は刑事裁判で使われる法廷よりもこぢんまりとしている。裁判官が高い位置から見下ろすような配置にはなっておらず、審判の際には裁判官と少年とは段差のない同じ平面で向かい合うことになる。裁判官はほとんどの場合1人で事件を担当し、法服は着用しない。また、審理は非公開で行われる。手続の進め方については細かく定められておらず、担当裁判官の裁量に任せられている部分が大きい。

　このような制度設計となっているのは、事件が公になることで少年が将来不利益を被ることを防止するためである。また、少年の健全な育成に向けて少年に対してどのような矯正教育、あるいは環境の調整が必要かを審理していくために、少年や家族の内面にかなり踏み込んでいく必要があり、少年自身が安心して自分のことを語れる場を作る努力が欠かせないということもある。

　審判は裁判官と少年との言葉のやりとりを中心に進行し、その会話の中から裁判官が理解した少年の問題点を指摘したり、少年の更生への決意を後押しするために激励の言葉をかけたりする。審判はその手続自体が少年にとって教育的効果を与えるものとなる。審理は個別に進められ、処遇もそれぞれの少年に応じて個別に決められていく。

　「和やかに」審判を行うようにといった規定はあまり法律の文言らしくないものではあるが、あえてこのように規定するのは、審判の場の雰囲気がそれだけ重要な意味合いを持つことを示している。つまり、少年の健全育成という少年法の目的を実現するためには、家庭裁判所で行われる審理の過程そのものが少年にとって教育的である必要があり、審理過程が少年や保護者に教育的に働きかけるようなものとなるためには、審判が和やかで、少年や保護者が審判で出会う裁判官との間に人と人との関係を感じられるような場にすることが大切

だということである。

5）職権主義

　刑事裁判では「当事者主義的対審構造」が取られている。刑事裁判においては、検察官が起訴をして犯罪行為の立証をし、その上で、求刑して被告人への処罰を求めるのに対し、被告人と弁護人は検察官の主張や提出証拠に反論・反証し、防御しようとする。この両当事者のやりとりを裁判官は第三者的立場から見て判断し、結論を出していく。裁判官が予断を持たずに裁判に臨むために、検察官は起訴状のみで公訴を提起し（起訴状一本主義）、双方が主張立証していく際のルールは厳格に定められている。これが当事者主義的対審構造である。

　これに対して、少年審判では「職権主義的審問構造」が取られている。裁判官は第三者的立場を取らず、裁判官自身が主体的、積極的に審理を進めていく。捜査機関からは家庭裁判所への事件送致時に、供述調書など捜査過程で得られた記録一式（「法律記録」という）が送られるため、裁判官は記録を精査して事案の概要を把握し、さらに必要な調査を進めていく。調査官の調査もこの過程で行われる。

　刑事事件では検察官が被告人の有罪を裏付けるための証拠を、弁護人は被告人に有利な証拠を裁判官に示し、裁判官は示された証拠を元にして判断をするという構図になるが、職権主義をとる少年審判では、少年にとって有利か不利かといった観点からでなく、今少年に最もふさわしい処遇を考えるために、少年（あるいはその環境）が実際どのようなものかを、良い面も悪い面も含めて手続に関わる人たち皆で明らかにしていくのである。

　審判の方式の部分でも説明したように手続に関する厳格な規定がないことは少年審判手続の特徴といえるが、ここで注意しなければならないことは適正手続保障の観点である。適正手続は、憲法第31条の「何人も、法律の定める手続によらなければ、その生命若しくは自由を奪われ、又はその他の刑罰を科せられない」と規定されていることに基づくものである。刑事裁判手続では、適正手続を保障するために、刑事訴訟法や刑事訴訟規則に、手続に関する詳細な規定が設けられているが、少年審判手続の規定はゆるやかであるため、適正手続

が十分に保障されているかが問題となることがある。少年審判手続は少年の保護のためのものとはいえ、身柄拘束を伴うこともあり、少年自身が今受けている手続の流れについて理解できるように説明を受け、弁解や反論の機会を与えられることが重要である。

6）要保護性

　成人の刑事事件の場合、罪刑法定主義がとられており、犯した罪に対応する刑罰の種類とその刑期や金額の幅は法律により明確に定められている。刑を軽減したり加重したりする場合の限度などについても法律に具体的に定めがある。

　しかし、家庭裁判所が扱う少年事件の場合は、処分選択の基準は特に法律で定められておらず、広く裁判官の裁量に委ねられている。実際に処分を決めていくにあたっては、どのような事件を犯したかという「非行事実」と同時に、「要保護性」も審理の対象となる。要保護性とは、その少年が立ち直り、再度非行を犯さないようになるためには、どの程度どのような保護を必要としている状態にあるかということである。少年事件では、非行事実と要保護性の両方を検討しつつ処分を決めていく。

　要保護性は、その少年全体を捉える中で考えていくものである。家庭裁判所送致の契機となった事件を少年が起こすに至った事件直前の状況、動機など事件が起きた事情やその背景全般は、非行に結びつく少年の行動傾向や周囲の人間関係を把握するための大切な要素である。だが、それだけでなく、少年の資質、家庭状況、学業・職業関係、交友関係など少年と少年を取り巻く環境全体の状況をも捉えていかなければ要保護性は明らかにならない。

　同じ非行を犯したとしても、少年によってその要保護性は様々であり、その少年が抱える問題の大きさは全く異なる。

　例えば、自転車1台の窃盗事件が家庭裁判所に送致されたとする。調査官が家庭裁判所に少年と保護者を呼び出して面接調査をしたところ、部活の試合の日に遅刻しそうになり急いでいた時の事件であり、事件発覚後、少年は保護者と共に被害者宅に謝罪に赴いていること、少年は学校生活に適応しており、保護者と少年との関係に問題は見られないこと、がわかったとする。これは非行

事実、要保護性ともに小さい例である。少年は周囲の支援も受けて、既にもうこのような非行を繰り返さないだろうという状態に回復している。このような場合には、特に家庭裁判所で改めて少年に対して処分などする必要はなく、むしろ、早くこの事件についての手続を終了させて、起こした事件の重圧から少年を解放することが、家庭裁判所に求められている。

だが、事件としては同じ自転車1台の窃盗であっても、少年が家出中の足代わりに盗んだもので、その後も少年の家出状態は続いていて、学校にも登校しておらず、保護者は少年のことに目を向ける余裕がない生活状態であり、近隣には非行歴のある者が多く住み、少年は彼らとの交遊もあるというようなケースもある。このような事情が少年と保護者の調査の結果明らかになった場合、非行事実は小さくても要保護性は大きく、すぐにこのまま家庭裁判所の手続を終わらせてしまうわけにもいかない。担当調査官は保護観察処分を考えるかもしれないし、あるいはそれ以上の手当が必要な場合もある。

このように同様の非行事実であっても、どのような処分が適切かについては少年によって大きく差がある。その少年にちょうど見合った処分は非行事実だけによっては決められない。家庭裁判所が少年の健全育成に資する処分を決定していくためには、審理の過程で要保護性をきちんと見極めていかなければならない。

7) 科学主義

家庭裁判所では少年事件の審理に当たって調査を行うこととなっており、その調査の方針としては、「医学、心理学、教育学、社会学その他の専門的知識」を活用して行うことが少年法第9条に規定されている。この調査を担当するのが調査官である。また、少年鑑別所の鑑別技官、家庭裁判所の医務室技官も重要な科学主義の担い手である。

要保護性を十分に審理するためには、表面的な事情確認では足らず、少年の器質的特性、心情、少年の家庭等周囲の環境の実情を十分に把握することが必要となってくる。調査官調査では、面接を通して少年、保護者等の話を聞くほか、実際に少年の置かれている環境を的確に捉えるため、その機動性を活かして少年の家庭、在籍する中学校などに出向くことも多い。

非行といういわば危機場面が生じたところで限定的に少年と関わりを持つ家庭裁判所は、日常的に少年と関わっている保護者、教諭とは別の視点、立場から状況を見るため、むしろ問題点を把握しやすい場合もある。そして、膠着状態にあった家族関係、あるいは校内の人間関係も非行を契機とすることで大きく動かしていける可能性がある。

ただ、例えば、家族の病気、あるいは保護者の失職などの問題があっても、それをどう受け止め、どう対応するかは少年、家族によって異なる。少年の中で、あるいは少年の周囲で、どのような要素がどうからみあって非行に至ったかについて十分に解明しなければ、問題の正確な把握ができず、解決方法、解決の難度などがわからない。わからなければ、家庭裁判所としての処分が的確に行えないわけである。

このように少年個々の生理的、心理的な状況までを的確に把握し、少年と周囲との関係を捉えつつ、そこにある問題の深刻さの程度をきちんと見極めて効果的な働きかけをするには、面接で相手の内面の深い部分からの反応を引き出し、こちらから伝えたいことを相手にしっかり届くように返していく面接技法、知的能力等の生得的機能、様々な性格や人格の特徴、一般的な人間の行動傾向、対人関係の中で生じる相互作用といった人及び人間関係を理解する知見を中心とした行動科学を活用することが必要となるのである。

8）保護処分

成人の刑事事件では、被告人は有罪とされると刑事処分を受ける。刑事処分は行った犯罪行為に対しての制裁、応報としての罰であり、罰金、禁錮、懲役、死刑などの種類がある。

これに対し、家庭裁判所が非行少年に対して行う処分は、「保護処分」と呼ばれている。保護処分は罪に対しての罰ということではなく、犯罪行為をするような状態になってしまった少年が再び罪を犯すようなことがないようにするためにはどのような教育的措置が必要かという観点から決められる処分である。

例えば、少年院送致は、一定期間少年の身柄を拘束するという、少年にとって不利益な性格を含む保護処分である。だが、家庭裁判所がこのような決定を

するのは、身柄拘束を伴う矯正教育を強制的にでも受けさせることが、その少年が健全に育っていくため、つまりその少年の保護のために必要であり、有効であると判断したからであり、そのような意味合いから「保護」処分というのである。

5 少年法改正の経過

1）平成12年改正
(1) 法改正の経過

　少年法は昭和24（1949）年に制定されて以来、改正されることのないまま50年を経過したが、平成12（2000）年以降、8年の間に立て続けに3回改正された。この3回の改正がそれぞれどのような経緯で行われ、どのように少年法が改正されたのか、順次見ていくこととしたい。

　平成5年に起きたいわゆる山形マット死事件など非行事実の存否が争われるいくつかの少年事件が社会の注目を集め、家庭裁判所の事実認定機能が不十分なのではないかということが議論されるようになったころから、少年法改正は動き始めた。少年事件を担当する裁判官らからも事実認定手続の適正化のための法整備を求める声が上がり、平成8年に最高裁判所、法務省、日本弁護士連合会の法曹三者での協議が始まって、法改正への動きが具体化していった。平成10年7月には法務大臣から法制審議会に少年法改正についての諮問がなされ、集中的な審理を経て法制審議会は平成11年1月に改正内容について法務大臣に答申した。

　事実認定手続の適正化に向けた法改正の準備が進みつつあった平成9年には、神戸の中学生による児童連続殺傷事件が起き、さらに少年による重大事件がいくつか続いて、世論の少年事件への関心は高くなった。また、少年事件に限らず犯罪被害者の保護、権利拡大を求める声が急速に強くなったのもこのころである。

　人の命を奪うような重大事件を起こしても、犯人が未成年者だと少年院送致という「保護」処分を受け、その収容期間も1年程度しかないということでは、処分として甘すぎるのではないか、非行少年の保護のためとはいえ、家庭裁判

所での審理の結果すら被害者側にもわからないということでよいのか、といった議論が起きていた。

　法制審議会の答申を受けて法務省が平成11年3月に国会に提出した改正法案が平成12年6月の衆議院解散に伴っていったん廃案となった後、同年の9月に当時与党であった自由民主党があらためて改正法案を国会に提出した。同法案は、議員立法として11月に成立し、翌平成13年4月に施行された。

　このときの改正の内容は、「事実認定手続の適正化」、「処分等のあり方の見直し」、「被害者への配慮の充実の規定」の3つに大きく分けられる。当初の法務省案は事実認定手続適正化のための諸規定の新設を中心とし、被害者への結果通知制度も含んだものであったが、成立した自民党案は、法務省案の事実認定手続適正化のための規定をある程度修正し、法務省案にはなかった、処分等のあり方の見直しを加え、被害者への配慮規定を充実させたものであった。

　以下、主な改正点の内容、その後の運用状況などを説明する。

(2) 事実認定手続の適正化に関する改正

　事実認定手続の適正化のための改正点は、「裁定合議制」、「審判への検察官関与」、「観護措置期間の特別更新」が中心となる。

　裁定合議制は、改正前は少年審判を担当する裁判官は1人と限られていたところを、3人の裁判官による合議体での審判もできるようにしたものである（裁判所法第31条の4）。合議とする際の要件は特に規定されておらず、裁判官の裁量に委ねられている。審判への検察官関与は、一定の重大事件につき事実を認定するために必要である場合に検察官が審判に出席できるようにしたものである（少年法第22条の2）。観護措置の特別更新は、通常4週間以内である観護措置期間（家庭裁判所での少年の処分決定までの間、少年鑑別所に少年を送致する期間）につき、一定の事件において非行事実認定のための証人尋問等を行う場合には、さらに更新ができるとしたものであり、通算8週間までの観護措置が可能となった（少年法第17条第4項）。

　非行事実の存否が争われた少年事件で、家庭裁判所の事実認定機能の問題として問われたのは、裁判官が1人だけで審理を行う場合、非行事実を否認する少年に適切に対応していけるのか、ということであった。少年が否認した場合、裁判官がその主張を確認するために別の立場から質問していくと、少年か

らすれば、裁判官が少年を疑って追及していると受け取られる構造になる危険性があり、裁判官が中立の立場を保ちにくくなる。少年に付添人として弁護士（少年審判手続では弁護人と呼ばず、審判の協力者という意味合いで「付添人」と呼ぶ）が付いている場合には、付添人である弁護士と裁判官とが対立するような構図となってしまう。検察官が関与して、非行事実があるとの立場からの主張や少年への質問などをしていく構造をとれば、少年側の主張、検察官側の主張を裁判官が中立公正な立場で聞いた上で判断をするという形式が取れるのではないか。また、1人の裁判官では判断に迷うような困難な事件については合議制をとり、3人の裁判官が担当することで、より妥当な結論を導くことができるのではないか。最大でも4週間と限られている観護措置期間をさらに延長できれば、証人尋問などを含む複数回の審判期日を設定しやすくなり、より充実した審理ができるのではないか。

　以上のような点について、少年審判の事実認定機能を強化しようとしたのがこの改正である。だが、特に少年審判に検察官が関与することについては、慎重に検討すべきだとの意見が改正論議の中で出されたこともあり、検察官が関与できる事件の範囲は限定的であり、立場も訴追官としてではなく、審判協力者として参加することとなっている。検察官が関与するのは事実認定についてかなりの争いがある場合に限られており、当然、要保護性審理の場面に関与することはない。また、検察官が関与することになった事件で少年に弁護士である付添人が付いていないときは、裁判所が職権で弁護士付添人を付けることも定められた（少年法第22条の3）。

　検察官関与も裁定合議も審判廷に入る法律家の人数を必然的に増やすものである。そのことで、少年審判に求められる和やかな雰囲気が損なわれないか、少年自身が裁判官としっかり話せる場として審判を設定していけるかなどが運用にあたっての課題となる。

　平成13年4月の改正法施行後、平成22年までのこれらの制度の利用状況をみると、裁定合議は年平均28件、検察官関与は年平均20件で採用されている。観護措置を4週間を超えて更新した件数は観護措置をとった件数全体の0.5％程度となっている（司法統計年報「一般保護事件の終局総人員（合議決定のあった人員－非行別、検察官関与決定のあった人員－非行別、被害者等意見聴取の

申出のあった人員－意見聴取の有無別非行別）―全家庭裁判所」、「一般保護事件の終局総人員のうち観護措置決定のあった人員―観護措置の期間別非行別―全家庭裁判所」平成13年から平成23年 http://www.courts.go.jp/sihotokei/nenpo/pdf/）。

なお、事実認定手続の適正化のための法整備の一環としては、他にもいくつかの改正が行われた。検察官の抗告受理申立て（少年法第32条の4）は、従前は少年側からしか家庭裁判所の決定に対しての不服申立てができなかったところを、検察官が審判に関与した事件については検察官側からも抗告を受理すべきとの申立てを高等裁判所に行えるようにしたものである。保護処分終了後における救済手続（少年法第27条の2第2項）は、刑事手続での再審制度に類するものであり、保護処分終了後、例えば少年院を退院した後であっても、少年院送致の原因となった非行事実を少年が行っていなかったことなどがわかった場合には保護処分の取り消しをしなければならないことを定めたものである。観護措置に対する異議申立て（少年法第17条の2）は、観護措置に対して少年側から家庭裁判所に不服申立てをする制度を整えたものである。

(3) **処分等のあり方の見直しに関する改正**

この部分は法改正の議論が一定程度進んだ時期から論点として加わってきたものであり、基底には重大な少年事件に対しては一定の厳しい処分を制度化することが相当ではないか、という考え方がある。これが厳罰化といわれる部分である。改正の内容としては、①刑事処分可能年齢の16歳から14歳への引き下げ、②重大事件での原則検察官送致、③少年刑事事件での処分緩和に関する規定が挙げられ、少年審判手続から刑事手続への移行及びその後の刑事手続部分での改正となっている。

従来から、審理の結果、刑事処分とすることが相当だと認められる場合には、少年事件を家庭裁判所から検察官に送致するという制度はあった（少年法第20条）。これを「検察官送致（検送）」という（あるいは検察官から家庭裁判所に送致された事件を再び検察官に戻すことになるため、「逆送」ということもある）。検察官は家庭裁判所から送致を受けた事件について公訴を提起しなければならず（起訴強制、少年法第45条第5項）、少年は刑事裁判を受け、その結果通常は刑事処分を受けることになる。

①刑事処分可能年齢とは、刑事処分を何歳以上の少年に科すことができるかということである。従前は16歳以上を対象としていた検察官送致が14歳から可能となり、14歳の少年についても検察官に事件を送致した上で刑事裁判や刑事処分を受けさせることが可能となった。

②重大事件での「原則検察官送致」、いわゆる「原則検送」とは、16歳以上の少年が故意の犯罪行為により被害者を死亡させた罪の事件については、刑事手続を原則とするという制度（少年法第20条第2項）である。この条文には「ただし書き」があり、「調査の結果、犯行の動機及び態様、犯行後の情況、少年の性格、年齢、行状及び環境その他の事情を考慮し、刑事処分以外の措置を相当と認めるときは、この限りでない」と定められている。

原則検送の規定は条文の前段で一定の事件類型を義務的に検察官送致することを定めた上で、ただし書きにあてはまる場合は例外的に検察官送致以外の処分、つまり保護処分を認めるものである。通常の少年審判で処分を決めるまでの考え方のプロセスは、前述したとおり、非行事実と要保護性の両方を総合的に考え、非行事実の軽重と共にその非行を犯した個々の少年ごとの問題を見極め、その問題に適切に対処できるような処分を選択していくというものである。それに対して、原則検送の考え方は、非行事実の類型のみから検察官送致という結論をまず規定しており、通常の少年事件で処分を決めていく際の考え方とは枠組みが全く異なる。運用にあたっては、この条文のただし書きに列挙された各種の事情から刑事処分以外の措置を相当と認める事例にあたるのかどうか、慎重かつ十分な審理が求められるところである。

最高裁判所が平成18年6月に発表した「平成12年改正少年法の運用の概況―平成13年4月1日から平成18年3月31日―」（最高裁判所ホームページ http://www.courts.go.jp/vcms_lf/20516006.pdf）によると、原則検送の類型にあてはまる事件で家庭裁判所が検察官送致決定をした比率について、法改正後5年間の状況を法改正前の10年間と比較すると、例えば、傷害致死は9.1％から56.8％へ、強盗致死は41.5％から74.0％へと断然上がっている。このように、この法改正によって、従来よりもかなり多くの少年が刑事裁判を受けることになっている。

なお、平成13年4月1日から平成23年末日までの間に終局した原則検送事件

の処理人員538人中344人（63.9％）が検察官送致決定を受けている（「平成24年　犯罪白書」109頁）。

　ただ、刑事裁判手続において、被告人が少年であることへの配慮はあまりなされていないのが実情である。法廷でのプライバシー保護の問題、裁判手続のために長期間身柄を拘束されることになる問題など、配慮が求められるところである。また、少年法第50条では少年に対する刑事事件の審理は専門的知識の活用を求めた第9条の趣旨に従って行うことが定められており、検察官送致前の家庭裁判所での調査官による調査、少年鑑別所での鑑別結果などを少年のプライバシーを守りつつどのように刑事手続、特に裁判員裁判で活用していけるかは今後の課題である。

　③18歳未満の少年について死刑、無期刑を一定程度緩和する規定が改正され、改正前よりも厳しい刑を科すことができるようになった（少年法第51、58条）。

(4)　**被害者への配慮の充実に関する改正**

　被害者への配慮のための諸規定としては、事件の記録の閲覧・謄写（少年法第5条の2）、家庭裁判所への意見陳述（少年法第9条の2）、審判結果の通知（少年法第31条の2）が制度化され、いずれも被害者や遺族等からの申出があった場合に認められることとなった。

　これらの規定のうち審判結果の通知に関する部分のみは当初の政府提出の法案にもある程度盛り込まれていたが、大部分は議員立法による法案提出の段階で取り入れられたものである。この時期、刑事手続に関してはいわゆる犯罪被害者保護二法が成立しており、少年審判手続でも被害者への配慮の充実が求められたものである。

　最高裁判所が発表した前記「平成12年改正少年法の運用の概況―平成13年4月1日から平成18年3月31日―」によると、被害者からの申出総数のうち申出が認められた件数の割合は、閲覧・謄写が98％、意見聴取が96％、結果通知が99％となっており、ほとんどの場合、申出があれば認められる運用となっている。この比率は平成23年の数値でもほぼ変わっていない（「平成24年　犯罪白書」199頁記載の数値から筆者が比率を算出）。認められなかったケースは法定の申出資格がない者からの申出等、形式的に法律の要件を満たさなかった場合

であった。

2）平成19年改正
(1) 法改正の経過

平成15年に長崎市で12歳の中学1年生男子生徒による4歳児連れ去り殺害事件が起き、平成16年に佐世保市で11歳の小学6年生女子児童による同級生殺害事件が起きたことで、14歳に満たない少年による重大事件への対応がにわかに問題とされるようになった。平成17年3月に法務省から新たな少年法改正法案が国会に提出されたが、その提出理由は「近年、少年非行の凶悪化、低年齢化が深刻である」というものである。

また、この時期、仮釈放中の成人や保護観察中の少年による重大事件が続き、法務省では社会内処遇の強化、整備の検討を進めていた。平成19年には更生保護法が制定されたが、この動きに並行して、少年の保護観察の強化も図られた。

改正案はいったん廃案となって、再提出された後、平成19年4月に与党修正案が出され、その後ほぼ1か月で国会での審議を終えて成立し、平成19年11月に施行された。

(2) 触法少年に対する対応の強化

この改正では、14歳未満の少年が事件を起こした場合に、警察段階から処遇までのそれぞれの過程で対応を強化し、14歳以上の少年の場合と類似の扱いができるようにする方向で法律が変わっている。

事件を起こした時にその犯人が14歳に満たない子どもだったとしても、そのことを理由に事件の内容を十分に警察が調べられず、事情がはっきりしないままにその子どもが福祉的なケアを受けることで事を終わらせるのでは納得できない、という社会の人々の感覚が改正の背景となっている。

まず、警察の段階では、少年法第6条の2以下に触法少年に対する警察官等の強制調査権限、警察官による保護者や関係団体への呼び出し・質問・報告要求の権限、警察官の押収・捜索・検証・鑑定嘱託手続等が定められた。

次に児童相談所の段階であるが、触法少年の事件については、基本的には児童福祉法による措置に委ねられることになっており、警察は児童相談所に事件

を通告することとなっている。従前は、そうした事件のうち例外的に児童相談所が適当だと認めた場合のみ事件を家庭裁判所に送致する扱いとなっていた。それが、この改正により、一定の重大事件については、児童相談所は原則として家庭裁判所に送致する措置をとらなければならないこととなった（少年法第6条の7）。

さらに処遇の段階としては、少年院送致について、それまで少年院に収容できる少年の年齢は14歳以上と決められていたが、この改正により「おおむね12歳以上」であれば、「特に必要と認める場合」には少年院送致ができることとなった（少年院法第2条第2項）。

このように、どの段階でも、触法少年に対して児童福祉手続による対応から少年保護手続による対応へと扱いをシフトさせることになったのが、この改正である。

なお、少年矯正統計によれば、平成19年11月の法改正後、平成23年末までに少年院に収容された者のうち14歳未満の者は25人であり、全員が13歳であった（http://www.e-stat.go.jp/SG1/estat/List.do？lid＝000001091705　表番号11-00-09　少年院別新収容者の年齢）。

(3) 保護観察中の遵守事項違反による施設収容処分

保護観察については、「保護観察遵守事項違反の程度が重く、保護観察によっては本人の改善および更生を図れない場合には、」家庭裁判所は施設収容の決定をすることがこの改正により定められた（少年法第26条の4）。

保護観察処分となった少年については、それぞれに保護観察中に遵守すべき事項（遵守事項）が定められるが、その遵守事項を少年が守らず、保護観察所長の警告を受けてもさらに遵守事項を遵守しなかった場合には保護観察所長は施設送致申請ができることとなったものである。

(4) 国選付添人制度の拡充

それまでは検察官が関与する事件にのみ規定されていた国選付添人の規定が拡充され、一定の重大事件で身柄を拘束されている少年について公費で弁護士である付添人を付けることができるようになった（少年法第22条の3第2項）。

3）平成20年改正

(1) 法改正の経過

　平成12年改正法成立時に国会で付帯決議がなされたことを受けて、少年法附則第3条には、法律施行から5年を経過した後に、政府は改正後の規定の施行状況を国会に報告し、その状況について検討を加え、必要があれば見直しをすることが盛り込まれていた。このため、平成18年に法務省、最高裁判所はそれぞれ少年法改正後の運用状況を発表した。それらの報告をもとに、少年犯罪の被害者、日本弁護士連合会、裁判所、刑事法学者等の関係者の意見交換会が平成18年10月から12月にかけて行われた。その前年である平成17年に閣議決定された「犯罪被害者等基本計画」で言及されていたこともあり、議論は主に被害者の審判傍聴についてなされた。

　意見交換会、法制審議会の検討の結果を受けて、平成20年3月には、改正法案が国会に提出され、一部修正の上、同年6月に可決・成立した。一部は同年7月に、他は同年12月に施行された。

(2) 改正の内容

　この改正は主に少年審判における被害者の権利利益の一層の保護をはかることを目的としたもので、その最も大きな改正点は、一定の重大事件について犯罪被害者が少年審判を傍聴できるようになったことである。具体的には少年法第22条の4に規定されることとなったが、傍聴の対象となるのは、被害者が死亡し、又は被害者の生命に重大な危険を生じさせた場合であり、「被害者等から傍聴の申出がある場合、かつ、少年の年齢及び心身の状態、事件の性質、審判の状況その他の事情を考慮して、少年の健全な育成を妨げるおそれがなく相当と認めるとき」に審判傍聴を許すことができるという規定となっている。

　事件の実情や加害少年について知りたい、という犯罪被害者の思いには十分に応えていくことが必要であるが、少年審判の手続が全体としては少年が健全に育つ権利の保障を目的としていることとの兼ね合いをどのように考えるかは改正論議の中でも関心が集まった。結局上記のように、「少年の健全な育成を妨げるおそれがなく相当と認めるとき」に被害者の審判傍聴が許されるという規定となり、少年の健全育成の要請が優先されることとなった。

　他には、被害者の記録の閲覧・謄写の範囲拡大（少年法第5条の2）、被害

者の申出による意見聴取の対象者の拡大（少年法第9条の2）、家庭裁判所が被害者に対して審判の状況を説明する制度の創設（少年法第22条の6）などが行われた。

(3) 改正法の運用状況等

施行後3年間（平成20年12月15日から平成23年12月31日まで）の運用状況は、「平成20年改正少年法の運用の概況」として最高裁判所から発表されている（最高裁判所ホームページ http://www.courts.go.jp/vcms_lf/240326gaikyou.pdf）。それによると傍聴対象事件548件のうち250件（507人）で被害者等から傍聴の申出がされており、そのうち傍聴が許可されたのは219件（437人）、許可されなかったのは27件（57人）、申出が取り下げられたのは4件（13人）であった。許可されなかった27件の内訳は、審判が開始されないまま検察官送致などとなって終局したことによるものが13件、傍聴の要件となる被害者の生命に重大な危険を生じたものではないと判断されたものが9件、傍聴が相当でないとされたことなどによるものが5件である。

平成20年改正少年法はその附則で、施行後3年を経過した際に、その施行状況について検討して必要な改訂をすることを定めており、平成24年3月から7月にかけて「平成20年改正少年法等に関する意見交換会」（http://www.moj.go.jp/keiji1/keiji12_00053.html）が行われた。そこで裁判所から改正法の運用状況の説明が行われており、内容は意見交換会の議事録に記載されている。これによると、傍聴事件を担当した裁判官は9割近くが審判運営上苦労した点があるとアンケートに回答しており、使用する審判廷、待合室などの検討、少年側及び被害者側双方に対して事前に丁寧な説明をすることなど、事案毎に様々な工夫がなされているようである。被害者が傍聴することにより、審判廷で少年が萎縮して十分な発言がしにくい様子であること、被害者の前で少年の良い面を裁判官が認めるような発言がしにくいこともあり、裁判官が発問に工夫したり、被害者が一時審判廷を退席するなどの措置により、少年審判の教育的機能が損なわれることがないよう取り組みがされているとのことである。

なお、上記意見交換会での議論を受けて次の少年法改正への動きが具体化してきているところである。

6　少年審判を取り巻く情勢とその課題

1）少年審判手続に求められるもの

　平成21年に家庭裁判所は創設から60周年を迎えた。『家庭裁判月報』の「家庭裁判所60周年記念特集号」において、最高裁判所長官竹﨑博允は、60周年を迎えた家庭裁判所が求められている対応として、①一般社会の権利関係と同様の司法的な原理の強化を求める方向、②家庭裁判所固有の手続の充実、機能の強化を求める流れ、③地域における家庭と少年問題に関する拠点としての機能の重視を挙げている（竹﨑、2009）。

　①の司法的な原理の強化を求める方向は、3回にわたる少年法改正に共通する方向性でもある。これは、非行事実重視と手続の透明性を要請する方向と言い換えてもよいだろう。最初の少年法改正への動きの発端が非行事実の存否をよりきちんと認定していける手続を整備する必要があるのではないかとの問題意識であったことは象徴的でもある。

2）非行事実重視の傾向

　平成12年改正で少年事件の処分を刑事裁判手続にシフトさせる改正が行われ、平成19年改正では触法少年の事件を児童福祉手続から少年保護手続にシフトさせる改正が行われた。双方とも事件の内容によって手続の対応を区別し、重大事件についてはそれぞれ一段階年長者用の手続で審理することをルール化しており、非行事実によって審理方法の区分けをするという、非行事実を重視した考え方が見られる。

　非行事実を重視する考え方は、重大な非行には厳しい処分を求めるという厳罰化の考え方の現れであり、年少者にもより厳しい処分を求める社会の思いが背景にある。だが、そのような思いと共に、事実を明確にしたい、はっきり知りたいという要求もある。

　少年審判で審理の対象となる非行事実と要保護性とを比較した場合、より客観的に捉えやすく、視点が変わっても見え方が変わりにくいのは非行事実である。非行事実によって手続を動かし、説明していく度合いを高めることにより、少年審判手続が誰にとってもわかりやすくなるという面はあり、そう考え

ると、非行事実重視ということは手続の透明性を高めることに通じている。

3）少年に対する手続の透明性―適正手続―

　少年にとって手続が透明であるということは、適正手続が保障されているということであろう。適正手続を保障するためには、審判を受ける少年自身が、今自分がどのような手続を受けているか、それはどのような意味合いのものかについて、説明を受け、理解し、場合によっては不服申立ができる権利が確保されていることが求められる。少年は、自分が犯したとされる事件の非行事実がどのようなものかについても、十分に説明を受ける必要があり、その認否についての少年の主張はきちんと審理されることが大切である。適正手続の保障と正確な事実認定があって初めて、少年自身が納得して調査や審判に臨むことができ、さらに保護処分決定を受けた場合に意欲を持ってその処遇を受けられるのである。少年が手続の枠組みへの信頼感を持てないような状態では、安心して自分の非行等について考えられず、収容処分を受けたとしてもそこでの矯正教育の効果は上がらない。

　平成12年改正での事実認定手続の適正化のための改正は、少年審判手続全体の精度を高めるという問題意識から行われており、平成12年改正での観護措置に対する異議申立て、保護処分終了後の救済手続に関する規定の新設、平成19年改正での国選付添人の制度拡充などは少年の権利保障の面での手続の強化である。

4）被害者及び社会に対する手続の透明性

　社会にとって手続が透明であるということは、社会一般の人々が少年審判の経過や結果についての情報を得ることができ、少年審判手続の中で何が行われているかがわかるということである。未成熟である少年を保護するために手続は非公開であり、報道も匿名が貫かれるが、家庭裁判所で何が行われているかについての社会の関心は高い。

　平成12年改正に盛り込まれた被害者への配慮の充実に関する諸規定、平成20年改正で取り入れられた被害者の審判傍聴等の規定は、犯罪被害者の権利利益の保護を求める世論の高まりの中で少年審判手続に加わった規定であり、これ

らの規定により、従前は完全に非公開であった少年審判手続に被害者の目や声が入るようになった。

　平成12年改正により、検察官送致となる少年事件が増えて、少年の刑事事件は増加したが、被告人が少年であっても刑事裁判は公開の法廷で行われるため、このことも、従来と比べ、少年の事件を社会から見えやすくするという効果をもたらしている。また、平成21年に、殺人罪や強盗致死傷罪など一定の重大な犯罪を対象に裁判員制度が導入され、裁判員裁判の対象事件であれば、被告人が少年であっても原則として裁判員による裁判を受けることとなり、少年の刑事事件を市民が裁く機会も出てきている。

　また、少年法改正によるものではないが、近年極めて重大で社会の関心も高い事件については、少年審判での決定要旨を家庭裁判所が公表するという運用もされるようになってきている。さらに、家庭裁判所が有識者とチームを組んで実際の事例を基に研究をし、社会からの関心が高い一定の類型の事件を起こした少年の特性などの研究結果を公表することも試みられており、平成13年には『重大少年事件の実証的研究』、平成15年には『児童虐待が問題となる家庭事件の実証的研究―深刻化のメカニズムを探る―』、平成24年には『重大少年事件の実証的研究―親や家族を殺害した事例の分析を通して―』が家庭裁判所調査官研修所あるいは裁判所職員総合研修所の監修により司法協会から出版されている。

5）家庭裁判所固有の機能の充実・強化

　最高裁判所長官が前述の「家庭裁判所60周年を迎えて」において、家庭裁判所に求められている対応として挙げていた、②家庭裁判所固有の手続の充実、機能の強化、③地域における家庭と少年問題に関する拠点としての機能の重視についてはどうだろうか。

　社会は、全体として子どもを社会の一員として育てていく役割、責任を負っているが、非行少年たちに関わる家庭裁判所はその重要な一部分を担っている。家族、地域の力、社会の中の人と人とのつながりが弱くなっている現在、自分の進む方向を見定められず、道を見失っている少年たちにそれぞれの居場所を探す支援をしていく働きは、従来以上に家庭裁判所に求められている。

言うまでもなく、子どもが大人へと育っていくにあたり、最も身近なところで恒常的に関わり、ケアをしていくのは家庭であり、保護者である。子どもは家庭から学校に通い、そこで教師との関わりを持ち、同世代の友人たちとのつながりを広げ、やがて社会に巣立っていく。こうした日常的な周囲との関係の中で生じた不安定さが非行に結びつくような状況になった時に、子どもは非行少年として家庭裁判所に現れることになる。

日常の世界で少年と関わる保護者や学校の教諭、少年が保護処分を受けた場合に少年を指導する立場となる保護観察所や少年院などとは異なり、家庭裁判所は処分決定までのごく限られた期間にのみ少年と関わるわけであるが、処分決定を控えての緊張感を伴う局面だからこそ、事態を動かせることも多い。また、家庭裁判所と学校など地域との連携により、その少年の生活の場をより安定したものにするなど、家庭裁判所から地域への働きかけを通して、社会、地域の人をも巻き込んで、その少年個々の処遇を考え、対応していく地域の力を引き出し、組み立てていく可能性もある。

このような家庭裁判所固有の機能の充実、強化はますます図られなければならない。

6）少年審判の理念の共有をめざして

前述の「家庭裁判所60周年記念特集号」で東京家庭裁判所長（当時）の門口正人は、「(「少年の健全な育成を期し」との少年法の規定は) 法の目的規定として、法の理念あるいは目的を示すものである」（門口、2009）としつつ、「（家裁の位置づけ、事件処理手続等については）社会の変化等に伴い修正を施すべきことはないか不断に検証していく姿勢が求められる」（前掲論文、16頁）としている。

少年法改正による規定の変化、あるいは時代の風潮による運用の変化により、少年法や少年審判手続は荒削りだったそれ以前の状態と比べて彫りを深め、透明度を増してきている。その変化の中で、中心にある家庭裁判所の理念は創設当初のまま今に引き継がれており、少年の健全育成が手続の目的であることは揺るがない。時代の要請に応えつつ、少年の健全育成という目的をよりよく実現していくことが家庭裁判所には求められている。

少年法改正では、少年に対する適正手続保障が強化されたが、この流れが強くなりすぎると少年審判が刑事裁判化し、手続全体が硬直化してしまうおそれがある。また、手続が基本的には非公開であることも少年のプライバシー保護の観点から前提とされるべきであり、少年あるいは保護者が少年審判では秘密が守られるのだという信頼感を持って手続に臨める仕組みは必要である。

　少年審判では、それぞれの少年の要保護性を十分に審理し、個々の少年の問題にそれぞれ異なる対応をしていくことこそが基本的な姿勢であるが、個別の問題に対応していくというプロセスにはどうしても曖昧さがあり、外から見た場合のわかりにくさにつながりがちである。だが、それを打開する方向が、個別的に対応しない、ということになってしまっては、少年法本来の目的を放棄することにもつながりかねない。非行事実認定の手続については適正化のための法改正がなされたが、要保護性審理の手続を透明化することは法改正で対応できる問題ではない。また、少年のプライバシー保護のために透明にできない部分は当然ある。しかし、要保護性を審理していくことの意味合いや必要性をきちんと社会にも納得が得られるように示し、その意味合いを社会全体で共有できるようにしていく努力が必要である。

〈引用・参考文献〉
・宇田川潤四郎（1962）「家庭裁判所の史的発展」『ケース研究』第5号（昭和37年10月）pp. 5-8
・法務省法務総合研究所編（2012）「平成24年版　犯罪白書」
・最高裁判所事務総局家庭局（2012）「家庭裁判所事件の概況―少年事件―」『家庭裁判月報』、第64巻第2号（平成24年2月）pp. 1-102
・竹﨑博允（2009）「家庭裁判所60周年を迎えて」『家庭裁判月報』第61巻第1号（平成21年1月）p. 2
・門口正人（2009）「家庭裁判所の裁判官に求められるもの」『家庭裁判月報』第61巻第1号（平成21年1月）pp. 5-41

〈推薦図書〉
　第3章末に記載

第1章　少年審判の理念と少年司法を取り巻く情勢

= COLUMN =

非行少年の更生と少年法

後藤　弘子（千葉大学教授）

　少年法を教えるとき、必ず触れる事件に、1997年の神戸連続児童殺傷事件と1999年の光市母子殺人事件がある。

　神戸の少年は事件当時14歳であったため、当時の少年法では、検察官送致をして成人同様に刑事処分ができなかった。そのため、15歳で少年院送致決定となり、その後20歳で仮退院となるまで少年院で矯正教育を受けた。

　一方、光市の少年（光市の事件なのでH少年と呼ぶ）は、事件当時18歳1か月であったため、事件は検察官送致され、2回の無期懲役の判決の後、最高裁判所で差し戻され、差し戻審の広島高等裁判所は死刑の判決を下し、2012年2月に最高裁判所が被告人の控訴の再度の上告を棄却して死刑が確定し、彼は31歳で死刑確定囚となった。

　両方の事件とも被害者遺族が本を刊行しており、それらの本は少年事件被害者について考える際にとても役に立つが、中でもぜひ読んでほしいのが、2002年に出た『淳』文庫版の光市母子殺人事件の被害者遺族の解説である。

　彼は言う。「この少年法改正を契機に、今一度少年犯罪や矯正教育のあり方について考えなければならない。それは、少年の更正（原文のママ）のために考えるのではない。犯罪による被害者をなくすためであり、その実現の手段に少年の更正（原文のママ）があるだけのことである。少年法は、加害少年のためにあるのではない。少年犯罪による被害者を一人でも減らそうとすることが大原則であり、その大原則の上に少年法の理念があるだけである」（本村洋「解説」土師守『淳』274頁、新潮文庫、2002）。

　彼は、当初裁判所が「更生の可能性がないとは言い難い」と言って選択した無期懲役について、誰が更生に責任をとるのかということを当時から繰り返し主張していた。私は彼に何回か会い、話を聞き、それを本に纏めたことがある（後藤弘子編著『犯罪被害者と少年法』明石書店、2005）。そのこともあって、彼がこの文章に込めた思いを受け止めようと努力してきたつもりである。

　少年法に限らず、すべての司法制度は、被害者の存在を前提にしている。被害者が出てから、介入のメカニズムが動きだす。そのため、最初の被害を防止することではなく、さらなる犯罪の予防が中心とならざるを得ない。さらに、司法制度が被害者にとってできることは、せいぜい何があったのかを明らかにすること、そして、被害の回復は無理だが、刑罰という形で、責任

の所在をはっきりさせることでしかない。そして、少年法は、事実の解明についても、そして責任の取り方についても、特別な方法を採用している。

特に、責任の取り方については、少年は更生の努力をすること、国はその更生を支援するという形で、今後予想される犯罪被害を防止するという責任をとる、という制度を導入している。言ってみれば、少年が更生するかどうかはあくまで、教育を行った結果であり、その結果は常に確率の問題にならざるをえない。国もできるだけの支援はするが、その支援がうまくいって少年が再び犯罪を行わないかどうかは、少年自身の問題もさることながら、少年を取り巻く環境の影響を無視することはできない。その意味で、少年法は「少年は少年院でがんばりました」「少年院はこんなプログラムを行いました」という更生のためのプロセスを説明することしかできない。

そんな少年法に対して、彼が繰り返し問うてきたのは、取り返しがつかない被害というすでにある結果に対して、「少年法は結果を出す努力をしています」という形で応答することで、被害が無視されているように感じるという根本的な問題である。成人のように、応報としての刑罰という形での応答は、たとえそれが不十分であっても、被害との「つりあい」という意味でははかりの右と左におくことができる性質を有している。しかし、プロセスという異質なものがはかりの一方におかれた場合、それがつりあっているかどうかを判断することは極めて困難である。

それでも彼は、少年法のプロセスという判断を受け入れようとする。その場合、彼が要求するのは、国が更生に対する十分な支援を行うということである。彼は言う。「更正（原文のママ）の機会を与える者は、この被害者感情を少しでも理解する努力と、その感情を如何にすれば少年に伝えることができるかを常に考えなければならない」（同273頁）と。

2012年7月犯罪対策閣僚会議は、「再犯防止に向けた総合対策」において、刑務所や少年院への再入を2021年（平成33年）までに30％削減するという数値目標を初めて明らかにした。これは、彼が言う「新たな被害者を出さないための少年の更生」という考え方に合致するものである。

ただ、そのためには、本人だけの努力だけでは十分ではないことは、「再犯防止に向けた総合対策」においても指摘されている。少年院等の施設における教育だけでは十分ではなく、「その後」の支援も重要であるとしている。少年を理由とした特別扱いを行う少年法を維持し続けることが、さらなる被害者を出さないための早道であるということをどうすれば証明できるのだろうか。未だ応えられない問いに応える努力を、関係者がそれぞれ行うことが、とりあえず私たちができることである。

COLUMN

成年後見制度と社会福祉士

高野八千代　（社会福祉法人南魚沼福祉会魚野の家施設長）

　成年後見制度は、判断能力が不十分な人を対象にその権利侵害を防止するとともに、権利行使を支援し、生活の質の維持と向上を図る手段である。2000年の成年後見制度発足に伴い、社団法人日本社会福祉士会は「権利擁護センターぱあとなあ」を組織し、成年後見人候補者養成研修の実施、候補者名簿への登録と家庭裁判所への提出、積極的な受任活動と受任者へのサポート体制の整備を推し進めてきた。現在、全国の社会福祉士会に「権利擁護センターぱあとなあ」が設置されている。社会福祉士（個人会員）による法定後見・監督人の受任、任意後見契約等の総件数は、10,010件であり（2012年1月末現在、日本社会福祉士会成年後見委員会発行「ぱあとなあ情報第38号」による）、2006年以降増加傾向を示している。背景として改正介護保険法、障害者自立支援法、高齢者虐待防止法の施行によって、福祉ニーズの高い高齢者、障害者の権利擁護の必要性が高まり、社会福祉士への受任要請につながったと分析されている。

　私は新潟県社会福祉士会に所属し、社会福祉法人の施設管理職を務めるかたわら、専門職後見人として現在2名の方の成年後見活動を行っている。後見事務の具体的な内容は、福祉サービスの利用契約の他、医療契約、売買契約、預貯金等財産の管理、遺産分割協議等であり、判断能力の不十分な被後見人の意思決定を支え、可能な限りその人らしく生活できるような後見事務を心掛けている。

　私が経験した事例を紹介したい。冬には豪雪地となる老朽化した家屋で一人暮らしをしている被後見人には、除雪の手配や家屋の修繕、ヘルパーや移動支援など必要となるサービスも多く、財産や年金収入の範囲内で各種サービス等の契約を行っている。公的サービスだけでなく、地区住民の見守りなどインフォーマルな支援もコーディネートすることによって、自宅での生活が成り立っている。

　また、親族関係の途絶で市長申立により私が後見人となった、精神障害をもつ高齢の被後見人の場合、死後のことも視野に入れて推定相続人の調査を行った。障害に起因する妄想症状等もありご本人から家族状況について聞き取ることはできず、相続人探しが難航することが予想されたため、司法書士に調査を依頼することとなった。約2年にわたる調査を経て、70歳代と80歳

代の兄弟の再会が実現した。30年ぶりの再会であり、涙を流し抱擁し合う兄弟の姿に接し、お互いが思い遣ってはいたものの、諸事情で音信不通となっていたことがわかった。菩提寺も判明し安堵するとともに、30年近く精神科病院に入院せざるを得なかった被後見人の人生を想った。精神障害者の権利擁護、社会的入院の解消を図る上で、成年後見制度の果たす役割は大きいと強く感じたエピソードである。

　一方、成年後見制度の普及により家族以外の第三者後見人として選任される専門職後見人の課題も顕在化している。例えば、専門職後見人が被後見人等の財産を横領するなど不祥事が発生し、成年後見制度そのものの存在意義を揺るがす問題ともなっている。後見人は財産に関する法律行為全般について包括的な代理権が付与されていることを重く受け止め、判断能力が十分ではない被後見人の意思を可能な限り汲み取り、最善の利益となるよう、かつ職務権限を越えて権利を侵害することのないよう自己規制が求められる。

　また、本来は後見人の権限が及ばない事項に対して、過大な役割を期待されることも課題となっている。典型的な問題が「医療同意」と「死後事務」といわれるものだ。「医療同意」の問題とは、法律上、成年後見人には医療同意権が認められていないのに、被後見人に同意能力がなく、かつ緊急手術が必要な場合など、病院から手術の同意書にサインを求められることである。「死後事務」の問題とは、被後見人の死亡によって成年後見人の権限は消滅するが、実際には身寄りがいない場合、成年後見人だった者がご遺体の搬送、埋火葬、葬儀の手配のほか、生前の未払い債務の支払い事務に関与せざるを得ない状況である。

　前述したように2000年の成年後見制度発足を契機に、家族以外の第三者後見人の担い手として社会福祉士への受任要請が増えた一方、実際の後見活動で「医療同意」や「死後事務」のような権限を超える実務に直面する事例も多くなった。そのようなとき専門職後見人である社会福祉士は、「ぱあとなあ」や家庭裁判所に対して助言・指導を仰ぎながら極めて慎重に対応をしているのが現状である。また日本社会福祉士会でも、会員の後見活動の安全と質の確保に向けた取組を行っており、定期的に後見等活動報告書の提出を求め活動内容をチェックするとともに、継続的な研修体制や相談支援体制を整備している。

　なお、成年後見制度の適用を受ける側の問題としては、選挙権や被選挙権の喪失、専門資格の欠格事由となるなど画一的、形式的に行為能力が制限されることが挙げられる。特に選挙権喪失の件は、憲法上問題視され、違憲訴訟が起きていることも指摘しておく。

第2章
少年事件における家庭裁判所の役割と家庭裁判所調査官の活動―ある傷害事件を題材に

蔵　慎之介

1　事例の紹介

　本章では、一つの事例をもとに家庭裁判所の役割や調査官の活動の実際を追っていく。取り上げる事例は傷害事件である。本事例は架空のものであるが、少年事件に多く見られる共通の要素を含んでいる。家庭裁判所における少年司法手続の流れ、そしてその中で家庭裁判所や調査官がどのように少年事件に関わっているのかを学んでほしい。

> 【事案の概要】
> 　A少年（15歳・中学3年生、以下A）は、11月16日の午後9時頃、B少年（15歳、以下B）、C少年（16歳、以下C）及びD少年（16歳、以下D）と共謀の上、ゲームセンター○○○の駐輪場において、被害者X（15歳、以下X）がかねてからAらの陰口を言っていることなどに因縁をつけたが、その際Xの態度が悪かったため、CとDがXの背中や大腿部に殴る蹴るの暴行をし、AとBはXの大腿部を蹴る暴行を加え、Xに加療約2週間を要する大腿部擦過傷及び背部打撲傷の傷害を負わせた。

2　家庭裁判所での事件受理と観護措置

> 　Xから警察署に提出された被害届を受け、Aら4人（以下Aら）は11月18日に警察官に通常逮捕された。また、同20日に検察庁に送致された後、検察官の請求により勾留されることになった。

> そして、12月2日、Aらの傷害事件が検察庁から家庭裁判所に送致されてきた。裁判官により観護措置決定がなされ、Aらは少年鑑別所に送致された。

　家庭裁判所に事件が送致され、これを受理した時点から家庭裁判所のかかわりが始まる（「事件の係属」という）。本事例の場合、逮捕及び勾留により少年の身柄付きで家庭裁判所に送致されており（「身柄事件」。これに対して、身柄を伴わずに法律記録だけが事件として送致された場合を「在宅事件」という。詳細は第3章参照）、身柄付きで送致されると裁判官が観護措置をとるか否かを検討する。

　観護措置（少年法第17条）とは、家庭裁判所が調査や審判をするために、少年の身柄を保全しておく措置のことで、①少年を家庭等に置いたまま、調査官が随時連絡を取りながら少年を確保しておく「調査官観護」と、②少年を少年鑑別所に収容するものの2種類があるが、実際の運用は②がほとんどであり、以下の説明はもっぱら②に関するものである。少年鑑別所とは、主として、観護措置決定がなされた少年を収容し、家庭裁判所が行う調査、審判等に資するため、医学、心理学、教育学、社会学等の専門的知識に基づいて、資質の鑑別を行う法務省の施設である（詳細は第6章Ⅰ参照）。

　観護措置をとる要件としては、①審判条件があること、②少年が非行を犯したことを疑うに足りる相当の理由があること、③審判を行う蓋然性があることに加え、④観護措置を行う必要性が認められることが挙げられる。④の観護措置を行う必要性とは、㋐調査、審判及び決定の執行が円滑、確実に行われるために少年の身柄を確保する必要があること（少年の住居が不定又は逃亡のおそれがあるため、少年の出頭確保の必要性があるとき、証拠隠滅の危険性があるため、証拠保全の必要性があるとき、のいずれかの事由に該当する場合）、㋑少年が緊急の保護を必要とする状態にあること、又は㋒少年を収容して心身鑑別を行う必要があること、のうちいずれかの事由が存在することである。観護措置は、家庭裁判所に事件が係属中であればいつでも可能であるため、送致機関から身柄付きで送致されてきた場合以外にも、在宅事件において、調査又は審判中に観護措置をとる必要性が判明した場合などにおいてもとることがあ

る。

　なお、少年鑑別所に収容して行う観護措置の期間は、通常は、原則として2週間であるが、特に必要がある場合には1回だけ更新することができ（合計4週間まで収容可能）、実務上は更新されることがほとんどである。また、平成12年の少年法改正により、一定の罪に当たる事件で事実認定のために証人尋問等を要する場合について、さらに2回を限度として更新を行うことが可能となった（最長8週間まで収容可能）。

3　家庭裁判所調査官の仕事（Ⅰ）―事件受理から調査計画まで―

> 　観護措置手続の終了後、裁判官が法律記録の精査を行って調査命令を出し、12月3日に、担当の裁判所書記官から担当調査官に法律記録が引き継がれた。審判日は12月26日に決まり、Aには付添人として弁護士が選任された。また、共犯少年のB、C及びDは、それぞれ別の調査官が担当することになった。Aの法律記録を受け取った調査官は、記録を丹念に読み始めた。

　事件を受理すると担当の裁判官が法律記録を精査し、審判条件や非行事実の存否について「法的調査」を行う。「法律記録」とは、少年事件送致書及びその添付書類である供述調書や証拠品の写真など、司法警察員や検察官が作成した書類を中心とした冊子で、「（少年保護）事件記録」ともいう。その後、裁判官による調査命令を受け、調査官が少年の要保護性を判断するための「社会調査」を行うことになる。「法律記録」に対して、調査官が社会調査の中で作成する少年調査票・意見書や各種照会書等を編綴したものを「社会記録（又は少年調査記録）」という。社会記録は、少年ごとに作成し、調査や審判の中で活用されるほか、家庭裁判所で事件が終局した後には保護処分の執行機関等にも送付されて処遇の参考資料とされる。

　さて、調査官が社会調査を開始する当初においては、過去に係属歴があって既に社会記録が作成されている場合を除いて、法律記録がほぼすべての情報になるため、まずはこの法律記録を丹念に読むところから調査が始まる。法律記

第一部　家庭裁判所と少年非行

録の中には少年、保護者、共犯者、被害者などの供述調書が含まれる。そこには少年の身上に関する内容や非行の動機・態様など様々な情報が盛り込まれているが、調査官はどのような点に着目し、どのようなことを考えながら法律記録を読むのであろうか。

　　　Aの担当調査官が法律記録から読み取ったことや考えたことは以下のとおりである。
【Aの家庭裁判所係属歴など】
　　Aが家庭裁判所に係属するのは今回が初めてである。児童相談所などの児童福祉機関での措置を受けたこともなさそうである。
【非行内容の要旨】
　　Xが、かねてからAらに対して「不良ぶって調子に乗っている」、「ゴミ野郎」などと陰口を言っていたため、AらはXに不快感を抱いていた。そして、夜、共犯少年らと一緒に地元のゲームセンターで遊んでいる際にXを偶然見かけると、Cが突然思い出したようにXへの怒りをあらわにし、「ボコボコにしてやろう」と言い出した。Aも、日頃たまっているXに対する鬱憤を晴らすちょうどよい機会だと思ってこれに同意した。Aらは、店外で待ち伏せをした後、自転車に乗ろうとするXを4人で取り囲み、CがXの腕をつかんで、Aらの陰口を言っていたことを問い詰めた。しかし、Xは怖がる様子もなく、面倒くさそうに否定したため、CとDが立腹してXの背部や大腿部に殴る蹴るの暴力を加えた。Aも、Xの態度を見ているうちに怒りがこみあげてきたため、BとともにXの大腿部を蹴り、「誰かにチクったら生かしておかねぇからな」と口止めしてXを解放した。
→最初に犯行を言い出したのは、Cであるが、Aもこれに安易に同調して暴行を振るっている。XがAらの陰口を言っていたことが事件の発端のようだが、なぜ、事件にまで発展しなければならなかったのだろう。Aらは、今までどのような陰口を言われ、それに対してどのような思いを抱いていたのだろうか。
【共犯少年及びXについて】
　　B及びXは、Aと同じ中学校に通う3年生である。また、Cは定時制高

校1年生、Dはとび職で、2人ともAが通う中学校の先輩である。Aらは、Cの学校やDの仕事が終わる午後9時頃になると、毎日のように地元のゲームセンター等に集まって遊んでいた。
→Aらは、どのような仲間で、互いの力関係はどうだったのだろうか。また、AらとXは日頃どのような関係だったのだろうか。

【Xの被害内容】
　Xから提出された診断書、負傷部分の写真及びXの供述調書によれば、負傷部分が赤く腫れ、痛みが数日間続いたようである。
→身体的な傷以外に精神面での不調や日常生活への支障はないのだろうか。また、Xとその家族は、本件やAらに対してどのような感情を持っているのだろうか。さらに、本件後、被害者への謝罪や治療費の支払等はなされているのだろうか。

【Aの生活史】
　Aは、出生時から現在の住所地に住んでおり、地元の保育園、公立小学校を卒業した後、現在通う公立中学校に進学し、中学2年2学期まで野球部に所属していた。中学3年生になってから、授業妨害などの問題を起こすようになり、学校教諭らも手を焼いていることが担任教諭の供述調書からうかがえる。
→Aが学校で不適応を起こすようになったのは、なぜだろうか。野球部ではどの程度力を入れて活動していたのだろう。Aが校内で問題を起こしていることに、保護者はどのように対処していたのだろうか。また、受験の時期も近づいているが、Aの学業成績や進学意欲はどうなのだろうか。

【Aの家庭状況】
　Aの家庭は、長距離トラックの運転手をしている父（40歳）、工場でパート勤務をしている母（39歳）、及び保育園に通う妹（5歳）の4人家族で、郊外の住宅街にあるアパートに居住している。母の供述調書によれば、経済的に楽ではないという。
→父母共働きだが、仕事は忙しいのだろうか。また、父母間、親子間及び年の離れているきょうだい間の関係はどうなのだろうか。

【Aの性格・行動傾向】

> 　保護者や担任教諭の供述調書によれば、Aは明るくて元気だが、周囲に流されやすく、気に入らないことがあるとすぐに不機嫌になるようである。
> →日頃、Aの粗暴傾向をうかがわせるような言動はあるのだろうか。また、感情を適切にコントロールすることはできるのだろうか。

　以上に掲げたことは法律記録から得られた情報の一部であるが、調査官は、非行、家庭、少年の人格などをポイントとしてケースイメージを膨らませながら記録を読み進め、事例の見立てを行う。また、法律記録では、非行事実に関する資料が大部分を占めていて要保護性に関する情報が少ないため、調査の中でこれらの情報を収集していくことになる。そして、調査を進める中で新たに得られた情報を元に、当初の見立てを検証・修正しながら事例理解を深めていく。

　さて、いつ、誰（どこ）に対して、どのような調査を行うのかという調査計画を立てるに当たって、まずは調査期間を念頭に置く必要がある。調査官は、最終的に少年調査票に調査結果をまとめ、処遇意見を付して裁判官に提出するが、一般的には審判の2日前頃までに提出することが多い。本事例の場合、12月24日頃を目途に提出するため、調査に使える期間は約3週間となる（ただし、土休日は調査ができないほか、他にも身柄事件や在宅事件を抱えているため、実質的に調査に使える時間はもっと限られてくる）。そして、この調査期間において、少年鑑別所に少年と面接するため出向く回数と期日、保護者面接の期日、関係機関への出張の要否や各種照会書の照会先などについての具体的な計画を立てることとなる。

　なお、本件では一人の調査官が担当しているが、複雑・困難な事案においては、複数の調査官による調査（実務上、「共同調査」と呼ばれる）が行われることもある。

4　家庭裁判所調査官の仕事（Ⅱ）―調査の着手から審判まで―

　以下では、Aの担当調査官の調査過程を日付に沿って具体的に追っていく。ここでは、本件のような事例において多くの調査官がとると考えられる調査方

法を取り上げるが、これらがすべてというわけではない。実際は、各調査官が事例ごとにふさわしい調査方法を選びながら進めることになる。それぞれの調査の性格や目的については各調査場面において解説するが、調査官がどのようなことを考えながら、どのような手順で調査を進めるのかを理解してもらうことに主眼を置いているため、面接場面は部分的かつ簡潔な記載にとどめてある。

> **1）12月3日：保護者あて調査期日通知書（呼出状）及び各種照会書等を送付**
> **(1) 保護者あての調査期日通知書（呼出状）及び保護者照会書を送付**
> 　面接日を12月16日に設定し、父母双方の出頭を求める調査期日通知書（呼出状）と保護者照会書を送付した。また、同時にAの小学校及び中学校の通知表並びに示談書など被害に関する資料の持参を指示した。

　保護者とは、「少年に対して法律上監護教育の義務ある者及び少年を現に監護する者」（少年法第2条第2項）で、前者を「法律上の保護者」、後者を「事実上の保護者」という。親権者である父母のほか、未成年後見人、継父母も含まれる。身柄事件の場合、父母が揃っていれば、双方を出頭させることが多い。

　保護者の調査期日は、少年に1～2回面接を行って非行事実や家族関係などについての情報を一通り得た後に設け、その後、保護者から聴取した内容を踏まえてさらに少年の面接を1～2回実施する。また、調査期日には、家族構成や少年の生活史などの記入を求める保護者照会書のほか、少年の学業成績表、給与明細書や被害弁償に関する書類（例えば示談書、領収書、謝罪文）などの持参を求め、調査の参考資料とすることもしばしば行われる。

> **(2) 中学校あて電話連絡・学校照会書送付**
> 　Aが通う公立中学校あてに、学校照会書を送付した。また、中学校を訪問してAの学校生活や処分に関する意見等を担任教諭や生徒指導担当の教諭などから直接聴取するため、中学校あてに電話連絡をした。電話応対し

た担任教諭に、学校照会書を送ったことを伝え、12月9日に中学校を訪問することを打ち合わせた。

　学校照会は、少年法第16条第2項に基づく「協力依頼」の一つとして行われる。学校照会書からは、学業成績、性格、生活態度や家庭状況などに関する有益な情報を得ることができるため、多くの事例で照会がなされている。特に中学校に対する照会は、在学生はもちろんのこと、卒業生に関しても実施することが多い。また在学生の場合、必要に応じて、学校教諭に対して電話や面接による調査を行い、照会内容を補強することも行われる。

　なお、少年が、児童相談所での指導を受けていたり、保護観察処分に付されたりしたことがある場合には、指導経過や指導上の問題点などに関する情報を得ることを目的として、児童相談所や保護観察所等に対して照会を行う。これらは、少年法第16条第1項に規定されており、実務上「援助依頼」と呼ばれる。

2）12月4日：被害者照会書送付
　共犯事件であるため、共犯少年らの担当調査官と相談してAら全員に関する照会書を作成し、X及びその保護者に対して送付した。また、被害者からの要望があれば、面接調査の実施も検討することとした。

　かつて家庭裁判所は、交通事件など一部を除き、被害者に接することに消極的であった。しかし、近年、被害者の法的地位を認める立法が相次いでおり、少年司法の実務においても被害者の視点は欠かせないものとなっている。

　一定の事件については、まず、事件を受理した段階で、裁判所書記官が被害者等のための手続（「記録の閲覧及び謄写」、「被害者等の申出による意見の聴取」、「審判結果等の通知」並びに「少年審判の傍聴」など）に関するパンフレットを被害者に送付する場合も多い。

　また、調査官は、社会調査の一環として、被害程度の詳細、被害による心身の影響、示談や謝罪の状況及び少年の処分に関する意向等について、照会書、電話や面接による「被害者調査」を行い、少年・保護者に対する調査や審判に反映させることが行われている。本事例においては、照会書による調査を行っ

ているが、被害者等から調査官に直接会って話をしたいとの要望がある場合のほか、特に重大事案においては、被害者に直接会って話を聞くことが多い。被害者と面接をするにあたっては、被害者が二次被害を受けることがないよう、少年司法手続や被害者調査の目的を丁寧に説明し、被害者の置かれた状況や心情を理解するよう努めながら進めている。また、書面による調査であっても、回答の任意性を伝え、書面の記載内容や表現を工夫するなど、被害者の自主性を十分に尊重するよう工夫している。

3）12月5日：少年鑑別所においてAと面接（第1回）

担当調査官は、最初に自己紹介をし、非行事実の確認を行った。Aは事実を認めたため、調査の目的や手続の流れについて簡単に説明し、少年鑑別所での生活状況や保護者等の面会の有無も尋ねた。Aは、生活には徐々に慣れ、前日に母が面会に来たという。そして、母の前ではあまりしゃべることができなかったが、すぐに会いに来てくれたことは嬉しかったと口にした。

続いて、事件の動機や経緯について話題を移した。Aが話した事案の経緯はおおむね供述調書どおりであったが、調査官とAのやりとりから次のようなことも明らかになった。

「Aは、中学2年時の12月に右足を骨折してしばらく休部せざるを得なかったことや元々顧問との折り合いが悪かったことから、3学期に退部した。また、Bも野球部のメンバーだったが、Aよりも先に退部していた。Aは退部するとゲームセンターに頻繁に行くようになり、同じく頻繁に出入りしていたB、C及びDらと親しくなって4人で喫煙や夜遊びなどの不良行為をするようになった。また、Xとは小学生時代からの友人で、少年野球や中学の野球部でも一緒に活動し、中学1年時までは仲のいい友人だった。しかし、Xは、中学2年時の3学期になってからAのことを避けるようになり、Aらの陰口を言うようになった。CやDは、Xのことを生意気な後輩だと思っていながらも特段のトラブルに至ることはなく、CとDが中学校を卒業してからは、Xのことが話題に上がることはほとんどな

かった。偶然Xに出くわして本件に至ったが、Cが先に暴行していなければ自分はやらなかったし、4人の中では自分が一番手加減したとAは感じている。」

　Aは、年齢の割にはしっかり話せる少年だった。しかし、Aからは反省している様子はうかがえず、むしろ、共犯少年に責任を転嫁し、自分は罪が軽いと主張しているようにも感じられた。

　続いて、今までのXとの関係やXに対する感情に焦点を当てて面接を進めた。しかし、Aは、Xに陰口を言われたことへの不満を繰り返すばかりで、具体的なエピソードやA自身が抱いた気持ちについては漠然としたままであったため、過去に遡って事実を細かく確認しながら話を聞いていった。すると、Aは、時には沈黙しながらじっくり考えて思い出そうと努め、少しずつ自分の感情を整理しつつ話していった。Aによれば、「中1の時までは、お互いの家を行き来して遊ぶことが多く、野球の話でよく盛り上がっていた。しかし、中学2年になって違うクラスになってからは、部活の中だけのつきあいになった。そして、その冬、練習中にAが骨折をした際、他の部員は介抱してくれたが、Xは自分の練習に熱中するばかりでAには見向きもしなかったので、この頃からXのことを『冷たい奴』と感じるようになった。そして、部活を辞めてからAが派手な風貌になり、共犯少年らと不良行為を始めると、Xが部員や級友に対して、陰でAらを見下すような言動をしていることを友人から聞いた。これを聞いて腹が立つこともあったが、かつて仲良くしていたこともあり、けんかをしようとまでは思わなかった。しかし、中3になってもXの陰口は続いたため、卒業までに仕返しをしてやりたいと思うようになった。本件時には、Xを痛めつけてやりたい気持ちもあったが、CやDが加えた暴力に痛がっていたことや、昔、一緒に遊んだ時の記憶が蘇ってきたことから、思い切りは蹴れなかった」と言う。Aの言葉からは、Xに対する複雑な感情が読み取れた。

　面接開始から約2時間が経過したため、次回の面接までに、今回の事件で誰にどんな迷惑をかけ、それに対してAはどうしていきたいかについて考えておくように伝えて面接を終了した。

第 2 章　少年事件における家庭裁判所の役割と家庭裁判所調査官の活動

　調査官の調査方法の中で、最も重要な位置を占めるのが面接である。少年の処遇を検討するための情報を収集することが最終的な目的ではあるが、一方的に情報を得るだけではなく、少年や保護者に対して事件や今までの生活のことを熟考させたり、調査官から少年や保護者の問題点を指摘したりといった教育的・指導的な働きかけを伴いながら進められる。調査官は、少年や保護者が調査官からの働きかけや問題点の指摘をどのように認識し、どのような反応を示すのか、そして、非行につながった誤った考え方や行動を変えていくことができるのかどうかという点を見極めながら、必要に応じてさらなる働きかけや指導を行っていく。このように、調査面接は、調査官と少年・保護者の間での相互作用を通じて展開していく力動的なものであり、その中で調査官は少年にどのような処遇が必要かを探っていく。

　また、面接を行うに当たっては、少年や保護者の話に耳を傾けてしっかり話を聴き（傾聴）、受容的・共感的な理解を示しながら信頼関係（ラポール）を築いていくなど、カウンセリングや心理療法と共通する部分もあるが、司法機関における公的な目的の下で行われるという特殊性による相違点も多い。

　例えば、少年事件の場合、何かしらの問題を解決したいという少年の意思や自発性の有無とは関係なく、家庭裁判所に事件が係属することによって、手続（調査）の一環として面接が行われる。さらに、調査官の面接には背景に司法的権威があることも特徴である。つまり、調査官は少年の処分について裁判官に意見を提出する立場であり、少年はその処分が決まる審判を控えた状況に立たされている。審判を目前に控えることによって少年は緊張感や切迫感を持つものである。そのような状況であるため、普段は自己を改めようとしなかったり、できなかったりする少年であっても調査官の指導や助言を真剣に聞いて考えようとする姿勢になることが多く、少年に非行の重大性を認識させ、問題点を改めさせるという効果を得やすくなる。一方、少年や保護者が過度な不安や緊張感を抱いて混乱したり、落ち着いて物事を考えられなかったりするような場合には、話しやすい雰囲気を作りながら面接を進めていくことも求められる。このように、調査官は少年の特性に応じて司法的権威の長短をうまく活用しながら面接を進めていくことになる。

　身柄事件の場合、少年と面接する場所は少年鑑別所の面接室である。面接

は、事案の内容にもよるが、1時間半から2時間程度、おおむね3〜4回実施する。初回面接は、少年と調査官が初めて出会う場であり、少年側も緊張していることが多い。面接の導入場面では、非行事実に誤りがないかどうかを確認する。そして、調査の目的や手続の流れについて少年にわかりやすいように説明し、家族の面会状況や少年鑑別所での生活状況等を確認しながら少年の不安や緊張を和らげる作業を行う。時折、言語表現が苦手だったり、ふてくされた態度を見せたりする少年も見られる。そのような少年の言動によっては、調査官の内面に苛立ちなど様々な感情が生じてくるが、調査官は自己の感情に気づいて適切にコントロールし、少年に対して、いつ、どのようなかたちで感情を示すのか、あるいは示さないのかについて吟味をしながら面接を進めていく。

なお近年、「生物」、「心理」、「社会」の3つの観点から少年を理解する「生物─心理─社会モデル」の活用のほか、非行の類型毎に調査における着眼点等をまとめた「調査支援ツール」を利用したアセスメントなども行われている。

4）12月9日：中学校を訪問し、担任教諭と面接

中学校に着くと、Aの担任教諭が対応してくれた。同教諭によれば、Aは、2年生までの出席状況は良かったが、3年生に進級してからは遅刻や早退ばかりの状態であるため、たまに登校した際も相談室で授業を受けている。学業成績は総じて芳しくなく、2学期の成績は今まで以上に悪い評価となることが予想されるため、志望校である○○工業高校の合格は厳しそうである。

また、Aはやや短気で、些細なことでかっとなることがあるが、暴力沙汰にまで発展することはなかったようである。ただし、授業妨害や校内での喫煙等が度々あり、これらの問題を起こした際に教諭がAの保護者を呼んでも父は一度も学校に来たことがなく、影の薄い存在だという。また、母は学校に協力的だが、弱腰で頼りない印象を受けるという。

なお、審判には、担任教諭が出席する予定であり、また、近々少年鑑別所にAの面会に行く予定とのことであった。

学校訪問は、学校関係者から少年の情報を得ることのみならず、少年が実際

に日々学んでいる場や学校周辺の地域環境を直接調査官の五感で捉えることができる点に意義がある。家庭訪問や職場訪問についても同様のことが当てはまるが、事例に応じてその要否を判断することになる。

なお、中学校在学生の身柄事件で、特に中学校に復学することになる在宅処分が見込まれる場合、本事例のように学校教諭に対して少年鑑別所への面会や審判への出席を促すことが多い。これは、学校教諭から助言や励ましの言葉などをかけてもらって少年の更生意欲を喚起させ、今後の中学校と少年との関係を強化するためである。

5）12月11日：少年鑑別所においてAと面接（第2回）

前回の面接で、「宿題」として考えるように指示した内容に触れてみた。Aは、本件で迷惑をかけた相手として家族、担任教諭の順に挙げ、しばらく間を置いてからXを挙げた。

Aは、家族、特に母親について、忙しい合間を縫って少年鑑別所に面会に来てくれることや、今まで何度も問題行動を起こして手を焼かせてきたことを詫びた。Aが問題を起こした時に学校に呼び出されるのはいつも母で、父は、母に責任を押し付けるだけだったという。「父にも迷惑をかけたかな？」との調査官の質問に対してAは「微妙」の一言だった。そして、Aによれば、父は高熱が出ても出勤するくらい仕事熱心で、一家の大黒柱としては必要な存在であるが、Aが今まで問題を起こした時はAを殴って一喝するだけで、親身に関わってくれたことはなかったため、面会や審判には来てくれないだろうと口にした。父に面会に来てほしいかを調査官が尋ねたところ、Aはしばし間を置いて、「来たら奇跡ですよ」と苦笑いした。

また、Xに対しては、「痛かったと思う。俺たちにむかついてるかも、多分」と他人事のように言い、依然として反省の色はうかがえなかった。「君もXにむかついていたんだよね、きっと」と調査官が言葉を返すと、Aはうなずいた。そして、「むかつき」の内容を詳しく尋ねていくと、Aが野球部を辞めたことでXに「根性なし」、「弱っちい」などと小馬鹿にされることがあったり、Xが校庭で練習に励んでいる姿や夏の引退試合で優

勝し勝ち誇っている姿を見たりして、とても悔しくて不快な思いをしたことを打ち明けた。Aの野球に対する思いは伝わってきたが、部活を辞めた時の辛い気持ちが未整理のままであるように思われた。Aの気持ちを保護者や学校教諭はどのように受け止めていたのだろうか。この辺りを調査してからでないと、本件やXに対する真の反省は得られないように思えたので、次回の面接で確認することにした。

6）12月13日：被害者照会回答書受理

Xあてに送付した回答書が返送されてきた。Xは未成年者であるため、実際に回答書に記入したのは、保護者（父）のようである。書面には、Xが本件後間もなく医者に行って治療を受けたこと、その後、2度に渡って通院したこと、さらに、学校には登校しているが、Aらが学校に戻ってくるのを恐れていることや受験勉強に力が入らなくなっていることなどが本件後の生活状況として書かれていた。また、被害弁償や謝罪については、「現在、加害少年の弁護士と交渉中」とだけ記入されていた。Aらに対しては、厳しい処分を希望する旨が記載されており、被害感情が悪いことが読み取れた。

被害者照会の回答を調査や審判でどのように生かすかは、事案の性質、少年の能力や回答の内容などによって様々である。被害者が事件によって被った精神的な影響や日常生活での支障などについて少年の考えが十分に及ばない場合、回答書に記載された被害者の「生の」声を伝えることによって、少年の気づきや被害者への共感性を高めるきっかけになることも多い。

7）12月16日：家庭裁判所において保護者と面接

果たしてAが言っていたとおり、母しか出頭しなかった。父は、仕事が忙しくて今日は都合がつかないという。

母は、Aが少年鑑別所に入所したことについて、ショックではあったが、やっと捕まってくれたというほっとした思いの方が強いと口にした。

第 2 章　少年事件における家庭裁判所の役割と家庭裁判所調査官の活動

　Aは、野球部を退部するまではほとんど手がかからず、野球一筋で黙々と練習に打ち込んでいたが、退部してからは堰を切ったように母に対して反発し、家族に暴力を振るうことはなかったものの、深夜徘徊や喫煙などが始まったという。母は、Aの急な変化にどう対応すればよいかわからずに父に相談をしたが、父はAの頭を数発殴って母に責任転嫁するだけで、全く協力を得られなかったと落胆気味に話した。Aは父を恐れて避けており、3年生の夏休みに、喫煙をしながら深夜に帰ってきた際に酔った父に暴力を振るわれたことがきっかけでC宅に1週間以上家出をしたという。2学期になってからはますます登校しなくなり、たまに学校に行っても授業妨害をしたり、学校教諭にけんかを売ったりしていたようである。学校からの要請で母がAを引き取りにいくことが増えたが、父に相談しても逆効果だと思ったため相談できず、Aにどう対処したらよいかわからずに当惑している中、本件が起きたと語った。そして、父の協力が得られず、母一人ではどうすればよいのかわからないので、母方祖父母に相談して付添人を選任することにし、主に被害者対応について助言を得ているという。
　また、母によれば、父はAが生まれる前から長距離トラックの運転手をしており、自宅に戻ってくるのは週の半分程度で、家には寝に帰るだけである。Aが小学生の頃には、休みの日にキャッチボールをしたり、野球観戦に連れていったりすることもあったが、仕事が忙しくなるにつれてそのような機会は減ったという。そして、父はAが本件で逮捕までされたことにはさすがに驚いているが、面会や審判などには一切行かないと断言しているとのことで、母は父に協力を求めることをはなから諦めている様子であった。また、Aが10歳の時に妹が生まれたのを機に、母は妹にばかり手をかけるようになって寂しい思いをさせてしまい、Aを、父にも母にも見捨てられたような気持ちにさせてしまったかもしれないと、母は涙ながらに語った。
　Aが野球部を退部したことについては、「Aが野球好きだったのはわかっていたが、プロになるわけでもないし、骨折までして続けなくてもよいと思った」と淡々と語った。その時のAの気持ちを尋ねても「厳しい練習から解放されて気が楽になったのでは」と述べるだけで、母には、Aの

> 辛い気持ちが伝わっていなかったようである。
> 　最後にAの処分について調査官が尋ねると、反省して生活を改める決意をして、家に帰ってきてほしいと述べた。また、母としてAのために何ができるかを尋ねると、「妹にばかり手をかけずに、Aの心にも寄り添えるようにしたい。家族全体が変わっていかないといけないが、父についてはどうすればよいのか…」と述べた。
> 　まだ漠然としているとはいえ、母には、Aに更生してほしいという気持ちがうかがえ、自分自身も変わっていくという意気込みが感じられる。問題は、父である。Aのためには父の協力が不可欠であると思われるため、できれば父とも話をしたい。しかし、父から調査官に連絡してもらうことは期待できないため、近いうちに調査官から父あてに電話連絡を試みることにした。

　保護者は、少年の権利・利益の擁護者としての側面があることに加え、少年の家庭環境、生活史や人格などを把握するための重要な調査対象となる。保護者面接は、家庭状況や家庭史などを具体的に聴取する中で非行の背景を探り、あわせて、非行や少年の性格に対する認識、今後の指導方針などを聴取する中で保護能力や監護意欲を把握することを目的とする。

　保護者面接は1～2回行うことになる。少年の父母が揃っている場合、双方から話を聞く方がより多面的な事例理解ができるため、特に身柄事件においては、父母双方に会うことが望ましい。ただし、父母が同じ日に出頭することが難しい場合にはそれぞれ別々の期日を設けることもある。

8）12月19日：少年鑑別所においてAと面接（第3回）

　野球部を退部したことがAの生活が崩れる大きなきっかけになっており、Xに対する感情にも影響を与えているように思われたので、部活を辞めたことに対する家族、学校の対応やそれに対するAの思いを聞いてみることとした。Aによれば、母には「骨折して周りに迷惑かけてまで野球なんかやらなくていいわよ」と冷たく言われ、父には、「情けねえ」の一言で済まされてしまい、顧問の教諭にも「骨折で練習に出られないなら、も

第2章　少年事件における家庭裁判所の役割と家庭裁判所調査官の活動

う辞めろ」と言われ、非常にショックだったと語った。Aの怪我の痛みや好きな野球をできない辛さを受け止めてくれる大人が誰もおらず、特に親が自分の野球に期待していないような発言をしたことに傷ついたようだ。傷ついたAを受け入れてくれたのは、共犯少年らだけだったのかもしれないと調査官は感じた。

　また、父母についてさらに聞いていくと、中学3年時の夏休み前に進路について母に相談をしても親身に話を聞いてくれなかったことを挙げた。母が、妹にはお節介なくらい面倒をみるのに、Aに対してはあまり関心を示してくれなかったことが不満だったようである。そして、家にいても面白くなかったため、夏休みからはどんどん生活が崩れ、同時に母にも避けられるようになってますます家の中では孤立感を深め、共犯少年たちと一緒にいる時が唯一楽しかったと、Aは振り返った。調査官からは、母が、妹ばかりに気をとられてAに十分気配りができなかったことを申し訳なく思っていたことや、これからはAのために母も協力していきたいと語っていたことを伝えると、驚いた様子を見せた。また、父に対しても審判に出席してもらえるよう働きかけてみることを伝えた。

　さらに、被害者照会書回答のうち、Xが事件後に被った影響などをかみ砕いて伝えると、Aは真剣に聞いていた。そして、確かにXにも非がなかったわけではないが、決して本件のような解決方法が許されるわけではないことを調査官が説諭すると、Aは、Xに謝罪したいが、謝っても許してもらえないかもしれない、と言葉を詰まらせながら述べた。

　最後に、今後の抱負を尋ねると、Aは学校に真面目に登校し、志望校に必ず合格できるように勉強の遅れを取り戻すことや、共犯少年らと再び関われば元の生活に戻ってしまうおそれがあるため、今後一切関わらないことを挙げた。その後、審判の進め方や処分の種類を説明し、裁判官がAにとって最も適切な処分を決めることを伝えて面接を終結した。

　面接の中では、調査過程で得た情報を元に、非行、家族や少年の人格などについての調査官の理解や少年の課題を少年に伝え、確認しあう作業を随時行う。また、審判の進め方や処分の内容を説明することは、少年に対して審判や

55

処分の動機づけをすることにもなる。

> **9）12月19日：少年鑑別所の技官とカンファレンス**
>
> 　Aとの面接を終えた後、少年鑑別所の技官とカンファレンスをすることにした。Aの担当技官によれば、知能検査から判明したAのIQ（知能指数）は90（中の下程度）で、基礎的な理解力はあるが、柔軟な思考が不得手で、その場の気分に支配されやすい傾向がうかがえるという。また、家族画には、父を除く家族全員がテーブルで食事をしている場面が中央に、トラックを運転している父が端に小さく描かれているが、各人の顔はあまり表情がなく、登場人物の個性が感じられない描き方になっていた。
>
> 　少年鑑別所内の生活状況としては、特に職員に指導をされるようなことはないが、与えられた課題を受け身で淡々とこなすだけで、積極性はあまり感じられず、貼り絵などの作業もやや雑であるとの報告を担当教官から受けているとのことであった。
>
> 　なお、担当技官は、在宅処遇（保護観察）の意見を検討しているという。

　少年鑑別所では、鑑別面接、行動観察や医学的診断の結果などを検討して鑑別判定（処遇意見）を行い、少年の資質の特徴、非行要因、改善更生のための処遇指針等とともに「鑑別結果通知書」にまとめるが、これを主として担うのが、心理専門職員である鑑別技官（法務技官）である。鑑別に際しては、面接に加えて心理テストも活用されており、通常は、まず集団式のテストを実施して必要に応じて個別式のテストを行うことになる。また、少年の教育や指導に携わる専門職員として法務教官も配属されており、少年の行動観察などを行っている。行動観察においては、作文指導や貼り絵制作などが行われており、これらの結果も鑑別結果通知書に反映される。

　なお、鑑別結果通知書は審判までに家庭裁判所に提出され、審判の一資料として利用される。調査官は、鑑別技官や法務教官と情報交換しながら調査を進めていくことになる。

10) 12月20日:父あてに電話連絡

　父の携帯電話に連絡をしたところ、父は無愛想な口調で電話に出た。仕事の真っ最中だが、短時間なら話せるとのことだったため、Aが父に抱いている思いを伝え、Aの立ち直りのためには父の協力が欠かせないので調査や審判に出席してほしいと伝えたところ、「忙しくてあいつに構っている暇なんかない。母にすべて任せてある」と不機嫌になり、一方的に電話を切られてしまった。

11) 12月20日:家庭裁判所において付添人と面接

　付添人によれば、Xの保護者はAや保護者らとの直接的な接触を拒んでいるため、治療費・慰謝料とAの母が作成した謝罪文を、付添人がXの保護者に手渡したという。その際、今後、Xとは一切関わらないよう言われたとのことである。また、付添人としては、Aが反省の様子や受験への意欲を見せていること、保護者の監護に期待できることや被害弁償等がなされたことから、保護観察処分が相当と考えているとのことであった。

　付添人は、少年の正当な利益を擁護し適正な審判や処分決定のために活動することを任務とする。平成22年には一般事件の13.9%において付添人が選任されている（「家庭裁判所月報」第64巻第2号29頁）。弁護士以外の者を付添人に選任するには家庭裁判所の許可が必要（少年法第10条）だが、実際は弁護士が選任されることがほとんどで、平成22年の場合、一般事件で選任された付添人の97.0%が弁護士である（「家庭裁判月報」第64巻第2号31頁）。

　また、付添人の役割は、刑事裁判における弁護人と共通する面がある一方、少年事件の独自性に基づく相違点もある。つまり、少年の権利を擁護する代弁者としての「弁護人的性格」とともに、少年の健全育成のために家庭裁判所に協力や援助をする「審判協力者的性格」も有しているため、処分を軽くすることばかりではなく、少年が自己の行為を見つめ直し、立ち直るための方法をともに考えていくといった教育的な関わりも求められる。

第一部　家庭裁判所と少年非行

　なお、審判までに、付添人からは非行事実の認否や少年の要保護性及びそこから導き出された処遇意見等について記載された意見書が裁判官あてに提出されることになる。

> **12）12月24日：裁判官に少年調査票を提出**
> 　Aの担当調査官は、調査結果を「少年調査票」にまとめ、裁判官に提出した。処遇意見については迷ったが、初めての家庭裁判所係属や少年鑑別所入所で、Aが少年鑑別所の中で本件の重大性に気づくようになっていること、Aを家庭に戻せないほど保護環境が劣悪とはいえないことやAには進学の意思があり、受験の機会を与えたいことなどから、在宅による処遇が十分可能であると考えた。ただし、Aが志望校合格を果たすには相当な努力を要し、卒業まで落ち着いた学校生活を送れるか不安があること、もし共犯少年も在宅処分になれば、元の不良交友が再燃するおそれがあること、そして父の協力が得られず、父子関係が改善されぬままであることなど懸案事項が多い点を踏まえ、直ちに保護処分を下すのではなく、しばらくAの生活状況を観察した上で、最終処分を下すのが相当と考え、在宅試験観察の意見とした。なお、共犯少年担当の各調査官によれば、Bは在宅試験観察、Cは保護観察中の再犯であることなどから中等少年院送致（一般短期処遇）、Dは保護観察の意見だという。

　少年調査票は、調査官が調査を通じて得た情報を整理・分析し、総合的な事例理解やそこから導き出される処遇についての意見、その理由や処遇上の留意点などをまとめた報告書である。これは、裁判官が審判をする際の資料となるほか、保護処分になった場合には、「少年調査記録（社会記録）」として、学校照会書、保護者照会書や鑑別結果通知書等とともに処遇機関に送付され、処遇の参考資料としても活用される。

> **13）12月26日：家庭裁判所において審判**
> 　審判前に裁判官及び裁判所書記官とカンファレンスを実施し、少年調査

票に記載した内容の補足・確認を行ったほか、審判の進め方を打ち合わせた。

審判には、A、母、付添人及び担任教諭が出席した。人定事項や非行事実の確認が行われた後、裁判官からAや母に対して、様々な質問がなされた。Aは緊張気味でやや小声であったが、少年鑑別所で考えたことや今後の生活について自分の意見を述べた。また、担任教諭からは、「受験が迫って大変な時期だが、目標に向かって頑張れる最後のチャンスなので、精一杯努力してほしい」との助言がなされた。そして、調査官からAに対しては、高校受験という目標を達成するためには、交友関係を見直すことや学校にしっかり通うことなど課題がたくさん残っていることを指摘し、母に対しては、Aが野球部を辞めた時の辛さを感じとってほしかったこと、そして、Aにとって家庭が落ち着いて過ごせる場となるよう保護者にも努力してほしいことを伝えた。そして、最後に裁判官からAを在宅試験観察に付する決定が言い渡された。

なお、同日審判が行われた共犯少年3人については、いずれも各調査官の意見どおりの決定となった。

　少年審判には、裁判官、裁判所書記官及び調査官の裁判所職員に加え、少年、保護者、付添人、そして場合によっては、裁判官の許可を得た上で、学校教諭、雇用主や保護司等が出席することもある。実務上、調査官が審判に出席するのは観護措置がとられている事件、試験観察意見を提出した事件や試験観察中の事件が主で、一般の在宅事件の場合は、特に必要な場合に限り出席することが多い。

　審判の進め方は、刑事裁判とは大きく異なっている。最初に少年の氏名や住所など身分事項の確認（人定質問）をした後、供述を強いられることはないことの説明がなされ、非行事実を読み上げた上、誤りがないかどうかについて少年や付添人の陳述を求め、必要に応じて事実関係の詳細を確認する。その上で、少年の家庭、学校や交友関係など要保護性に関する内容について適宜取り上げていく。審判手続は、刑事裁判に比べて広く裁判官の裁量に委ねられている点が特徴といえる。また、調査官は、審判において裁判官の許可を得て意見

第一部　家庭裁判所と少年非行

を述べることができ、少年及び保護者に対して補足的な質問や助言をするほか、処遇意見を述べることもある。

5　家庭裁判所調査官の仕事（Ⅲ）―試験観察決定から最終審判まで―

1）試験観察の経過

　審判終了後、調査官は、A、母、付添人及び担任教諭とともに面接室に移動して試験観察のオリエンテーションを実施し、試験観察の意義や進め方を説明した。具体的には、毎日日記を書くこと、2週間に1回程度、裁判所で面接を行って生活状況等を確認することや調査官が家庭訪問を行うことなどを伝えた。また、試験観察中の約束事項として、「真面目に登校し、受験勉強に励むこと」、「共犯少年と関わらないこと」及び「午後6時までに帰宅すること」を定めた。さらに、次回の面接までに年末年始をはさむため、少年鑑別所で身に付けた規則正しい生活を維持できるよう釘をさしておいた。

　試験観察とは、終局処分を一旦留保して少年の生活状況や行動などを観察し、その経過を踏まえた上で最終的な処分を下す中間的な決定である。試験観察には、運用上、①少年を保護者等の下で生活させながら、調査官が指導や観察を行う「在宅試験観察」と、②保護者以外の適当な施設、団体又は個人に少年を委託しながら、担当調査官が指導・観察を行う「補導委託」の大きく2種類がある（補導委託については、第3章参照）。試験観察を行うにあたっては、単に少年や保護者の様子を受け身で観察するだけではなく、教育的・指導的な働きかけを行いながらその変化を「動的に」観察することに意義があり、また、少年や保護者にとっては、終局処分を留保されることによって心理的強制が与えられ、試験観察を受ける動機づけにもつながることになる。もっとも、あくまでも中間的な決定であるという性格に鑑み、働きかけの方法、程度や期間にはおのずから限界がある。例えば期間については、あまりにも長期間にわたる

第2章　少年事件における家庭裁判所の役割と家庭裁判所調査官の活動

ことは相当でなく、最近の運用では、おおむね3～6か月程度となっている。

　さて、Aの試験観察経過は以下のとおりである。
(1)　1月9日：裁判所でA及び母と面接
　日記の中には、年末に一家で大掃除をしたことや元日に父も含めて雑煮やおせち料理を食べたことなどが記載されていた。また、冬休みの課題を毎日進めたが、英語と数学は半分も理解できずに苦しんだという。母も、Aが落ち着いた生活を送れたと感じている。父は、元日以外は仕事だったため、家族との交流はほとんどなかったようである。
(2)　1月22日：裁判所でA及び母と面接
　学校には真面目に登校しているが、1月中は相談室で授業を受けるよう指示されているとのことで、少々不満そうであった。ただし、苦手教科を中心に学校教諭から指導を受け、教室よりもしっかり勉強できると述べていた。また、Bとは校内で顔を合わすことはあるが、お互い会話をしないよう意識しているという。
(3)　2月6日：A宅を家庭訪問し、A及び母と面接
　アパートにしては室内がやや広めで、玄関はきれいに掃除されていた。A及び母と居間のテーブルを囲んで生活状況を確認した後、Aの部屋を見せてもらった。学習机と衣装ダンスがあるほか、テレビゲームのソフトや漫画が床に無造作に置かれていた。Aは「これでも、頑張って掃除したんです」と苦笑いしていた。次回の面接までの間に私立高校の受験があるので、頑張るよう励ましてA宅を後にした。
(4)　2月21日：裁判所でA及び母と面接
　日記の記載量が少なく、3日間ほど登校していないという。Aによれば、私立高校が不合格だったため、そのことがショックで何もやる気がなくなったという。母は、Aは家でも不機嫌で時折壁を蹴ったりして八つ当たりすることがあると述べ、困惑しているようであった。調査官は、Aの気持ちを丁寧に聞きながら、本命の公立高校の入試が残されていることや裁判官もAの頑張りに期待しており、ここで生活が崩れてはAの努力が水の泡になってしまうことを伝えた。1週間後に控えている公立高校の入試

での成功を祈り、面接を終えた。
　(5)　3月5日：Aから電話連絡
　公立高校に合格したのと知らせであった。こんなに嬉しそうなAの声を聞いたのは初めてである。
　(6)　3月6日：裁判官及び裁判所書記官とカンファレンス
　もうすぐ試験観察開始から3か月が経ち、中学校卒業を迎える時期である。家庭や学校において安定した生活を継続できているなど試験観察が順調に進んでおり、進学先も確定したので、今後もAの生活状況に問題がなければ、次回の面接を最後とし、高校入学前の春休み中に最終審判を行うことを打ち合わせた。
　(7)　3月10日：担任教諭に電話連絡
　Aの担任あてに電話連絡し、学校での生活状況を確認した。時々遅刻はあるが、大きな問題を起こすことなく過ごしており、卒業式の練習には前向きに取り組んでいるという。近日中に最終審判を行うことを伝えた。
　(8)　3月11日：裁判所でA及び母と面接
　面接では、Aの頑張りを評価し、Aが高校合格を果たしたことは調査官としても嬉しいと伝えた。Aは、卒業式の予行演習も始まり、いよいよ中学生活も終わってしまうと名残惜しそうにしていた。調査官との約束事項も遵守されているため、今回の面接を最後にすることにした。最後の課題として、試験観察の振り返りと今後の抱負について作文を作成させたところ、受験勉強は辛かったけど、みんなが期待しているので頑張れたことや高校入学後はまた野球をやりたいことなどが記されていた。
　(9)　3月14日：父に電話連絡
　再び父に電話連絡をし、Aの進路が決まって調査官として喜ばしいことを伝えた。そして、父にもAの努力を誉め、新たな高校生活に向けて励ましてほしいとお願いすると、父は、「よく受かったと思う。裁判所のお陰ですかね」と口にした。近々、審判が行われる予定なので、是非父も出席してAの成長した姿を見てほしいと伝えると、「仕事が忙しくて無理でしょうね。行ってやりたいけど」と小声でつぶやくだけであった。
　(10)　3月17日：裁判官に意見提出

第2章　少年事件における家庭裁判所の役割と家庭裁判所調査官の活動

> 調査官は、試験観察の経過を「試験観察経過報告書」にまとめた上、高校受験という目標に向かってAなりに努力し、目標を達成できたことや学校や家庭においておおむね安定した生活を送り、共犯少年との関わりもなかったことを踏まえ、在宅処遇で十分更生できると判断し、裁判官には、保護観察（一般短期）相当の意見を提出した。

　試験観察の進め方は、担当する調査官、事例の内容や少年の特性に応じてまさに十人十色である。一般的には、家庭裁判所での定期的な面接を元にしながら、随時、家庭訪問や学校訪問を織り交ぜる。事例に応じて、面接の補助手段として、日記、作文や心理テストなどが比較的よく用いられる。また、審判の中で裁判官との間で遵守事項を設ける、あるいは調査官との間で約束事項を設け、行動の指針にすることも多い。本事例においては、落ち着いた学校生活を送らせ、受験勉強に励むことに主眼を置いた。

　なお、試験観察の当初は、身柄を釈放された解放感もあって、前向きな姿勢を見せる少年が多いが、落ち着いた生活を軌道に乗せ継続させるためには、最初の動機づけが不可欠である。つまり、遵守事項（約束事項）を守りながら真面目に生活をすれば、厳しい処分にならずに済む可能性が高いが、遵守事項（約束）違反を繰り返したり再犯があったりした場合には、再度観護措置をとり、施設収容処分になりうることをしっかり説明し、緊張感を持たせなければならない。

2）4月4日：家庭裁判所において最終審判

　審判には、A、母及び付添人のほかに父も出席した。裁判官は、試験観察中の経過を振り返りながら、Aの努力を評価した。また母は、Aが妹の面倒を見てくれるようになったことや風邪をひいて寝込んでしまった母を気遣ってくれる場面があったことを挙げ、家族に思いやりを持って接してくれるようになったと嬉しそうに語った。そして父は、今まで裁判所に全く顔を出せなかったことを詫び、仕事が忙しいことを理由にAの監護をすべて母任せにしてしまっていたが、職場の上司に本件のことを話したところ、「息子さんのために、一日くらい休んでやれ」と言われたため、審判

第一部　家庭裁判所と少年非行

> に出席できたと語った。付添人からも、親として最後くらいは審判に出席するよう父に促してくれていたようである。最後に、裁判官から充実した高校生活を送るようにとの激励がなされた後、保護観察（一般短期）に付する決定が言い渡され、審判が終了した。

　終局決定は、最終的な少年の処分を決定するものであり、大きく以下の5つに分けられる。

(1) **審判不開始決定（少年法第19条第1項）**
　審判不開始決定とは、審判を開いて裁判官が直接少年や保護者に対して非行事実や要保護性の審理をせずに、事件を終結させることである。まず、審判に付するのが相当でない以下の場合がこれに当たる。①調査官が調査の中で行った教育的措置（保護的措置）（家庭裁判所の調査や審判の過程で、調査官や裁判官が少年の問題性に応じて行う教育的な働きかけのこと。詳細は第3章参照）の結果、少年の要保護性が解消し、再非行のおそれがない場合、②既に他の事件で保護処分に付されていて、新たな処分に付す必要がないと認められる場合（別件保護中）、③非行事実が極めて軽微で、既に警察や家庭等で適切な措置がとられて要保護性が解消し、再非行のおそれがなくなっている場合（事案軽微）で、簡易送致事件がこれに相当する。
　また、非行の存在が認められなかったり、少年が長期間行方不明になっていたりして審判に付することができない場合も審判不開始で終局する。

(2) **不処分決定（少年法第23条第2項）**
　不処分決定とは、審判を開いて、裁判官が少年や保護者に対して指導や訓戒を行ったり、非行事実を確認したりする必要はあるが、保護処分までは要さず、処分せずに終局させることである。調査や審判の中で行われた教育的措置（保護的措置）を通じて少年の要保護性が解消し、再犯の危険性がないと認められる場合や既に別の保護処分に付されていて、新たな処分を要しないと認められる場合（別件保護中）が該当する。
　なお、非行事実が認められないなど保護処分に付することができない場合も不処分決定となる。

(3) **保護処分決定（少年法第24条第１項）**
　①　**保護観察（少年法第24条第１項第１号）**
　保護観察は、少年を施設に収容することなく社会の中で生活をさせながら、保護観察所（法務省の出先機関）による指導監督及び補導援護により少年の改善更生を図る社会内処遇である。法務省職員である保護観察官と並んで実質的に保護観察の担い手を務めているのは、民間ボランティアである保護司であり、少年は毎月２回程度、保護司宅を訪ねるなどして近況を報告し、指導を受けることになる。

　保護観察の種類としては、更生保護法第48条第１号から第５号に掲げられているものがそれぞれ「１号観察」、「５号観察」などと呼ばれており、保護処分として決定される保護観察は「１号観察」である。

　「１号観察」の期間は、少年が20歳に達するまでであるが、決定時から少年が20歳に達するまでの期間が２年に満たない場合には、２年とされている（更生保護法第66条）。ただし、良好に推移すれば、期間が満了する前に解除される扱いになっており、実務上、おおむね１年前後で解除されることが多い。

　なお、「１号観察」においては、上述した一般的な保護観察（「一般保護観察」などという）に加え、運用上、非行性の進度がさほど深くなく、短期間の指導で改善更生が期待できる者を対象とする「短期保護観察」、交通関係事件で保護観察決定となった者を対象とする「交通保護観察」、及び交通関係事件による少年で、一般非行性と交通関係の非行性のいずれも深くない者を対象として集団処遇を中心に行う「交通短期保護観察」が実施されている。

　②　**児童自立支援施設又は児童養護施設送致（少年法第24条第１項第２号）**
　これらの施設は、いずれも児童福祉法上に規定された児童福祉施設であり、本来的には、地方自治体の「措置」として入所させることを原則としているもので、保護処分として利用される割合は少ない。児童自立支援施設は、「不良行為をなし、又はなすおそれのある児童及び家庭環境その他の環境上の理由により生活指導等を要する児童を入所させ、又は保護者の下から通わせて、個々の児童の状況に応じて必要な指導を行い、その自立を支援」（児童福祉法第44条）することなどを目的とし、児童養護施設は、「保護者のない児童、虐待されている児童その他環境上養護を要する児童を入所させて、これを養護」（児

童福祉法第41条）することなどを目的とする施設である。いずれの施設も18歳未満の者を対象とした施設であるが、実際の入所者は義務教育段階の者が大部分を占めている。さらに、要保護児童を対象とし、家庭的な雰囲気を理念とする開放的な施設であることから、無断外出も容易な面があり、当該少年を入所させるのに適切か否かについては、事前に児童相談所との密接な連携を図る必要がある。

　③　少年院送致（少年法第24条第1項第3号）
　少年院は、家庭裁判所から少年院送致決定の保護処分として送致された者などを収容して矯正教育を授ける施設として設けられた法務省管轄の施設である。保護処分の中では、最も強力な処分に位置づけられる。
　少年院には以下の4種類があり、家庭裁判所の決定の中で送致すべき少年院の種類を指定する。「初等少年院」は心身に著しい故障のない、おおむね12歳以上おおむね16歳未満の者を、「中等少年院」は心身に著しい故障のない、おおむね16歳以上20歳未満の者を、「特別少年院」は心身に著しい故障はないが、犯罪的傾向の進んだ、おおむね16歳以上23歳未満の者を、そして「医療少年院」は心身に著しい故障のある、おおむね12歳以上26歳未満の者を、それぞれ対象とする（少年院法第2条）。
　少年院の収容期間は、原則として少年が20歳に達するまでであるが、決定時に少年が19歳を超えているときは、送致時から1年間収容することができる（少年院法第11条第1項）。また、運用により、長期処遇（収容期間は原則として2年以内）と短期処遇に分かれ、後者についてはさらに、一般短期処遇（収容期間は6か月以内）と特修短期処遇（収容期間は4か月以内）に区分される。さらに、長期処遇においては、事案の重大性に応じて、例外的に2年を超える収容期間を設定することも認められている。
　なお、現在、少年院や少年鑑別所の運営の一層の適正化や施設機能の充実等を図るために少年院法等の改正が検討されている。

　なお、上記①〜③の保護処分決定に対しては、決定に影響を及ぼす法令の違反、重大な事実の誤認又は処分の著しい不当を理由とする場合には、少年、その法定代理人又は付添人から、決定の日から2週間以内に抗告をすることがで

第 2 章　少年事件における家庭裁判所の役割と家庭裁判所調査官の活動

きる（少年法第32条）。抗告がなされると、管轄する高等裁判所において審理がなされることになる。

(4)　**検察官送致決定（少年法第19条第 2 項、第20条）**

検察官送致決定は、刑事処分相当を理由とするもの（少年法第20条）と、調査や審判の過程で、少年が20歳以上であること（年齢超過）が判明したことを理由とするもの（少年法第19条第 2 項）に大別される。

少年法第20条第 1 項によれば、「家庭裁判所は、死刑、懲役又は禁錮に当たる罪の事件について、調査の結果、その罪質及び情状に照らして刑事処分を相当と認めるときは、決定をもって、これを管轄地方裁判所に対応する検察庁の検察官に送致しなければならない」とされている。具体的には、①少年の非行性が保護処分によっては、もはや改善される見込みがない場合（保護不能）又は、②保護処分による矯正又は改善更生が必ずしも不可能ではないが、事案の内容や社会に与える影響を考慮して、むしろ、刑事責任を問い、その罪責を明らかにするのが相当と考えられる場合（保護不適）の二つが考えられる。実務上は、検察官送致の大部分を、道路交通法違反事件や自動車運転過失致死傷事件などの交通事件が占めている。

なお、少年法第20条第 2 項では、犯行時16歳以上の少年が故意の犯罪行為により被害者を死亡させた事件については原則として検察官に送致する、いわゆる「原則検送」が規定されているが、これについては第 1 章を参照されたい。

(5)　**知事又は児童相談所長送致決定（少年法第18条第 1 項、第23条第 1 項）**

家庭裁判所は、調査の結果、児童福祉法の規定による措置を相当と認めるときは、決定をもって、事件を都道府県知事又は児童相談所長に送致しなければならない（少年法第18条第 1 項）。本決定の対象になるのは、18歳未満の少年に限られ、犯罪の傾向がさほど進んでいないが、家庭などの環境面における要保護性が強く、家庭裁判所による処分よりも児童福祉機関による福祉的なかかわりの方が適切と考えられる場合である。同決定は、前述した児童自立支援施設等送致の保護処分とともに、司法と福祉が交錯する領域であるといえる。

なお、平成22年は、一般保護事件（ぐ犯及び自動車運転過失致死傷等の業務上過失致死傷罪等事件を除く）における終局処理の割合は、①審判不開始（68.7％）、②不処分（11.8％）、③保護観察（14.6％）、④少年院送致（3.7％）、

67

⑤年齢超過による検察官送致（0.5％）、⑥刑事処分相当による検察官送致（0.2％）及び、⑦その他（児童自立支援施設送致、知事・児童相談所長送致など）（0.5％）となっている（「平成24年版　犯罪白書」109頁）。

　調査官が処遇意見を提出する際や裁判官が決定を下す際には、調査や審判を通じて得られた情報をもとに、少年にとってどの処分が最もふさわしいかを考えていかねばならない。特に、「保護観察か少年院送致か」、「少年院送致か検察官送致か」の選択を迫られる時は悩まされることが多い。適切な処遇選択をできるかどうかは、正確な調査を行い、的確な事例理解ができているかにかかっているのである。

6　むすびにかえて

　本事例ではAが保護観察決定になったことをもって事件は終局し、家庭裁判所の手を離れる。担当調査官がAと直接かかわったのは、約4か月間である。試験観察を経ない身柄事件であれば、調査官と少年のかかわりは3〜4週間しかなく、少年の人生の中ではごく短期間の出来事に過ぎない。しかし、家庭裁判所に事件が係属するということは、少年にとっては危機である一方、一つの転機になりうる重要な時期でもある。調査官が、限られた時間の中で司法機関や法制度といった枠をしっかり自覚した上で、他職種や他機関とも連携しながら様々な調査手法を用いて少年のことを理解しようと努め、更生に導こうと奮闘している様子が少しでも読者に伝われば幸いである。

〈推薦図書〉
　第3章末に記載

第 **3** 章
家庭裁判所調査官から見た少年非行
―事例を中心に

楠美　絵里

本章では、家庭裁判所調査官の視点から見た少年非行について、5つの事例を用いて説明する。調査官が様々な少年に出会い、悩みながらケースに取り組んでいく様子を描いている。調査官が各事例においてどのようなことを考え、どのように働きかけていくか、具体的なイメージを把握してほしい。

本章に記載した事例はいずれも架空のものであるが、日頃調査官が出会う少年たちによく見受けられる要素を抽出し加工したものである。調査官活動の様子をより実際に即したかたちで感じ取ってもらえるのではないかと考えている。

なお本来は、少年の資質、生育史、家庭環境、社会環境等様々な要素を総合的に判断していくものであるが、紙面の都合上、各事例の特徴的な部分を中心に描写している旨ご理解いただきたい。

1　事例1：自分の居場所を見失った少年

【事案の概要】
　A少年（16歳男子・高校1年生、以下A）は、同級生3人と一緒に書店でマンガ本30冊を万引きし、窃盗罪で在宅送致された。なお、未発覚ではあるが、Aは約1か月前から週2、3回程度、共犯少年らと菓子や本などを万引きしていた。
　家族は、父（41歳、会社員）、母（41歳、無職）及び弟（10歳、小学4年生）との4人暮らしである。
　Aは、小学2年時からサッカーを始めて頭角を現し、地元のサッカー名門高校に推薦入学した。入学後わずか3か月で、先発メンバーに抜擢され

> るなど活躍していた。
> 　しかし、高校1年時の秋、部活動の練習中に右足を負傷したため、先発メンバーを外された。その頃から、夜遊びや喫煙を始めるようになり、負傷後は部活動を休みがちになっていた。

1）第1回面接

　調査官は、法律記録を受理すると、Aとその父母あてに調査期日通知書（呼出状）を発送した。通知書には、調査面接の日時を指定し、連絡事項には中学校の通知表と同封の照会書を持ってくるよう記載した。

　面接には、AとAの父母が出頭した。面接時のAは礼儀正しいが少し硬さが目立つ印象である。Aはサッカーで推薦入学したため、サッカーができない今、学校に居づらくなってしまい、父母と話し合った結果、高校を中退したという。

　本件の動機について、Aは「普段から友達にノリが悪いと思われたくない気持ちがあった」と述べ、誘われるまま友人らと万引きを繰り返していた。なお、万引きは友人らと一緒の時のみで、一人の時にしたことはないという。本件では万引きした商品を返品するにとどまり、きちんとした謝罪は未だ行われていなかった。

　次に、父母に退室してもらいAと面接する。どうしてこうなってしまったのか、本件に至る経緯を詳しく聞いていく。Aは高校入学後、楽しそうな周りの同級生を見ては「もっと遊びたい」と思っていた。それでも、将来はプロサッカー選手になることを目指して頑張っていたので、遊んでいる暇はないと自分に言い聞かせて練習に打ち込んでいた。

　しかし、負傷後部活動に身が入らなくなると「どうでもいい」といった無力感が高まり、楽しさのみを追求した遊興中心の生活へと一気に流れていった。そこには、年齢に比して考えが幼くその場の雰囲気に流されやすいAの弱さも影響していると思われる。

　また家庭では、父は多忙で厳格、母は生まれつき身体の弱い弟ばかりに関心を向けていたという。Aは、「いつも、お父さんとお母さんからは、名前じゃ

なくて、『お兄ちゃん』と呼ばれていたんです」とふてくされたように話した。さらにAは「弟がいつも中心で、家に自分の居場所がなかった。自分は、兄としてしっかりしなければいけないと思って、わがままを言うこともできなかった」と述べ、父母に甘えたい気持ちがうまく満たされなかった寂しさがあったように思われた。

　その後、Aを退室させた父母面接では先ほどの面接で聞いたAの思いや言葉を伝えた。調査官が、「A君はまだまだ幼く、両親の細やかな見守りが必要です」と言うと、父母は本件を機に、これまでとは違う関わりが必要と痛感し、毎朝朝食をともにするなど、Aと一緒に過ごす時間を増やして一日の出来事や感じたことを報告しあうことを約束した。母は「今後は弟ばかりでなく、日常からAのことを気にかけて、見守っていきたい」と述べた。Aの変化を見守るため、また、被害店に対して謝罪をしっかりと行うよう指導し、約1か月後に第2回目の調査期日を設定した。

　また次回の調査期日には、面接前に「被害を考える教室」に参加してもらう旨伝え面接を終えた。

2）「被害を考える教室」受講

　第2回面接前に「被害を考える教室」（p.73「●教育的措置」を参照）に親子で参加してもらう。「被害を考える教室」は、万引き事件を犯した少年やその保護者に対し家庭裁判所内で行っている講習会である。

　前半は調査官による講義を行い、窃盗罪が成人ではどのような刑罰を受けるかといった法律的な説明や、万引き事件の件数やその推移といった統計上の説明をする。後半は万引き被害を受けた被害者に体験談を話してもらうことで、少年にも被害者の気持ちを実感として理解させることを主な目的としている。

　Aが参加した講習の後半では、実際に万引きの被害を経験したコンビニエンス・ストアの経営者が話をした。その内容は、被害の状況について、その時感じた怒りや悲しみなどを交えて話し、店にとって具体的にどのような損失があるのかを例示する等のものであった。講習に参加したAと母は、真剣な面持ちで経営者の話を聞いていた。

　受講後に書いたAの感想文には「気軽に万引きしていたお菓子やCDが、こ

んなに人を苦しませて、損害を与えているということがわかり驚いた。今後、万引きは絶対に繰り返してはいけないと思った」と書かれていた。

3）第2回面接

　母を交えた第2回面接では、まず最近の生活状況について確認していく。Aは、週5回ガソリンスタンドでアルバイトを始めたという。Aは、1か月前よりも若干日焼けしてたくましい表情になっており、アルバイトは今のところ、休まず頑張っている、と母も顔をほころばせた。また、Aは母に付き添われて万引きをした店に出向き、謝罪してきたと述べた。

　なお、Aによると、一緒に万引きをした友人らとは高校中退後全く交流がないという。

　その後、今後の進路について話し合った。Aは、「英語が好きなので、将来英語を使う職業に就きたい」と述べていた。母は、Aの希望を受け、「まずはアルバイトをしながら全日制高校への再入学を目指し、頑張り次第では大学に進学させてやりたいと、父とも話している」と述べた。調査官はA、父母が具体的な目標に向かって一歩を踏み出していることを評価し、励ました。

4）少年調査票作成

　調査では、Aが期日間に誠意をもって謝罪を行った点、「被害を考える教室」を受講したことで、反省を深めたと認められる点、ここ1か月間で新たな目標を見つけ、それに向かって努力している点などが確認できた。また、父母に見守られてAの表情も穏やかになり、気持ちが安定してきている様子がうかがえた。Aには、将来の目標に向かって具体的に生活を立て直している努力が認められること、初回係属で、非行性も進んでいないことから、「審判不開始」の意見を提出した。

●身柄事件と在宅事件

　家庭裁判所が受理する事件の種別は、事件を受理する段階で、検察庁から少年の身柄付で送致される「身柄事件」と、少年が在宅のまま送致され

る「在宅事件」の２つに分かれる。「身柄事件」は、審判を行うために心身鑑別等の必要があると考えた場合、観護措置の決定により、少年を少年鑑別所に収容して調査・審判を行うものである。

　一方、「在宅事件」は、少年を家庭等に置いたまま、保護者とともに家庭裁判所に出頭させて、大体１〜２回の調査官による面接を行い、場合によっては後日、審判を行う。事例１のように、各種講習を受講させることもある。

　なお、観護措置をとる時期については、特に制限はなく、事件が家庭裁判所に係属している間はいつでも可能である。そのため、最初は、在宅事件として送致された少年でも、調査を進めるうちに要保護性が高いことがわかったり、そのほか、審判手続を進めるにあたって観護措置をとる必要性があると判断されたりした場合には、その段階で観護措置をとる場合もある。一方、身柄事件として送致されても、観護措置をとらずに、あるいはいったん決定した観護措置を途中で取り消して、在宅事件として審理を進めることもある。

● **教育的措置（保護的措置）**

　家庭裁判所では、少年が非行を繰り返すことのないように、調査・審判の過程で、様々な方法で自らの生活を振り返り、非行行為を反省させるための教育的・福祉的働きかけを行う。これを、実務上、「教育的措置（保護的措置）」という。

　特に、少年保護事件の終局決定の過半数を占めている審判不開始決定及び不処分決定事件の大部分は、調査・審判の過程で教育的措置を行ったことを理由として、これらの決定で終結している。

　教育的措置としてまず一番に挙げられるのは、調査官の面接における少年・保護者に対する指導助言や、少年・保護者が抱える問題解決への援助等がある。さらに、学校や職場その他関係機関への援助・協力を求め、少年の環境調整を図るといったケースワーク的活動を行う場合もある。

　また、調査官が面接のなかで個々に行う教育的措置のほか、集団を対象

とした講習や単独で社会福祉施設等にて社会奉仕活動を行うといった教育的措置もある。その方法は、多種多様であるが、集団で行う場合には、非行性が比較的軽微で、集団指導になじみやすい少年を参加させるなど、事案の内容、少年の資質や保護的措置の方法に応じて対象者を考えていくことになる。

具体的には、次のようなものがある。
① 各種講習…少年の非行内容に応じて様々なプログラムが用意されている。例えば、無免許運転や交通事故を起こした少年を対象とした「交通講習」、シンナー等の薬物についての害を教える「薬物教室」、特に性的逸脱の女子少年を中心に、医務室の看護師等が性教育を含めた保健指導を行う「思春期教室」、事例1のように万引き等の窃盗を犯した少年らを対象とした「被害を考える教室」等が挙げられる。これらのプログラムは、半日程度かけて行われる。
② 社会奉仕活動…通常3日程度、老人ホーム・乳児院等でボランティア活動を行う。こうした活動では、他者への共感性や思いやりを育てたり、人の役に立ち感謝されることで自尊感情を高めたりといった効果が期待される。また、少年に達成感を体験させる、社会の一員としての自覚を持たせる、公共心や規範意識をかん養させることなどを目指した地域美化活動などもある。
③ その他…親子関係調整や、家庭環境の安定をはかるために行われる「保護者の会」や「親と子の会」など、各庁の実情に応じて様々な取組がなされている。

2　事例2：知的能力の低さから生きづらさを感じてきた少年

【事案の概要】
　B少年（15歳男子・中学3年生、以下B）は、授業中に教室を出て行こうとしたところ、担任教諭から制止されそうになったため、暴れて教諭に傷害を負わせたとして、傷害罪で身柄付送致された。

> Bは、父（52歳、会社員）、母（49歳、パート）との3人暮らし。家では自室に閉じこもり、ゲームをしていることが多い。
>
> 学校では、一旦感情的になると歯止めがきかず、教諭の制止を振り払って暴れたり、両手で耳をふさぐなどして、周囲からの働きかけを一切拒否するところがあった。
>
> また、Bはちょうど高校受験の時期を迎えており、「就職して、働きながら定時制高校に通う」とは言うものの、具体的にどういった職場を探し、どの学校に行きたいのか等を明言することはなかった。父母も、「本人の意思がわからない」、「本人に行く気がなければしょうがない」と述べていた。

1）第1回少年面接

　少年鑑別所にて面接する。Bは、終始調査官と目を合わせることなく、つむじが正面を向くほどうつむいていた。調査官が問いかけても、「うん」など、言葉少ない応答しか返ってこない。第1回面接では非行事実の確認にとどめた。

　その後、少年鑑別所技官とのカンファレンスでは、Bの心身鑑別を行った結果、IQは知的障害に認定されるぎりぎりのレベルとのことであった。

　Bの知的能力は、特別支援学校へ通うまでの必要はないが、だからといって学校の授業で皆のペースについていけるレベルではなかった。そのためにBは学校でつまらなさを感じるようになり、同級生と同じことが当たり前にできない自分に、自信をなくしていったのではないかと調査官は考えた。

　Bは、自分の思うことを言葉で表現する能力に乏しいのではないか。そして、ストレスが積み重なると、暴れることでしか自分の気持ちを表現できなかったのではないだろうか。そう考えると、面接でのBの様子が少し理解できた。

2）担任教諭面接

　Bの在籍する中学校に出向き、校長及び担任教諭と面接。
　Bは授業を抜け出したり、授業中落ち着きがなかったりすることが多く、教

論によく注意されていたという。また、いらいらしやすく、教諭の説諭に対しても感情的になり、ほとんど聞き入れない。友人はいるようだが、あまり一緒にはおらず、一人でいることが多いという。

　Bの資質について、調査官の見立てを伝えたところ、担任教諭は、「知的能力が低いことはわかっていたが、今学校全体が荒れていて、その対応に追われ、B君に十分な対応をしてこなかったところはある」と述べた。教諭は、Bの進路について気にしており、「カウンセラーが常駐し、個人の習熟度に合わせたきめ細かい支援ができ、通信制高校と提携しているサポート校をいくつか選び、今後保護者とともに考えていきたい」と述べ、Bのために様々な進路を模索している様子がうかがえた。

3）第1回保護者面接（家庭訪問）

　Bの自宅は駅から徒歩約15分のところにある閑静な住宅街にあった。Bの母に居間に通され、話を聞いていく。本件について、母は「学校で、度々問題を起こしていることは聞いていたが、Bは家では無口でおとなしく、現実のこととして実感できなかった」と述べた。

　Bは、父母が結婚後8年目でやっと授かった子であり、これまで父母なりに少年を大切に育ててきた。母は「小さい頃は元気で明るい子だったのに、小学校高学年頃から無口で、自分の部屋に閉じこもるようになってしまった」「（Bが）何を考えているのか、わからない」と述べた。

　父母は、Bが成績不振であることはわかっていたが、多くの同級生と同じように全日制高校に入学するだろうと思っていた。Bのことは少し勉強ができない程度に考えており、授業についていけないBの苦しみを理解するまでには至っていないように思えた。そこで調査官は、今後、家族にはBの非行をやめさせるだけではなく、Bの辛さを受け止め、ケアする視点で働きかけてもらうよう伝えた。母は調査官の言葉に黙ってうなずき、「そうですね。もっと、Bのことをわかってあげるべきでした」と涙を浮かべた。

　最後に見せてもらったBの部屋には、くまのプーさんのぬいぐるみがたくさん飾ってあった。調査官は、Bの暗い印象と全く違う部屋の雰囲気に意外さを感じた。

4）第2回少年面接

　生活状況、家族や友人関係等について聞いていく。ところが、調査官が「お父さんとお母さんは、どんな人？」などと聞いても、Bからは「…普通」といった応答しかなく、前回同様話がふくらまなかった。その後、調査官が家庭訪問時の様子を話題にし、「B君のおうちに行った時、B君の部屋見せてもらったんだけど、かわいいぬいぐるみがたくさん飾られていたね」と話すと、少年は「ゲームセンターで…UFOキャッチャー好きだから」と恥ずかしそうに答えた。さらに「あんなにたくさん（ぬいぐるみが）とれるなんて、上手なんだ」と言うと、Bは初めて笑顔を見せた。

　Bは1回目と変わらず、無口でうつむきがちではあったが、最後に調査官が、「今お父さんとお母さんが、B君に合った楽しく通えるような学校を探してくれているよ」と話すと、驚いたように顔を上げた。

5）第2回保護者面接

　家庭裁判所において父母と面接する。父母は、Bの面会に訪れた際「Bが（進路を）一人で決められないのなら、お父さんとお母さんも一緒に考えようか。担任の先生も一生懸命考えてくれているよ」と話したところ、Bはうんうんと頷いたという。

　Bは、進路が定まらずなんとなく不安定になっていたが、だからといって自分で進路を選ぶことも決めることもできず、不安を抱いていたのだろうと思われた。

6）第3回少年面接

　調査官と生まれてからこれまでの出来事を追って話していくと、Bは小学校高学年頃から授業についていけなくなったこと、授業中席についていることが辛かったことなどをぼそぼそと話し始めた。

　最後に、改めて本件について振り返った。調査官が「どうして、先生に暴力を振るってしまったのか」と問うと、「暴力がいけないことはわかっていたが、イライラすると何も考えられなくなる。先生には悪いことをした」と述べた。

7）審判

　審判では緊張して言葉が出ないBを励ましながら、気持ちを引き出すように努めた。最後に裁判官に発言を求められた調査官は、Bが安心できる場所で、自分のペースで何かを成し遂げ、小さな成功体験を積み重ねながら自信をつけていってほしいとBに語りかけた。審判廷でのBは、父母に挟まれて座り、緊張した面持ちながらも、どこか安心したような表情を浮かべていた。

　裁判官は、Bに「これからはご両親や先生に力を借りながら、目標を持ちそれに向かって頑張っていってください」と言葉をかけ、今後Bに合った進路を見つけ、新生活が軌道に乗るまでの期間、Bと保護者を側面から支援し見守る保護司の存在が必要と判断して、保護観察（一般短期）決定を言い渡した。

●関係機関との連携

　調査においては、少年と保護者の調査を中心としながらも関係機関との連携が必要とされる。それは、適切な処遇選択のための客観的な情報や資料の収集に加え、少年を取り巻く生活環境の調整（環境調整活動）をする意味あいもある。

　中学校をはじめとする学校との連携については、学校照会書に回答してもらうことで、書面によって少年の学校生活を知るほか出張等による面接調査を行うこともある。

　事例2では、調査官が中学校へ出向き、校長や担任教諭らと面接を行っている。そこでは、少年が在籍する中学校を実際に見ることで少年の学校生活を具体的に体感し、日ごろの少年を知る教諭らの話を直接聞くことで、学校での少年の様子などを詳しく把握することができる。そして、教諭らとの情報交換を通して、少年にとってふさわしい今後の方向性を見つけ、時には協力し合いながら少年と関わっていく。

　また、その他の関係機関としては児童相談所などがあげられる。児童相談所とは、児童福祉法第12条に基づき都道府県、政令指定都市等に設置される行政機関である。児童相談所は市町村と適切な役割分担・連携を図りつつ、子どもに関する問題全般について相談援助活動を行う。児童相談所

に対する調査では、少年法第16条の援助・協力依頼に基づき書面照会や面接によって情報を得る（コラム「児童相談所における司法福祉機関との協働」を参照）。

3　事例3：虐待を受けて育ち共感性に乏しい少年

【事案の概要】
　C少年（17歳男子・定時制高校2年生、以下C）は、帰宅途中の中学生にすれ違いざまに因縁をつけ、公園に連れ込み金品を要求した。拒む被害者を殴り、ジーンズの後ろポケットから携帯電話と2,000円が入った財布を奪うという強盗致傷事件を起こした。この事件で、被害者は顔面打撲など、全治2週間の傷害を負った。
　Cは、小学生時から同級生に対する粗暴行為があり、学校側からは問題視されていた。中学1年時には同級生に対して暴行事件を起こし、中学校が警察に通報、警察から児童相談所へ通告され、児童福祉司指導を受けていた。
　また、高校1年時に街で中学生を脅して現金を奪ったとして、恐喝罪で家庭裁判所に身柄事件として送致され保護観察処分となっており、現在も保護観察中である。
　父母は、Cが小学3年時に離婚したため現在は母子家庭である。Cは、定時制高校を休みがちで、アルバイト等もせずに毎晩遊び歩いていた。母はこうしたCの行動を黙認していた。

1）第1回少年面接

　少年鑑別所にて、まずは事件の概要について聞いていく。非行事実を読み上げて確認するが、Cは納得いかない表情で首を傾げながら聞いていた。
　本件について、Cは「向こう（被害者）がすれ違いざまにガンをつけてきたので腹が立った」と述べた。調査官が「どうしてお金や財布まで盗ろうと思っ

たのか」と聞くと、Cは「公園に連れて行っても、(被害者が)反抗的な態度で何か盗ってやらないと気がすまないと思った」と言う。終始、被害者の非を繰り返し述べ、自分のやってしまったことを重く受け止め自らの問題として捉えられていないように感じられた。その後余罪について尋ねるが、「これ(本件)しかやってない」と述べていた。

本件について詳しく聞き、約1時間半の面接を終えた。

前件非行後、約1年後の再非行であり、調査官はその間にCが何を考えどのような生活を送っていたのだろうかと考えていた。

2）第1回保護者面接

裁判所での面接には母が出頭した。母は、本件について「Cは前件後は反省し、顔つきも穏やかになっていた。Cから手を出したとは思えない」「被害者にも責任があったのではないか」など、Cをかばう言動を繰り返した。

次に、Cの生育史を詳しく聞いていく。Cは、小さい頃から足が速く、リレーの選手に選ばれることも多かった。また、家では明るく、よく母の手伝いをしてくれる優しい子であったと、母はとても嬉しそうにCの幼少期について話した。

調査官が母と父との離婚について触れると、母は一瞬表情を曇らせたが、家庭内で父が母に頻繁に手をあげていたこと、そして、暴力はやがてCにまで及んだことを話した。「私は、あの子を助けてあげられなかったんです」と母は肩をふるわせて泣いた。調査官は、母が父の暴力からCを守ってやれなかったことに負い目を感じ、これまでCの夜遊びや喫煙を黙認するなど厳しい対応ができなかったのではないかと考えた。

3）保護観察所から保護観察状況等報告書受理

少年が保護観察を受けている期間中、その社会記録は保護観察所にある。事件受理後直ちに保護観察所からCの社会記録を取り寄せ保護観察状況等報告書を請求し、その回答書を受け取った。

「Cは当初は保護司のもとに定期的に通い、生活状況を報告したり、就職の相談をしたりするなど良好な関係であった。しかし、3か月くらい経つと病気

等を理由に保護司との面接を休みがちになっていた」といった内容であった。なお、保護観察所の処遇意見は保護観察所の指導にＣが従わず、社会内処遇は困難であるという理由から、少年院送致（長期）が相当となっていた。

４）第２回少年面接

　少年鑑別所にて面接。Ｃとの面接の前に、担当の法務教官に鑑別所内での生活の様子を聞く。担当教官によると、Ｃは表面的には礼儀正しく応対しているが、教官に見えないところで同室の少年に話しかけるなどの規律違反が見受けられるという。Ｃが書いた作文等を見てもどれも数行しか書いておらず、あまり課題に対するやる気が感じられない。

　面接室に入ったＣに「食事はしっかりとっている？　特に体調を崩したりはしていない？」と、体調について尋ねる。Ｃは、「あまり眠れないですけど、ご飯は残さず食べてます」と述べ、鑑別所での生活については、「頑張ってます」と自信満々に答えた。調査官は、先の教官の話やＣの作文等を思い出すと、この自信はどこからくるのだろうと不思議に感じた。

　続いて、本件・生活状況について聞いた。Ｃは前件非行は遊ぶ金欲しさに安易な気持ちでやってしまったこと、母を悲しませてしまいとても反省したこと、保護観察決定後は、生まれ変わった気持ちで頑張ろうと思ったこと、保護司は優しいおじさんでＣの話をじっくり聞いてくれたこと等を話した。

　Ｃは働きながら定時制高校を卒業することを目標として、まずはアルバイトの面接を受けることにしたが、何件も断られた。Ｃは、断られるうち「どうでもよくなった。何を目標に頑張るのか、よくわからない」と思うようになっていった。嫌なこと、面倒なことから目をそらしてしまったことで、再び生活が崩れ、保護司のところからも足が遠のいてしまったのかもしれない。

　最後に、調査官は「前回面接でのＣの言葉からは被害者への謝罪の気持ちや本件を重く受け止めているような様子がみられず、今回再び話題にしてみたけれど、あまり変わっていないように思う」と敢えて厳しい口調で話した。本件時自分がどのようなことを考え、どのような生活をしていたのか、自分のどういった問題点が本件に繋がっていると思うか、次回面接までにしっかり考えておいてほしいと伝えると、Ｃは真剣な面持ちでうなずいた。

5）児童相談所から照会書受理

調査官があらかじめ児童相談所に対し援助依頼していた照会書には、次のような記載があった。

「Ｃが児童相談所に係属したのは中学１年時。同級生に殴る蹴るの暴行を加えたとして、中学校からの通報を受けて警察から通告があった。Ｃは普段から特定の同級生にいじめまがいのことを繰り返していた。児童相談所はＣを児童福祉司指導とし、月１回面接を行っていた。その後特に大きな問題行動はみられなかったため、中学卒業を控えた中学３年時の３月に措置を解除した。」

6）第３回少年面接

Ｃは「前回調査官に言われたことを、色々考えてノートに書いてきました」と述べ、細かい字で書かれたノートを開いた。しかし、内容は「被害者はむかついたと思う」などといった表面的なものであり、本件を起こしてしまった自分の問題までは考えが至っていなかった。

改めて本件時の話をするうち、なぜそこまで被害者にひどいけがを負わせてしまったのかと調査官が問いかけたところ、Ｃは「仕返しされるんじゃないかと怖くて夢中で殴った」と述べた。

また、Ｃから生育史を詳しく聞いていくうち父と同居していた頃に話が及ぶと、Ｃは「最初は母さんが殴られていたが、怖くて押入れに隠れていた。しかし、ある夜寝ようとしたところ、酔って帰ってきた父さんにいきなり殴られた。それからは、自分も殴られるようになった。父さんに殴られた次の日は、イライラして学校で同級生に乱暴してしまった」と涙を落とした。

7）第２回保護者面接

母に前回面接後に考えてきたことなどを聞いた。母は今後Ｃとこれまでとは違う関わりをしていかなければとは考えているものの、どのように関わっていけばよいか途方に暮れている様子であった。

調査官はＣと母との関係について一旦距離をおくことで、母にＣとの関わり方を見直してもらう必要があると思った。

8）第4回少年面接

　Cは審判を1週間後に控え少し緊張した様子であった。

　調査官が「どうして本件を起こしてしまったのか、これまで鑑別所で考えてきたことを聞かせて欲しい」と聞くと、Cは「ここ（鑑別所）を出たら、また就職活動を頑張りたい」「母を安心させたい」といった今後の抱負を語る一方で、本件の原因については「逃げていた」といった程度の言葉のみであった。

　面接の最後に調査官が「逃げてしまったこと、その原因である自分の弱さをどのように克服するのか、それを見つけなければ同じ事を繰り返してしまうと思う。それから、本件時のC君は自分を傷つけないように守ることに必死で、人の痛みや気持ちを思いやる心が感じられなかった。それはとてもおそろしいこと。C君からはこれからこうしたい、変わりたいという気持ちはすごく伝わってくるけれど、今回の事件から逃げずに、どうしたらもう二度と繰り返さないかをじっくり考える時間が必要だと思う」と、Cとの面接を通して感じたところを伝えるとCは黙って下を向いた。

9）少年調査票作成

　Cの家庭環境や生育史が本件に深く根ざしていると考えた。本来心理的なケアを必要とする少年であったのではないか。しかし、児童相談所の通所指導のみでは十分でなかったところがある。Cは、幼い頃父母にしっかり受け止められた体験が少ないことから、愛情を基底とした安定感に欠け、他人に対する思いやりの気持ちや共感性に乏しい。他者との情緒的な交流を通して、人を思いやる気持ちを少しずつ育んでいく必要があり、母との関係を見直す意味でも、一旦母と適度な距離を置くことが必要であると思われた。

　さらに、今回は保護観察中の再非行であり、保護観察中の成績にも問題が多く、引き続き社会内処遇を行うのは難しいと考えられること、また本件の重大さを受けとめさせ、再非行への抑制を図る意味でも少年院送致が相当であろうと考えた。ただし、今回少年鑑別所では、自らの問題点や改善点を振り返り、少しずつではあるが被害者への謝罪の気持ちや本件の反省を深めてきていることから、期間は短期で足りるとした。

　少年院では他者への共感性を育むことを第一の目標とし、そのほか自分の感

第一部　家庭裁判所と少年非行

情を的確にコントロールし、欲求不満の解決手段として暴力を用いないことを学ぶ作業、Cが自分の問題点や葛藤としっかり向かい合い、受けとめた上で、自分が本当に打ち込めるものを探す作業が求められると考えた。

10）審判

　審判では、裁判官から本件非行や前件非行後の生活等について聞かれると、Cは前を向いてはきはきと応答した。被害者のことについては「調査官と話をして…これまでは相手のことより自分がよければよくて、人のことを考えられなかったと思います。被害者の人は、何もしていないのにただ見ただけで殴られてお金をとられて、なんで自分がこんな目にあわなければいけないのかと思うだろうし、本当に謝りたい気持ちです」と、被害者の立場に立った気持ちを述べた。

　最後に裁判官から意見を求められた調査官は、Cに向かって「C君は、鑑別所で一生懸命考えて本件の原因について『逃げてしまった』と話してくれたね。でも、鑑別所の中でも同じように自分の問題点や本件の重大さを考えることから逃げてしまっていたんじゃないかな。それに気づけた時、やっとスタートラインに立てる。そこから、自分の問題を克服する方法を身に付けて、かたちにする時間が必要だと思う」と述べた。

　最後に、裁判官から「少年院送致（一般短期処遇）」決定が告げられた。Cは黙ってそれを聞いていた。裁判官が退室し、立ち上がったCは、調査官の前で立ち止まり、頭を下げて法務教官に連れられて審判廷から退室した。調査官はこのとき初めて、Cはやっとスタートラインに立てたのだと感じた。

4　事例4：立ち直りたいともがきながらも暴走族から離れられなかった少年

【事案の概要】
　D少年（18歳男子・内装工、以下D）は、2人乗りで原付バイクに乗り、夜間、女性や高齢者を狙った引ったくりをしたとして、窃盗罪で身柄付送

致された。Dは、地元の暴走族に所属し2か月前に18歳で引退していたが、暴走族の仲間との交流は続いており、メンバー5人で組み合わせを変えながら、遊ぶ金欲しさに引ったくりを繰り返していた。このメンバーが行った引ったくりのうち、Dが関与した事件は2〜3回程度という。

Dは14歳で暴走族に入り、15歳時に集団暴走による道路交通法違反（共同危険行為）で検挙、家庭裁判所に身柄付送致され、保護観察処分となった。保護観察は、16歳時に解除されており、現在、Dは内装工として働いている。

Dは、母、3歳上の兄との3人暮らしである。兄もかつては同じ暴走族に所属しており、少年院に入院していたことがある。

1）記録受理段階

Dとの面接前に、法律記録と社会記録を読み込む。Dは前件非行後暴走族から脱退し、公立高校に合格。当初Dは暴走族と距離を置き、順調な学校生活を送り始めたようである。しかし、Dは1年時の冬に高校を中退。内装工として働き始め、暴走族の仲間であったXと偶然出会い、再び仲良くなった。こうして次第にDは暴走族の仲間と行動を共にするようになっていった。

前件後、Dは自分なりに努力し高校に合格するなど生活を立て直していたようにみえる。どのような事情で高校を中退したのか、またXとの再会がDにどのような影響を及ぼしたのか、様々な疑問がわいた。

第1回面接では、本件の経緯を中心に前件後の生活、暴走族との関係について聞いていくことにする。また、被害者あてに被害の実情や少年に対する感情、少年側からの謝罪及び被害弁償の状況等をたずねる照会書を送付した。

2）第1回少年面接

少年鑑別所の調査室で会ったDは、憔悴した表情であった。前件で保護観察処分を受けていることもあり、今回2回目の鑑別所入所に「今度は少年院に違いない」と肩を落とした。

本件の動機について、Dは「メンバーの中には先輩もいて、誘いを断れな

かった。引ったくった金は、飲み食い等に使っていた」と述べた。

　前件後は、暴走族から離れ自分なりに一生懸命頑張って、公立高校に合格した。しかし、成績もふるわずなかなか友人もできないため、わずか1年で中退してしまった。挫折感と孤独感に打ちひしがれたところに、Xと再会した。Dは「暴走族を脱退した時、メンバーから相手にされなくなったので、こうやってまた一緒にいてくれることがうれしかった。やっぱりここが自分の居場所なのかもしれないと思ってしまった」と言った。

3）第1回保護者面接

　面接には母が出頭した。母は「前件後は高校に進学したり、高校中退後も内装工の仕事に休まず取り組むなど頑張っていた」とDの努力を評価する一方で、「最近、近所に住む（暴走族の）仲間が頻繁に家に来たり、深夜Dを呼びに来ては一緒に出かける機会が増えていたことにはうすうす気づいていたが、それでも昔に比べると落ち着いたからと軽く考えていた。認識が甘かった」と述べた。

　調査官は、母にDが暴走族の友人が多い今の環境に居続けることには大変不安があること、2度目の少年鑑別所入所であり、少年院送致の可能性も十分考えられることを告げた。母は「私もDはここにいてはだめになると思い、遠方の母方祖母宅にしばらく預けることを考え、家族で話し合っている」と述べ、今後について、Dの環境を変えることも含めて検討していくことを約束した。

4）第2回少年面接

　本件時の生活状況について聞いていく。Dは、暴走族との付き合いを再開しながらも、内装工の仕事は休まず続けていた。調査官が「仕事はまじめに頑張っていたんだね」と評価すると、Dは照れくさそうに、「兄は仮退院後、暴走族を抜け、高認（高等学校卒業程度認定試験）をとり、現在は調理師を目指して専門学校に通っている。自分は内装工の仕事が好きだし、これからもっと腕をあげて、一生の仕事にしたいと思っている」と述べた。

　これまでの面接を振り返ると、Dは、自分に自信がなく、周囲に自分を受け入れてもらいたいという気持ちが強い一方で、強がって見栄をはりやすいとこ

ろがある。暴走族の仲間に受け入れられたい、認められたいとの気持ちから、自分を良く見せようと安易に本件に加担したと思われる。さらに、暴走族の価値観を抵抗なく受け入れるなど、規範意識の低さも問題である。

　Ｄは２度目の少年鑑別所入所であり、以前の不良交友を復活させてしまった弱さなどの性格行動傾向に鑑みると、少年院送致も十分に考えられる。しかし、前件後約３年間Ｄなりに壁にぶつかったり悩んだりしながら、生活を立て直そうと努力してきた点、就労中心の生活を送ってきた点は評価できる。前件非行時に比べ、本件時のＤには、揺らぎながらも少しずつ立ち直り、よい方向へ変化している様子がうかがえ、果たして少年院送致が最も適切な処遇選択であるのか、調査官には迷いが生じていた。

５）第２回保護者（母親）面接

　母は「頼みの綱だった母方祖母が体調を崩して入院してしまった。祖母は一人暮らしであり、少年の面倒をみるのは難しい状況になった」と述べた。前回の面接後、他の親戚にも少年を預かってくれないかと相談したが、断られてしまったという。

６）第３回少年面接

　改めて、どうして本件を起こしてしまったのか一緒に振り返る。Ｄは「前件後は周りからまじめになったと言われ、（暴走族の仲間から）相手にされず一人になっても、高校入学まで頑張れた。しかし、中学の時に全く勉強していなかったため、高校の授業に全然ついていけなかった」と述べた。また、Ｄは、「もがいても、どんどん下に落ちていく一方で、もうだめだと思い高校を辞めた」「高校を辞めると緊張の糸が切れた。誘われるまま暴走族に戻った。何度もやめなければと思ったが、ここで暴走族の仲間と関係を切ればまた一人ぼっちになると思うと、抜けられなかった。自分はすごく弱かった。どうしてふんばれなかったのかと思うと悔しい」と声を震わせた。

　また、調査官は被害者から返信のあった書面照会の回答を少年に伝えた。被害者のうちの一人の高齢の女性は、これまで好んで外出をしていたが、本件後は怖くて外に出られなくなってしまったことや古いが大切にしていた手帳を

失って落ち込んだことなどを記しており、金品にとどまらない本件後の被害状況が明らかになった。少年は考えもしなかった事実に驚き、「女性や高齢者など力の弱い人たちを狙うなんて、最低なことをしてしまった。本当に申し訳ないと思っている」と述べた。

調査官は、「本件を起こしてしまったことは本当に残念。今回気づけた自分の弱さを、今後どのように乗り越えていくかを考えなければいけない。少年院でじっくり考え揺らがない自分をつくる必要があるかもしれないし、または、それを社会の中で実現していける力があるかを見極めるために、一定期間、住み込みで仕事をしながら生活指導を受けてもらう補導委託という方法も考えられる」と伝えると、Dは少年院を覚悟していたのか、驚いたように顔をあげた。

Dは一定の枠があれば、適応していける能力がある。Dが自分の弱さや甘さを認識した今、環境を整えることができれば、今後自分の力で再び生活を立て直していくことが可能であると考え、社会の中で民間の篤志家の力を借りながら生活指導・職業指導を行う「補導委託」がよいのではないかと調査官は考えた。

7）裁判官とカンファレンス

裁判官に調査経過を報告する。調査官の見立てを伝え補導委託を考えていると述べた。裁判官は調査官の方針を了解し、Dの補導委託先も含め調整するよう命じた。

調査官室へ戻り補導委託先が載ったファイルをめくる。Dは仕事は休まず真剣に取り組むことができるため、信頼できる指導者と出会えるような住み込み就労ができる補導委託先が適当だろう。調査官は補導委託先リストから、隣県にあり建設工事を中心に行っている「○○工務店」を見つけ、補導委託先との連絡調整を担当する調査官を通して補導委託先に少年の特徴等を伝え、打診する。その後、調査官は受託者と直接連絡を取り、本件の経過を簡単に説明した上で、Dは仕事には真剣に取り組み、信頼できる大人に支えてもらえば安定し、社会の中で十分更生していける少年であると話し、裁判所もしっかり少年を見守っていくのでDの立ち直りを支えてほしいと受託を依頼した。受託者はDの受け入れを快く承諾してくれた。

第3章　家庭裁判所調査官から見た少年非行

8）母あて電話連絡

　調査官は、母に現在補導委託を検討していることを告げる。母は涙で声をつまらせながら、「ありがとうございます」と何度も繰り返した。そして「Dが帰ってきたときのために、新しいスタートがきれるように兄とも話し合い、隣町に引っ越すことにした」と述べた。

　さらに調査官は、もし審判で補導委託決定が出た場合は、そのまま補導委託先へ移動することになる旨説明し、審判時にDの衣類や生活雑貨などを準備してきてもらうよう伝えた。

9）第4回少年面接

　Dは前回面接時から比べてすっきりした表情をしていた。調査官がその理由を尋ねると、「もう処分がどうなっても、やるしかないなという気持ちです。二度と同じことを繰り返したくないし、これまでの自分から変わりたい」と述べた。

　調査官は「D君が、今の気持ちを大切にして、社会の中でどこまで頑張れるかを補導委託というかたちで見てみる、という可能性もある。ただ、補導委託は甘いものではない。受託者の指導を受けながら、まずは規則正しい生活を身に付け、仕事に懸命に取り組むこと、それができて初めて内面から変わっていけるのだと思う」と話した。Dはまっすぐ調査官を見て「頑張りたいです」と述べた。

10）審判

　審判では裁判官が「本件は本来なら少年院送致になってもやむを得ないものであるが、前件後の頑張りも認められる。そのため今回処分を保留し、D君がどのくらい自分の力で生活を立て直すことができるか、○○工務店で生活・職業指導を受けながら、裁判所がD君の様子を観察する。それから最終的な処分を決めます」と述べ、試験観察（補導委託）決定を言い渡した。

11）補導委託経過

　補導委託では「毎日休まず、仕事に真剣に取り組む」「規則正しい生活を送

る」という2つを目標とした。Dには、ノートの1ページ目に遵守事項としてこれら2つを大きく記し、以下に日記（生活リズム表）を書いてもらうこととした。

また、調査官が毎月1回委託先に出向き、Dと面接を重ねた。さらに、受託者からも毎月の面接や補導委託経過報告書を通してDの状況報告を受けた。Dの母とも電話や面接等で密に連絡をとることにした。

調査官は、委託して1週間後委託先に出向いてDと面接し、目標を忘れず、毎日こつこつと積み重ねていくことが大切だと話した。委託当初、Dは「まだ仕事に慣れず、緊張の連続で疲れる」と述べ、受託者も「（Dは）表情が暗くふさぎこみがちである」と心配していた。

委託して1か月後には生活に慣れてきたせいか、寝過ごして仕事に遅刻することも度々あるなど気持ちが緩みがちであったDと、改めて目標を振り返った。Dは、その日の日記に「毎日同じことの繰り返しで、なんとなく過ごしていたが、毎日当たり前のことを当たり前に続けていく、そのことがとても難しく最も大切であると思った」と書いていた。それが後日の面接でわかり、調査官はDの内省と仕事への意欲を評価した。

Dは徐々に受託者との間にも、信頼関係が築かれてきており、周囲の同僚にも恵まれて、いつしか面接でのDは、生き生きとした表情を浮かべるようになっていた。また、委託中もDと母は、電話、手紙や面会等で連絡を取り合い、母の「Dが帰ってきて、新しい気持ちで頑張れるように家族で準備しているからね」という言葉も、Dにとっては大きな励みになっている様子であった。

12）審判

補導委託から約半年後、委託を終えることになり審判が行われた。審判には、Dと母のほか受託者が出席した。

裁判官に補導委託中の生活や気持ちについて尋ねられたDは、「最初は、慣れない仕事や知らない人だらけの環境が辛くて、何度も逃げ出したいと思った。でも、自分のことを信じてチャンスをくれたことがすごくうれしかったし、その人たちを絶対に裏切りたくないという思いで頑張った」と述べた。

Dは、裁判官にその頑張りを評価された後、新しい土地での生活や仕事が軌

第3章　家庭裁判所調査官から見た少年非行

道に乗るまでは見守りが必要であると、保護観察決定を言い渡された。調査官は、審判を終え母とにこやかに言葉を交わしながら裁判所を出る、Dの自信に満ちた背中を見送った。

●補導委託

　少年法第25条第2項第3号には、試験観察に付随する措置として、「適当な施設、団体又は個人に補導を委託すること」を定めている。これを「補導委託」という。

　補導委託には、民間の篤志家に一定の期間少年の補導を委託して、これまでの生活環境から離し、生活指導や職業指導をしてもらい試験観察をより効果的にする目的がある。補導委託先には、建設業、製造業、農家、飲食店などの個人のほか、仕事は外部でそれぞれしながら集団生活を送る自立援助ホーム等がある。

　補導委託後、調査官は委託先を定期的に訪れ、少年との面接等を通して少年の状況を確認し、委託先との関係調整を行う。また、保護者には、少年の情報を伝えたり、手紙や電話、委託先での面接等を促し少年とのやりとりを援助することもある。

　少年は、受託者との関わりや委託先での生活を通して、様々な気づきや成長につながる経験を積み重ねていく。毎日規則正しい生活を送り受託者家族らと食卓を囲むなど、ごく当たり前に思える委託先での家庭的な生活が、そうした経験に乏しい少年にとってはとても貴重な経験になる。また、委託先での職業指導を通して自分にもできると認められる経験は、少年の自尊感情の回復につながることも期待される。

　家庭裁判所は、少年が社会性を身に付け、家族関係が改善され再非行のおそれが小さくなる等、補導委託開始に際して目標・課題としたことがある程度達成されたことを見極めて、補導委託の終了を決定する。

　なお、補導委託には、以上のように住み込み等身柄付の補導委託を行うもののほか、社会福祉施設等で数日間のボランティアを行う短期補導委託や、職業補導を目的に数か月間通所して行う補導委託がある。

5 事例5：似たもの同士である母と衝突してしまう女子少年

【事案の概要】

E少年（16歳女子・アルバイト、以下E）は、深夜友達と繁華街でたむろしているところを警察官に保護された。Eは、家出中であり、素行不良者が出入りする交際相手（16歳、無職）の家に入り浸っていた。

交際相手は、以前バイクの窃盗事件で身柄付送致され、現在保護観察中である。また、交際相手の家に出入りする友人らは、万引きや援助交際を繰り返す者が多く、Eも誘われて万引きをしたことがある。以上から、このままでは、家出中に生活費や遊興費欲しさから、窃盗の罪を犯すおそれがあるとして、家庭裁判所にぐ犯送致された。

Eは、中学2年時頃から交際相手の家に出入りするようになり、無断外泊が増え、不登校になっていった。中学卒業後は高校に進学せず、週3回程度コンビニエンス・ストアでアルバイトをしていたが、本件時は休みがちであった。

Eは、父（47歳、会社員）、母（47歳、看護師）及び姉（20歳、専門学校生）との4人暮らしである。

1）第1回少年面接

少年鑑別所で会ったEは、長い髪を金髪に近い色に染めていた。調査官の問いかけに対しては、悪いことをしていないのにどうして捕まるのかと納得がいかない様子であった。

調査官は、ぐ犯についてEに説明し、将来罪を犯すことがないように、現在の乱れた生活を今後どのように立て直していくかなどを考えるために観護措置がとられたことや、これからの手続について丁寧に説明した。

面接ではEの生活状況を詳しく聞いていく。このような生活状況に至った経過を聞きながら、Eがどのように感じ、どうしてそうなったのか、Eの感情の動きも合わせて把握していく。Eが無断外泊や不登校を繰り返した背景には、「もっと遊びたい、楽しみたい」という軽い気持ちがあったことがわかった。

第3章　家庭裁判所調査官から見た少年非行

　Eが入り浸っていた交際相手の家には、いつも10人前後の男女が集まっていた。Eは、交際相手について「彼氏は、中2の時に同じクラスになって、付き合い始めた。最初は不良でこわいと思っていたが、とても優しくていつも一緒にいてくれた」と述べ、友人らについては、「皆優しくて好きだが、万引きや援助交際など危ないことをやっているので、あまり深入りしたくないと思っていた。誘われて万引きをやったことはあるが、とてもこわかったし、もうやりたくない」と述べた。さらに、援助交際について聞くと、Eは「好きな人以外とはそういうことは絶対したくない」と述べ、交際相手以外とは性関係を持っていないと話した。Eは万引きや援助交際に対して違和感や嫌悪感を抱いており、非行文化にどっぷりつかっている様子はみられず、それほど犯罪に結びつくような反社会的な考え方は進んでいないように思われた。

2）第1回保護者面接

　家庭裁判所の面接室で会った父母は、明るくはきはきとした母親、優しく穏やかそうな父親といった印象であった。
　父母によると、Eは交際相手の家に入り浸り、月数回自宅に帰ってくるような生活を送っていた。母は、交際相手がEに悪影響を及ぼしていると考え「Eには彼氏と別れるよう厳しく言っていたが、そのことでお互いすぐに感情的になってしまい、激しい言い合いになって、Eが家を飛び出すということを繰り返していました」と述べ、Eの対応に困り果てている様子であった。しかし一方で、Eは甘えが強く、夜静かなところで一人では眠れないと言い、母が添い寝をしたり父と明け方まで一緒に音楽を聞いたりすることもあった。
　Eを甘やかしがちな父と、厳しく対応しようとする母は、Eのしつけをめぐって対立することも多く、父は「恥ずかしながら、Eの前で大げんかになることもあるんです」と苦笑いしながら話した。
　また母は、人前では明るく元気に振舞うが、一人で思い悩みやすく、それが、円形脱毛症や不眠症などの身体症状になって現れることも多いと言う。調査官が「お母さんと、Eさんは似ているのかもしれませんね。表面的にはあっけらかんとしてみえるけれど、心はとても繊細で、傷つきやすいところがある」と言うと、母は、ハッとして「そうかもしれません。だから、ぶつかって

93

しまうのかもしれません」と述べていた。

　父母は、Eについて「一見明るく社交的にみえるが、とても寂しがりで考えすぎてしまう子なんです」「中学卒業後の進路など、これからの話をしようとすると、すぐに逃げ出してしまう」と話した。面接では父母がEを大切に思っている様子がうかがえた。

　Eは、父母が自分のことでけんかしているのを目の当たりにして家庭に居づらさを感じることも多く、さらに直面しなければならない現実から逃げ、寂しさや不安を、賑やかな溜まり場でまぎらわそうとしていたのではないだろうか。

　調査官は、父母にEが安定して家庭に落ち着けるようどのように努力していけばよいか、具体的に考えてほしいと伝えた。

3）第2回少年面接

　下を向き長い髪の毛を触っていたEに、調査官は「昨日、お父さんとお母さんが裁判所に来てくれて、話をしたよ」と話を始めた。Eは「一緒に来てたんですか？」と驚いたように顔を上げた。

　Eは、父母が自分のことでけんかばかりするようになって、あまり話をしなくなったこと、家にいても寂しかったことを話してくれた。

　続いて、父母のことを聞いていく。Eは、父について「優しい」、母については「明るい。自由に振舞っているようにみえるけど、本当はとても人のことを気にしている」と述べた。「それって、Eさんに似ているよね」と言うと「そうなんです。だから、お母さんが何を考えているかよくわかる」と言った。さらに調査官は「なのに、どうしてけんかになっちゃうんだろう？」と聞くと、Eは「わかってても、どうしても素直になれないんですよね」と困ったように笑った。

　家出を繰り返すEは、一見家庭を拒否しているようにみえたが、その根底には、両親にもっと甘えたい、愛されたいという両親に対する高い依存心や欲求不満があることがわかった。

　調査官は、これまでの面接においてEに根深い問題はみられず、家庭がEにとって心地よい場所になれば家出や不良交遊等は収まっていくのではないかと考え、施設収容までの必要性はないのではないかと感じていた。しかし、Eの

交友関係には不安が残るため、父母の受け入れ態勢を確認し、母とEの関係を調整した上で、Eが落ち着いた生活を送れるようになることを見届ける必要があるだろう。調査官は在宅試験観察の可能性を考えていた。

4）第2回保護者面接（家庭訪問）

Eの自宅は郊外にある大きなマンションの5階にあった。間取りは3LDKで、EとEの姉それぞれの自室がある。訪問すると母がおり、調査官は広いリビングに通された。母は「先日の面接の後自分たちのけんかが、Eに悪い影響を与えているのではないかと考え、なるべくEの前では言い争わないようにしようと話し合いました。今はとにかく、家庭がEにとって安らげる場所になるように頑張っていこうと思います」と話した。

5）第3回少年面接

Eとこれまでの生活を振り返りながら、どうして本件に至ってしまったのかを考えていく。

発端は中学1年時の冬だった。仲の良かったグループから仲間はずれにされ、学校に行く足も重くなった。そんな中、中学2年生に進級する際のクラス替えで交際相手と同じクラスになって知り合い、彼の家に入り浸るようになった。そこで知り合った男女の友達が、自分に優しく仲良くしてくれることがうれしくて抜け出せなくなった。

Eは「彼氏の家にいると、いつも誰かがいて寂しくなかった」「家にいると、進路のこととかうるさく言われるのが面倒だった。お母さんとけんかするのも嫌で避けたかった」と話した。調査官が今後のことについて話題を移し「彼氏のことは、どうするの？」と尋ねると、Eは迷ったような表情を見せ「やっぱり別れたほうがいいんだろうなとは思うけど…」などと言葉を濁し、明言しなかった。

調査官が「このようなことを繰り返さないためには、どうしていけばいいだろう」と問いかけると、Eは「家に帰りたい。自分のやりたいことを見つけて逃げないで頑張りたい」と述べた。

さらに、Eは父母が面会に来てくれたことをうれしそうに話し「お父さんと

お母さんは、自分のために居心地のいい家になるように頑張るからねと言ってくれた」と述べた。
　調査官は「Eさんのことをとても大切に思ってくれているんだね」とうなずき、「明るい家にするためには、Eさんも頑張らないとね」と言うと、Eは「お父さんとお母さんがけんかしないよう私も家出しないようにします」と述べた。

6）少年調査票作成
　調査官は、Eの生活を立て直し家庭に落ち着くことを目標に、Eやその家族をサポートしながら、Eが立ち直るのを見届けたいと考えていた。そのためには、第一に母との関係を調整し、安定した母子関係を築くことを目標とし、さらに交際相手やそこに出入りする友人らとの交友関係を見直す必要がある。調査官は、面接時Eが交際相手との関係を清算することについて、決断しきれない様子であったことが気になっていた。こうした不安定要素を残したまま保護観察にすることにためらいがあったため、在宅試験観察意見を提出した。

7）審判
　審判では、父母、特に母親との関係を見直し、Eが家庭に落ち着くことで生活を安定させていくことを目標にして、在宅試験観察決定となった。
　審判後、父母とEを面接室に案内し試験観察の方法について説明する。最後に、調査官が「Eさんとご両親、家庭裁判所がそれぞれ密に連絡をとりながら、Eさんが良い方向へ変わっていけるように、一緒にがんばっていきましょう」と言うと、父母は「よろしくお願いします」と深々と頭をさげた。

8）試験観察経過
　試験観察では、まずは生活状況を改善することを第一の目標とし、一日のスケジュールを立て日記指導を行った。Eは引き続きコンビニエンス・ストアでアルバイトを続けられるようになったため、休まずアルバイトを続けながら、将来どういった自分になりたいか、定期的な面接や日記の課題などを通して考える機会を設けるようにした。
　さらに、Eと父母とは定期的に裁判所やEの自宅等で面接を行い、生活状況

や家庭での様子を把握しつつ、Eと母との関係調整を行った。例えば、母との衝突に関しては、Eが「（けんかしてしまった時）感情的に家を出るんじゃなくて、自分の部屋に一旦戻って一呼吸おいて冷静になる」とアイディアを出すと、母も「怒りにまかせて叱っていたところがあるので、感情的にならず、手紙やメールを使って素直な気持ちを伝えてみるのもいいかも」などと話した。

また、面接ではEと母に対して同時にTEG（東大式エゴグラム、詳細は後述）を実施し、Eと母がそれぞれの性格や行動傾向を共有し、困難場面での対処方法について話し合うなどした。

交友関係については、「彼氏と別れました」と話していた。それに伴い、交際相手の家で知り合った他の友人らとも疎遠になっている様子であった。5か月後、Eは就労が安定し、父母とも会話が増え家庭に落ち着きはじめた。しかし、母との衝突が時折みられるなど不安な点も見受けられるため、今後は、Eの見守りを保護観察に委ねるかたちで試験観察は終了した。

●ぐ犯

　ぐ犯とは成人にはない少年法独自の手続である。少年法第3条では、審判に付すべき少年として、第1項第3号に「次に掲げる事由があって、その性格又は環境に照して、将来、罪を犯し、又は刑罰法令に触れる行為をする虞のある少年」と定めている。上記の「次に掲げる事由」には「イ　保護者の正当な監督に服しない性癖のあること。ロ　正当の理由がなく家庭に寄り附かないこと。ハ　犯罪性のある人若しくは不道徳な人と交際し、又はいかがわしい場所に出入りすること。ニ　自己又は他人の徳性を害する行為をする性癖のあること」の4つをあげている。これを「ぐ犯事由」という。つまり、この4つのいずれかに該当すると「ぐ犯事由」があることになる。

　しかし、少年に将来罪を犯すおそれがなければ、いくら保護を要する少年であっても家庭裁判所は関与することはできない。そのまま放置しておくと将来少年が犯すおそれのある犯罪名を具体的に特定し、ぐ犯事由と合わせて「審判に付すべき事由」として挙げなければならない。将来、罪を

第一部　家庭裁判所と少年非行

犯し、又は刑罰法令に触れる行為をするおそれを「ぐ犯性」という。ぐ犯性は少年の資質や性格、環境、生活状況等を総合して判断される。
　これらを事例5にあてはめると、ぐ犯事由は、少年法第3条第1項第3号のイ、ロ、ハにあたり、ぐ犯性はそのまま家出した状態が続く限り、遊興費や生活費ほしさに窃盗罪を犯すおそれがあるということになる。
　なお、ぐ犯事件の少年は、他の非行に比べて女子少年の割合が高く、平成23年では全体の46.8％を占めている（「平成24年版　犯罪白書」101頁）。その行状としては、家出、不良交遊、不純異性交遊等がみられる。

● 調査官による心理テストの活用
　調査官は調査において心理テストを活用し、その結果をケース理解の一助としたり、問題解決に役立てたりしている。心理テストは、調査官が少年を理解するために診断的に用いるほか、その診断結果を少年に返して少年の自己理解を深めさせることにも役立てられる。また、面接におけるコミュニケーションを促進するなど、面接の補助手段として活用することも多い。
　例えば事例5では、調査官が試験観察中にTEG（東大式エゴグラム）を用いている。TEGは質問紙を用いた性格検査で、53の質問項目に「はい」「いいえ」「どちらでもない」で回答し、グラフ化して分析する。ここでは、成長に伴い発達し分化していく人の心の5つのありようをわかりやすく示すTEGを、Eと母双方に実施することで、双方の性格にどのような特徴があり、どのようなところが似ているのか、またどのようなところで衝突しやすいのかを確認しあった。TEGで示された性格は、固定的なものではなく「変わっていくことができる」と捉えることが前提となる。そして、その結果を用いて双方の関わりがよりよい方向に向かうよう調整するツールとして用いている。
　心理テストは、事案の内容や各調査官によって実施するテストや使い方は異なるが、ロールシャッハテスト、TAT（主題統覚検査）等のように特定できない曖昧な刺激を与えてその反応から人の内面や対人関係のあり

ようを映し出す投影法や、バウムテスト等の描画法、心理療法の効果も期待できる箱庭療法等多岐にわたっている。

〈第一部　推薦図書〉
・山口幸男（2005）「司法福祉論　増補版」ミネルヴァ書房
・村尾泰弘・廣井亮一編（2004）「よくわかる司法福祉」ミネルヴァ書房
・守山正・後藤弘子編著（2009）「ビギナーズ少年法　第2版補訂版」成文堂
・山田博監修・家庭問題情報センター編（2002）「家裁に来た人びと」日本評論社
・藤原正範（2006）「少年事件に取り組む」岩波新書

第二部

非行・犯罪に取り組む

第4章
警察の現場から─非行少年への立直り支援

石橋　昭良

1　警察における非行防止及び健全育成活動

　少年法は『少年の健全育成』をその基本理念として掲げているが、検挙・補導等の警察活動を通じて第一次的に非行少年と関わることとなる警察の少年部門においては「少年警察活動規則（平成14年国家公安委員会規則第20号。以下「規則」という）」により、「少年の健全な育成を期する精神をもって当たるとともに、その規範意識の向上及び立直りに資するよう配意すること。少年の心理、生理その他の特性に関する深い理解をもって当たること」が活動の基本として明文化されている（規則第3条）。このことは、被疑者の検挙が主たる役割である刑事警察とは異なり、非行少年等の検挙・補導にあたっては、健全育成の精神を基盤とした少年の立直りへの配慮と少年の心理特性等を踏まえた理解と対応が求められていると言える。

　さて少年警察活動を大別すると、少年事件や触法事案などの発生に伴う捜査・調査活動と、少年サポートセンターを中心とする街頭補導や少年相談など少年の非行防止及び健全育成活動があり、この2つの活動が大きな柱となっている。そして、後者の活動を実践しているところが都道府県の少年サポートセンターであり、主な活動内容は次のとおりである。

①街頭補導活動（喫煙や深夜徘徊など不良行為を行う少年を早期に発見し、非行化を未然に防止する）

②少年相談（保護者や少年自身さらには学校関係者などから非行問題などの相談を受理し、必要に応じて少年や保護者等に対して指導・助言などを継続的に実施）

③被害少年の支援（犯罪等の被害に遭った少年へのカウンセリングやボランティアによる継続的支援の実施）

第二部　非行・犯罪に取り組む

④居場所作り・社会参加活動（地域によって異なるが、料理教室やスポーツ教室などの開催による少年の居場所作り活動、落書き消しや老人ホーム慰問などのボランティア体験による社会参加活動）

　これらの活動は、少年サポートセンターの警察官と少年補導職員により行われている。なかでも②少年相談は、専門的知識及び技能を有する少年補導職員（都道府県警察の少年相談専門職員（心理職）を含む）が、専門的技法を用いて非行等の問題行動（ここでの問題行動とは、少年による犯罪や不良行為等をはじめ、不登校、家庭内暴力、犯罪被害など少年の非行防止や健全育成の観点から問題とされる行動をいう。以下同じ）に対する支援活動を行っており、これが警察における非行臨床の実践にあたるものである。

　以下、警察における非行少年の立直り支援である少年相談を取り上げていくこととする。なお、本文中に引用した事例は、プライバシー保護のため一部内容に変更を加えてあることをお断りしておく。

2　少年相談の概要

1）法令による位置づけ

　警察が行う少年相談の法令上の根拠は、警察法（昭和29年法律第162号）第2条第1項における『警察の責務』に求めることができる（※警察法第2条第1項　警察は、個人の生命、身体及び財産の保護に任じ、犯罪の予防、鎮圧及び捜査、被疑者の逮捕、交通の取締その他公共の安全と秩序の維持に当ることをもってその責務とする）。なお、少年相談における「相談の対象」「相談の任意性」「継続補導」等については以下のように規定されている。

(1) **少年相談の対象**

　少年相談は、規則第2条において「少年の非行の防止及び保護に関する相談」と定義されている。ここで言う少年相談は、警察で取り扱う非行少年（少年法第3条第1項に規定される犯罪少年、触法少年、ぐ犯少年）をはじめ、不良行為少年（非行少年には該当しないが、飲酒、喫煙、深夜徘徊その他自己又は他人の徳性を害する行為をしている少年）、被害少年（犯罪その他少年の健全な育成を阻害する行為により被害を受けた少年）、要保護少年（児童虐待を受け

た児童、保護者のない少年その他の児童福祉法による福祉のための措置又はこれに類する保護のための措置が必要と認められる少年）に関する相談のほか、いじめ、不登校、家庭内暴力、精神保健等に関する相談など、少年の非行の防止及び保護に関連したあらゆる相談が含まれている。なお、少年相談の中で犯罪行為に該当するものについては、捜査・調査活動を行い、事実認定できたものは、家庭裁判所又は児童相談所へ送致・通告する措置がとられている。

(2) **相談の任意性**

規則第8条第1項において「少年又は保護者その他の関係者から少年相談を受けたときは、懇切を旨として、当該事案の内容に応じ、指導又は助言、関係機関への引継ぎその他適切な処理を行うものとする」と規定されており、少年相談は、少年又は保護者等からの申出による任意の措置として位置づけられている。警察の活動というと被疑者の検挙から身柄の拘束等に見られる強制力を伴った法律の執行という側面が強調されがちであるが、相談という活動はあくまでも一般市民からの申出に基づいた臨床的活動という特徴がある。なお、検挙・補導活動を主体とする警察活動は、世界各国の警察において推進されているが、我が国のように警察が少年の非行防止や健全育成のための相談窓口を設置して対応している国は、先進国の中でも極めて稀な存在と言える。

(3) **継続補導**

少年相談に係る継続補導については、規則第8条第2項において「少年相談に係る少年について、その非行の防止を図るため特に必要と認められる場合には、保護者の同意を得た上で、家庭、学校、交友その他の環境について相当の改善が認められるまでの間、本人に対する助言又は指導その他の補導を継続的に実施するものとする」とされている。ここで言う継続補導の対象となるものは、「不良行為少年」及び「触法少年又は14歳未満のぐ犯少年であって児童福祉法第25条の規定により通告すべきものに該当しない少年」のほか「非行の防止を図るため特に必要と認められる少年」である。

そして、規則第8条第3項及び第4項において、継続補導の実施にあたっては、原則として、少年サポートセンターに配置された少年補導職員等が実施するものとし、必要があるときは、保護者の同意を得て学校関係者その他の適当な者と協力して実施するものとしている。

2）相談事案の特徴

　平成25年中に全国警察において6万5,000件余の少年相談を受理している。一般的には警察が開設している相談というと「非行」にかかわる相談がほとんどと捉えられがちであるが、相談内容を見ていくと非行も含めた未成年の子どもにかかわる相談全般を受理していることがわかる。事案の特徴としては以下の3点を指摘しておきたい。

(1) 相談内容と非行進度の多様性

　少年相談の窓口は、面接・電話・メールにより開設されている。この窓口は広報紙をはじめリーフレット、警察のホームページ、相談カードなど様々な媒体を通じて広報されている。そのため、少年からは、友人や異性などの交友関係や親子関係など思春期に見られがちな悩みをはじめ、最近の情報化社会の進展に伴う携帯電話からのインターネット利用による不正請求や暴力などによる犯罪被害、進路やいじめ・不登校など非行に限らず日常生活で発生した様々な問題にかかわる相談を受けている。

　また、保護者や学校関係者等からは、思春期の第二反抗期を迎えた少年への対応をはじめ、顕在化した万引きや暴力行為、家出、怠学、家庭内暴力、薬物乱用や売春など、比較的軽微なものから犯罪行為の疑いや深刻な問題行動まで幅広い問題行動にかかる相談を受理している。

　このように警察では少年相談の間口を広く開けていることもあり、その内容と非行進度の両面において実に多様な事案を受理していることが大きな特徴と言える。

(2) 相談者が求めること

　警察で受理する少年相談の多くは、少年が日常生活で悩みを抱えていたり、保護者が我が子の問題行動への対応に苦慮しており、なかには緊急に危機介入（例：家族が身の危険を感じる程の暴力をふるっている）を要する事案もあり、総じて相談する側は警察に対して問題行動を解決するための具体的対応や介入などの処方箋を求めてくることが多いと言える。このことは、いわゆるクライエントとカウンセラーとの治療契約に基づいて進められる一般のカウンセリングとはその構造からして異なるものであり、法令上の枠組みの中で行われる非行臨床としての少年相談の特徴と言えよう。したがって少年相談の受理にあた

り、相談者との信頼関係を形成し、相手のペースを尊重しながら傾聴し、その気持ちを受容して共感的理解を示すといった相談の受理担当者としての基本的姿勢はもちろん必要ではあるが、問題の全体像を把握した上で、相談事案に対して心理学、社会福祉、精神医学、法律などの領域から必要な対応と支援を検討する複眼的視点が求められると言える。

(3) 事案に対する組織的対応

警察において受理した少年相談は、事案の担当者を決めて電話や面接による助言や指導が進められていく。しかし、事案の中には相談が経過していくなかで、例えば、母親に対する暴力に歯止めがきかずにエスカレートしたり、薬物乱用による幻覚妄想から自傷行為を行ったり、家出中に恐喝被害に遭い自ら保護を求めてくるなど、緊急な措置を要する事案がある。このような事案に対しては、必要に応じて訓戒や身柄の保護を行ったり、担当者と相談者という相談の枠から離れて、家庭裁判所・児童相談所への送致・通告や医療機関への委託などが行われる場合がある。さらに、少年が児童買春など福祉犯罪の被害にあうなどの相談を受けた場合には、これを端緒として事件化を図り、被疑者を検挙する一方で被害少年に対しての継続的支援活動を行うなどの対応がとられている。

このような事案においては、相談を受理した担当者がその措置を個人だけで判断するのではなく、組織の俎上に載せた上での対応が検討されており、必要に応じて事案に対する組織的な対応が図られていると言える。

3）少年相談の受理状況

少年サポートセンターでは、非行等の問題行動の発生に伴い当該少年やその対応に苦慮している保護者や学校関係者等から相談を受理し、必要な措置を講ずることとなる（図表4-1）。受理にいたる流れとしては、警察署の担当者が相談内容に応じて少年補導職員が配置されている少年サポートセンターの相談窓口を紹介したり、学校や児童相談所など関係機関の紹介により保護者が来所することもある。なお、関係機関からの紹介の背景には、関係機関で形成されているネットワーク（警察・学校・児童相談所等による非行対策、児童虐待防止対策、いじめ・不登校等の対策などによる連携）の存在があり、それぞれの

第二部　非行・犯罪に取り組む

実務担当者が関係機関の機能を把握した上で紹介している場合が多い。また、マスコミ等の広報活動を通じて相談に来所する事案も多く、あらゆる媒体を使って単発でなく恒常的な広報活動が行われている。

図表4-1　非行など問題行動の発生から相談受理まで

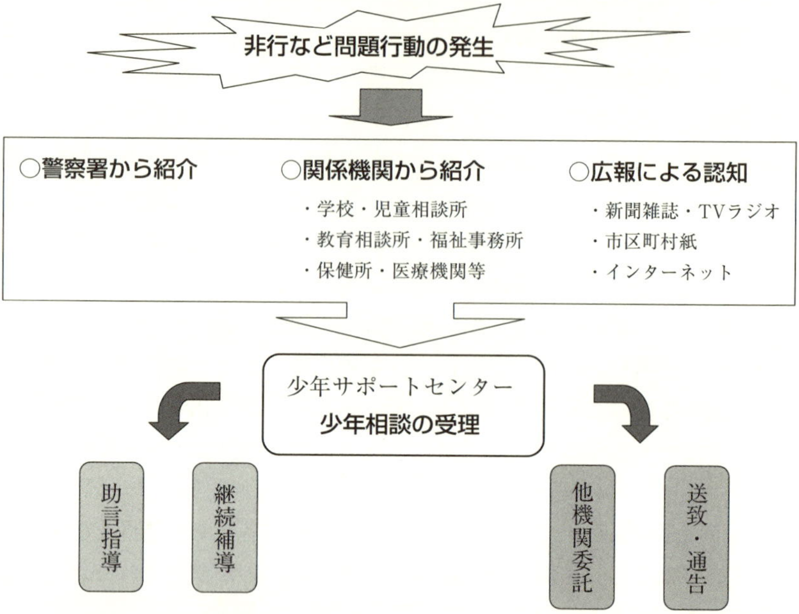

非行など問題行動の発生
↓

○警察署から紹介

○関係機関から紹介
・学校・児童相談所
・教育相談所・福祉事務所
・保健所・医療機関等

○広報による認知
・新聞雑誌・TVラジオ
・市区町村紙
・インターネット

↓
少年サポートセンター
少年相談の受理

助言指導　継続補導　他機関委託　送致・通告

（注）筆者作成

　平成16年から25年までの全国の警察で受理した少年相談の受理件数の推移を示したものが、図表4-2である。この10年間をみると、少年からの相談は2万件台から1万件台に減少し、保護者等からの相談も近年やや減少しているものの5万件を超えている状況である。

　平成25年中の少年相談の受理状況を取り上げてみると、総受理件数は65,125件で、このうち少年からの相談が13,552件（20.8%）、保護者等からの相談が51,573件（79.2%）であった。相談対象者別に相談内容の占める割合をみると、少年からは、交友問題21.5%（友人関係、異性交遊等）、家庭問題15.0%（親子関係、養育問題等）、犯罪被害14.4%の順に多く（図表4-3）、保護者等か

らは、家庭問題22.1%（しつけ、家庭内暴力等）、非行問題21.4%（窃盗、家出等）、学校問題14.4%（いじめ、不登校等）の順に多かった（図表4-4）。なお、相談内容の非行問題は、犯罪及び不良行為を含むものである。

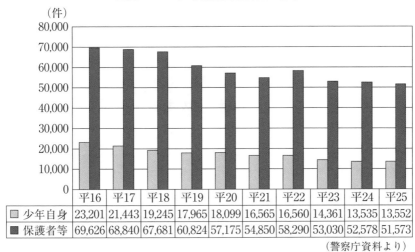

図表4-2　少年相談受理件数の推移

（警察庁資料より）

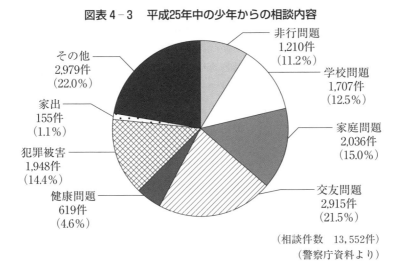

図表4-3　平成25年中の少年からの相談内容

（相談件数　13,552件）
（警察庁資料より）

第二部　非行・犯罪に取り組む

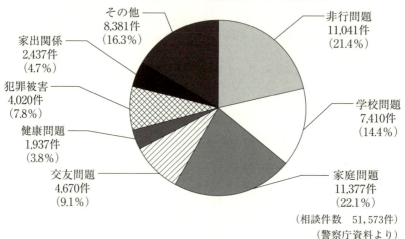

図表4-4　平成25年中の保護者等からの相談内容

(相談件数　51,573件)
(警察庁資料より)

3　非行少年への立直り支援

1）非行臨床における枠組み
(1) 非行臨床の基礎

　少年及び家族への支援という非行臨床活動を行うにあたり、相談担当者には、臨床心理学・発達心理学・犯罪心理学をはじめ近接領域として児童精神医学や社会福祉などにかかわる知識とカウンセリングや心理療法等の技法の習熟が求められる。これは広い意味では非行臨床におけるカウンセリングマインドの獲得が目標となっていると言えよう。一方、担当者は少年法を基本とする関連法令を根拠にした相談活動を進めていくのであり、ここにおいては関連する法令に基づいたリーガルマインドの獲得が求められると言える。つまり、相談担当者には心理というカウンセリングマインドと法令というリーガルマインドの両者の獲得が求められているわけであり、自らの立ち位置を常に確認しながら臨床活動を行っていくことが必要であり、同時にこのことが専門性を高めていくことに結び付いていくと考えられる。

　次に、相談を受理していくということは、非行や犯罪を抱えた人たちの不幸

に寄り添いながら、担当者がこれらの人たちを支援していくという側面も持っている。このような状況において「目の前の困っている人に対して、自らを投げ打って手をさしのべていく」といった利他の姿勢を持つことは不可欠であると言える。担当者としては、専門的知識や技法の習得だけに目が向いてしまい利他の姿勢が欠落してしまわないようにバランスを保つことが求められる。また、相談担当者の支援における主なツールである面接は、人との対話を通じて人の心に触れ、時には人の気持ちを動かし、時には新たな行動を促すこととなることもある。これは面接における対話が、その時にだけ影響を与えるのではなく、結果的には少年や保護者の一生を左右するほどの重みがあることを忘れてはならない。

　先述したとおり、面接の基本的姿勢としては、信頼関係の形成、傾聴、共感的理解が挙げられるが、神田橋（1984、1990）は、面接の過程において相互に関連する側面として、①相手の話を聴く（担当者としては、聴く能力を磨き、相手の話す意欲と能力を向上させる）、②相手を観察する（面接は物差しとしての場でもあり、相手の感情や行動が測られる）、③相手との関係作り（言語レベルでは的確な理解、非言語レベルでは温かさや優しさ）の3項目を挙げており、基本的姿勢から始まり面接過程の技術を身に付けていくことが担当者にとっての課題であると言えよう。

(2) **支援の出発点**
　問題を抱えている少年との面接は、担当者に困難さやストレスを感じさせることが一般的である。その困難さを例示すると、投げやりな態度、反抗的で敵対的な言動、嘘や言い訳が多い、全く口を開かない、情緒不安定などが挙げられる。このような表面的にみられる担当者への拒否的な言動の背景にあるものは、大人への恨み・不信感・敵意・憎悪などであったり、強制的に連れて来られたことへの不満などが考えられる。このような少年を目前にして行う面接は、担当者を困惑させ不快感とともにストレスを生じさせることとなるが、多くの場合、このような出会いが少年と保護者への支援の出発点となる。

　初めての少年との出会いにおいて支援する側に求められることは、少年との信頼関係をいかに形成するかである。少年の抱えている問題へ関心を向けるとともに、もちろん非行や犯罪は認めないが少年の人格を否定せずに非行や犯罪

第二部　非行・犯罪に取り組む

に向かう背景に目を向け、少年の行動や人格を理解しようとする姿勢を持って対話に臨み、時には少年の興味関心に合わせたり、時には抱えている問題に直面化させていくことも必要となる。

　担当者としては、受理した相談のすべてが問題解決されて少年の立直りが図られることを望むわけであるが、相談の継続中に少年が窃盗や傷害等の犯罪により検挙されたり、非行化の歯止めができずに家出や援助交際を繰り返し、保護者が養育の限界を感じて、ぐ犯少年として送致される事案も起きてくる。このような場合、担当者自らが少年への支援経過を検証し、非行化を防ぐことができなかった問題点を明らかにする作業を行うことが重要であり、事例検討会を活用して必要に応じて専門家による助言やスーパーバイズを受けることが必要である。

2）支援における手法

　問題行動への個別の支援手法を大別すると、カウンセリング、ガイダンス、ケースワークなどがあるが、特に不良行為などの問題への支援は、カウンセリングよりも指導・助言を中心とした心理教育的ガイダンス及び環境調整によるケースワークを折衷的に取り入れながら、問題を抱えた保護者や少年へのアプローチが行われている。この理由としては、我が子の不良行為などの問題を抱えた保護者は、例えば、「家出した」「暴力を振るっている」少年に対する当面の具体的対応を求めているのに対し、相談者の洞察等に重きを置くカウンセリングは、保護者等への助言に具体性が乏しく、解決までに相当の時間がかかるため、心身の発達途上にある少年への適用には検討を要することが挙げられる。

　さらに、取り扱った事案の内容によっては、面接室での対応だけでなく担当者による学校訪問や家庭訪問などの訪問活動、さらに関係機関との連携や多角的な情報収集等を目的にケースワーカーとしての活動が求められる場合もあり、また、必要に応じて関係機関が役割分担の上で対応するサポートチームを形成する場合もある。

　非行少年及び家族への支援のあり方を遡ってみると、非行臨床の黎明期には非指示的療法や精神分析など個を対象とした支援が中心であったが、その後は

個への支援に加えて家族療法や非行少年や保護者のグループワークなどが発展し、最近では警察・児童相談所・保護観察所・家庭裁判所などの関係機関が必要に応じてチームにより対応するシステム化が展開され、一定の効果を上げるなど取組に広がりが出てきたところである。

なお、受理したすべての事案に対して少年や保護者等との面接が行われているわけではない。少年相談は、少年又は保護者等からの申出による任意の措置であり、少年の来所に対して強制力を伴うものではないことから、担当者が少年に対して来所を促すものの、少年が来所を拒否する事案も見受けられる。少年が来所を拒否した場合、担当者は手紙や電話・メール等を用いて少年への働きかけを行っている。しかし、少年がこのような働きかけも拒み続けた場合、担当者は保護者等との面接を通じて少年への対応を助言したり、定期的な継続面接を通じて経過の報告を受けながら助言指導を繰り返すなど、保護者を経由した少年への間接的指導を行うことが一般的である。

3） 支援の実際

担当者が支援を進めていくプロセスは、初期段階において保護者や少年との面接を通じて少年の抱えている問題内容とその問題が発生している背景要因を把握し可能な支援の判断を行った上で、少年や保護者への支援へと進んでいく。支援のプロセスにおいて問題内容と背景要因を把握する枠組みは見立て及びアセスメントであり、少年及び保護者への支援の具現化は継続補導において行われる。

(1) 初期における支援

① 見立て

問題解決のための支援活動を進めるにあたり、保護者等との面接を通じて、聴取した少年の生育歴も含んだ問題行動の情報を得ることから始まるが、担当者が必要とするすべての情報が得られるとは限らないのが現実である。たとえ情報が不十分であったり精緻さに欠けることがあっても、担当者には、初期の段階で少年の問題行動をどのように理解するかの枠組みを持って相談を進めることが求められる。そして、可能な限り少年や関係者から情報を得る努力を行い、新たな情報が出てきたならば、当初理解した枠組みを変更しながら支援を

第二部　非行・犯罪に取り組む

進めていく柔軟性も必要である。

　いずれにせよ初期の段階において、担当者が少年の生育歴をはじめパーソナリティや問題行動の内容などの情報を得て家族状況や交友関係等を把握し、大まかな方針と今後の目標を立てていくという、いわゆる事案の見立てを行うことは非行臨床を行う上では必須なことである。

　② 少年と家族のアセスメント

　事案の見立てが、初期段階における少年の理解と大枠における方針や目標を立てることであるのに対し、アセスメントは、事案の見立てからさらに踏み込んで、少年や家族さらには関係者からの多角的な情報収集及び少年や家族への標準化された心理検査等の実施などにより、少年及び家族の状態像を理解して具体的な支援方策を検討していくものである。

　この際、少年と家族について精度の高いアセスメントを行うことが問題解決の成否を決定することから、担当者にとっては、相談活動の勝負どころと言えるポイントである。ただしアセスメントにあたっては、保護者が生育歴の一部を覚えていなかったり、少年が来所しないなどの理由から、取り扱った事案について質量ともに十分な情報が揃わないことも多い。また、アセスメント自体は、あくまでも仮説であることから、その後の支援過程で得た変容や情報等を通じながら検証を行い、時には修正することも必要となる。

　少年のアセスメントのうち、力動的アセスメント（少年の行動を生育歴や精神発達などの側面から理解する）では、保護者や少年自身との面接を通じて少年にとっての問題行動の内容とその行為の持つ意味を理解したり、少年の身体・言語発達を把握して精神発達的側面の発達課題等を明らかにすることが行われる。また、客観的診断軸によるアセスメント（少年の行動を標準化された検査や診断基準等を用いて理解する）では、テストバッテリーを組んで知能、性格等の心理検査を実施し、DSM-Ⅳ-TR（アメリカ精神医学会による精神疾患の診断基準マニュアル）やICD-10（世界保健機構の設定した精神及び行動の疾病分類）などに基づいて行っている。

　来所した多くの少年は、少年が自ら問題行動を改善しようとする意識は低く、内省する力に欠け、時には少年が拒否や反抗などの態度をとる場合もある。したがって、少年との面接では、まずは来所することに対する明確な動機

付けを行うとともに、担当者が少年の興味関心などの特性を踏まえた「チャンネル合わせ」をしながら、少年が理解できるようなわかりやすい言葉を使い、また、少年が伝える言語レベルと非言語レベルの情報を読み取り、そして伝えるといった側面からの対話が進められていく。

家族のアセスメントでは、エピソードを交えたこれまでの親子関係を聴取しながら、家庭が少年にとっての心が休まる居場所であったかどうか、社会性を育てるしつけが行われたかどうかなどを明らかにするとともに、保護者の生育歴等の聴取を通じて家族関係や家族間伝達、さらに家族の中で少年の問題行動へ主として対応していくキーパーソンの存在を把握するなど、様々な角度からアセスメントが行われる。

なお、家族との面接では、少年の問題行動の内容を理解するために、家族からの正しい情報が不可欠であり、そのためにも保護者との信頼関係の形成は欠かすことができないことである。また、少年の問題解決には家族全員の参加が望ましいが、実際には、母親や父親との面接を通じて、他の家族に働きかけることが多い。そして、来所する多くの保護者は、これまでに我が子の問題で周囲から批判され孤立していることが多いため、まず、担当者が親の苦労に耳を傾け、ねぎらう姿勢が求められるとともに、問題行動の原因を短絡的に親子関係に求めることは避けなければならない。

(2) 継続的な支援
① 継続補導の諸側面

見立てやアセスメントを経て問題解決のための継続的な支援を要する事案に対しては、継続補導が行われる。継続補導は、少年の問題解決までに相当の時間を要すると思われる事案に対して、必要に応じて、少年や保護者との面接のほか家庭訪問や学校訪問などの訪問活動、また、関係機関とチームを組んで役割分担した活動などが行われる。

継続補導となる事案は、数回の指導助言で終了する事案に比べると非行性が進んだものが目立っており、事案によってはこれまでの問題行動が依然として続いていたり、また新たな問題が発生したりすることもあるため、その都度具体的な対応を助言することが必要となる。なお、事案の中には、発生した問題行動の内容により少年を招致して事情聴取を行ったり、一定期間の継続補導を行っ

たものの非行が改善されない少年の場合、ぐ犯少年として家庭裁判所送致や児童相談所通告を行うなど、少年相談という任意の措置では対応が限界となる場合も見られる。

　また、数か月から数年にわたる継続補導は、担当者・少年・保護者の三者間で進められる活動であり、担当者からの一方通行なものではなく、三者が相互に交流しながら進められる共同作業と言える。この経過における担当者の指導・助言は、初期には軽く浅い内容で相談者の実行可能なもの（例：少年との対話の中で門限時間や登校日数の設定など）から始め、段階的に問題解決に近づけていく方法が一般的であると言える。

　継続補導の期間において順調に問題が改善されていく経過をたどる事案はむしろ稀であり、暴力や家出など様々な行動化や情緒不安定な側面が現れることがある。このような経過の中で、信頼関係が形成されていた少年が担当者に対する反抗や拒否などネガティブな言動を向けてくることがよく見受けられる。実はこのような時こそが、少年と担当者の関係性が進展するポイントであり、少年が自分のことを本当に引き受けているかどうか、少年が担当者の責任と覚悟を確認している場合があると言える。

　長期にわたる経過の中で担当者は、継続補導の始まりから数週間ないしは数か月後の少年の状況を予測すると同時に、そのように予測する判断の根拠となっている母体を自ら確認していくことが求められる。さらに少年は可塑性に富むとともに一人ひとりが固有の精神発達をすることから、機が熟するまで時間を取ることが必要な場合も見られる。

　② 　継続補導における技法

　継続補導において主に用いられる臨床技法は、言語による技法と非言語による技法に分けられる。もちろん継続補導は終始一貫して一つの技法で進められるものもあるが、事案に応じて技法を使い分けたり、個別にアレンジされながら用いられていることも少なくない。なお、技法の選定には、問題行動の内容、パーソナリティ、発達状態、年齢などを加味するとともに、各技法の効果と限界を把握し、技法だけが浮き上がらないように配慮することが必要である。

　言語による技法としては、個人面接や家族同席面接のほか、ブリーフセラピー、フォーカッシング、交流分析、SST（詳細は後述）などが用いられている。

次に非言語による技法として、少年の発達段階や特性を考慮した上で、遊戯療法、箱庭療法、描画療法などが行われている。なお、これらの技法は、面接への導入部に使われたり、面接と面接の間に行われたりすることが多く、低年齢の少年や言葉による表現が不得手な少年、さらに発達障害など特別な事情を持つ少年に対して、面接の補助的手段として用いられることが多く、今回遊戯療法を行えば、次回は描画療法を行うなど、技法を組み合わせながら進められていく場合も見られる。

継続補導のプロセスにおいて、親にとっての課題は、我が子の発達課題が親からの独立や自己の確立であることに気づき、しつけのモデルチェンジを行うことであり、少年の課題は、自ら問題行動への歯止めとなるブレーキの形成であり、時には現実原則を身に付けるために自分の問題行動に対する年齢相応の責任を取ることに気づくことである。なお、継続補導において、担当者は対応の困難な事案についての事例検討会を開催したり、専門家からアセスメントや処遇等を中心にスーパービジョンを受けたりする機会は必須と言える。

○継続補導事例１　現金の持ち出しを繰り返す中学生

【事案概要】
　少年（14歳）は、中学入学後すぐに自宅に置いてあった１万円を無断で持ち出し漫画本購入やゲーム代に使ってしまった。母親は少年を厳しく叱った後、自宅で厳重な金銭管理をしていたが、中学２年時の夏に姉の小遣い１万円がなくなってしまった。お金を盗ったのは少年しか考えられないため問い詰めたが、認めずうやむやになってしまった。そして中学２年時の冬には再び姉の小遣い5,000円がなくなったため少年の部屋を探してみると、持っていないはずの3,000円が見つかり、少年が盗ったことを認めた。このような家庭内でのお金の問題が続いたために心配した母親が来所した。

【支援の経過】
　少年は、両親と５歳上の姉の４人暮らし。少年の父親は、休日も職場に出勤するなど仕事一筋で、何か事があると叱りつけるだけで、母親は、子育て不安から軽いうつ病での通院歴があり、少年に対するしつけの一貫性

第二部　非行・犯罪に取り組む

に欠けていた様子。少年は、幼少期から「ちょっと変わった子」と評されることが多く、同世代とのコミュニケーションをとらずに我が道を行くタイプと言われ、学習面では絵を描くのが好きな反面、計算が非常に苦手であるなど発達障害の疑いが指摘されたことがあるとのこと。

　問題行動である金の持ち出しは家庭という少年にとっての保護領域内で起きていることや持ち出したお金をひとりで使い果たしていることから、少年が情緒的問題を抱えていることが予測され、親子関係の調整が必要な事案と理解した。

　継続補導を進めるにあたり、親担当と少年担当の２人により対応した。親担当は、子育てにおける父母の役割の不明確さや少年への言葉かけやスキンシップの不足から子育て機能が適切に働いていないとの判断に基づき、少年の受容としつけ、さらに少年に伝わるコミュニケーションのあり方について具体的な対応を示すなど、家族療法的アプローチや交流分析の技法を用いながら、両親のしつけのモデルチェンジを図っていった。

　当初は、職場の有給休暇を使うまでしての来所に渋っていた父親だが、趣味のパソコンで少年との会話がスムーズにできたことから自信を持ち、父親主導で家族旅行を計画できるまでに変容し、母親は、少年へのメッセージの伝え方などのヒントを実践するとともに、少年を受容しながら関われるようになった。

　一方で、少年担当は、家族画や箱庭療法、性格検査など主に非言語的技法を用いて進めていきながら、自分の問題行動にブレーキをかけていく大切さを話し合っていった。両親が、少年の問題を家族の問題として受け止めて取り組み、少年は、自分に目が向けられ家族単位で行動するようになったことで、親子の絆が再形成され、中学卒業の頃には、問題行動は消失し支援終了となった。

○継続補導事例２　家庭内で暴力を振るう中学生

【事案概要】
　少年は、小学６年時の夏頃、中学受験への不安が原因で家財を壊したり

母親に暴力を振るい始めた。中学入学後も暴力は続いていたが、2歳上の兄が注意をすれば興奮は収まっていた。しかし中学1年時の終わりになると、兄が不在の時に母親への暴力を繰り返すようになり、中学2年時には「勉強の邪魔をした」「時間を返せ」と言いだし、母親に対し殴る・蹴るの暴力が続いたために来所した。

【支援の経過】

　少年が3歳の頃から、当時同居していた実父による家族(母、兄、少年)に対するDVが始まった。暴力が止まないために少年が小学校入学と同時に母子は自宅を出て別居、少年が小学4年時の終わりに協議離婚した。少年は幼稚園時代からチックや爪かみが続き、周囲からはストレスが原因ではと言われていた。少年は知的能力が高く小学校時代の学業成績はトップクラスであった。しかし気配りができずに自己中心的な性格であったため友人はほとんどできず、小学校高学年から良い成績→良い学校→良い会社といった人生設計を持ち、他人からの評価を気にする傾向が強かった。

　少年の家庭内暴力は、DVによる被害体験の影響が大きく、さらに少年の認知・行動の特性や思春期特有の心理に対して実母が理解できないままに母子の二者に限られた暴力がエスカレートしてきているものと理解された。

　継続的に母親面接を進める過程で、キーパーソンとして介入可能な人物を見つけるために兄との面接や親戚や知人との面接を行いながら、少年に対して再三にわたり来所を促す連絡をしたが、来所には至らなかった。また、暴力に対する緊急事態の発生に備えて警察署との連携を図った。

　終結までの1年半にわたり母親面接を中心に継続的な支援が行われた。当初は、結婚後夫からの暴力と我が子からの暴力を受けたことに対して受容・傾聴し精神的に支えながら面接が進められた。そして心理教育として思春期特有の心理や少年の暴力が意味するものを考え、また、面接の中でロールプレイを用いて暴力への対処スキルを身に付けるなどのエンパワメントを図っていった。このような経過の中で、暴力の被害に遭っていた母親の、少年に対する恐怖心や陰性感情が徐々に小さくなるとともに、逆に、自らが親として少年に関わっていこうとする気持ちが現れ、少年の自

第二部　非行・犯罪に取り組む

> 立には母親の支援が必要であることに気づき、精神的な成長が見られた。そして大きな暴力から徐々に小さな暴力へ移行して頻度も少なくなり、少年の家庭内暴力はおさまっていった。

(3)　立直り支援の新たな取組

ここでは近年の非行少年への支援の新たな取組として、非行問題に対して関係機関がチームを形成して対応していくサポートチーム、次に、修復的司法を理論的背景とした被害者と加害者の対話を実践する少年対話会、そして認知行動療法の一つに位置付けられているSSTを取り上げたい。

①　サポートチーム

警察の少年部門と関係機関（学校、児童相談所、子ども家庭支援センター、精神保健福祉センター、家庭裁判所、医療機関等）との連携については、担当者が事案の取り扱いの都度、必要に応じて関係機関の担当職員と連絡を取り、当該機関を紹介したり、また、機関同士で情報交換を行いながら事案へ対応するなど役割分担をして問題解決を図ってきたところである。また、個別事案により連携が行われる場合、多くは関係機関の担当者の個別判断に任せられており、例えば少年相談担当者と生徒指導担当教諭、児童福祉司、病院の精神保健福祉士など二者間の連携であり、組織的な合意に基づいて連携が進むことはほとんど見られなかった。

このような状況の中で、平成14年1月文部科学省の提唱により、少年非行等の問題行動に対応するため、問題行動を起こす児童生徒の状況に応じ、教育委員会を中心に学校、教育委員会、警察等の関係機関が連携対応する事業として「サポートチーム等地域支援システムづくり推進事業」が推進されることとなった（図表4-5）。サポートチームは、関係機関の実務担当者で構成され、当該少年に関する情報交換、事例分析、保護者及び学校への援助活動を行うものであり、サポートチームの設置根拠は、「学校教育法の一部を改正する法律」（平成14年1月施行）であり、第26条（現行、第35条）出席停止処分関係の第4項において「市町村の教育委員会は、出席停止の命令に係る児童の出席停止の期間における学習に対する支援その他教育上必要な措置を講ずるものとする」とされている。

これまでに報告された事例の実践を見ると、サポートチーム運営の成否の大きな鍵は、チームの連絡調整役（コーディネーター）にあると考えられる。コーディネーターが関係機関の機能と限界や主管法令等を把握し、サポートチーム会議を通じて相互理解を図った上で各機関の役割分担を行っていく流れとなるわけで、経験プラス力量が求められるものと言えよう。

図表4-5　関係機関等による「サポートチーム」のイメージ図

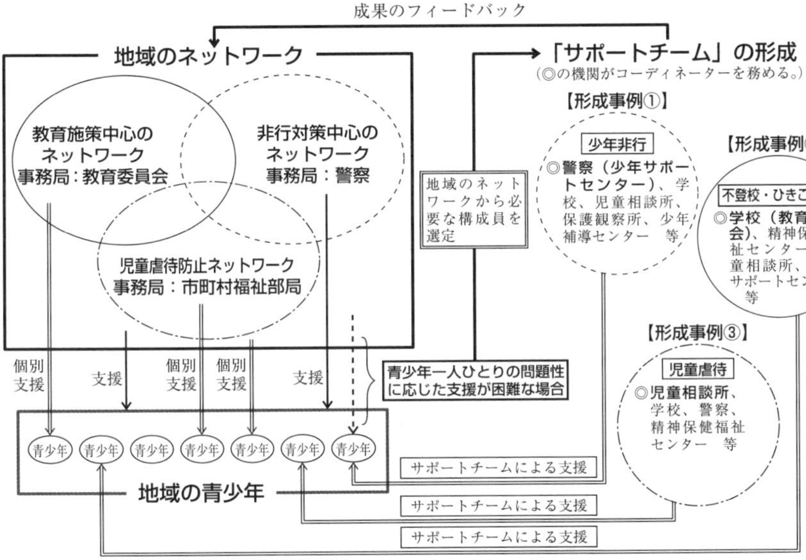

出所：内閣府資料http://www8.cao.go.jp/youth/suisin/kacho/20040910/image.pdf

②　少年対話会

少年対話会は、刑事司法における修復的司法（Restorative Justice、コラム「修復的司法とは何か」を参照）の考え方を背景として、被害者と非行少年への支援における新たな施策として平成16年から警察での取組が始められたものである。

従来の刑事司法は応報的司法が中心であり、ここでは国対加害者という関係のもとに加害者に刑罰が科せられていたが、被害者は事件から切り離されており、事件や裁判に関与することはなかった。しかし近年登場した修復的司法は、犯罪に対する被害者中心の考え方であり、犯罪によって直接的に影響を受

第二部　非行・犯罪に取り組む

けた被害者、犯罪を起こした加害者、そして家族や地域社会の代表が、犯罪によって引き起こされた害への対応に直接的に関与できる機会を提供するというものである。修復的司法の考え方を基に様々な国で実践が行われており、代表的なものとして、アメリカを中心とした被害者加害者和解プログラム、オーストラリアやニュージーランドを中心とした家族集団会議（ファミリー・グループ・カンファレンス）が挙げられる。なお今回の警察における取組を始めるにあたっては、英国の警察で実践されているプログラムを参考にしている。

　少年対話会では、被害者と非行少年及びその保護者が一堂に集まり、少年が犯した非行について話し合いを行うことにより、被害者への支援を行うとともに非行少年の立直りを図り、治安の回復を目指すことを目的としている（図表4-6）。

図表4-6　少年対話会のイメージ図

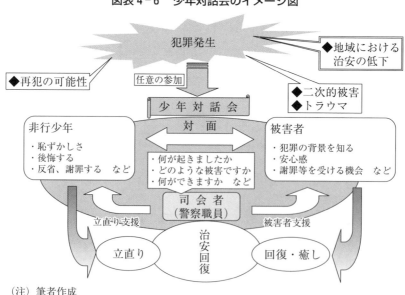

（注）筆者作成

　なお、実施にあたっては、被害者や非行少年など少年対話会への参加者の意思に基づいた任意の措置であり、少年法の枠内における実践として、比較的軽微な事案（警察において審判不開始又は不処分相当の処遇意見が付けられた事

案）を対象に警察が対話の機会を提供するものであり、少年対話会の司会は中立的な立場の警察職員により行われている。また、警察が少年対話会の機会提供を行う時期が当該事件の送致前であることから、日程調整等からして時間的に厳しいものがあり、さらに被害者、非行少年、その保護者の参加者全員の同意があってはじめて開催されるものであることから、少年対話会の実施には課題を伴っているのが現状と言えよう（民間の取組としては、コラム「被害者と加害者の対話」を参照）。

③ SST

非行に走る少年の資質特性について、非行臨床を実践している各領域からは「感情のコントロールの未成熟さやキレやすさ」「対人関係の希薄化」そして、「共感性やコミュニケーション能力の欠如」などがほぼ共通して指摘されている。これらの資質の問題に対する支援メニューの一つが、認知行動療法におけるSST（Social Skills Training）である。

これまでの少年が成長する過程では、乳幼児期から仲間や大人との言葉を介するコミュニケーションを行い、また、その態度や仕草を模倣したり、相手の表情や態度など言葉以外の部分を読み取りながら、言語と非言語の両面において対人関係を円滑に処理していくソーシャルスキル（社会的技能）を日常生活の中で自然に身に付けていくことが可能であった。しかし、近年における少年の生育過程に目を向けると、子どもの遊び場が減少したことにより外遊びが減り、少子化を背景に遊び仲間の人数が少なくなると同時に年齢の異なる仲間との遊びが減る傾向が見られる。このことは、これまで集団遊びの中で自然に身に付いていた集団のルール、異年齢の人との付き合い方、情緒交流のあり方など対人関係のスキルを学習する機会の減少に結び付いている。そのため意図的に学習の場を設けてソーシャルスキルを身に付ける訓練の必要性が生じていると言える。

筆者らの行った中学生のソーシャルスキルの獲得についての調査結果（図表4-7）によれば、一般の中学生（一般群）と警察に補導された中学生（非行群）を比較してみると、「非行の誘いを断る」「謝罪をする」「（自らの）被害を届ける」そして「衝動をコントロールする」といったスキルについては、非行群に比べて一般群の少年が獲得している割合が高い傾向が見られた。この

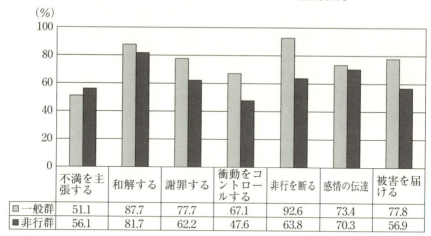

図表4-7　中学生のソーシャルスキルの獲得状況

	不満を主張する	和解する	謝罪する	衝動をコントロールする	非行を断る	感情の伝達	被害を届ける
一般群	51.1	87.7	77.7	67.1	92.6	73.4	77.8
非行群	56.1	81.7	62.2	47.6	63.8	70.3	56.9

出所：石橋ほか「少年と携帯電話に関する調査」『犯罪心理学研究』第42巻特別号

ことは非行臨床の実務から見ても、例えば集団万引きで補導された少年に「（主犯格の友人から）誘われた時どう感じたの？」と質問をすると「断ろうと思ったけど、断り方がわからなかった」と答えるなど、非行の誘いを断るための主張性スキルが身に付いていないことがうかがえる。また、中学生や高校生などのグループによる傷害事件を検証してみると、事件発生の当初、まずキレやすい子どもがカッとなって暴力を振るい、そこに主張性スキルの育っていない、周囲に流されやすい少年が追随していく傾向が見られ、歯止めのきかない暴力へ発展してしまうなど、ここでもソーシャルスキルの問題が見られるところである。

　これらのことを踏まえ、筆者らは個別もしくは集団のためのSSTのプログラムを作成し実践を行ってきた。プログラムの組み立ては一つのテーマについて、教示→観察学習（モデリング）→体験学習（ロールプレイ）→振り返りで構成されており、そのテーマは「挨拶をする」「人の話を聞く」などの基本的スキルから「相手に謝る」「自己主張する」「キレそうになった時の気持ちを鎮める」など日常生活で起こりうることを想定しながら少年に必要なスキルの獲得を目指すものである。

なお、SSTについては、矯正や更生保護の分野での取組が先行していたが、近年では非行防止を目的としたものから、犯罪の被害防止（例：知らない大人から声をかけられた時にどのように対応するか）や学校現場における取組としても紹介されるなど幅広い活用が目立っている。

〈引用・参考文献〉

- 警察庁生活安全局少年課「平成25年中における少年補導及び保護の状況」
- 神田橋條治（1984）「精神科診断面接のコツ」岩崎学術出版社
- 神田橋條治（1990）「精神療法面接のコツ」岩崎学術出版社
- 法務省法務総合研究所編「平成17年版　犯罪白書（特集：少年非行）」
- 石橋昭良（2006）「キレない子を育てる家庭―非行防止の視点から」『児童心理』金子書房　第60巻13号　pp. 101-106
- 石橋昭良（2006）「警察における非行臨床」『現代のエスプリ』至文堂　第462号　pp. 107-116
- 警察庁・修復的カンファレンス（少年対話会）モデル・パイロット事業研究会（2007）「修復的カンファレンス（少年対話会）モデル・パイロット事業報告書」
- 石橋昭良（2008）「少年非行の現状と支援の課題」『少年事件』同人社　pp. 55-90
- 小林寿一編著（2008）「少年非行の行動科学―学際的アプローチと実践への応用」北大路書房　pp. 131-145

〈推薦図書〉

- 生島浩・村松励編（2007）「犯罪心理臨床」金剛出版
- 石川義博（2007）「少年非行の矯正と治療―ある精神科医の臨床ノート」金剛出版
- 小林寿一編著（2008）「少年非行の行動科学―学際的アプローチと実践への応用」北大路書房
- 山崎晃資編著（2008）「少年事件―おとなは何ができるか」同人社
- 警視庁少年育成課編（2000）「子どもからのSOS―この声が聞こえますか」小学館

COLUMN

被害者と加害者の対話

山田由紀子（弁護士、NPO法人被害者加害者対話の会運営センター理事長）

　千葉県にあるNPO法人「被害者加害者対話の会運営センター」（www.taiwanokai.org）では、2001年から修復的司法の理念に基づき、少年犯罪における被害者と加害者の対話を取り結ぶ活動を行っている。中心的に組織を運営しているのは、家庭裁判所の調停委員や元調査官、弁護士などだが、実際の対話を取り結ぶ「進行役」は、研修を受けた市民ボランティアである。

　センターでは、これまでに63件の申し込みを受け、内25件で「対話の会」が成立した。その内訳は、殺人未遂1件、傷害致死6件、強盗致傷1件、傷害30件、恐喝8件、窃盗8件、器物損壊3件、放火3件、強制わいせつ3件で、申込者別では、被害者側からの申込が22件（内、成立13件）加害者側からの申込が41件（内、成立12件）である。実際に「対話の会」が成立した場合はもちろん、成立しない場合でも、その準備過程で、被害者にも加害者にも修復的な効果がもたらされる。

　センターの活動は、〈被害者の被害回復〉と〈加害少年の更生〉、そして〈地域社会の安全〉という3つの目的をもつ。実際に進行役をしていて実感するのは、被害者にも加害者にも既存の刑事・民事司法では充たされない様々なニーズがあり、対話はこれに応え得る非常に人間的で有用な手段だということである。

　ある傷害致死事件の被害者遺族は、加害少年らに民事訴訟を起こしたが、人間的に少年と向き合い、遺族の悲しみを伝え、少年が今この事件をどう思っているのか知りたい、事件のことを忘れないでほしいという思いから対話した。少年の側に課せられた司法上の処分は、少年院送致と損害賠償だったが、この対話で少年は、それを果たすのみでは人間的に責任を果たしたとは言えないこと、真の償いはもっと深く重いものであることを知り、遺族の悲しみを背負って生き、毎年被害者の墓参りをすることを約束した。

　ある殺人未遂事件の被害少女は、事件から3年後、事件によって大きな打撃を受けた自分の人生にけじめをつけ、再出発したいと願って加害少年と対

話した。少年もまた、少年院を出た自分が社会の中で生きていくための第一歩は少女への謝罪と償いしかないと考えて少女と対話した。心からの謝罪とその受容は、双方の再出発を後押しした。

　ある住居侵入窃盗事件の加害少年は、被害者との対話を通して、侵入した住居が新婚の新居で盗んだ指輪が結婚指輪だったこと、それらを汚された新妻が心に大きな傷を負ったことを知り、自分の犯した罪が単に財産的な罪にとどまらないことを実感し、二度とこのような罪は犯さないと固く心に誓った。

　性犯罪事件では、被害少女が二次被害を受けるのを防ぐため、同じ地域に住む被害少女と加害少年が再び顔を合わせてしまうのを防ぐ方法を話し合い、それを合意文書にした。

　このように被害者と加害者の対話が、それぞれの立ち直りや地域の中で安心して暮らしていくために果たす役割は大きい。ただ、日本では、未だその活動は細々としたものでしかなく、当センターの他には、「被害者加害者対話支援センター」（www.vom.jp）、同センターの東京支部（www.geocities.jp/vomtokyo）、兵庫県弁護士会（www.hyogoben.or.jp）の「犯罪被害者・加害者対話センター」などがある程度である。国際的には、2002年に国連で修復的司法プログラムに関する基本原則が採択され、欧米諸国は言うに及ばず、世界約80か国で修復的司法プログラムが実施されている現状にかんがみれば、今後日本での対話の取組をさらに広めていく必要がある。

COLUMN

児童相談所における司法福祉機関との協働

渡辺　潤（福島県福島学園児童自立専門員）

　児童相談所は、児童福祉法第12条に基づき都道府県や政令都市等に設置されている児童に関する相談機関であり、18歳未満の児童に関するあらゆる相談を受け付けている。その相談は、養護相談、保健相談、障害相談、非行相談、育成相談に大別される。例えば障害相談は、保護者が児童のことを心配して来所することが多く、社会福祉における相談援助機関の相談関係と近い関係を築きやすくなる。

　一方、児童相談所が対応するのは、このような相談関係にある事例ばかりではない。年々、全国の児童相談所での対応件数が増加し続け、深刻な「社会問題」となっている児童虐待については、児童福祉の専門機関としての対応が求められている。また、保護者に監護させることが不適当な要保護児童のケースの場合、保護者との相談援助関係を構築することが難しく、援助するにあたって様々な困難が生じる。司法福祉の領域においても、非行少年の矯正や更生保護にて同種の課題が浮き彫りになるだろう。

　児童虐待への対応に関しては、児童福祉法及び児童虐待の防止等に関する法律の一連の法改正により、児童虐待に対応するバリエーションが増え、児童相談所が行使できる権限が強化された。特に、児童の安全を確認するための臨検・捜索といった制度によって、従来の福祉の範囲で行える児童の安全確認の手段に比べ、強硬な対応方法をとることができるようになった。この点では、警察の捜査権に類する権限が福祉機関に委ねられていると言える。また、通常の児童相談所による児童福祉施設等への入所措置には、保護者の同意を必要とするが、児童虐待のケースで保護者が同意しない場合には、児童福祉法第28条に基づいて家庭裁判所へ審判を申し立て、児童相談所の援助を家庭裁判所に承認してもらうこともある。

　我が国の社会福祉制度が契約制度へ移行しているのに対し、児童福祉分野では、障害児支援施策以外は、児童福祉法の制定から現在に至るまで実施機関による措置として児童の援助を行っている。国親思想に基づいた少年法の

初期理念同様に、児童を守るべき者として、権利を保障してきた歴史がある。児童福祉と司法福祉は、社会から行政機関や司法機関が責任のある対応を求められているといった共通点がある。

　司法福祉の領域と共通点の多い児童相談所の業務だが、最も密接に関係しているのが少年非行の分野であろう。非行相談の経路としては、主に家族、学校、警察、家庭裁判所がある。上記の虐待ケースと同様に、非行児童本人が「現状に問題意識を感じていない」、つまり「困っていない」場合、相談のベースに乗りにくいことがある。このため、警察署からの要保護児童通告（書類による通告と児童本人の身柄を伴った身柄付通告）や送致（重大事案の場合）といった、児童側に問題意識を植え付けた上での相談体制を固めることも場合によっては必要になる。非行ケースに対する児童相談所の援助には、通所指導（保護者への環境調整等に関する助言と児童への面接指導）、又は一時保護による行動精査及び生活指導がある。関係機関との連携を密にするため、今後は児童福祉における児童相談所での非行児童への対応知見を蓄積し、司法福祉における家庭裁判所や保護観察所の対応知見についての情報を今まで以上に共有して、より一層の連携を図ることが望まれる。

　児童福祉分野において、地域の力で子どもを育てていくという理念のもと、児童福祉法により「要保護児童地域対策協議会」という地域ネットワークが整備されている。この協議会の対象は、被虐待児等の保護が必要な児童ばかりではなく、保護者への養育支援が必要な児童（要支援児童）も対象である。この場合、非行児童も対象となり得るので、積極的な要保護児童地域対策協議会の活用が望まれる。ケースによっては、被虐待経験から非行に結び付く場合もあり、児童福祉機関が司法福祉機関と単に連絡を取り合うだけでなく協働していかなければならない面が多々ある。

第二部　非行・犯罪に取り組む

=COLUMN=

児童養護施設と児童自立支援施設

大原　天青（国立武蔵野学院心理職）

　本コラムでは、福祉と司法に関連するニーズを持つ子どもが入所している児童養護施設と児童自立支援施設を取り上げ、その法的位置づけ、入所数、措置経路、子どもの特徴、支援方法等について概説する。

　児童福祉法によると、児童養護施設は「保護者のない児童、虐待されている児童その他環境上養護を要する児童を入所させて、これを養護し、あわせて退所した者に対する相談その他の自立のための援助を行うことを目的とする施設」（第41条）、児童自立支援施設は「不良行為をなし、又はなすおそれのある児童及び家庭環境その他の環境上の理由により生活指導などを要する児童を入所させ、又は保護者の下から通わせて、個々の児童の状況に応じて必要な指導を行い、その自立を支援し、あわせて退所した者について相談その他の援助を行うことを目的とする施設」（第44条）と定義されている。

　このように法律上、児童養護施設は「養護を必要とする児童」を入所対象とし、「養護」を提供し自立を支援するのに対し、児童自立支援施設は「生活指導を要する児童」を入所対象とし、「指導」を行って自立を支援するという特徴がある。つまり、自立支援という目的は同じであっても、この2つの施設の対象や支援内容は異なっている。

　以下では、厚生労働省によって5年おきに行われる「児童養護施設等入所児童調査（平成20年2月1日時点）」の最新データをもとに2つの施設を概観する。全国の児童養護施設数は569施設であり、0歳から18歳を超えるまでの子ども31,593名（男子53.5％、女子46.1％；平均入所期間4.6年）が入所している。一方、全国の児童自立支援施設は58施設あり、8歳から18歳を超えるまでの子ども1,995名（男子67.9％、女子31.2％；平均入所期間1.1年）が入所している。

　次に、入所経路を図表 i に示す。児童養護施設には、家庭22,579名（71.5％）、他の児童養護施設904名（2.9％）、他の児童福祉施設763名（2.4％）、乳児院6,170名（19.5％）、里親448名（1.4％）、家庭裁判所41名（0.1％）、その他688名（2.1％）から入所に至っている。児童自立支援施設には、家庭1,267名（63.5％）、児童養護施設267名（13.4％）、他の児童福祉施設58名（2.9％）、里親23名（1.2％）、家庭裁判所347名（17.4％）、その他33名（1.7％）から入所に至っている。この2つの施設の入所経路で注目さ

第4章 警察の現場から

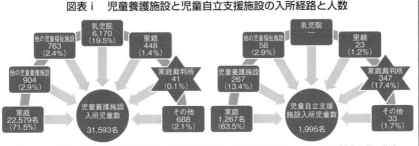

図表ｉ　児童養護施設と児童自立支援施設の入所経路と人数

注）厚生労働省（2009）「児童養護施設入所児童調査結果の概要（平成20年2月1日現在）」を基に作成

れるのは、①児童養護施設から児童自立支援施設への措置変更が13.4％あること、②家庭裁判所からの入所が児童養護施設0.1％に対し、児童自立支援施設17.4％であることである。また、保護者が著しく子どもの監護を怠り、福祉を害するにもかかわらず、施設入所に同意しない場合にとられる措置である家庭裁判所による承認（児童福祉法第28条第1項）は、169件あった。

入所に至る養護問題の発生理由については、児童養護施設で、「母の放任・怠だ」3,707名（11.7％）、「母親の精神疾患」3,197名（10.1％）、「母の虐待・酷使」2,693名（8.5％）、「破産等の経済的理由」2,390名（7.6％）の順で多かった。児童自立支援施設で、「母の放任・怠だ」346名（17.3％）、「父母の離婚」203名（10.2％）、「父の虐待・酷使」181名（9.1％）、「児童の問題による監護困難」148名（7.4％）の順であった。

以下では、筆者らの行った調査結果を基に被虐待の割合および情緒行動上の特徴をまとめる。まず、被虐待体験の割合および重複傾向を見てみると図表ⅱのようになる。これは、児童養護施設と児童自立支援施設で対象となる子どもの年齢を一致させた上で、各割合を算出している。被虐待経験率は、児童養

図表ⅱ　年齢を統制した虐待パターンの比較

児童養護施設			児童自立支援施設		
	N	％		N	％
虐待無	7,387	40.5	虐待無	508	34.2
ネグ	4,820	26.4	ネグ	299	20.1
身体	1,627	8.9	身体	191	12.9
身体・ネグ	1,149	6.3	身体・ネグ	118	7.9
身体・ネグ・心理	783	4.3	身体・ネグ・心理	101	6.8
身体・心理	721	4.0	ネグ・心理	70	4.7
ネグ・心理	613	3.4	身体・心理	68	4.6
心理的虐待	552	3.0	心理的虐待	62	4.2
性的虐待	191	1.0	性的虐待	17	1.1
ネグ・性	132	0.7	ネグ・性	14	0.9
身体・性・ネグ・心理	67	0.4	身体・性・ネグ・心理	14	0.9
身体・性・心理	48	0.3	身体・性・ネグ	8	0.5
身体・性	44	0.2	身体・性	6	0.4
身体・性・ネグ	40	0.2	身体・性・心理	5	0.3
性・ネグ・心理	31	0.2	性・心理	2	0.1
性・心理	28	0.2	性・ネグ・心理	2	0.1
合計	18,233	100.0	合計	1,485	100.0

注）ネグ＝ネグレクト、身体＝身体的虐待、心理＝心理的虐待、性＝性的虐待
注）大原天青他（2012）「児童自立支援施設入所児童の被虐待経験および情緒・行動上の問題の状況　—全国調査データを用いた児童養護施設入所児童との比較—」、日本社会福祉学会第60回大会発表資料

護施設59.5％、児童自立支援施設65.8％であった。その種類は、どちらの施設もネグレクト、身体的虐待、ネグレクトと身体的虐待の重複という順であった。つまり、入所の背景としてはどちらの施設でも小児期の逆境的体験があり、加えて児童養護施設で家庭の経済的理由、児童自立支援施設で子どもの問題行動があることがわかる。

次に、入所後の子どもの情緒行動上の問題について、児童養護施設と児童自立支援施設で比較した調査結果（複数回答）を紹介する。児童養護施設では、反社会的行動傾向5,964名（33.5％）、注意欠陥多動傾向4,010名（26.5％）、学習障害傾向3,715名（24.3％）、集団不適応4,255名（24.0％）等がみられた。一方、児童自立支援施設では、反社会的行動傾向1,083名（74.9％）、集団不適応838名（58.9％）、注意欠陥多動傾向558名（44.1％）、物質使用477名（34.4％）であった（大原他2012）。いずれも、児童自立支援施設の方が統計的に有意に多かった。ぐ犯および触法行為に該当する非行の割合を調査したところ、児童養護施設27.3％（大原2012）、児童自立支援施設93.0％（大原・楡木2008）であった。本来、「養護」が必要な子どもを対象としている児童養護施設においても非行的行動のある子どもが3割近くに上っていた。

こうした非行的行動のために一定の割合で児童養護施設から児童自立支援施設に措置変更される子どもたちがいる。具体的な事例（架空ケース）を示し、支援の実際を紹介したい。

A君は、生後間もなく実父から実母へのDVの目撃といった心理的虐待、タバコの火を押し付けるなどの身体的虐待を受けていた。実母は精神的に不安定で感情的になりやすく周囲から孤立した状態であった。小2になってすぐ、小学校から児童相談所に虐待通告があり、上述のような状態が確認され、A君は一時保護を経て児童養護施設に入所することになった。

児童養護施設では、他児との関係がうまくいかず、虚言や暴力、万引き等が常習化し、恐喝まがいの行為も見られるようになってきた。こうした行動化のため、児童養護施設での支援は困難であると判断され、児童自立支援施設に措置変更されることになった。

児童自立支援施設は、毎日の日課が構造化されており（図表ⅲ）、ルール違反や逸脱を抑制する枠組み、健全な施設文化がある。そのため、Aは大きな逸脱をすることはなかったが、入所前の非行に関連したトラブルが頻繁に見られていた。その都度、Aを担当する寮長は真剣に向き合い、行動化に対する抑止とAの強みを強化しながら対処方法を教えていった。次第に、A自身の統制力が身に付き、他児を思いやる行動も見られるようになってき

た。大の苦手だった水泳も上達して、大会でもよい成績をとった。退所間際にＡは次のように語った。

「悪いことをしたら寮長が悲しむので、もうやりません。ここでの生活を通して、努力すればなんでもできるようになることを学びました。」

中学卒業後、Ａは自立援助ホームを利用し、働きながら定時制高校に通い始めた。

図表ⅲ　児童自立支援施設の日課

7：00	起床（そうじ・マラソン等）
8：00	朝食
8：30	登校（施設内）
9：00	授業
12：00	昼食
13：00	授業
15：00	クラブ活動
16：30	帰寮
18：00	夕食
18：30	入浴・勉強・洗濯
21：00	ミーティング
21：30	就寝

この事例のように、児童自立支援施設では、情緒や行動を統制する力が不足した状態で入所してくる子どもが多いため、入所当初は施設の文化や寮職員の積極的な関与によって力の不足を補う支援が行われる。時間の経過とともに子ども自身が、寮の規範を身に付け、自ら情緒や行動を統制する力を付けていく。その過程では、クラブ活動などを通して、被虐待や小児期の逆境的体験によって低下した自己肯定感や無力感を回復させる取組が行われている。

今後、児童養護施設は小規模化が推進される中で、入所する子どもの行動化にも対応できる施設機能や支援技術が求められる。児童自立支援施設は行動化に加え、発達障がい等を抱える子どものニーズに応じた個別支援や心理治療的ケア及びアフターケア等、高度な専門的ケアを提供できるよう機能を強化していくことが課題である。

厚生労働省（2009）「児童養護施設入所児童調査結果の概要（平成20年2月1日現在）」
　（http://www.mhlw.go.jp/toukei/saikin/hw/jidouyougo/19/、2012.12.7）
大原天青（2012）「児童養護施設入所児童の非行化の発生率と関連要因の分析―非行の重複・
　虐待・生活の安定に注目して―」、『司法福祉学研究』12、46-62
大原天青・楡木満生（2008）「児童自立支援施設入所児童の行動特徴と被虐待経験の関係」
　『発達心理学研究』19(4)、353-63
大原天青・大夛賀政昭・筒井孝子・東野定律・山縣文治（2012）「児童自立支援施設入所児
　童の被虐待経験および情緒・行動上の問題の状況―全国調査データを用いた児童養護施
　設入所児童との比較―」、日本社会福祉学会第60回大会発表資料

第5章
少年矯正の現場から

吉村 雅世・森 伸子

I 少年鑑別所

吉村 雅世

1 少年鑑別所とは

　少年鑑別所は、主として家庭裁判所から観護措置の決定によって送致された少年を収容するとともに、その心身の状態を科学的方法で調査・診断し、非行の原因を解明して処遇方針を立てるための法務省所管の施設であり、各都道府県庁所在地など、全国で52か所（分所1庁を含む）に設置されている（家庭裁判所による観護措置以外の入所事由で入所する者もいるが、割合としては少ないので、説明は省略する）。

　少年鑑別所は、観護措置が必要であると家庭裁判所が判断した審判前の少年を収容しており、その点が、審判後に少年が送致される少年院との相違である。また、後述するように、観護措置により入所するのは、審判を受ける少年の中のごく一部の者である。

　少年保護制度において非行少年に関わる機関を、審判を中心にして整理すると、図表5-1のように分けられる（吉村、2008）。すなわち、捜査を行う機関である警察及び検察庁、審判を行う機関である家庭裁判所、審判のために非行の原因を探る機関である少年鑑別所、審判決定に基づいて教育や指導を行う機関である少年院及び保護観察所並びに児童自立支援施設等の児童福祉機関等である。家庭裁判所においても家庭裁判所調査官が非行の原因を探るという役割を担っているが、少年鑑別所では施設全体が非行の原因を探ることに携わっている。

　こうした、非行を犯した少年を扱う制度（少年保護制度）を成人犯罪者の場合と比べてみると、捜査を行う機関である警察及び検察庁のところまでは同じ

第5章 少年矯正の現場から

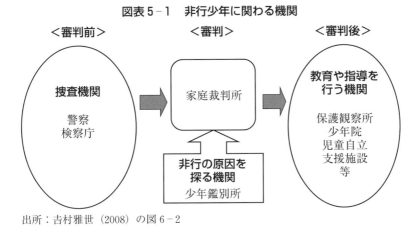

出所：吉村雅世（2008）の図6-2

であるが、非行の原因を探る機関のところからは異なっている。少年保護制度の中に非行の原因を探る機関が存在しているのは、少年審判と成人の刑事裁判との目的の違いゆえである。すなわち、成人の裁判では犯した罪に対する刑罰を決めるのに対して、少年審判は、少年が今後非行を繰り返すことなく健全な青少年として成長していくためにどのような教育や指導を行うかを決める場である。そのため、その少年がどのような少年で、なぜこのような非行を犯したのかといった、少年の資質や非行の原因を明らかにしなければ、少年の能力・性格・発達の程度、非行の深まり具合等から見て、再非行を防止するために最も適した教育や指導の方法を選択することができないのである。こうした理由から非行の原因を探る機関が設けられている点が、成人の刑事司法システムとの大きな違いである。

2　少年保護制度における少年鑑別所の役割

　少年鑑別所の役割は「収容」と「鑑別」である。すなわち、家庭裁判所によって観護措置をとられた少年を審判までの期間収容し、審判や保護処分等に資するために、医学、心理学、教育学、社会学その他の専門的知識に基づいて、少年の資質の鑑別を行うことを求められている。観護措置による収容期間は、非

行事実の認定に関して証人尋問等を行う場合は最大8週間まで、それ以外の場合は4週間までとされているので、多くの少年たちは入所から4週間以内に審判を受けることになる。また、鑑別の内容は「鑑別結果通知書」という書類にまとめて、審判の数日前に家庭裁判所に送付することになっているので、鑑別は実質3週間余りの期間で行っている。「収容」と「鑑別」は少年鑑別所の業務の二大柱であるが、別個の業務ではなく、収容しながら鑑別を行っている点に特色と意義があるので、ここからは「収容」しながら「鑑別」を行うこと(収容鑑別)について詳しく解説する。

3　「鑑別」について〜「収容鑑別」の流れ

　「鑑別」とは、少年の心身の状況を詳しく調べ、知能や性格、疾病・障害の有無等を明らかにしながら、非行の原因を、特に少年自身の資質の問題に焦点を当てて分析し、立ち直りのために必要な教育や指導の方針についての意見を家庭裁判所に提出するというものである。これは、病気の場合にたとえれば、検査入院のようなものと考えるとわかりやすい(吉村、2002)。例えば、風邪などのさほど重くない病気であれば、病院で一度診察してもらえばすぐに診断がつき、処方箋のとおりに薬を飲めば治ってしまう。しかし、深刻な症状があったり、重い病気が疑われたりする場合には、まず身体の隅々まで詳細に検査をして、何が原因なのか、どこがどの程度悪いのかを明らかにし、治療の方針を立ててから治療を開始するということになるであろう。そして、詳細な検査を行うためには入院が必要と判断されたりもするが、少年鑑別所は、まさにそうした非行の原因を探るための検査入院の場と言えるものである。病気の場合と同じく、非行の場合も、軽微な非行であったり、非行を繰り返していない少年は、「在宅事件」として家庭裁判所調査官の調査を受けるのみで審判を迎える(あるいは審判不開始となる)ことになるので、少年鑑別所に収容されて鑑別を受けるのは、非行を繰り返していたり、比較的重い非行を犯した少年たちであり、それだけに、非行性が大きく進んでいたり、非行の背景に複雑な問題を抱えている者が多い。

1）鑑別のシステム

　少年鑑別所では、三種類の異なる職種の職員が鑑別に携わっている。すなわち、心理学を専門にしている鑑別技官（心理技官）、少年たちの日常生活の管理や指導を行っている観護教官、医師である。そして、鑑別技官は面接や心理検査を行い、観護教官は行動観察を行い、医師は健康診断や診察を行うというように、異なる職種の職員がそれぞれの専門性を生かして異なる視点からの情報を収集し、それを判定会議に持ち寄って検討する（図表5-2、吉村、2008）。このように、各担当者が独自の視点を持ってそれぞれの立場から少年にアプローチすると同時に、チームとして相互に連携しながら鑑別を進めていくというのが、収容鑑別のシステムである。また、図表5-3は、少年が入所してから退所するまでの収容鑑別の流れである（法務省法務総合研究所（編）、2014）。以下では、この鑑別の流れに沿って、収容鑑別における鑑別の方法について解説する。

図表5-2　「鑑別」のための資料収集のイメージ

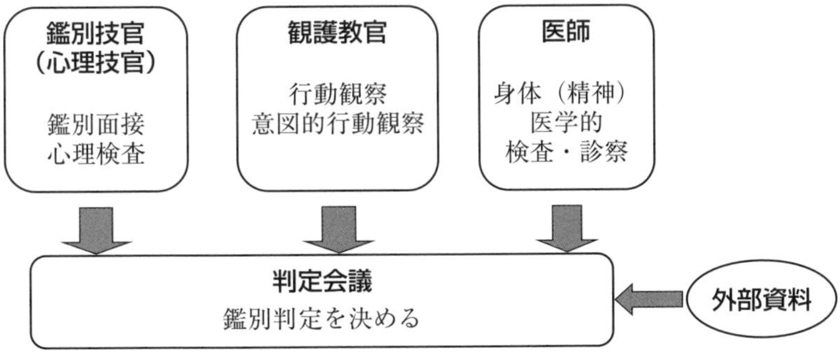

```
鑑別技官           観護教官          医師
（心理技官）        行動観察        身体（精神）
 鑑別面接        意図的行動観察      医学的
 心理検査                          検査・診察
    │              │              │
    ↓              ↓              ↓
┌─────────────────────────────────┐
│         判定会議                 │←── 外部資料
│       鑑別判定を決める           │
└─────────────────────────────────┘
```

出所：吉村雅世（2008）の図6-3

2）面接

　鑑別面接は鑑別の中心となる方法である。入所した少年の鑑別担当者として指名された鑑別技官は、まず初回面接（インテーク）を行う。初回面接では、「鑑別のためのオリエンテーション」を行い、鑑別とは何か、どのようなことをするのか、どのような心構えで受ければよいのかといったことを、少年が理解できるようにわかりやすく説明する。そして、自分が鑑別担当者であること

図表5-3　少年鑑別所における収容鑑別の流れ

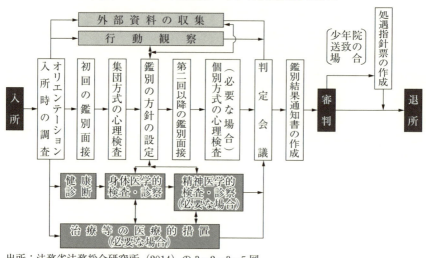

出所：法務省法務総合研究所（2014）の3-2-3-5図

を自己紹介し、「なぜ、今回のような非行を行ってしまったのか、また、今後非行を繰り返さないためにはどうしていったらよいのかを一緒に考えていこう」と、鑑別面接についての動機付けを行う。初回面接では、各施設で作成している「私の歴史」「私のこれまで」といったタイトルの調査票に少年が記載した内容に基づき、生い立ちや家族のこと等について概括的な話を聞くと同時に、現在の心境や健康状態等の、所内での処遇に必要な情報の収集も行っている。加えて、少年との関係作りにも気を配っており、鑑別技官と少年との出会いの場である初回面接は、鑑別の最初のステップとして多くの目的を含んだ大切なものである。

　こうした初回面接の後に概観的な知能検査や質問紙法の人格検査等（集団方式の心理検査）を実施し、初回面接と集団方式の心理検査、入所後の行動観察等から得られた情報をもとに、少年の問題についての仮説を立て、今後どのような点に焦点を当てて面接や行動観察を行い、個別の心理検査として何を実施するかといった、鑑別の方針を設定する。この鑑別の方針に基づいて第二回以降の面接を行うことになるが、面接の過程で少年の新たな面に触れて仮説を立

て直したり、面接によって得られた情報をもとに鑑別の方針を修正したりすることも逐次行っている。

　第二回以降の面接で何をどのように聞いていくのかについては、特に決まりはないが、家族関係、生育歴、交友関係、本件非行の動機、被害者に対する気持ち、今後の生活のあり方等について、時間をかけてじっくりと話を聞くことで、対人関係や認知の特徴、これまでの生活での適応状況、非行場面を含む様々な場面での気持ちの動き、価値観、内省の程度等をていねいに探っていく。また、こうした、少年の気持ちに寄り添い、本件非行に至るまでの少年の人生のストーリーを読み込んでいくような面接を行う一方で、非行にまつわる問題性の深まりの程度を見極めることも同時並行で進めている。そのために、例えば、非行の手口や態様、非行場面での役割、不良交友関係の広がりや深まり、不良文化や反社会的な価値観の取り入れの程度、社会規範に対する態度等の、非行臨床ならではの着眼点を持って面接を進めていく点も、鑑別面接の特徴である。

3）心理検査

　心理検査は、集団方式で実施するものと、個別に実施するものとに分けられる。

　集団方式の心理検査は、鑑別を受ける少年全員に対して、知能や性格等の資質の特徴を概括的に把握するために一律に実施しているものである。集団方式の心理検査では、非行少年や犯罪者に多くみられる特徴をより良く把握できるように法務省が独自に開発した法務省式の心理検査を主に使用している。

　個別方式の心理検査は、個々の少年の特性に応じた検査を選んで個別に実施するものである。例えば、集団方式の心理検査で知的な問題があることが示唆されれば、知能の各側面について詳細に調べるために診断的な知能検査を実施することになる。心理検査には多種多様なものがあるが、どれか一つの心理検査で何もかもがわかるというものはなく、異なる特徴を持つ様々な心理検査を組み合わせて実施することで、少年を多角的に見ることができ、少年の像が立体的に浮かび上がってくる。これをテストバッテリーと言い、少年鑑別所には数多くの心理検査が備えられているので、鑑別技官は少年の特性を把握する上

で有効な心理検査を選び、テストバッテリーを組んで実施する。病気の場合も、どのような病気が疑われるかによって実施する検査が異なるように、心理検査の場合も、多くの心理検査の中から何を選んで実施するかが、資質の特徴を的確に捉えるためには重要である。したがって、テストバッテリーの組み方は、少年ごとに鑑別担当者が工夫をこらすところであり、また、種類が異なる多様な心理検査の結果をいかに統合して人格像を浮かび上がらせるかも、鑑別技官の専門性が発揮されるところである。

4）行動観察

　行動観察は、面接や心理検査とは異なる視点から少年の特徴を捉える方法である。少年鑑別所で観護教官が行う行動観察には、通常の生活場面の行動観察と「意図的行動観察」の二種類がある。

　通常の行動観察では、少年鑑別所の生活の中で自然に見られる行動を、入所時、居室内生活、運動・入浴等の集団場面、面会等の様々な生活場面において観察し、記録している。また、職員や他の少年に対する態度、所内の規則や生活上の指導に対する態度、課題への取り組み方、生活習慣、職員の説明に対する理解力といった、行動の特徴にも着目して観察を行っている。さらに、少年たちは審判を迎えるまでの1か月足らずの収容期間の間に、審判に向けて心の準備ができ内省が深まっていくにつれて変化していくので、こうした時間の経過に伴う変化を捉えることも収容鑑別における行動観察の着眼点である。このように、通常の行動観察では「場面」「行動特徴」「時間経過」という3つの軸を意識しながら、少年たちの行動を観察している。

　「意図的行動観察」は、日常生活における自然な行動を観察しているだけでは得られない情報を得るために、意図的な働きかけや条件を整えて反応を見るものである。具体的には、課題を与えて、それぞれの課題への取り組み方を見たり、できあがった作品そのものから少年の物の見方や感じ方、価値観等を読み取るといったことを行っている。意図的行動観察の実施種目は施設によって異なるが、課題作文、絵画（家族画など）、はり絵、日記、視聴覚教材や図書の感想文といった種目が多くの施設で実施されている。

5）医師による心身の検査

　鑑別では少年の心身両面を詳しく調べ、体格、健康状態、発育の程度、疾病・障害の有無等を明らかにすることになっており、入所した少年たちは全員、医師による健康診断を受ける。また、必要に応じて精神科医の診察や精神医学的検査を受けることもある。非行の背景に精神科領域の問題が存在しているのではないかと疑われるケースもあり、特に動機が了解しがたい非行の場合には、発達障害を含む精神科領域の問題の有無を明らかにすることも、鑑別の重要な役割である。

　また、身体的な疾患の有無も重要な事項である。非行少年や不良と言うと、強く活発で元気な少年たちをイメージしがちであるが、実際の少年たちは自分の健康管理に無頓着であるので、入所時健康診断でこれまで気づかずにいた病気が発見されることも珍しくはない。また、気管支喘息等の持病があり、そうした持病による身体面での虚弱さを補おうとして強がったり悪ぶったりすることから不良化している少年もいる。さらに、少女たちの場合は、不特定多数の異性との性関係によって性感染症に罹っていることがしばしばあり、少年鑑別所で妊娠が明らかになることもある。総じて、男女ともに、年少時からの喫煙や飲酒の習慣、長期間の家出による不規則で不健全な生活、薬物乱用や不純異性交遊等により、病気に罹りやすい状態にあり、喧嘩やバイク事故等による骨折等の外傷も多い。しかも、病気や怪我をしても、病院にかかっていなかったり、治療を中断してしまっていたりする。こうした問題の多い生活から来る健康面での問題を捉え、必要な治療や健康を取り戻させるための方策を示すことが、少年たちが健全な生活を送れるようになるためには不可欠であり、医師による心身の検査は、収容鑑別における重要な方法である。

4　「収容」について～観護処遇

　ここまでは「鑑別」について詳しく説明したが、ここからは、少年鑑別所の業務のもう一つの柱である「収容」と、少年鑑別所での処遇（観護処遇）について説明する。

第二部　非行・犯罪に取り組む

1）少年たちの生活

　少年鑑別所に入所した少年たちは、起床から就寝まで、日課と呼ばれる学校の時間割のようなものに従って、規則正しい生活を送っている。一日の流れは施設ごとに多少の違いはあるが、基本は、明るく静かな環境の中で、栄養のバランスのとれた食事と十分な睡眠をとり、適度な運動を行うという、健康的な生活である。少年たちの多くは、入所前には、夜遊びをして昼間は寝ているなど昼夜が逆転していたり、三食きちんと食事を摂っていないなど、乱れた生活を送っているので、入所直後は、起床時間に起きられなかったり、夜眠れなかったり、朝食が食べられなかったりする。しかしながら、数日が経つうちに生活のリズムが整い、規則正しい生活に慣れてくると、顔色が良くなり、表情が生き生きし、10代の若者が本来持っている活力や意欲が出てきて、入所直後とは雰囲気が変化する。少年と面会した家族や学校の先生方が、少年の顔つきや雰囲気の変化に驚いたり安心されたりすることも多い。

　こうして少年たちが少年鑑別所の生活のペースに慣れ、規則正しい健康的な生活の中で落ち着いて物事に取り組めるようになっていくのと並行して、鑑別技官の面接や心理検査、家庭裁判所調査官の調査が進められていく。また、それらを受けていない時間帯には、意図的行動観察である各種の課題、すなわち、課題作文や絵画、はり絵、感想文等に取り組むことになる。そして、その合間には、運動や入浴等の生活上の日課や、家族との面会等がある。したがって、少年たちの生活は意外に忙しいものである。

　その一方で、土曜、日曜、祝日といった休日には面接や心理検査を実施せず、少年たちがゆっくり過ごせる時間を作っている。休日は少年たちは終日居室で過ごし、観護教官が様々な観点から選んだ映画等のDVDを視聴したり、読書をしたりして過ごしている。少年鑑別所では、青少年が読むのにふさわしい図書を数多く備えて、貸し出しているので、入所前には読書の習慣がなく、活字の本を読むのは久し振りといった少年たちも、様々な図書を読むようになり、読書の楽しみを初めて知ったという感想も多く聞かれる。

2）観護教官の働きかけ

　上述したように、少年たちは少年鑑別所で、鑑別のための面接や心理検査を

受け、家庭裁判所調査官の調査を受け、鑑別のための課題に取り組む生活を送っている。ただし、こうした、「受ける側」として取り組む課題以外に、少年たちには、主体的・能動的に取り組むべき課題がある。これは、「審判に向けての心の準備」であり、観護教官は、少年たちが審判に向けて自分を見つめることができるように働きかけを行っている。

　少年審判は、先に述べたように、少年が今後非行を繰り返すことなく健全な青少年として育っていくためにどのような教育や指導を行うかを決めるものである。しかしながら、どんなに良い指導や教育を行っても、少年自身に、非行を犯して少年鑑別所に入所するに至った自分の問題に気づき、今後非行を繰り返さないために自分を変えていこうとする自己改善意欲がなければ、効果が上がらない。

　また、少年が審判結果を納得して受け入れるためには、審判までの間に自分がやるべきことをきちんとやるプロセスを経ることが大切である。すなわち、今回の非行の原因を自分なりに考えて内省を深めたり、今後非行を繰り返さないために、家族や遊び仲間等の周囲の人たちとの関係を見直したり、新たな生活設計を立てるといったことに、審判までに取り組まなければならない。そして、これらについての自分の考えをまとめて、審判で裁判官に自らの言葉できちんと伝えることができてこそ、審判が少年にとって納得できるものになるのである。そこで、少年鑑別所では、審判までにやらねばならないこれらの課題に少年たちがきちんと取り組めるように、観護教官が一人ひとりに気を配り、それぞれの少年に応じた働きかけを行っているのである。

　加えて、少年たちが、少年審判や保護処分の意義を正しく理解し、審判も、審判決定によって受けることになる保護処分、すなわち保護観察や少年院での指導も、自分が非行から立ち直るために行われるものであり、自分の将来のために前向きな気持ちで受けようという構えを持てるようになることが大切である。そこで、少年鑑別所では、審判や保護処分について少年たちが正しく理解するためのオリエンテーションを、在所期間を通じて様々な方法で繰り返し実施している。

　ただし、少年たちは、審判に向けて自分の問題をきちんと見つめれば見つめるほど、自分が抱える問題の大きさに気づき、それだけ審判への不安も高ま

第二部　非行・犯罪に取り組む

り、心情が不安定になったりする。このような時に、少年が前向きな気持ちを失わず、心を落ち着けて審判に臨めるように、少年の特質やその時々の状況に応じた助言を行ったり相談に乗ったりすることも、観護教官の大切な役割である。

5　司法福祉の観点から見た少年鑑別所の役割

　少年保護制度における少年鑑別所の役割は、非行の原因を明らかにし、非行からの立ち直りのために必要な処遇の方針を立て、それを鑑別結果通知書にまとめて、家庭裁判所の審判のための資料として提出することである。したがって、家庭裁判所が行う処遇選択（審判決定）と、処遇機関での教育や指導の方針の策定に役立つような、精度の高い鑑別を行うことが、少年鑑別所の最も重要な職務である。非行は「社会の秩序を乱し他者の権利を害する行為」であるので、少年保護制度も、再非行を防止することで社会の秩序や国民の権利を守るためのシステムとしての性格を当然ながら有しており、少年鑑別所が行う鑑別も、審判やその後行われる処遇を通じて、再非行防止に役立たなければならない。

　その一方で、視点を変えると、非行は「資質面や環境面において何らかの問題を抱えている少年たちが、うまく社会に適応できないゆえに起こしている不適応行動」として見ることもできる。こうした観点から見た場合、少年たちが非行を繰り返さないようになるためには、少年たちが抱える問題が解消され、健全な青少年として成長し、より良く生きることができるようになることが必須であり、少年の健全な成長を援助するという福祉的な観点から再非行防止を考えることが重要となる。罰ではなく教育や指導によって立ち直りを図ろうとするのも、こうした観点に合致したものであり、鑑別も少年たちの成長に役立つものでなければならないと言える。そこで、少年にとって、鑑別を受けること、少年鑑別所で過ごすことは、どのような意味を持つのかを考えることを通して、司法福祉の観点から少年鑑別所が果たしている役割について考えてみたい。

第5章　少年矯正の現場から

１）鑑別を受けること〜少年にとっての意味

　少年たちは家庭裁判所の決定によって少年鑑別所に入所してくるのであり、自ら望んで入所する訳ではない。少年たちにしてみれば強制的な身柄拘束であり、入所時には、家に帰れず恋人や友人に会えないことへの不満、少年院送致になるかもしれないという不安や絶望感等で心情が不安定であったり、入所を非行への罰と受け止めて、早く出たいが我慢するしかないといった後ろ向きの気持ちを抱いていたりする。つまり、少年鑑別所での生活も、その後に待っている審判も、およそ自分のためになる出来事とは受け止められないような心境にある。このような少年たちに、まず「鑑別についてのオリエンテーション」を行うことから鑑別はスタートする。オリエンテーションでは、審判は少年の立ち直りのために行われるものであり、その審判に必要な資料を作成することが鑑別であること、鑑別は少年と職員とが協力して進めていくこと、少年鑑別所では面接や心理検査を受けたり作文等の課題に取り組んだりすること、所内での行動や生活の様子も鑑別のための資料となること等を説明する。鑑別のためのオリエンテーションの目的は、少年が、鑑別が自分のためのものであることを理解し、進んで鑑別を受けようとする構えを持てるようになることであり、鑑別の意義を理解することで、少年たちは少年鑑別所での生活を前向きに送れるようになっていく。

　また、少年たちは繰り返し鑑別面接を受け、自分の気持ちや考えを語ることになるが、少年たちが語ることは、最初から少年たちの心の中に明確に意識されていることではない。と言うのも、少年鑑別所に入所する少年たちの多くは、深く考えたり悩んだりすることが苦手で、考えるよりも先に行動するタイプである。そのため、嫌な気分に陥ったり不快な体験をしても、そのことについて深く考えて悩んだり落ち込んだりするよりも、嫌なことは見ないようにしてやり過ごしてきており、目を背けるだけでは解消されないもやもやとした気分を行動によって発散しようとして、非行を起こしている場合が多いのである。このように、考え悩むことが苦手な少年たちだけに、これまでの自分の生活ぶりの問題や自分の非行の意味について、自分一人で考えを深めていくことは難しいが、鑑別技官との面接で言葉のやりとりを繰り返すことを通じて、これまで自分が漠然と感じていた気持ちが整理され、明確になり、自分の行為の

145

意味を考えることができるようになる。そして、なぜ自分が事件を起こしたのか、家庭に落ち着けなかったのはなぜか、不良仲間に何を求めていたのかといったことについて、これまでにない深い内省や洞察に至ったりする。少年鑑別所では、少年たちが審判を迎える前に、所内生活についてのアンケートを実施しており、その中に、面接で今まで気づけなかったことに気づけたという記載がしばしば見られる。また、鑑別技官は、少年たちの言葉にひたすら耳を傾けるが、少年たちにとってはそのことが、一対一で自分の気持ちをきちんと聞いてもらい、受け止めてもらえた体験となるようで、「今までだれにも話したことがないようなことを話せた、もっと自分の気持ちを聞いて欲しい」といった記載も、しばしば見られるものである。

鑑別は、身体の病気にたとえれば入院検査を受けるようなものであるが、病気になって身体の隅々まで調べてもらう体験をすれば、自分の身体に自然に関心が向き、健康に暮らすために身体を大切にしようと決意を新たにするのと同様に、少年鑑別所で鑑別を受ける体験によって、少年たちは自分自身の気持ちや考えに目を向けるようになり、非行を繰り返さないためにもっと自分を大切にしようという気持ちになっていくのである。

2）少年鑑別所で過ごすこと〜少年鑑別所の持つ「場の力」

少年鑑別所は審判前の少年を収容する施設であり、少年院のように再非行防止のための意図的系統的な教育を行う施設ではない。これまで述べたような少年鑑別所で行う働きかけも、あくまでも、審判に向けての心の準備が目的であり、少年が審判に向けて自分の問題を見つめ、非行を繰り返さないために自分を変えていこうとする気持ちを持ち、審判や審判決定によって受けることになる保護処分を自分の糧にしていこうとする姿勢を持つようになるところまでが、少年鑑別所で行う働きかけの範囲である。とはいえ、こうした審判に向けての心の準備は簡単にできることではなく、「少年鑑別所で過ごしているからこそできる」という面が大きい。そして、審判に向けて心の準備が進んでいく中で、少年たちは変化していく。こうした変化を引き起こすものを、ここでは「少年鑑別所という場が持っている力」すなわち「場の力」と呼ぶこととしたい（吉村、2006a）。

第5章　少年矯正の現場から

「場の力」をもたらすものは何であろうか。

第一に挙げられるのは、健康的で規則正しい生活である。所内の日課に従って規則正しい生活を送り、適度な運動をし、栄養のバランスのとれた食事を摂ることで、少年たちはみるみるうちに意欲や気力を取り戻していく。こうした生活は、学校や仕事に毎日通っている同年代の青少年にとっては特別なことではないが、健康的な生活からかけ離れた毎日を送ってきた少年たちには、規則正しい生活のリズムが心身両面に良い影響を及ぼす。少年たち自身も、健康的で規則正しい生活の心地良さや今後もこうした生活を送りたいという気持ちを、日記や退所時のアンケートに綴っている。

また、少年鑑別所は、枠組みがしっかりした場である。すなわち、今、この時間にこの場所でやるべき課題や守るべき生活上の決まりが常に明確であり、好き勝手に振る舞うことも、どこかに逃げだすこともできない場である。不良文化を取り入れ非行を重ねてきた少年たちが日々入所してくる少年鑑別所では、こうした明確で強固な枠組みによって、社会内と同じように不良として振る舞って所内の健全な雰囲気を乱すことを防いでいる。それと同時に、自分で自分をコントロールすることが苦手で、その場の欲求や衝動、気分や感情のままに動いてしまいがちな少年たちにとっては、こうした明確な枠組みがある方が行動が安定し、その結果として、むしろ安心して過ごすことができるようである。少年鑑別所での生活に慣れるうちに、「ここにいる方が落ち着く」と少年たちが言うことも珍しくはない。

第二に挙げられるのは、気持ちをまぎらわす雑多な刺激がない環境と静かで内省的な雰囲気である。少年たちには一人静かに自分自身と向き合う時間がたっぷりある。そして、自分と同じ立場の少年たちが、審判に向けて自分の課題に取り組んでいる様子を見ることになる。これまでは仲間との遊びや面白そうな刺激を追い求めることで、自分が抱える問題について悩んだり深く考えたりすることを避けてきた少年たちも、こうした雰囲気の中で、審判までに自分がやるべきことに取り組もうとするようになっていく。

また、不良仲間や家族と離れて過ごす時間も大切である。少年鑑別所での時間は孤独な時間であるが、それだけに、周囲の人たちとの関係を見直す機会になる。少年たちの多くは家族との関係に問題を抱えているが、家族と距離を置

第二部　非行・犯罪に取り組む

くからこそ、また、不良仲間との関係に逃げ込むことができないからこそ、家族との面会や手紙でのやりとりが心に沁み、家族との絆を実感することができる。そして、自分を心配し大切に思ってくれる人たちを安心させるためにも、真面目な生活を送ろうと決心するようになるのである。

　少年鑑別所では、少年たちが普段一日中手にしている携帯電話でメールや電話をすることはできない。日常生活にのべつに入り込んでくるメールや電話に妨げられることなく、相手と対面して直接やりとりすることの大切さを感じられるのも、所内生活ならではである。鑑別技官との面接や観護教官への相談、家族との面会は、いずれも対面してのやりとりであり、相手の表情を見て、相手のまなざしや声の調子からも様々なことを感じながら、じっくりと言葉を交わすことになる。こうした直接的なやりとりの中で、自分の気持ちを伝えることができ、わかってもらえた、受け止めてもらえたと感じることができた体験も、周囲の人たちときちんと向き合うことで良い関係を築いていこうとするきっかけとなる。

　第三に挙げられるのは、審判前という特別な状況である。非行を犯して少年鑑別所に収容されることは人生の危機場面であり、この機会に立ち直れるか否かはその後の人生を左右することになる。少年たちも、こうした崖っぷちの状況で人生の岐路に立っていることを理解し、審判が自分にとっていかに大切なものであるかを日を追うごとに切実に感じるようになっていく。加えて、審判結果（少年院送致になるのか保護観察のような在宅処分になるのか）への不安も強く、一日一日が緊張感に満ちており、濃密で重い時間を過ごすことになる。それだけに、収容期間は1か月足らずと短いものの、少年鑑別所での体験の一つ一つが心に深く刻まれ、少年たちの精神面での成長に大きく影響する。

　また、不安や緊張が強い生活だからこそ、観護教官から生活面、健康面できめ細かく世話をされ、安心して頼ることができた体験や、鑑別技官が時間をかけて自分の思いを聞いてくれた体験は、自分が大切に扱われたという大きな意味での安心感や人間関係に対する信頼感につながる。そして、信頼できる大人として職員を見るようになり、今後の生活についての悩みや迷いを打ち明けたり、助言を求めるようになっていくのである。「つらい時、先生が支えてくれたり、話を聞いたりしてくれて気持ちが楽になった」「いつも自分たちの身の

回りのことをやってもらっていたので、ありがたい気持ちだった」「先生には何でも話せた。自分の性格を理解してくれたし、面接が楽しみだった」「まちがっているところはきちんと教えてくれた。優しく声をかけてくれる先生が多くて嬉しかった」「先生から学んだことがいっぱいあった。大人を信じることができた」といった少年たちのアンケートの記載からは、職員との関わりが少年たちの心の支えとなっていること、職員に心を開き、職員を信頼するようになることが、大人への信頼を回復する端緒となっていくことが読み取れる。

　先に述べたように、「審判に向けて心の準備をする」というのは簡単なことではないが、少年たちは、職員に見守られ、支えられることで、不安や緊張に耐え、審判に向けて自分を見つめるようになっていく。そして、審判に向けて自分を見つめるという課題に取り組んだという体験が、少年たちにとっては（審判結果の如何にかかわらず）自分の力を実感する体験となり、自分の力を信じて未来に向かって進んで行こうとする前向きな姿勢を生むのである。1か月弱という短い収容期間にこうしたプロセスをたどるためには、入所直後から一人ひとりの個性やその時の状態に合わせた働きかけを行っていく必要があり、少年についての事前情報がほとんどない状態で少年を収容する少年鑑別所では、少年の個性や状態を入所した瞬間から的確に捉える行動観察の目が特に大切である。綿密な行動観察は鑑別のための方法であると同時に、少年鑑別所での処遇全般を支える基盤ともなっているのである。

6　観護処遇の新たな展開〜健全育成を考慮した処遇

　少年法第一条には「この法律は、少年の健全な育成を期し」と、法律の目的が掲げられている。少年鑑別所はこうした少年法の健全育成の理念のもとで非行対策に取り組む専門機関であり、処遇全般において、心身の発達途上にある青少年に対して一般社会で行われているのと同様の保護的な配慮を行っているところであるが、近年は、少年たちの健やかな成長・発達を促すことに配慮した処遇、すなわち「健全育成を考慮した処遇（育成的処遇）」の充実に積極的に取り組むようになっている。

　ただし、育成的処遇の実施に当たっては、いくつかの留意点がある。第一に

は、少年鑑別所は審判前の少年を収容している施設であるので、非行事実があることを前提として問題点の改善を図るような処遇としてはならないということ、また同じ理由から、それぞれの処遇の趣旨や内容を少年が理解できるようにていねいに説明し、少年の自発的な意志を確認した上で実施するということである。第二には、少年鑑別所に収容されているそもそもの目的である鑑別や家庭裁判所調査官の調査に支障をきたさない範囲で実施するということであり、鑑別のための各種の課題や、鑑別面接や調査の実施に支障をきたすことがないように配慮している。

育成的処遇の内容は以下の3つの事項に分類される。ただし、具体的にどのようなことを実施しているかは施設によって異なるので、以下に述べる処遇内容は例示である。

一つ目は、学習の支援等（教科の学習、就労の準備等の支援）である。教科の学習については、外部協力者による学習指導やパソコンソフトを用いた自主学習、学習参考書等の貸し出し等を行っている。また、就労の準備等の支援については、就労や資格取得に関する情報提供、資料や図書の貸し出し、視聴覚教材の視聴、ハローワーク職員による講話等を行っている。

二つ目は、教養の付与等（一般的教養、社会的常識等の付与）である。一般的教養を身につけるのに役立つような図書を備えたり、テレビ・ラジオ番組を放送したりすることをはじめとして、一般的教養や社会常識に関する講話、視聴覚教材の放送等を行っている。また、保健衛生（性感染症の予防等）や非行防止（薬物乱用防止、交通安全等）に関する講話や視聴覚教材の放送等も、一般的な啓発として実施している。

三つ目は、情操のかん養等（情操のかん養、心情の安定を促す）である。情操のかん養を図るのに役立つような図書を備えたり、テレビ番組や映画のDVDを放映したり、季節の行事やレクリエーション等を実施して、希望する少年が参加できるようにしている。

以上が、少年鑑別所における育成的処遇の内容である。上述した処遇内容は、育成的処遇という考え方が示されていなかった頃から各施設で行われていたものも含まれているが、少年鑑別所における健全育成を考慮した処遇の概念が改めて整理され、趣旨や実施方針といった枠組みとともに方法や内容が具体

的に示されたことで、少年院での矯正教育との相違点や、少年鑑別所として実施するにはどの範囲が適当であるのかが明確になり、各施設が共通理解を持って取り組めるようになったものである。

　少年鑑別所は、精度の高い資質鑑別を行うことで、家庭裁判所が行う審判と、審判決定に基づいて実施される処遇の効果を高め、少年法の理念である健全育成に資することを第一義的な役割としてきた。また、少年鑑別所に収容された少年たちが、審判に向けて心の準備をして審判に臨むことが、審判や処遇を効果的なものにするためには大切であることも、これまで述べてきたとおりである。すなわち、少年鑑別所は、審判前に少年に関わる機関として、鑑別機能と収容機能の両方によって、健全育成の実現に努めてきたところであるが、いずれも、「審判とその後の処遇をいかに効果的なものとするか」が主眼であり、「少年保護制度全体を通じて行う働きかけ」という大きな木が豊かに実るための水遣りと土壌作りに精を出しているようなものと言える。それに対して、育成的処遇は、少年たちが自分の心に花の種をまく機会を提供するようなものである。少年鑑別所で過ごす中で、少年たちが自分の心に種をまいてみたいという気持ちになったまさにその時に、自分に合った花の種を選びとれるように多彩な花の種を準備しておき、一人では難しい種まきの手助けをすることも、青少年を扱う専門機関である少年鑑別所が担うべき、未来につながる処遇である。

7　少年矯正施設としての少年鑑別所〜日々入所してくる少年たちとの関わり

　少年鑑別所においては、あらゆる面で調和やバランス感覚が求められている。
　少年鑑別所は審判前の少年、成人で言えば未決拘禁者に当たる者を収容している施設であり、少年鑑別所と少年院との関係は、成人で言えば拘置所と刑務所との関係にたとえられたりもする。しかしながら、少年鑑別所に求められているのは、審判前の少年が逃走したり証拠隠滅を図ったりすることを防ぐことだけではなく、心身の発達途上にある未成年者を収容している施設として保護的な配慮を行うことも同時に求められている。したがって、少年鑑別所での処

遇においては、未決拘禁者の権利保障という観点から、強制的に踏み込むことを控える抑制的な態度と、健全育成に資するという観点から、きめ細かい配慮や働きかけを行う姿勢とのバランスを、常に意識していなければならない。

また、鑑別は行動科学、人間関係諸科学の知見を活用して行うものであり、「冷静で科学的な目」で少年を見つめることが必要であるが、それと同時に、審判前の不安と緊張の日々を過ごす少年たちを「温かいまなざし」で見守ることも必要である。この両方をバランスよく兼ね備えていることが、少年鑑別所の職員に求められる資質である。

非行少年に関わる機関である少年鑑別所も、刑事政策という大きな枠組みの中に位置づけられる機関であり、非行を防止することで社会や一般市民を守る役割を担っている。したがって、少年の健全な成長を援助する福祉的な視点を持つことが大切である一方、法を犯し他者の権利を侵害するような非行を繰り返させないことで社会の安全を守るという施設本来の目的との調和を図ることも必要である。少年鑑別所に入所する少年たちの中には、恵まれない家庭環境や不遇な生育歴を背負った者たちも多いが、そうした少年たちを、単にかわいそうな存在として捉えるだけでは、再非行防止のための有効な処遇方針を提示することはできず、また、非行を犯した自分の問題を直視するよう働きかけることもできない。少年たちにとっても、自分の行為が社会的な規制を受けるようなものであることや、これ以上非行を重ねることは許されないことを実感することが必要であり、少年鑑別所への収容は、そうした社会的な規制の枠組みを実感する契機となる。少年鑑別所が再非行を防止するための強力な社会システムの一つであるがゆえに、入所した少年たちが、もう非行を繰り返す訳にはいかないという危機意識と、自分の問題を真摯に考えようとする姿勢を持てるようになるのであり、そこを出発点として、周囲の大人との絆を結び直し自分の抱える問題を解決しようとする成長への努力が始まっていくのである。

このように、少年鑑別所での営みは、常に微妙なバランスの上に立っている。少年非行を取り巻く社会情勢の変化に応じて求められるものも変化し、バランスの取り方も異なってくるので、そうした社会の要請に応えていくための柔軟さを持つことが必要ではあるが、それと同時に、自分たちが拠って立つ土台をきちんと持ち、揺るぎないものとしておくことも大切である。我々にとっ

て拠り所となるものは行動科学に基づく専門性であり、青少年の特性や非行のメカニズムに関する専門的な知見に裏付けられた「少年たちを見る眼」を独自の視点として持っていてこそ、少年たちの姿を見失うことなく、自分たちがやるべきこと、働きかける方向を定めていけるのである。少年保護制度において、法律に基づいて非行少年を扱う機関の中で自分たちの役割を果たしていくためには、成長に向けて努力する少年たちと同じように、我々も自らの専門性を磨く努力を続けていかなければならないと感じている。

　少年鑑別所には日々少年たちが入所してくる。そして、審判を受け、それぞれの審判決定に基づいて少年鑑別所を退所していく。我々は、退所した少年たちのその後を直接知ることはできないが、少年たちが成人に達するまでの間に少年鑑別所に再度入所してくることがなければ、大きな再非行を犯すことなく大人になったのであろうと推察することはできる。実際のところ、多くの少年たちは、退所後再び少年鑑別所に入所することなく成人を迎えている。まさに「便りがないのは良い知らせ」である。

　少年たちは日々変化し成長する存在である。そして、彼らには未来に向かって広がっていく時間がある。このことが、我々が仕事をする上での大きな希望である。「少年鑑別所で会うのはこれで最後にしよう」と言って、退所していく少年を見送るたびに、彼らが我々と再び出会うことなく、より良い人生を生きていくことを心から願わずにはいられない。

8　「収容鑑別」以外の鑑別

　ここまでは、家庭裁判所の観護措置によって入所した少年に対して行う「収容鑑別」の仕組みと、少年にとって少年鑑別所に収容されて鑑別を受けることがどのような意味を持つのかについて述べてきた。

　ところで、少年鑑別所が行う鑑別には、家庭裁判所の調査・審判に資する鑑別と、保護処分の執行に資する鑑別がある。これまで述べてきた「収容鑑別」は家庭裁判所の審判の資料になるものであり、当然ながら審判前に実施する（家庭裁判所の審判のための鑑別には少年鑑別所に収容せずに行う「在宅鑑別」もあるが、件数が少ないので説明は省略する）。

第二部　非行・犯罪に取り組む

　それに対して、保護処分の執行に資する鑑別は、家庭裁判所の審判で少年院送致や保護観察といった保護処分の決定を受けた少年たちが少年院での矯正教育や保護観察の指導を受ける過程において、それまでに受けた処遇の効果を明らかにしたり、処遇方針を再策定したりするために行うものである。すなわち、保護処分を執行する機関においては、非行を犯した少年たちの再非行を防止するための様々な処遇が行われるが、その途中で処遇経過を振り返り、今後重点を置いて指導すべき事項を明らかにすることによって、さらに処遇効果を高めようとするものである。こうした、審判後に保護処分の執行に資するために行う鑑別は、保護処分を執行する機関からの依頼に基づいて行われるので、「依頼鑑別」と呼ばれており、その中でも少年院の依頼によって実施するものを「再鑑別」と呼んでいる。

　なお、上述したような、家庭裁判所の審判に資する鑑別と保護処分に資する鑑別以外に、少年鑑別所は「一般少年鑑別」というものを行っている。この名称からはどのようなものかイメージしにくいと思われるが、わかりやすく言えば、一般の方々向けの外来の心理相談である。あまり知られてはいないが、全国のすべての少年鑑別所は「〇〇心理相談室」というような名称で、青少年に関する相談を幅広く受け付けており、青少年本人はもちろんのこと、保護者や学校関係者などの青少年を取り巻く方々からの相談にも応じている。

9　少年保護手続きを縦貫した鑑別の積極化

　平成22年12月に法務大臣宛てに「少年矯正を考える有識者会議による提言」（以下、「有識者会議提言」という）が提出され、少年矯正施設（少年院及び少年鑑別所）の課題と今後進むべき方向が示された。
　その中で、少年矯正が現在直面している課題の一つに、再非行の防止に向けた社会からの強い要請にいかに応えるかがあり、そのための方策として、「少年鑑別所が再非行防止に向けて、その鑑別機能等を十分に発揮するためには、少年院在院者の再鑑別等の充実を図り、保護処分の執行に、より継続的に関与することが必要」であり、少年鑑別所の専門的な査定機能等をより積極的・継続的に活用することが必要である旨の提言がなされた。そこで、少年鑑別所で

第 5 章　少年矯正の現場から

は、この提言を実現するために、「少年保護手続きを縦貫した鑑別の積極化」に取り組んでいる。具体的には、少年院在院者に対して実施している再鑑別について、再非行が懸念される対象者を選んで重点的に行ったり、継続的に実施したりするといった方法面での工夫を行っている。また、将来的には少年鑑別所に少年院在院者を収容して再鑑別を実施できるように法整備を進めているところである。

　保護観察所からの依頼鑑別についても、従来行われていた交通短期保護観察対象者に対する運転態度検査の実施といった集団方式のものに加えて、再非行防止に向けてきめ細かい処遇が必要な対象者の処遇指針を検討するような個別方式の依頼鑑別を、保護観察所との連携によって実施するように努めている。特に保護環境に問題があり、少年院を出院する際に保護者のもとではなく更生保護施設に帰住した者に対して、矯正施設から社会生活へのソフトランディングをいかに支援していくかに焦点を当てて、職業適性検査等を実施しながら方針を立てていく依頼鑑別は、更生保護施設からも好評を得ている。また、先駆的な試みとして、北海道の更生保護施設（沼田町就業支援センター）では、おおむね 6 か月から 1 年という長期にわたって農業実習に参加しながら自立への準備をする少年たちを支援するための、保護観察所、少年院、少年鑑別所の三者による行動連携にも取り組んでいる。

　なお、依頼鑑別の対象ではない児童自立支援施設に対しても少年鑑別所による専門的支援が必要であると有識者会議提言で指摘されたことを受けて、平成23年11月から、一部の少年鑑別所と国立の児童自立支援施設との間で、家庭裁判所の審判で送致された入所児童を対象に、専門的支援の試行が開始されている。併せて、こうした児童自立支援施設に対する支援が依頼鑑別の枠組みで実施できるように法整備が進められているところである。

10　非行及び犯罪の防止に関する援助〜地域社会に根ざした活動と役割

　これまで述べてきた「少年保護手続きを縦貫した鑑別」は、少年鑑別所を退所した少年たちの再非行防止と立ち直り支援のためのものであり、いわば「ア

フター鑑別所支援」とでも呼べるようなものである。

　それに対して、少年鑑別所では、少年鑑別所に入所するような段階にはない青少年やその周りの大人の方たち、すなわち、多少の問題行動はあってもさほど深刻なレベルではない青少年やその関係者、あるいは、特段問題なく生活している青少年や地域社会の一般市民の方を対象に、非行の未然予防や問題の深刻化防止に力点を置いた取組も行っている。これは、いわば「プレ鑑別所活動」とでも呼べるようなものである。

　こうした、非行及び犯罪の防止に関する援助の中で、少年鑑別所の発足当初から行っている最も歴史の古いものは、先述の「一般少年鑑別」（一般の方々を対象にした外来の心理相談）である。一般少年鑑別における相談では、問題を抱えた青少年の保護者の方からの相談が最も多いが、学校関係者など、青少年の指導に携わっている方へのコンサルテーションも行っている。また、一般少年鑑別での心理相談を行うにあたり、地域の相談関係機関との連携を図っており、さらに、鑑別業務において蓄積してきた青少年の問題行動や育成支援に関する知見を発信する機会として、各種の講演会や研修会への講師の派遣も行っている。これらの地域社会に根差した活動は、これまでも地道に継続し実績を積み重ねてきたものであるが、近年、少年鑑別所では、従来行ってきた一般少年鑑別及び相談関係機関との連携をさらに拡充・発展させる方向に大きく舵を切っている。この分野で新たに開始した取組の例としては、平成22年施行の「子ども・若者育成支援推進法」によって体制が整備された、社会生活を営む上で困難を有する子ども・若者の社会的自立を支援する地域ネットワーク（子ども・若者支援地域協議会）への参画が挙げられる。具体的には、地方自治体による関係機関の連絡会や協議会への出席、少年鑑別所の専門性が必要とされるようなケース（非行に関連した相談や心理検査等のアセスメントを要するケースなど）の受理、ユースアドバイザー研修や事例検討会への講師派遣などを行っている。また、内閣府が主導するパーソナル・サポート・サービスとの相互連携や、地域社会で広く子ども・若者の育成支援に携わっているNPO関係者との連携の試みも始まっている。

　なお、「プレ鑑別所活動」のニュアンスからははずれるが、少年鑑別所では近隣の刑事施設からの依頼により受刑者のカウンセリングや改善指導に携わっ

第5章　少年矯正の現場から

たりもしており、長年培ってきた専門的知識や技能を、より幅広い対象に役立てる方向に進んでいる。

11　今後の方向性〜法的基盤の整備に向けて

　これまで、少年鑑別所の業務に関する規定は「少年院法」の中に置かれていたが、有識者会議提言を受けて少年院法の全面改正作業が進められるのと並行して、独立した法律として「少年鑑別所法」の立案作業も進められた。そして、改正少年院法とともに、平成26（2014）年6月に国会において可決・成立し、「少年鑑別所法」が新たに制定されることになった。まだ施行前であるので（施行は平成27（2015）年6月の予定である）、少年鑑別所法の内容について詳述できる段階にはないが、新法に示された、今後少年鑑別所が進むべき方向性について解説する。

　有識者会議提言では、少年鑑別所の機能を十分発揮させる観点から、現行の仮収容制度の拡充（少年院在院者を再鑑別や就労支援等のために短期間少年鑑別所に収容する）や、児童自立支援施設等からの依頼鑑別に応じられる仕組みに関する法整備が必要であることに加えて「少年鑑別所の専門的な知識・技術をより広く活用するため、従来実施している一般少年鑑別、その他非行・犯罪者処遇にかかわる技能提供について明確に位置付けることなどが必要である」とされている。そこで、この度成立した少年鑑別所法では「非行及び犯罪の防止に関する援助」を「鑑別対象者の鑑別」、「在所者の観護処遇」と並ぶ、少年鑑別所の業務の主要な柱の一つに位置付けている。従来の一般少年鑑別は、主たる業務である収容鑑別に支障をきたさない範囲において行うとされていたことに比べると、「非行及び犯罪の防止に関する援助」がいかに重要視されているかが、新しい法律の規定ぶりからも見て取れる。

　少年鑑別所に勤務する我々は、少年鑑別所に入所するような、非行性が大きく進んだ、いわばレッドゾーンに入ってしまった少年たちの収容鑑別に従来にも増してていねいに取り組むと同時に、そこで蓄積した知見を、レッドゾーンの外側のイエローゾーンにいる多少の生きにくさを抱えた青少年や、現時点では問題なく生活しているグリーンゾーンの青少年の非行防止や健全育成にも生

第二部　非行・犯罪に取り組む

かすことを求められている。こうした守備範囲の拡大は、未知の領域へのチャレンジを含んでいるが、子ども・若者の健全な成長を支えることは国民的課題でもあるので、青少年に関わる専門機関としての社会的使命と役割の大きさを感じているところである。

　有識者会議提言は、少年矯正施設に対して「少年非行や青少年の育成に関し、専門機関として、広く積極的に発言することを望みたい。（中略）少年矯正が有する貴重なノウハウや人的資源等を、子ども・若者支援に発展的かつ効果的に活かしていくよう強く期待するものである」と付言して、締めくくられている。この提言に応えるために、専門的知識・技能をさらに高めて収容鑑別に当たるとともに、少年鑑別所に入所するまでには至らない子ども・若者と、少年鑑別所を退所し非行からの立ち直りに努力する少年たちの支援についても、積極的な姿勢で取り組んでいきたいと考えている。

〈引用・参考文献〉

・石毛博（2004）「収容鑑別の実際」　犬塚石夫・松本良枝・進藤眸編『矯正心理学―犯罪・非行からの回復を目指す心理学―』下巻　実践編　pp. 63-86　東京法令出版
・小長井賀與（2008）「少年非行と児童福祉」古川孝順・田澤あけみ編『現代の児童福祉』pp. 177-197　有斐閣
・小林万洋（2012）「少年矯正を考える有識者会議提言の実現に向けて―少年鑑別所に関する施策の実施状況―」『刑政』第123巻5号　pp. 14-23　矯正協会
・鉄島清毅（2010）「矯正領域における面接」『こころの科学』第149号　pp. 45-52　日本評論社
・法務省法務総合研究所編（2014）「平成26年版　犯罪白書」p. 122
・吉村雅世（2002）「少年鑑別所」『こころの科学』第102号　pp. 103-104　日本評論社
・吉村雅世（2006a）「少年鑑別所に〈子ども〉が入所したら」『臨床心理学』第6巻第4号　pp. 487-491　金剛出版
・吉村雅世（2006b）「場の力」『罪と罰』第44巻第1号　pp. 59-61　日本刑事政策研究会
・吉村雅世（2008）「少年鑑別所における対応」小林寿一編著『少年非行の行動科学―学際的アプローチと実践への応用―』pp. 164-178　北大路書房

・吉村雅世（2012）「地域に根ざした少年鑑別所の活動と役割―地域社会における非行防止と立ち直り支援―」『犯罪と非行』第171号　pp. 74-91　ひたち未来財団

〈推薦図書〉
・石毛博（2010）「青少年犯罪の意味探求―心理学的査定による更生支援のために―」星雲社
・犬塚石夫・松本良枝・進藤眸編（2004）「矯正心理学―犯罪・非行からの回復を目指す心理学―」東京法令出版
・小林寿一編著（2008）「少年非行の行動科学―学際的アプローチと実践への応用―」北大路書房
・生島浩編（2002）「非行臨床」『こころの科学』第102号　日本評論社
・法務省矯正局編（1998）「現代の少年非行を考える―少年院・少年鑑別所の現場から―」大蔵省印刷局
・法務省矯正局編（1999）「家族のきずなを考える―少年院・少年鑑別所の現場から―」大蔵省印刷局

II　少年院

森　伸子

　ここからは、少年院における取組について紹介する。

　少年院送致決定となる少年は、家庭裁判所の終局処理人員のおおよそ2～3％と、極めて限られた少年たちである[1]。それだけに本人自身の問題性や本人を取り巻く環境に解決すべき課題を多く抱えていると言うことができ、少年院では、規律ある生活環境の下、一人ひとりの少年の特性や問題性、教育上の必要性を的確に把握し、それらに対応したきめ細かな取組を行っている。以下、少年院の制度や処遇の仕組み、矯正教育の現状等について説明していきたい。参照条文はいずれも「少年院法（昭和23年法律第169号）（以下「院法」という）」である。

　なお、平成26（2014）年6月、新たな少年院法（平成26年法律第58号）が成立し、平成27（2015）年6月に施行される予定である。本章の多くは、旧少年院法によっていることについて留意願いたい。

第二部　非行・犯罪に取り組む

1　少年院とは

　少年院は、主として家庭裁判所において少年院送致の保護処分に付された少年を収容し、矯正教育を行う法務省所管の施設である。大正12（1923）年に矯正院法に基づく矯正院として多摩少年院、浪速少年院が設置されており、昭和24（1949）年少年院法の施行により現在の少年院が発足し、今日に至っている[2]。
　施設数は、平成26（2014）年4月1日現在全国に52庁（分院3庁含む）設置されており、その内訳は男子のみを収容する少年院が41（分院2）庁、女子のみを収容する少年院が9（分院1）庁、医療少年院が2庁となっている。
　少年院は、在院者と保護者との物理的な距離をできるだけ小さくし、在院中に行われる家族関係の調整や保護者に対する各種の働きかけが実施しやすくなるよう、全国8つの地域ブロック単位に設置されている。例えば近畿地方の家庭裁判所で決定された少年であれば、原則として近畿地方にある少年院に送致されることとなる。

2　収容状況と在院者の特徴

　少年院入院者（各年において少年院送致の決定により新たに入院した者をいう）の最近10年間の人員の推移はおおむね減少傾向にあり、平成25（2013）年は3,193人であった。
　年齢層別では、年少少年（13歳以下・14歳・15歳）20.1％、中間少年（16・17歳）42.1％、年長少年（18・19歳）37.8％となっており、これを男女別に見ると女子に年少少年の割合が高い（図表5-4）。また、平成18（2006）年と比較すると、年少少年の割合が高くなっている（平成18年：年少17.8％、中間42.1％、年長40.1％）。なお、平成20（2008）年の少年法改正により初等少年院の収容対象がおおむね12歳以上となったが、平成25（2013）年の14歳未満の少年の入院は11名（男子8、女子3）であった。
　非行名別では、男子は、窃盗33.3％、傷害（傷害致死含む。以下同じ）・暴行24.0％、道路交通法違反7.2％、強盗（強盗致死傷及び強盗強姦・同致死を含む。以下同じ）7.2％等となっており、これを年齢層別に見ると年少少年に

第5章　少年矯正の現場から

図表5-4　少年院入院者の年齢層別構成比（男女別）（平成25年）

(注) 1　矯正統計年報による。
　　 2　年齢は入院時であり、「年少少年」は13歳以下・14歳・15歳、「中間少年」は16・17歳、「年長少年」は18・19歳である。
　　 3　（　）内は実人員である。

図表5-5　少年院入院者の非行名別構成比（男女別・年齢層別）（平成25年）

男子

女子

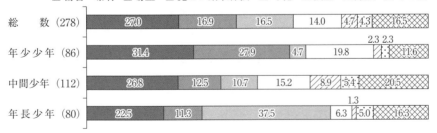

(注) 1　矯正統計年報による。
　　 2　年齢は入院時であり、「年少少年」は13歳以下・14歳・15歳、「中間少年」は16・17歳、「年長少年」は18・19歳である。
　　 3　「傷害」には傷害致死を、「強盗」には強盗致死傷及び強盗強姦・同致死を含む。
　　 4　（　）内は実人員である。

161

傷害・暴行が、中間少年に道路交通法違反が高い傾向にある。女子は、傷害・暴行27.0％、窃盗16.9％、覚せい剤取締法違反16.5％、ぐ犯14.0％等となっており、年齢層別では年少少年に傷害・暴行及びぐ犯が、年長少年に覚せい剤が高い傾向にある（図表５－５）。なお、平成18（2006）年と比較すると男女共に傷害・暴行の割合が高くなっている（平成18年：男子15.3％、女子16.7％）。

教育程度別では、中学在学14.5％、中学卒業28.9％、高校在学17.5％、高校中退34.4％等となっている（図表５－６）。

就学・就労状況別では、男子は、無職32.8％、有職37.5％、学生・生徒29.7％であり、女子は、無職40.6％、有職18.7％、学生・生徒40.6％となっている（図表５－７）。

保護者の状況別では、男子は、実父母32.5％、実母39.4％、女子は、実父母23.4％、実母41.0％となっている（図表５－８）。近年、保護者が実母のみである者の構成比が上昇傾向にある一方、実父母である者の構成比は低下傾向にある（「平成26年版　犯罪白書」）。

次に出院者の状況を見ると、平成25（2013）年における少年院の出院者は3,437人であり、このうち3,428人（99.7％）が仮退院によるものである。

出院者の進路は、就職決定27.8％、就職希望47.0％、中学校復学決定3.8％、高等学校復学決定3.5％、進学希望15.4％、進路未定0.9％であった（図表５－９）。

図表５-６　少年院入院者の教育程度別構成比（男女別）（平成25年）

	中学在学	中学卒業	高校在学	高校中退	高校卒業・その他
総数（3,193）	14.5	28.9	17.5	34.4	4.6
男子（2,915）	13.9	29.4	17.2	34.8	4.8
女子（278）	20.9	23.7	21.2	30.9	3.2

(注)　1　矯正統計年報による。
　　　2　「その他」は、高等専門学校在学・中退、大学（短期大学を含む）在学・中退等であり、学校入学後の在学・中退・卒業の別が不詳の者を含む。
　　　3　（　）内は実人員である。

第 5 章　少年矯正の現場から

図表 5 - 7　少年院入院者の就学・就労状況別構成比（男女別）（平成25年）

（注）1　矯正統計年報による。
　　　2　就学・就労状況が不詳の者を除く。
　　　3　（　）内は実人員である。

図表 5 - 8　少年院入院者の保護者状況別構成比（男女別）（平成25年）

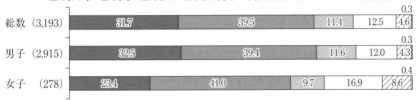

（注）1　矯正統計年報による。
　　　2　保護者状況が不詳の者を除く。
　　　3　その他は、養父（母）等である。
　　　4　（　）内は実人員である。

図表 5 - 9　少年院出院者の進路別構成比（男女別）（平成25年）

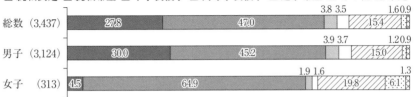

（注）1　矯正統計年報による。
　　　2　（　）内は実人員である。

第二部　非行・犯罪に取り組む

　なお、平成16（2004）年から同25（2013）年までの間に少年院を出院した者について、出院年を含む5年間の再入院又は刑事施設への入所の状況を見ると、再入院した者の比率は、14.5〜16.0％（男子15.5〜16.8％、女子7.0〜9.2％）で、刑事施設に入所した者の比率は、7.4〜9.2％（男子8.0〜10.3％、女子1.6〜3.1％）であった（「平成26年版　犯罪白書」）。

3　少年院の種類、処遇区分、処遇課程

　少年院送致となる少年は複雑で多様な問題を抱えていることから、その改善のためには、一人ひとりの少年の特性や教育上の必要性を十分に把握した上で、それぞれに応じたきめ細かな処遇を行う必要がある。
　院法第1条の2においても「少年院における処遇は、個々の在院者の年齢及び心身の発達程度を考慮し、その特性に応じて、これを行わなければならない。」と規定されており、少年院では、共通する特性や教育上の必要性を有する者ごとに集団を編成して、それぞれの集団に最も効果的な処遇を行うこととしている。以下、集団編成の制度について説明する。

1）少年院の種類

　少年院には、院法第4条において、収容対象となる少年の年齢、犯罪的傾向の進度及び心身の状況により、初等少年院（心身に著しい故障のない、おおむね12歳以上でおおむね16歳未満の者）、中等少年院（心身に著しい故障のない、おおむね16歳以上で20歳未満の者）、特別少年院（心身に著しい故障はないが、犯罪傾向の進んだおおむね16歳以上で23歳未満の者）及び医療少年院（心身に著しい故障のある、おおむね12歳以上で26歳未満の者）の4つの種類が設けられている。
　どの種類の少年院に送致するかは、家庭裁判所の審判で決定される。

2）処遇区分と処遇課程

　少年院には、行政運営上の処遇区分として、少年の非行の進み具合に応じて、一般短期処遇（早期改善の可能性の大きい少年、収容期間6か月以内）（以

下「一般短期」という)、特修短期処遇(早期改善の可能性が大きく、開放処遇に適する少年、同4か月以内)(以下「特修短期」という)及び長期処遇(短期処遇になじまない少年、同2年以内、必要な場合は特に定める期間)(以下「長期」という)の3つの区分が設けられている。なお、一般短期及び特修短期は、初等少年院及び中等少年院にのみ設けられている。

平成25年の少年院入院者の少年院の種類及び処遇区分別人員は、図表5-10のとおりである。

図表5-10 少年院入院者の少年院の種類及び処遇区分別人員及び構成比(平成25年)

処遇区分＼種類	総数	初等	中等	特別	医療
総数	3,193 (100.0)	574 (18.0)	2,502 (78.4)	44 (1.4)	73 (2.3)
一般短期処遇	774 (24.2)	173	601		
特修短期処遇	30 (0.9)	6	24		
長期処遇	2,389 (74.8)	395	1,877	44	73

(注) 1 矯正統計年報による。
　　 2 ( )内の数字は、入院者総数(3,193名)に対する構成比である。

さらに、これらの処遇区分の中で、少年の問題性、教育の必要性等に応じた処遇課程及びその細分が、一般短期で2、長期で14あり、特修短期と合わせて、17の処遇課程等(以下、ここでは「コース」という)が設けられている。

それぞれのコースの対象者は図表5-11のとおりである。

少年院送致決定された少年がどのコースとなるかは、処遇区分については、決定時になされる家庭裁判所の処遇勧告に従い、さらに処遇課程については、送致元の少年鑑別所において一人ひとりの特性と教育上の必要性を総合的に判断して決定され、当該コースが指定されている少年院に送致される。

図表5-11 少年院の処遇課程等

処遇区分	処遇課程	処遇課程の細分	対象者
一般短期処遇	短期教科教育課程（SE）	—	義務教育課程の履修を必要とする者又は高等学校教育を必要とし、それを受ける意欲が認められる者
	短期生活訓練課程（SG）	—	社会生活に適応するための能力を向上させ、生活設計を具体化させるための指導を必要とする者
特修短期処遇（O）	—	—	一般短期処遇の対象者に該当する者であって、非行の傾向がより進んでおらず、かつ、開放処遇に適するもの
長期処遇	生活訓練課程	G_1	著しい性格の偏りがあり、反社会的な行動傾向が顕著であるため、治療的な指導及び心身の訓練を特に必要とする者
		G_2	外国人で、日本人と異なる処遇を必要とする者
		G_3	非行の重大性等により、少年の持つ問題性が極めて複雑・深刻であるため、その矯正と社会復帰を図る上で特別の処遇を必要とする者
	職業能力開発課程	V_1	職業能力開発促進法等に定める職業訓練（10か月以上）の履修を必要とする者
		V_2	職業能力開発促進法等に定める職業訓練（10か月未満）の履修を必要とする者、又は職業上の意識、知識、技能等を高める職業指導を必要とする者
	教科教育課程	E_1	義務教育課程の履修を必要とする者のうち、12歳に達した日以後の最初の3月31日が終了したもの
		E_2	高等学校教育を必要とし、それを受ける意欲が認められる者
		E_3	義務教育課程の履修を必要とする者のうち、12歳に達する日以後の最初の3月31日までの間にあるもの
	特殊教育課程	H_1	知的障害者であって専門的医療措置を必要とする心身に著しい故障のないもの及び知的障害者に対する処遇に準じた処遇を必要とする者
		H_2	情緒的未成熟等により非社会的な形の社会的不適応が著しいため専門的な治療教育を必要とする者
	医療措置課程	P_1	身体疾患者
		P_2	肢体不自由等の身体障害のある者
		M_1	精神病者及び精神病の疑いのある者
		M_2	精神病質者及び精神病質の疑いのある者

（「平成24年版　犯罪白書」による）

4　教育の方針と流れ

1) 教育課程に基づく教育の実施

　各少年院においては、その施設に指定されているコースごとに、教育課程（在院者の特性及び教育上の必要性に応じた教育内容を総合的に組織した標準的な教育計画、カリキュラム）を編成し、これに基づいて矯正教育を実施している。

　教育課程には、それぞれのコースの対象者に応じて策定された教育方針、教育目標、標準教育期間、教育内容及び教育方法、週間課業指導時数が盛り込まれているほか、週間標準日課表や年間指導計画が作成されている。これらの教育課程は毎年編成することとされており、各少年院では1年間の実施状況に基づいて評価を行い、その結果を翌年の教育課程編成に反映させている。

2) 入院から出院まで段階を踏まえた教育の実施

　少年院では、在院者の教育期間を教育の進度に応じて新入時、中間期、出院準備の3つの教育過程に分け、段階を追って系統的・発展的に教育を行っている（図表5-12）。

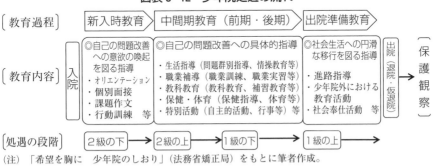

図表5-12　少年院処遇の流れ

（注）「希望を胸に　少年院のしおり」（法務省矯正局）をもとに筆者作成。

　少年院は、4月に一斉に学年や学級がスタートする一般の学校と異なり、送致決定の都度少年が入院し少年院での生活をスタートさせる。このため、少年

第二部　非行・犯罪に取り組む

院の教育課程は、4月から順を追うように編成されるものではなく、新入時、中間期、出院準備の各教育過程ごとに編成されており、教育の現場では各教育過程の課業が同時並行的に実施されている。

　ある一日を例にとると、全員そろって実施する朝礼で一日がスタートするが、その後は各教育過程等に分かれて日課が展開され、教室では新入時教育の過程にある在院者がオリエンテーションの授業を受けており、実習教室では中間期教育の過程にある在院者が職業補導の種目ごとに実習に取り組んでおり、出院準備教育の過程にある在院者は、社会奉仕活動のために老人ホームへ外出している、といった具合である。

　このように同時並行的に教育課程を実施することにより、送致決定の都度少年が入院する状況にあっても、少年一人ひとりの進度に応じた教育を行うことができるものである。

　また、少年院では在院者の処遇に段階を設け、その改善・進歩等の程度に応じて順次に上位の段階に引き上げ、自律的・自発的な改善を促す段階処遇を実施している。処遇の段階には、1級、2級及び3級があり、さらに、1級及び2級をそれぞれ上下に分けている。新たに入院した少年は2級の下に編入され、成績の向上により順次進級する。

3）個別的処遇計画に基づく一人ひとりの課題に対応した教育の実施

　少年院では、入院してくる少年一人ひとりについて、該当するコースの教育課程を踏まえて「個別的処遇計画」を作成し、計画的かつ集中的な教育を実施している。

　個別的処遇計画は、一覧性のある表形式の書式が定められており、その中に処遇の実施に必要な要素が盛りこまれている（図表5-13）。作成手順にそって説明すると、まず決定家庭裁判所の少年院処遇に対する意見である「処遇勧告」の内容、送致元少年鑑別所の鑑別結果に基づく少年処遇の方策を示した「処遇指針」等、いわば関係機関の当該少年に関する少年院処遇への要請・期待を把握する。

　少年院では、これらの内容を参酌しつつ、入院後の面接や各種テスト、行動観察等の調査結果に基づき、本人の問題性や指導上のポイント等を「処遇上の

第5章　少年矯正の現場から

図表5-13　個別的処遇計画（表）

個　別　的　処　遇　計　画　（表）　　　　　　　　　　〇〇少年院

年　月　日

氏名：　〇〇〇〇　　男・女
生年月日：〇〇年〇月〇日

決定家庭裁判所	少年鑑別所	入院事由	決定年月日	処遇勧告の内容
〇〇家庭裁判所　〇〇支部	〇〇少年鑑別所	〇〇少年院送致	・　・	※今後の処遇上有効と思われる事項を要約して記載する。

	決定処遇指針　〇〇少年鑑別所の処遇指針

処遇上の留意点：※上記処遇指針及びその他の資料から、本人の問題性を明確にするとともに、それから派生して処遇上の助けとなったり、指導上困難が予想される事項を記載する。

個人別教育目標：※上記の問題点を踏まえ、出院までに達成させたい重点目標を設定する。

教育過程	入院	（新入時教育）〇か月	（中間期教育）		（出院準備教育）〇か月	出院
			前期　〇か月	後期　〇か月		
段階別到達目標		※個人別教育目標に従って、各処遇段階ごとの到達目標を具体的に設定する。				
		（修正又は変更）	（修正又は変更）	（修正又は変更）	（修正又は変更）	
教育内容及び方法		※上記段階別到達目標を達成するために、どのような方法をとるのかを具体的に記載する。			※どのような内容の教育を展開すべきか、そのためのどのような方法をとるのかを具体的に記載する。	
		（修正又は変更）	（修正又は変更）	（修正又は変更）	（修正又は変更）	

169

留意点」として整理した上で、少年の非行と密接に関連している態度・行動上の問題性、本人の教育可能性、保護環境上の問題性等を踏まえ、出院までに達成させたい重点目標を三項目程度選び、「個人別教育目標」として設定する。

そして、個人別教育目標を段階的に達成するための下位目標として、新入時、中間期、出院準備の各教育過程に分けて「段階別到達目標」を定め、各教育過程に必要な教育予定期間及び段階別到達目標を達成するために最も適切な教育内容並びに具体的な方法を「教育内容及び方法」として設定する。

その後、同計画に基づき一人ひとりに応じた教育が実施されることになるが、教育の進展即ち新入時から中間期へ、また、中間期から出院準備へといった教育過程の移行は、段階別到達目標及び在院者に共通に定められた共通項目に対する成績評価によって決定される。なお、評価にあたっては、目標等の達成度及び努力の度合いを総合的に判断することとしている。

個別的処遇計画は、常に実践と評価のサイクルの中で見直し、最適化を目指していくことが大切であり、目標達成の程度によって適宜修正・変更が行われているほか、必要に応じて少年鑑別所の再鑑別によりその検証を行っている。

なお、個別的処遇計画の概要は、在院者本人や保護者に対しても説明されており、成績評価の結果やその内容についてもその都度伝えられている。

4）円滑な社会復帰に向けた関係機関との連携

少年院からの出院は、そのほとんどが地方更生保護委員会の決定に基づく仮退院による出院であり、出院後は保護観察に付されることになる。

在院者の円滑な社会復帰を図るためには、少年院処遇から保護観察処遇への移行がスムーズになされることが重要であり、そのため、少年院と保護観察所との間では、在院中から担当保護観察官や担当保護司による社会復帰後の生活に係る生活環境の調整が行われ、出院に際しては、矯正教育の成果や残された問題点等の情報を少年院から速やかに保護観察所に伝達するなど、一貫した働きかけがなされるよう連携に努めている。

また、近年では障害を抱えているなど福祉的な支援が必要な在院者の社会復帰支援策の強化が課題となっており、特殊教育課程や医療措置課程を持つ施設に社会福祉士や精神保健福祉士が配置され、在院者の福祉ニーズの把握と支援

方針の策定、保護観察所や地方自治体の福祉関係機関、地域生活定着支援センター等関係機関との調整を在院中から実施し、円滑な社会復帰を図る体制が構築されている。

5 矯正教育の内容及び方法

1）矯正教育の目的

　矯正教育は、在院者の非行に陥りやすい性格や行動傾向などの問題性を改善し、社会適応性を身に付けさせるために、在院者個々の年齢や心身の発達程度を考慮し、その特性に応じて意図的・計画的な働きかけを行い、改善更生と円滑な社会復帰を図ることを目的としている。

　院法第4条に「少年院の矯正教育は、在院者を社会生活に適応させるため、その自覚に訴え紀律ある生活のもとに、左に掲げる教科並びに職業の補導、適当な訓練及び医療を授けるものとする」（下線は筆者）とあるように、こうした働きかけは、価値観や行動・態度等の変容を図るものであるため、本人自身の気づきや自発性に基づく取組となるよう意を用いることが肝要である。

2）矯正教育の内容及び方法

　矯正教育は次の5つの指導領域から成り立っており、各少年院では、在院者の教育上の必要性や施設の立地条件等に応じた特色のある様々な教育活動が行われている。少年を収容し、生活全体を通じて行う矯正教育においては、明確な意図をもって策定された各種の教育方法をバランスよく組合せ、相互に関連付けて実施していくことが求められる。

(1) **生活指導～健全なものの見方、考え方及び行動の仕方の育成～**

　生活指導領域では、基本的な生活態度の指導をはじめとして、健全なものの見方、考え方及び行動の仕方を身に付けさせるための指導が行われている。

　生活指導は、非行にかかわる意識、態度及び行動を向社会的で健全なものに修正するという価値の形成にかかわる指導であり、矯正教育の中核をなすものである。そのため、教育課程の運用を規定した通達においては、一定の時間枠を設けて意図的・計画的に行われる指導を「課業」及び「課業に準ずる指導」

第二部　非行・犯罪に取り組む

として規定することに加え、意図的ではあるが必ずしも計画的には実施できない指導を「課外の生活指導」として規定しており、これらの規定により、生活指導を在院者の生活全般と密接な関連を持って行われる指導として明確化しているものである。

　課業及び課業に準ずる指導として実施される生活指導の具体的な方法としては、日記指導、作文指導、読書指導、ロールレタリング（役割交換書簡法）、基本的生活訓練、問題群別指導（非行態様別指導：非行の種類ごとに小グループを編成して当該非行の問題性を考えさせる指導）、情操教育、進路指導、社会適応訓練講座、SST（ソーシャル・スキルズ・トレーニング）、アンガーマネジメント等がある。

　課外の生活指導には、起居動作、食事、入浴等の日常生活に関する指導や毎日の生活において生ずる様々な問題への教育的な対応のため、適時必要性に応じて行う相談助言、面接指導等があげられる。

(2)　**職業補導～勤労意欲の喚起、職業生活に必要な知識・技能の習得～**

　職業補導領域では、働く意欲を高め、職業生活に必要な知識・技能を習得させるための指導が行われている。主な職業補導種目は、溶接、木工、土木建築、建設機械運転、農業、園芸、事務、介護サービス等であり、職場で必要とされる礼儀や協調性、集中力、積極性等を身に付けさせるほか、アーク溶接やガス溶接、小型車両系建設機械運転、危険物取扱者、ワープロ、パソコン等それぞれの種目に対応した職業上の資格・免許等の取得指導を行っている[3]。在院者には中学卒業や高校中退の者が多いことから、このような資格・免許の取得は自信の付与とともに就労の可能性を広げることにつながっている。

(3)　**教科教育～学習意欲の喚起、基礎学力の向上～**

　教科教育領域では、義務教育・高等学校教育のほか、社会生活に必要な基礎学力を身に付けさせるための補習教育が行われている。在院者には、学校教育の早い段階から様々な事情で学業についていけなくなった者が少なくなく、個別の学力や発達特性等に合わせ、わかるところから始めることを基本にして学力の向上と自信の回復を図っている。

　平成19（2007）年度からは、少年院内において高等学校卒業程度認定試験を実施しており、希望者が受験している[4]。

(4) **保健・体育～健康管理及び体力の向上～**

保健・体育領域では、入院前の不規則な生活などによって低下している身体の健康を回復するとともに、スポーツを通じて体力の向上を図る指導、さらに自己の心身の状態や健康管理等に関心を持たせる保健衛生指導等が行われている。

様々な運動種目を通じて、在院者の基礎体力の向上並びに集中力、忍耐力及び持久力のかん養を図るとともに、集団競技等により、ルールを守る態度や対人関係における配慮等を身に付けられるような指導に留意している。

(5) **特別活動～自主的活動、行事、院外教育等の実施～**

特別活動領域では、自主的活動、各種行事、社会奉仕活動や社会見学等少年院外での教育活動等が行われている。

自主的活動としては、役割活動として、集団生活の基盤となる所属寮における各種の役割を担当させることで、自主性、協調性をかん養しているほか、集会指導やホームルーム等集団に更生的な雰囲気を醸成するための活動を行っている。これらの活動を通じ人と人との関わりの中で適切な自己表現や他者への配慮、思いやり、対人関係のスキル等を身に付けていく。

行事については、運動会等の体育的行事や文化祭等の文化的行事、観桜会や七夕などの季節行事、成人式や卒業証書授与式などの儀式的行事、茶摘み会や登山など施設の立地条件を生かした行事等が地域社会の協力も得ながら工夫を凝らして実施されている。大がかりな行事では、準備段階から実施、事後指導までの長期間にわたる取組の過程すべてにおいて在院者の成長を促す契機となるよう配意している。

また、院外教育として、社会奉仕活動や社会見学のほか、円滑な社会復帰を図るため、学校や事業所、学識経験者などの社会資源を活用して院外委嘱教育を行っており、特に特修短期において積極的に実施している。

6　少年院の生活

非行のあった少年を施設に収容して行う矯正教育には、学校等をはじめとする教育一般とは異なる特徴があり、その特徴が少年院における生活全体を支

え、矯正教育の基盤を形作っていると言える。

1）規則正しい生活リズムと規律の維持

　少年院では、起床から就寝までの生活時間を定め、朝起きて食事をきちんととり、昼間は定められた日課に取り組み、夜は眠るという規則正しい生活リズムを大切にしている。生活のすべてが施設内で営まれるため、例えば、昼間の課業中の生活は職場や学校のような社会的な場面であり、夜間や休日等の集団寮での生活は家庭生活に近い場面となる。その中で、毎日繰り返される課業等に地道に取り組ませることで就労や修学の継続という基本的な姿勢を育んだり、挨拶や掃除、洗濯、身辺整理など基本的なしつけをはじめとする生活指導がなされている。

　これを在院者の立場から見た場合、規則正しく、規律が保たれた生活は、先の見通しを持った生活や行動を可能にし、心情の安定や生活意欲の喚起にもつながるものであり、この観点からも少年院では、生活リズムの安定及び適正な規律の維持に心掛けているものである。

2）集団生活を通した人との関わりの中で成長を促す

　新たに入院した少年は、数日から2週間程度の一般に考査期間と呼ばれる個室での生活を終えると、所属する集団寮に編入され、本格的な少年院生活をスタートさせる。集団寮は、在院者の生活の拠点となる場所であり、居室としての集団室及び個室のほか洗面所、浴室、ホール（食堂兼学習室）などが備えられた寮舎に、20～30人程度の在院者が起居を共にしている。一つの集団寮に6人程度の法務教官が配属されており、寮担任としてチームを組んで指導を担当している。

　集団生活は、年齢や性格、抱えている問題等も異なる在院者が、フォーマルに組織化された役割活動や集会活動等を通して、わがままを抑え相手の立場を考えた言動を心がけて行動する経験を重ねることで、対人関係の持ち方や協調性、共感性を身に付けていく大変重要な場である。また、入院前は生活リズムも崩れ、不安定な環境で生活してきた少年にとっては、規則正しい生活リズムが保たれ、相互に尊重し合い、規律が機能している状態、即ち安全・安心が確

保されている状態の中で生活することにより、情緒面での安定、他者への信頼感の回復が図られ、さらには自分自身に目を向け自己改善に取り組むことができるようになる。この意味においても寮担任の教官は最大の注意を払って集団の更生的雰囲気の醸成及び維持に努めている。

3）法務教官の役割

　少年院における処遇は、１日24時間、年間365日を通じて休みなく行われることから、少年指導に当たる教育部門職員は交替制の勤務体制となっており、課業の指導も複数の職員で担当する形となっている。このため適切な指導を行うには職員間の情報共有と少年指導の認識の統一が不可欠であり、どの職員も在院者一人ひとりについてきちんと理解し、日々の状況を把握することで、時機をのがさない指導を行うことに努めている。

　また、多くの少年院で、収容期間全体を通じて一人の教官が特定の在院者を担当する個別担任制をとっている。個別担任教官は、的確な理解に基づいて担当少年の個別的処遇計画を立案し、それに基づいて生活全般にわたる指導を、率先垂範の姿勢で、時に厳しく、時に温かく、努力とその成果は共に喜び、共に悩み、励ましながら指導し、在院者との間で信頼関係を形成していく。この関係を土台にして在院者の自己改善への取組が進められるものであり、法務教官には、専門的な知識に裏打ちされた人間的な関わりが求められる[5]。

4）在院者の権利保障

　少年院は、審判決定等に基づき、対象少年を強制的に収容して矯正教育を行う施設であることから、在院者の権利を保障するための苦情申出や少年院長に対する申立ての制度が設けられている。苦情申出とは、在院者が、法務大臣に対しては書面で、監督官庁（法務省、矯正管区）から少年院に監査に赴く監査官に対しては口頭または書面で、自己が受けた処遇に関する苦情の申出ができる制度である。また、院長に対する申立てとは、少年院長が処遇又は一身上の事情に関する申立てを聴くために在院者に面接する制度である。

第二部　非行・犯罪に取り組む

7　少年院の矯正教育をめぐる今日的課題

1）「被害者の視点を取り入れた教育」等被害者への配慮について

　近年、犯罪被害者の問題に対する社会的関心が高まり、刑事司法の分野においても、被害者やその親族の心情等について、一層の配慮を行うことが求められるようになってきている。平成17（2005）年4月に施行された犯罪被害者等基本法に基づき同年12月に策定された犯罪被害者等基本計画において掲げられた課題のうち、少年院処遇に係る主な施策としては次のものがあげられる。

(1)　「被害者の視点を取り入れた教育」の実施

　少年院においては、従来から自己の非行の反省を促す指導を矯正教育の中でも重要な指導として行ってきたところであるが、より一層の意図的・計画的な働きかけを目指し、「被害者の視点を取り入れた教育」の充実・強化を図っている。同教育の目的は、在院者が自らの非行と向き合い、自己の行為の重大性や被害者等の心情等を認識し、被害者等に誠意をもって対応していくとともに、再び非行を行わない決意を固めさせることとしている。

　具体的な方法としては、犯罪被害者等をゲストスピーカーに招いての講話や問題群別指導などの集団的指導と、自分自身の非行による被害者の状況や心情等に向き合わせることを目的とした課題作文指導、役割交換書簡法、面接指導などの個別的指導を適切に組み合わせて実施している。

　なお、これらの教育は、生活指導を中心とした矯正教育や少年院生活の様々な体験を通して行われる他者への共感性や自己を客観視する力を身に付けさせる働きかけの上に成り立っているものであり、在院者一人ひとりの状況を見極めて進めていくことが肝要である。

(2)　被害者等に対する加害少年の処遇情報等の通知

　刑事手続きにおける被害者等通知制度の拡充に併せて、平成19（2007）年12月1日以降は、被害者等から希望があった場合、保護処分を受けた少年についても、その処遇状況等に関する事項を通知することとなり、少年院においては加害少年の健全育成に留意しつつ、希望に応じて少年院における処遇状況等に関する事項を通知している。

2）家族関係回復への積極的な取組について

　在院者には家族関係に葛藤を抱えている者も少なくないことから、少年院では、従来から、新たに入院した少年の保護者に対し、処遇内容や矯正教育に関する説明等を行う保護者会のほか、各種行事や面会のために保護者が来庁した機会等を通して、相談・助言も含めた家族関係調整のための取組を実施していたところである。

　さらに、平成19（2007）年の少年院法改正により、保護者の監護責任の自覚を促し、矯正教育の実効を上げるため、少年院長による在院者の保護者に対する指導、助言その他の適当な措置が明文化されたことから、保護者ハンドブック等を活用した矯正教育に関する情報の提供、職員による面談の実施、教育活動への参加の促進、保護者会・講習会等の積極的な開催に努めている。各施設では、教育過程に応じて工夫された保護者会や保護者参加型の教育行事、親子関係や子への接し方などを保護者に考えてもらうための講習会、少年院の敷地内にある家庭寮に在院者と保護者が宿泊し、出院後の生活設計等について話し合う宿泊面会など、対象少年の特性や施設の立地条件等に応じた働きかけを行っている。

　保護者の中には、少年が入院するまでの間に、家族間の様々な葛藤や対立、少年の家庭からの逸脱さらには学校、警察等の機関や少年の非行に係る被害者への対応等に疲弊し、子への監護意欲や自信を失っている者も少なくない。そのため、これらの措置が奏功するためには、まずは保護者の少年院処遇に対する理解を得ること、保護者と施設との間に信頼関係が構築されることが不可欠であり、さらにその関係を礎にして、保護者の、少年の変化・成長を信じ、積極的に関わろうとする意欲や子の養育への自信の回復を支えることが肝要である。

　一方で、在院者に支えとなるべき家族、保護者がいない場合や虐待等により家族の元が出院後の帰住先として必ずしも適当ではない場合、さらには保護者自身の疾病や社会的・経済的事情等により監護力が脆弱で引受けが困難な場合など、社会復帰に困難を抱える在院者も少なくなく、住まいや相談相手など本人の自立を支える居場所の確保が大きな課題となっている。

第二部　非行・犯罪に取り組む

3）進路を決定させて出院させるための修学・就労支援指導について

　少年院仮退院者の保護観察終了時の状況を見ると、無職状態にあった者の再非行が有職状態にあった者を顕著に上回っていることから、再非行防止の観点からも修学・就労支援指導の意義は大きい[6]。

　平成18（2006）年度から、法務省は厚生労働省と連携し、総合的就労支援対策を実施しているが、少年院でもその一環として、在院者に対して、公共職業安定所等との連携による職業講話、職業相談、職業紹介、求人情報の提供等、求職活動を容易にするための就労支援を実施している。平成19（2007）年度から文部科学省との連携により行われている施設における高校卒業程度認定試験の実施と併せて、修学・就労支援を一層充実させ、出院時の進路決定率を向上させることにより、再非行の防止と円滑な社会復帰の実現を図ることを目指している。

4）少年矯正を考える有識者会議提言

　平成21（2009）年4月広島少年院において発生した重大な不適正処遇事案の発覚を契機として、「少年矯正を考える有識者会議」が法務省に設けられ、平成22（2010）年12月、同会議による提言が法務大臣宛てに提出された。この中で、少年矯正が今後進むべき方向として5つの柱からなる具体的提言が示されており、順次実施されているところである。

　この柱にそって具体例をあげると、「Ⅰ：少年の人格の尊厳を守る適正な処遇の展開」としては、夜間・休日において集団寮を複数の職員で指導する体制の一部施設での実施や、施設運営の透明化を主たる目的として実施する、地域社会を対象として、参加者を募集して行う施設参観の開催や民間協力者等からの施設運営に関する意見聴取の措置等が行われている。

　「Ⅱ：少年の再非行を防止し、健全な成長発達を支えるための有効な処遇の展開」としては、犯因性に焦点を当てつつ包括的・全人的にアプローチする矯正教育プログラム（薬物非行）、同（性非行）の開発・実施、対象少年の在院中に関係機関が集まり適切な処遇の在り方等を検討する在院者処遇ケース検討会の開催等が実施されている。

　「Ⅲ：高度・多彩な職務能力を備えた意欲ある人材の確保・育成」としては、

大学生を対象とした指定施設での実習を含めたインターンシップが実施されているほか、職業能力開発大学校での職業訓練指導員養成が行われている。さらに、「Ⅳ：物的基盤整備の促進」として、老朽施設の整備等が、「Ⅴ：法的基盤整備の促進」として、次項で説明する少年院法全面改正作業などが進められている。

5）新たな少年院法

　平成26（2014）年6月4日第168回国会において、「少年院法」、「少年鑑別所法」、「少年院法及び少年鑑別所法の施行に伴う関係法律の整備等に関する法律」が可決・成立した。ここでは、新しい少年院法の概要について、新規導入制度を中心に説明したい。

　まず、基本的な事項として、少年院法の目的について、「少年院の適正な管理運営を図るとともに、在院者の人権を尊重しつつ、その特性に応じた適切な矯正教育その他の在院者の健全な育成に資する処遇を行うことにより、在院者の改善更生及び円滑な社会復帰を図ることを目的とする」と規定されている。また、制度上の変更点として少年院の種類の見直しがなされている。

　次に、在院者の権利義務関係等の明確化として、書籍等の閲覧、宗教上の行為、外部交通等の在り方が規定されている。なお、外部交通の方法として一定の条件下で電話等による通信が導入されている。また、職員の権限の明確化として、身体検査や制止等の措置等の明確化等が規定されている。

　不服申立制度の法定化として、法務大臣に対する救済の申出、監査官及び少年院長への苦情の申出等の制度、さらに少年の未成熟性に配慮した制度として救済の申出に係る相談員（少年院長の指名を受けた職員）の制度等が規定されている。また、施設運営の透明性の確保として、少年院視察委員会の設置が規定されている。その他新規導入制度として、一定のルールの下で出院者等からの相談に少年院職員が応ずる制度等が規定されている。

　現在少年院では、新法に示された方向に沿って様々な処遇等の改革が順次進められているところである。

　矯正教育については、新法において、「犯罪的傾向を矯正し」、「健全な心身を培わせ、社会生活に適応するのに必要な知識及び能力を習得させる」ことを

目的とするとされている。これまで積み重ねてきた少年院処遇、矯正教育の成果を系統的に整理した上で、再非行防止に資する個別ニーズへの対応と健全育成に配意した働きかけのさらなる充実強化を図っていくことが求められていると思われる。

8　終わりに

　少年院は、刑事政策上、保護処分の「最後の砦」とも言え、多くの困難な課題を抱える在院者に対し、適切な矯正教育その他の処遇により改善更生及び円滑な社会復帰を図るための取組を行う専門的な施設である。
　一方で、非行のあった少年の健全育成という長期的な観点から見た場合には、少年院は、家庭や学校、地域社会、児童福祉関係機関、警察、家庭裁判所、少年鑑別所、保護観察所、医療関係機関等多くの機関等が関わる包括的なネットワークの一員でもあると言える。
　その中心にあるのは、一人ひとりの少年（子ども・若者）であり、ネットワークを形成するすべての機関等が連携し、その少年が「非行」という問題にきちんと向き合い、被害者への真摯な謝罪の気持ちを持ち続けながら二度と同じことを繰り返すことなく、健全な社会の一員として自立を図っていくことを支えているものである。子ども・若者の育成支援施策においては、個別性・包括性・継続性がそのポイントと指摘されているが、そうしたネットワークの中に少年院も位置し、役割を担っているという認識をしっかりと持ちながら、次代を担う少年の健全な育成を図る施設として、目の前の在院者の指導に専門性を発揮し、全力を挙げて取り組む必要がある。
　さらに少年院は、行政の一機関として、複雑多様化する少年非行をめぐる諸問題やその時々の刑事政策、社会政策等の要請に対応していくことが求められる。本章でとりあげた少年矯正を考える有識者会議提言や新たな少年院法案の他、平成24（2012）年7月に犯罪対策閣僚会議で決定された「再犯防止に向けた総合対策」において示された重点施策のうち、少年・若年者等への早期対応、再犯率の高い薬物事犯や国民の関心の高い性犯罪への効果的対応等が少年院処遇においても重要な課題である。教育学や心理学、社会学、医学等の知見を得

ながら、生活指導をはじめとする様々な処遇方法等の開発や充実向上を常に図り、さらには少年院処遇の効果を検証する仕組みを構築し、対外的な説明責任を果たしていくことが我々の重要な責務である。

―――――――――――――

〈注〉
(1) 平成25(2013)年の家庭裁判所終局処理人員は10万5,235人、少年院入院者は3,193人であった（「平成26年版　犯罪白書」による）。
(2) 平成13(2001)年の少年法等の一部改正により、16歳未満の少年受刑者が収容対象となった。
(3) 平成25(2013)年における出院者のうち、個別に指定された職業補導の種目に関連して資格・免許を取得した者は49.0％、それ以外で資格・免許を取得した者は50.6％であった（「平成26年版　犯罪白書」による）。
(4) 平成25(2013)年度の受験者数は538人、合格者数は、高卒認定合格者が169人、一部科目合格者が336人であった（「平成26年版　犯罪白書」による）。
(5) 法務教官は、人事院の実施する法務教官採用試験により採用され、原則として少年院又は少年鑑別所で勤務する国家公務員である。同試験は、平成24年度からは公務員採用試験の見直しにより、法務省専門職員（人間科学）採用試験（法務教官区分）となった。
(6) 平成25年の少年院仮退院者の保護観察終了事由を見ると、保護観察終了時に無職であった者が再非行等により保護処分を取り消された比率は、有職少年が9.7％に対し、無職少年が42.6％であった（「平成26年版　犯罪白書」による）。

〈引用・参考文献〉
・矯正協会編（2006）「矯正教育の方法と展開　現場からの実践理論」矯正協会
・中森孜郎・名執雅子（2008）「よみがえれ少年院の少女たち　青葉女子学園の表現教育」かもがわ出版
・法務省矯正局教育課編（2000）「矯正教育用語ハンドブック」法務省矯正局
・矯正協会（1993）「研修教材　矯正教育学」矯正協会
・法務省大臣官房司法法制部（2014）「平成25年　矯正統計年報Ⅱ」

第二部　非行・犯罪に取り組む

・法務省法務総合研究所編（2014）「平成26年版　犯罪白書」

〈推薦図書〉
・矯正協会編（2009）「少年院における矯正教育の現在」矯正協会
・矯正協会編（2006）「矯正教育の方法と展開　現場からの実践理論」矯正協会
・中森孜郎・名執雅子（2008）「よみがえれ少年院の少女たち　青葉女子学園の表現教育」かもがわ出版
・副島和穂（1997）「矯正教育序説」未知谷
・保木正和（2002）「矯正教育の展開」未知谷
・広田照幸・古賀正義・伊藤茂樹編（2012）「現代日本の少年院教育　質的調査を通して」名古屋大学出版会

第6章
成人矯正の現場から

大橋　哲

　「刑務所」と聞いてどのようなイメージを抱くであろうか。多くの人は、犯罪者を社会から隔離する場所、犯罪者に罪を償わせ反省させる場所といったイメージを持っているかもしれない。

　刑務所には実刑判決を受けた犯罪者を社会から隔離する機能があるが、受刑者が出所後再犯なく社会生活を送れるようにするため様々な処遇が行われている。例えば、各種の職業訓練や再犯防止のプログラム（薬物、性犯罪などを対象）をはじめ、高齢者や障害のある受刑者に対して、出所後すぐに福祉的支援を受けられるように受刑中から地域の福祉機関等と連携した支援も行われるようになった。こうした刑務所における処遇について広く世間に知られていないのが実情であろう。

　本章では、刑務所を中心とした成人矯正の現場で実践されている、受刑者の出所後の生活を見据えた処遇内容について、事例を交えて解説していきたい。

1　刑事施設とは

　「刑事施設」とは、刑務所、少年刑務所及び拘置所をいう（法務省設置法第8条第2項）。刑務所及び少年刑務所は主に刑が確定した受刑者を収容する施設であり、拘置所は主に刑が確定する前の未決拘禁者を収容する施設である。平成26（2014）年4月1日現在、刑事施設として、本所が77施設（刑務所62、少年刑務所7、拘置所8）、支所が111施設（刑務支所8、拘置支所103）設置されている。民間の創意工夫を取り入れて矯正処遇の充実を図るとともに、高い収容率にある刑事施設の過重な業務負担の軽減をするために、刑務所の中には、その整備、運営等を民間の資金、ノウハウを活用して行うPFI（Private Finance Initiatives）手法により運営されている施設が4施設（美祢社会復帰

促進センター、喜連川社会復帰促進センター、播磨社会復帰促進センター、島根あさひ社会復帰促進センター）ある。PFI手法により運営されている施設においては、民間事業者のノウハウを活用した様々な職業訓練や教育プログラムなどが行われている。

2　被収容者の収容状況

　平成25（2013）年末において、全国の刑事施設に収容されている受刑者及び未決拘禁者は62,971人であり、平成18（2006）年末の81,255人と比較して、1万人以上減少したが、依然として都市部の施設では高い収容率となっており、特に女子受刑者を収容する施設には定員を超えて受刑者を収容している過剰収容の施設がある。

　全受刑者の年末収容人員は、平成6（1994）年から増加し続け、平成18年にピークに達した後、毎年減少し、平成25（2013）年末には55,316人となっている。その性別による内訳を見ると、減少しているのは男子受刑者であり、女子受刑者数は、全体の傾向と同様に平成6（1994）年から増加し続け、最近になっても人員は減少しておらず、いわゆる高止まりの状況となっている。また、全受刑者中に占める60歳以上の受刑者の割合は、年々増加しており、年末収容の全受刑者数に占める60歳以上の受刑者の割合は、平成4（1992）年末は5.8%であったところ、平成25（2013）年末は18.2%となっている。このように、受刑者数全体では減少傾向にあるものの、女子受刑者は減少しておらず、高齢受刑者の割合も急激に増加している状況が見られる。

　平成25（2013）年の受刑者の年末収容人員を罪名別で見ると、男子受刑者で最も多い罪名は、窃盗で全体の26.7%、次いで、覚せい剤取締法違反が全体の24.0%となっており、この二つの罪名で全体の半数近くを占めている。女子受刑者について見ると、最も多い罪名は覚せい剤取締法違反となっており、全体の37.6%を占めている。次いで窃盗が、31.4%となっており、女子受刑者ではこの二つの罪名で全体の67%を占めている。

　平成25（2013）年の懲役受刑者の年末収容人員を刑期別で見ると、全体の半数が刑期3年以下となっている。刑期10年を超える懲役受刑者の人員（無期受

刑者を含む)は、全体の11.9%であり、その人員の推移を見ると、その数は年々増加しており、平成4 (1992) 年末の2,469人と比較すると平成23 (2011) 年末は6,564人となっており、約2.7倍となっている。このうち無期刑受刑者については、平成4 (1992) 年末が873人であったところ、平成25 (2013) 年末は1,843人となっており、刑事施設に収容されている長期刑受刑者が年々増加している状況が見られる。

3　刑事施設における被収容者の処遇の基本法

　明治41 (1908) 年に制定された監獄法においては、受刑者処遇について作業及び教育が規定されていたに過ぎず、実務において様々な取組がなされていた。この監獄法を改正し、受刑者の改善更生のための効果的な処遇制度の整備を図ることを目的とし、「刑事施設法案」が策定され、過去3度にわたって国会に提出されたが、いずれも廃案となった。その後、名古屋刑務所における受刑者の死傷事案を端緒として、平成15 (2003) 年3月に有識者による行刑改革会議が設置され、同年12月に同会議の提言がなされた。同提言では、受刑者の人間性を尊重し、真の改善更生・社会復帰を図ることが求められている。この提言を受けて、監獄法改正の作業を進め、平成17 (2005) 年に「刑事施設及び受刑者の処遇等に関する法律」が成立し、矯正処遇など新たな受刑者処遇の制度が整えられ、翌年から施行された（その後、平成18 (2006) 年に同法は「刑事収容施設及び被収容者等の処遇に関する法律」（以下「刑事収容施設法」という）と題名を改められた)。刑事収容施設法に基づき、矯正処遇等の内容の充実や受刑者の出所後の再犯を防止するための施策の導入が図られてきている。

4　未決拘禁者の処遇

　刑事訴訟法の規定により逮捕されて留置されている者、勾留されている者などの未決の者は、受刑者等と分離され、拘置所、拘置支所又は刑務所内の区分された場所に収容される[1]。未決拘禁者の処遇は、逃走及び罪証の隠滅を防止し、その者の防御権を特に尊重することに留意して行われており（刑事収容施

設法第31条)、居室の外で行うことが適当であると認められる場合を除き、昼夜、居室において処遇され、その居室は、処遇上共同室に収容することが適当と認められる場合を除き、できる限り、単独室に収容することとしている(刑事収容施設法第35条)。

5 受刑者の処遇

　受刑者処遇の仕組みについてわかりやすく説明するために、まず、新たに刑が確定して受刑者となった者がどのような流れで処遇され、釈放となっていくのかを順を追って説明したい(図表6-1)。ここでは、若年受刑者等で一部の刑事施設内に設置されている調査センターにおいて精密な調査が行われる者を除いた受刑者の一般的な処遇の流れに従って述べたい。

1) 処遇調査

　刑が確定し、受刑者となると処遇調査が行われる。処遇調査は、医学、心理学、社会学その他の専門的知識及び技術に基づいて、面接、診察、検査、行動観察その他の方法により行われる。この際、各種の心理検査、能力検査なども行われ、受刑者の心身の状況、生育歴、教育歴、職業歴、犯罪歴、犯罪性の特徴、家族その他の生活環境、職業・教育等の適性及び志向、将来の生活設計等の事項を明らかにする。この調査の結果、個々の受刑者の処遇指標(受刑者の属性、どのような矯正処遇を実施するか、犯罪傾向の進度はどうかなどを示す指標)の指定(図表6-2、6-3)及び処遇要領が策定され、それぞれの処遇指標、処遇要領に従って矯正処遇が実施される刑務所に移送されることとなる。

2) 刑執行開始時の指導

　処遇が実施される施設においては、刑執行開始時の指導が行われる。刑執行開始時の指導は、受刑の意義、矯正処遇の制度及び意義、処遇要領に定める個別の矯正処遇の目標並びにその達成のために実施する矯正処遇の内容及び方法、刑事施設における生活上の心得、集団生活上の必要な起居動作の方法につ

図表 6-1　受刑者処遇の流れ

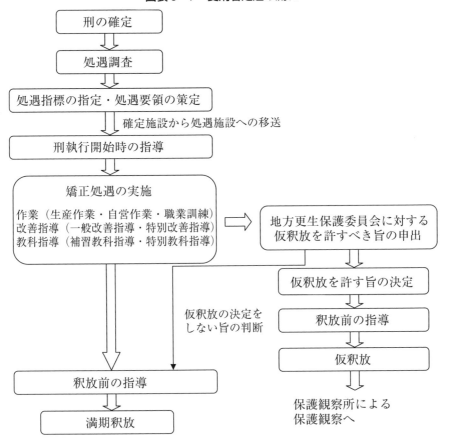

いての講義、訓練等が、刑事施設の職員や外部の講師により、原則として2週間行われる。その後、それぞれの処遇要領に基づいて矯正処遇が行われる。

3）矯正処遇

　刑事収容施設法では、矯正処遇として、作業、改善指導及び教科指導を行うとしている（第84条第1項）。矯正処遇の種類及び内容は図表6-4のとおりである。

図表6-2　受刑者の属性

属　　　　性	符　号
拘留受刑者	D
少年院への収容を必要とする16歳未満の少年	Jt
精神上の疾病又は障害を有するため医療を主として行う刑事施設等に収容する必要があると認められる者	M
身体上の疾病又は障害を有するため医療を主として行う刑事施設等に収容する必要があると認められる者	P
女子	W
日本人と異なる処遇を必要とする外国人	F
禁錮受刑者	I
少年院への収容を必要としない少年	J
執行すべき刑期が10年以上である者	L
可塑性に期待した矯正処遇を重点的に行うことが相当と認められる26歳未満の成人	Y

図表6-3　犯罪傾向の進度

犯罪傾向の進度	符　号
犯罪傾向が進んでいない者	A
犯罪傾向が進んでいる者	B

(参考)
　それぞれの属性及び犯罪傾向の進度に応じて各刑事施設の処遇区分が決められている。
　例えば、札幌刑務所に収容される受刑者の区分は、その属性及び犯罪傾向の進度の符号で言えば、M、P、F、LB（矯正局長が認可又は指示した者に限る）、Bとなっており、これらの属性及び犯罪傾向の進度の受刑者が収容されることとなる。

(1) 作業

　作業は、懲役刑を科せられた受刑者にとって刑法上の義務であるとともに受刑者の勤労意欲を高め、職業上有用な知識及び技能を習得させるための矯正処遇でもある（刑事収容施設法第94条第1項）。作業には、受刑者に職業に関す

第6章 成人矯正の現場から

図表6-4　矯正処遇の種類及び内容

種　類	内　　　容		符　号
作業	一般作業		V0
	職業訓練		V1
改善指導	一般改善指導		R0
	特別改善指導	薬物依存離脱指導	R1
		暴力団離脱指導	R2
		性犯罪再犯防止指導	R3
		被害者の視点を取り入れた教育	R4
		交通安全指導	R5
		就労支援指導	R6
教科指導	補習教科指導		E1
	特別教科指導		E2

　る免許もしくは資格を取得させ、又は職業に必要な知識及び技能を習得させるための訓練（職業訓練）（同法第94条第2項）や刑事施設の職員の同行なしに、刑事施設の外の事業所に通勤させて行う作業（外部通勤作業）（同法第96条）が含まれる。

　作業の種類としては、生産作業、自営作業及び職業訓練がある。生産作業は、原材料を国、刑務作業協力事業部[2]又は契約企業等が準備し、生産に従事するもので、金属、洋裁、木工等の業種がある。自営作業は、刑事施設内の炊事、清掃、改修等の作業である。

　職業訓練の種目として、平成25（2013）年度においては、溶接科、自動車整備科、情報処理技術科、ホームヘルパー科などの61種目があり、9,976人がこれを修了している。修了者の中で資格・免許を取得した者は7,161人であり、取得者が多い資格・免許は、危険物取扱者、溶接技能者、ボイラー技士、ホームヘルパーとなっている。

　外部通勤作業は、刑事施設の職員の同行なしで受刑者を刑事施設の外の事業所に通勤させて作業を行うものである。外部通勤作業は、仮釈放を許すことの

第二部　非行・犯罪に取り組む

できる期間を経過している受刑者が開放的施設において処遇を受けている場合など、法令で定められた一定の条件に合う者を対象として行われている。平成26（2014）年4月現在、14名が外部通勤作業を実施している。

　作業に従事した者に対しては、原則として釈放時に作業報奨金が支給される（刑事収容施設法第98条）。作業報奨金は、作業に対する対価としてではなく、作業の督励や釈放後の更生資金として役立たせることを考慮して支給されるものであり、平成25（2013）年度の作業報奨金の金額（予算額）は、一人1か月当たり平均4,816円である。

(2)　**改善指導**

　改善指導は、犯罪の責任を自覚させ、健康な心身を培わせ、社会生活に適応するのに必要な知識及び生活態度を習得させるため必要な指導とされている（刑事収容施設法第103条）。改善指導には、一般改善指導と特別改善指導とがある。

　一般改善指導は、広く受刑者全般を対象として行う指導である。一般改善指導には、被害者及びその遺族等の感情を理解させ、罪しょう感を養うための被害者感情理解指導、犯罪に対する意識、態度及び行動面の問題に対して行う行動適正化指導などがあり、講話、面接、相談助言などの方法により実施されている。

　特別改善指導は、特定の事情を有することにより改善更生及び円滑な社会復帰に支障があると認められる受刑者に対して行われる指導であり、薬物依存離脱指導、暴力団離脱指導、性犯罪再犯防止指導、被害者の視点を取り入れた教育、交通安全指導、就労支援指導の6つの指導がなされている。この6つの指導がすべての刑事施設で実施されているのではなく、それぞれの刑事施設で実施されている指導が異なり、各受刑者はその必要な指導に応じて、その指導が実施されている刑事施設に移送されている。

①　**薬物依存離脱指導**

　麻薬、覚醒剤その他の薬物に対する依存がある受刑者を対象とし、薬物の害悪と依存性を認識させるとともに、薬物依存に至った自己の問題性を理解させ、再び薬物を乱用しないための具体的な方法を考えさせることを目的とする指導である。市原刑務所を除くすべての刑事施設で実施されている。その具体

的な内容としては、臨床心理士等の非常勤のスタッフを配置し、多くの刑事施設で薬物依存からの回復に取り組む民間自助グループ等の協力を得ながら、グループワークを中心とした指導を実施している。

② 暴力団離脱指導

暴力団員による不当な行為の防止等に関する法律に規定されている暴力団員である受刑者を対象とし、暴力団の反社会性を認識させるとともに、暴力団員となった自己の問題性を理解させ、所属していた暴力団から絶縁する意志を固めさせることを目的とする指導である。

平成25（2013）年度においては、36の刑事施設で実施されており、警察関係者等の協力を得ながら、講義形式の集団指導などを実施している。暴力団から離脱する意志を有するに至った受刑者については、警察機関に対し、離脱のために必要と認められる措置を講じることの協力を求めるなどし、その離脱を促進する措置を講じることとしている。

③ 性犯罪再犯防止指導

性犯罪につながる認知の偏り、自己統制力の不足している受刑者を対象とし、性犯罪につながる認知の偏り、自己統制力の不足等の自己の問題性を認識させ、その改善を図るとともに、再犯しないための具体的な方法を習得させることを目的とした改善指導である。

平成25（2013）年度においては19の刑事施設で指導を実施しており、具体的内容としては、対象者を再犯可能性の大きさ、性犯罪につながる問題性の大きさなどに応じて高密度の指導が必要な者、中密度の指導による者、低密度の指導による者に振り分けて、それぞれ認知行動療法を基本とした処遇プログラムを実施している。また、釈放前においても、その在所する施設においてメンテナンスのプログラムを実施している。

④ 被害者の視点を取り入れた教育

人の生命又は心身に重大な被害をもたらす犯罪を犯し、被害者に対する謝罪や賠償等についての意識の乏しい受刑者を対象とし、自ら犯した罪の大きさや被害者及びその遺族等の心情等を認識させるとともに、自己の問題性を理解させ、被害者及びその遺族等に誠意を持って対応するための方法を考えさせることを目的とした改善指導である。

すべての刑事施設において実施しており、具体的な内容としては、犯罪被害者家族の方や犯罪被害者支援団体の方をゲストスピーカーとして招き、受刑者に講話していただくなどの取組を行っている。

⑤　交通安全指導

自動車等の運転により犯罪を犯し、遵法精神や交通安全に関する意識が乏しい受刑者を対象とし、交通規範を遵守することの重要性を認識させるとともに、自ら犯した事故の責任や事故に至った自己の問題性を理解させ、人命尊重の精神を身に付けさせることを目的とする改善指導である。

平成25（2013）年度においては、55の刑事施設で実施している。重大な飲酒運転事故が社会問題となり、飲酒運転事犯受刑者に対する処遇の充実が求められていることから、交通事犯受刑者を多く収容する施設において、アルコール問題に取り組む民間団体の協力を得て指導内容の充実に取り組んでいる。

⑥　就労支援指導

職場における人間関係に適応するのに必要な心構え及び行動様式が身に付いておらず、仕事が長続きしない受刑者を対象とし、職場に適応するための心構え及び行動様式を身に付けさせるとともに、職場において直面する具体的な場面を想定した対応の仕方を考えさせることを目的とした改善指導である。

平成25（2013）年度においては、64の刑事施設で実施している。具体的な内容としては、外部講師を招へいし、SST（ソーシャル・スキルズ・トレーニング：社会生活技能訓練）の講習を実施し、職場等での円滑な人間関係を維持するための対人関係スキルを身に付けるなどの取組を行っている。

(3)　教科指導

教科指導には、補習教科指導と特別教科指導とがある（刑事収容施設法第104条）。補習教科指導は、社会生活の基礎となる学力を欠くことにより改善更生及び社会復帰に支障のあると認められる受刑者に対して学校教育法による学校教育の内容に準ずる内容の指導を行うものである。特に松本少年刑務所では、地元の中学校の分校を設置して、教科指導を行っており、義務教育未修了者には、卒業証書が交付される。特別教科指導は、学力の向上を図ることが円滑な社会復帰に特に資すると認められる受刑者に対し、その学力の状況に応じた指導を行うものである。平成25（2013）年に新たに受刑者となった者22,755人の

うち、中学校を卒業していない者が221人（1.0%）、中学校を卒業しているが高等学校を卒業していない者（在学中を含む）が14,391人（63.2%）となっている。文部科学省では、高等学校、中学校の未卒者に対して、高等学校卒業程度認定試験(旧大学入学資格検定)、中学校卒業程度認定試験を実施している。これらの認定試験の受験のためには文部科学省の指定した外部の試験会場に受刑者等を行かせるなどの必要があったが、文部科学省との協議の結果、平成19（2007）年から刑事施設及び少年院を試験会場として、刑事施設及び少年院の職員により認定試験を実施することが可能となった。これらの認定試験の受験の機会を受刑者等に与えることは、学習への動機付けや学力向上を図ることができるとともに、認定試験に合格すれば、出所後の就労等に資するなど、受刑者等の改善更生や円滑な社会復帰を図るために有効なものであると考える。平成26（2014）年度には、刑事施設及び少年院において927人が高校卒業程度認定試験を受験し、872人が1科目以上に合格、このうち、大学入学資格を取得した者が295人となっている。

4）制限の緩和と優遇措置

平成18（2006）年の「刑事施設及び受刑者の処遇等に関する法律」の施行以前においては、受刑者の処遇に関して累進処遇制度が適用されていた。累進処遇制度は昭和8（1933）年に司法省令である「行刑累進処遇令」によって制定された制度であり、受刑者処遇について作業や教育以外に規定のない監獄法を補完するものであった。累進処遇制度は、数個の段階を設け、その段階を上るに従って刑罰の厳格さを緩和し、待遇を良くするとともに、受刑者にそれだけの重い責任を負わせることによって、受刑者の自重と発奮努力とによる向上を期待するものであるとされている[3]。この累進処遇については、受刑者に自発的に改善更生の意欲を起こさせようとする理念において評価されるべきであるが、入所当初、すべての受刑者を最下級の段階に位置付ける点が受刑者個々の特性や条件に応じた処遇を行おうとする理念に反しているとの批判があること、刑期に応じた一定の期間の経過と形式的行動評価によって進級するという画一的な運用になっていること、施設内の生活水準の全般的な向上によって上位級に認められている優遇の内容が、改善更生の意欲を向上させるに足るもの

ではなくなっているとの問題点が指摘されていた[4]。

平成17（2005）年の監獄法の一部改正では、この累進処遇制度を廃止し、制限の緩和と優遇措置を新たな受刑者制度として規定している。

(1) **制限の緩和**

制限の緩和は、受刑者の自発性及び自律性を涵養するため、受刑者の処遇の目的を達成する見込みが高まるに従い、刑事施設の規律及び秩序を維持するための受刑者の生活及び行動に対する制限を順次緩和するものである（刑事収容施設法第88条）。具体的には、刑執行開始時の指導が終了した受刑者について、改善更生の意欲の喚起及び社会生活に適応する能力の育成を図ることができる見込みの高い順に、第一種から第四種の制限区分に指定し、受刑者の処遇の目的を達成する見込みを定期的に評価し、その評価に応じて制限区分の指定を変更していくものである。第一種の制限区分に指定された受刑者は、その居室を開放的なものとし、身体等の検査、面会の立会いなど刑事施設の規律及び秩序を維持するための措置について制限を緩和される。第一種の制限区分に指定されている受刑者について、釈放後の保護の状況が良好であるなどの要件を充たす者については、開放的施設に収容して処遇される。開放的施設としては、網走刑務所二見ヶ丘農場、市原刑務所、広島刑務所有井作業場、松山刑務所大井造船作業場が指定されている。一方、第四種の制限区分に指定された受刑者については、特に必要な場合を除いて、矯正処遇等は居室棟内で行われる。これらの受刑者に対しては、上位の制限区分に指定を変更することができるように働きかけを行い、できる限り集団処遇の機会を付与するように努めている。

(2) **優遇措置**

優遇措置は、受刑者の改善更生の意欲を喚起するため、一定の期間ごとの受刑態度の評価に応じて、良好な態度の順に第一類から第五類までの優遇区分を指定し、貸与できる物品や自弁使用できる物品の範囲を拡大したり、面会や手紙の発信の回数等を増加する措置である（刑事収容施設法第89条）。

例えば、第一類の優遇区分に指定されている受刑者については、室内装飾品、サンダル、座布団等の自弁のものの使用を認めたり、面会の回数を一月に7回以上とし（法律で保障されている受刑者の面会の回数は一月に2回）、発信できる信書の通数を一月に10通以上（法律で保障されている受刑者が発信で

きる信書の通数は一月に4通)とするなどの処遇が行われる。

5) 就労支援と釈放前の指導等
(1) 就労支援

平成25 (2013) 年に新たに受刑者となった者のうち、68.6%が無職者（学生、家事従事者を除く）であった。刑事施設からの出所者の再犯を防止し、円滑な社会復帰を図るためには、出所後の就労の確保が重要である。厚生労働省、法務省保護局との協議の結果、ハローワークや保護観察所と連携し、平成18 (2006) 年から刑務所出所者等総合的就労支援対策を開始している。刑事施設において、雇用情勢に応じた職業訓練、一般改善指導としてビジネスマナー等の社会復帰適用訓練や特別改善指導として就労支援指導を実施するとともに、ハローワーク職員による講話、職業相談や職業紹介、ハローワークガイドの配布などが行われている。また、非常勤職員としてキャリアコンサルタント等の資格を持った就労支援スタッフも配置し、就労に関する指導や助言を行っている。

(2) 仮釈放

刑事施設の長は、受刑者が有期刑の場合は刑期の3分の1、無期刑の場合は10年を経過し、悔悟の情及び改善更生の意欲があり、再び犯罪をするおそれがなく、保護観察に付することが改善更生のために相当であると認めるなどの仮釈放を許す基準に該当すると認められるときは、仮釈放を許すべき旨の申出を地方更生保護委員会に行う（更生保護法第34条）。地方更生保護委員会の委員による面接などが実施され、地方更生保護委員会により仮釈放を許す処分が決定される。平成25 (2013) 年に出所した受刑者のうち、55%が仮釈放で出所している。

(3) 外出・外泊

刑事収容施設法においては、新たに外出・外泊の制度を設けている。仮釈放を許すことのできる期間を経過している者が開放的施設において処遇を受けている場合など、法令で定められた一定の条件に合う者を対象として、その受刑者の円滑な社会復帰を図るため、刑事施設の外において、釈放後の住居や就業先の確保などの用務を行ったり、更生保護に関係する者を訪問したりするため

第二部　非行・犯罪に取り組む

などに必要があると認められるときは、刑事施設の職員の同行なしに外出したり、7日以内の期間を定めて外泊することが許される（刑事収容施設法第106条）。釈放後に就労を予定している採用面接に赴いたり、ハローワークで就労相談を行ったり、更生保護施設の状況を確認したりするために外出・外泊を行った実例があり、平成18（2006）年から平成26（2014）年5月までに外出は53件、外泊は4件実施されている。

　受刑者の釈放に当たっては、原則として2週間、釈放前の指導が行われている。釈放前の指導では、釈放に関する手続、更生保護、職業安定、社会保障等の制度やその利用手続、釈放に当たっての心身の調整などについての指導が刑事施設の職員や外部の講師により行われている。

事例1　改善指導、職業訓練を受講した例（女性40歳　覚せい剤取締法違反　初めての受刑）

　本人は、アルバイトやパートタイムの仕事をしていたが、覚せい剤取締法違反で執行猶予の判決を受けた。しかしながら、執行猶予中に再度の覚醒剤使用で執行猶予取消刑と合わせて3年間受刑することとなった。刑事施設の調査専門官が本人の処遇調査を実施し、特別改善指導である薬物依存離脱指導を実施することが必要とするなどの本人の処遇要領を策定した。2週間の刑執行開始時の指導を受けた後、本人の資質等を考慮して、刑務作業としてタオルを縫製する工場で就業することとなった。刑務作業に従事しながら、地元の薬物関連の自助グループの協力を得て、刑事施設の教育専門官や外部の臨床心理士が実施するグループワークを中心とする薬物依存離脱指導を1回50分、12回受講した。
　その後、出所後は覚醒剤に手を出さず、きちんと仕事をしたいと思うようになったとのことで、職業訓練を希望するようになった。刑事施設で審査の上、6か月のホームヘルパー科の職業訓練を受け、ホームヘルパー2級の資格を取得した。職業訓練後は、高齢受刑者の食事の介助などの作業に従事した。特に問題を起こすことなく、優遇区分では第二類、制限区分では第二種に指定される。

刑事施設の長は本人の仮釈放を許すべき旨の申出を地方更生保護委員会に申し出た。同委員会の委員の面接が実施され、仮釈放の許可決定がなされる。釈放に先立ち、本人の出所後の就労について刑事施設の就労支援スタッフ（キャリアコンサルタント）の助言を受け、ハローワーク職員による就労に関する講話を受講した。刑事施設は出所後の職探しを早期に進める方が本人の円滑な社会復帰に資することから、職員の同行なしの外出制度を利用し、就労相談のためハローワークに行かせることを決定した。本人はハローワークに赴き就労を相談、求人票を見て、出所後直ちに就職希望先の面接を受けに行くことを決めた。本人は2週間の釈放前の指導を受けて仮釈放となり、出頭義務がある保護観察所に向かった。

6 受刑者処遇に係る課題と取組

1）高齢受刑者の処遇

　先に述べたとおり、全受刑者中に占める60歳以上の受刑者の割合は、年々増加している。新たに受刑者となった60歳以上の受刑者について罪名別に見てみると、窃盗罪が51％と半数を占めている。平成20年版犯罪白書では高齢犯罪者の実態と処遇を特集として取り上げているが、窃盗の高齢初犯者の手口のほとんどが万引きであり、その動機・原因が生活困窮にあるものが半数近くを占め、こうした問題のある者について、就労が不可能な者は直ちに福祉的な援助につなぐ必要があり、また、就労が可能な者についても、就労につなぐまでの一時的な生活の援助が得られるよう、調整を行うことが重要であるとしている。また、窃盗を繰り返し、かつ、受刑歴を有する者については、社会的にも孤立し、安定した職も持たない傾向が見られることから、積極的な手当てを検討することが肝要であるとしている[5]。このような高齢受刑者に対する対策として、平成21（2009）年から、高齢又は障害を有し、適当な帰住予定地もなく特に自立が困難な者に対して、保護観察所や各都道府県に設置されている地域生活定着支援センターと連携し、釈放後に速やかに福祉サービス等を受けられるようにする制度が開始されている。また、拘置所等を除く各刑事施設に非常

第二部　非行・犯罪に取り組む

勤職員として社会福祉士等を配置し、出所後の受刑者の保護の充実を図ってきている。

また、一部の刑事施設においては、高齢受刑者に対する指導として、刑事施設の職員及び外部講師により社会福祉制度の説明や生活・食事・健康管理の方法を説明し、作業療法士、理学療法士等によるトレーニング等を実施し、高齢受刑者の円滑な社会復帰を支援する指導も行われている。

事例2　身体障害を有する高齢受刑者に対し、刑事施設の社会福祉士等の関与により社会復帰支援を行った例（男性78歳　窃盗　3回目の受刑）

> 本人は、78歳と高齢の上に、下肢に障害を有する受刑者である。親族はあるが疎遠で出所後に身元を引き受けてくれる人がいない。また、出所後の住居も確保できていない状態であった。これまで生活保護を受けたことがなく、本人が出所後に自分で生活保護などを申請することは困難と思われた。
> 　刑事施設の非常勤職員である社会福祉士が本人と面接し、これまでの生活歴などを聞き取り、本人は出所後A県に住みたいとのことから、本人の情報をA保護観察所に提供、A保護観察所では「特別調整対象者」として認定し、A保護観察所、A県の地域生活定着支援センター、A県社会部地域福祉課と刑事施設の分類担当職員及び社会福祉士が協議し、本人の身体障害者手帳の申請手続、介護保険の要介護認定の申請手続などを刑事施設に入所中に行うことを決め、要介護認定の調査が実施された。
> 　結果として、本人は身体障害者手帳の交付を受け、要介護1の認定を受けた。また、出所後の居住先の福祉施設の手配を地域生活定着支援センターが行い、本人は出所後、無事に福祉施設に入所できた。

2）女子受刑者の処遇

先に述べたとおり、女子受刑者数は、平成6（1994）年から増加し続けているが、最近になっても人員は減少しておらず、いわゆる高止まりの状況となっている。平成25（2013）年末には、女子の既決被収容者の収容率は98.7％となっ

ており、依然として高率収容の状態が続いている。女子刑務所の過剰収容の解消は喫緊の課題であり、平成23（2011）年には美祢社会復帰促進センターの女子収容定員を300人増やしたほか、平成24（2012）年からは、加古川刑務所に女子受刑者を収容することとし、200人の収容定員を増やしている。

　また、先述したように、女子受刑者について最も多い罪名は覚せい剤取締法違反であり、女子受刑者の処遇にあっては、薬物事犯の受刑者の再犯防止が課題となっている。薬物事犯の受刑者の改善指導については、特別改善指導として薬物依存離脱指導が市原刑務所を除く各刑事施設で実施されている。今後、この指導についてより効果的な処遇を実施する観点から外部の専門家の協力も得ながら、新たなプログラムを試行し、その効果検証を行っていく必要がある。

　さらに、平成25（2013）年末の在所受刑者のうち、60歳以上の高齢受刑者の占める割合は、男子では17.8％であるのに対して、女子では21.5％となっており高齢化が進んでいる。新たに受刑者となった60歳以上の受刑者について罪名別に見てみると、女子受刑者にあっては、窃盗罪が77.2％となっている。これらの受刑者に対しては、上述したとおり、就労が困難な者については直ちに福祉的な援助につなぐ必要があり、また、就労が可能な者についても、就労につなぐまでの一時的な生活の援助が得られるよう、調整を行うことが必要である。

3）長期受刑者の処遇

　先述したとおり、刑事施設に収容されている長期刑受刑者が年々増加している状況が見られる。長期刑受刑者の多くが、殺人や強盗致死などの生命、身体を害する罪により服役している。これらの生命・身体を害する罪を犯した受刑者に対しては、一般改善指導として被害者感情理解指導、特別改善指導として被害者の視点を取り入れた教育を実施している。平成22（2010）年3月に閣議決定された第二次犯罪被害者等基本計画においては、「犯罪被害者等や犯罪被害者支援団体の意見を踏まえながら、検討会を開催するなどして、矯正施設における受刑者等に対する改善指導・矯正教育等の充実に努める」と計画されている。これを踏まえ、矯正施設における「被害者の視点を取り入れた教育」の

第二部　非行・犯罪に取り組む

一層の充実を図るための方策を検討するために、犯罪被害者支援に係る関係者等を招へいし、平成23（2011）年に検討会を開催し、「被害者の視点を取り入れた教育」の効果的な実施方法等について検討を行っている。今後、この検討会で出された意見等を踏まえて、「被害者の視点を取り入れた教育」の一層の充実を図って行く必要がある。

　また、長期刑受刑者の問題として、出所後の社会復帰の問題がある。長期の受刑のうちに親が高齢化するなどし、帰住先の確保や出所後の生活が困難となっていく事例が多く見られる。また、受刑者自身も高齢化し、出所後の就労が困難になる場合もあることから、長期刑受刑者の再犯を防止するために、各刑事施設に配置された社会福祉士等も活用しながら、出所後の生活基盤の確保に努めている。

〈注〉
(1) 未決拘禁者は、刑事施設に収容することに代えて、都道府県警察に設置される留置施設に留置することができる（刑事収容施設法第15条）。
(2) 作業に必要な原材料を提供し、刑務作業運営の円滑化に資することを目的として財団法人矯正協会内に設置された組織であり、刑務作業協力事業部から提供された原材料を使用して製作された製品は「CAPIC（刑務所作業製品）」という名前で即売会などで販売されており、その売上げは原材料の購入等に充てられている。
(3) 小野清一郎・朝倉京一著　有斐閣ポケット註釈全書(8)「監獄法」p.486
(4) 平成15年12月22日「行刑改革会議提言～国民に理解され、支えられる刑務所へ～」p.14
(5) 法務省法務総合研究所編「平成20年版　犯罪白書」p.340

〈引用・参考文献〉
・西田博著（2012）「新しい刑務所のかたち」小学館集英社プロダクション
・鴨下守孝著（2010）「受刑者処遇読本」小学館集英社プロダクション
・鴨下守孝・松本良枝編（2009）「改訂　矯正用語事典」東京法令出版

・林眞琴・北村篤・名取俊也著（2010）「逐条解説　刑事収容施設法」有斐閣
・坂井勇著（2012）「統計で見る平成年間の矯正」矯正協会
・法務省法務総合研究所編（2014）「平成26年版　犯罪白書」

〈推薦図書〉
・西田博著（2012）「新しい刑務所のかたち」小学館集英社プロダクション
・鴨下守孝著（2010）「受刑者処遇読本」小学館集英社プロダクション

第二部 非行・犯罪に取り組む

COLUMN

オールジャパンによる取組

西江　尚人（松江保護観察所企画調整課長）

「おやじ～、おやじ～」。保護観察所の受付で、２週間に１度のペースで私を呼びかける声が響く。声の主（ぬし）は、Ａ刑務所を満期釈放後、生活保護を受給のもと、精神科病院のデイケアに日々通いながら、アパートで一人暮らしを続ける30代後半のＢ君。ちなみに「おやじ」とは、受刑者が、刑務官のことを呼ぶときに使う通称である。そのＢ君と私の出会いはＡ刑務所の中。法務省内の矯正局と保護局の職員人事交流として、本来保護観察官である私が、Ａ刑務所で刑務官として仕事をしていたことがきっかけである。

実はＢ君、統合失調症とパニック障害を患っている。しかし、気性が荒く、知的に劣っていることもあって、これまで生活保護にも繋がることなく、社会に出ても、ごく短期間のうちに罪を犯し、受刑生活を何度も何度も繰り返してきた。さらに、刑務所の中でも集団生活に馴染めず、すぐに他の受刑者とトラブルを起こし、受刑生活の大半を単独室で過ごしていた。

このＢ君のように、精神障害や知的障害・身体障害を抱えていたり、又は高齢であることから就労による自立が極めて困難であるとともに、頼るべき親族や知人がいない受刑者が相当数存在している。これらの受刑者に対し、刑務所や保護観察所の職員において、受刑中から福祉や医療等関係機関と協力しつつ、各種障害者手帳の取得や介護認定、釈放後の住居の確保等、本人の社会復帰を支援する制度が、法務省のみならず、厚生労働省の協力のもと、平成21年４月から「特別調整」と銘を打ち運用が始まっている。Ｂ君もその制度に乗り、前述のとおり、成人後人生の中で最も長い「塀の外」での生活を送っている。しかし現実には、Ｂ君のようにスムーズにいく事例がある一方で、一般国民のみならず、福祉や医療従事者からも、理解が得られず、協力を拒否されることも少なくない。

「犯罪をしたのだから、出所後辛い目に遭っても自業自得ではないか」との声をよく耳にする。ある意味、それはその通りだと思う。しかし、現実問題として、死刑もしくは一部の無期懲役者を除き、受刑者は次々と社会に

第6章 成人矯正の現場から

戻ってくるのである。それにもかかわらず、特に「特別調整」に該当するような弱者たちの多くは、最後の砦である生活保護をはじめとした福祉や医療にも繋がることもできず、社会からはじき出され、居場所を失い、挙げ句の果てには生き延びていくため、究極の選択とも言える犯罪に手を染め、刑務所に舞い戻っている。そもそも罪を犯さないよう指導することは最も重要である。しかし、我々が目の当たりにするのは、いったん罪を犯してしまった人たちである。その人たちが、再び犯罪者とならないように、被害者を出さないように、そして、ハンディに押し潰されることなく、人間らしい生活を社会内で送ることができるように支援していくためには、まずは福祉や医療従事者の理解と協力が不可欠であるとともに、一般国民をも含めたオールジャパンによる取組が、一番の近道なのではないだろうか。

さてB君、仮釈放と違い満期釈放であることから、保護観察所に出頭する義務はない。にもかかわらず、定期的に保護観察所に顔を出す理由を聞いたところ、「刑務所で面倒を見てくれたおやじと会うと気持ちが落ち着く」と不気味に笑いながら話す。1日でも記録を更新すべく、B君の塀の外での生活が続くことを祈りつつ、今後も2週間に1度のB君との時間を大切にしたいと思う。それが、ひいては再犯防止にも、本人の自立更生にも繋がるのであるから。

COLUMN

プリズン・ペット・プログラム
—動物との絆がもたらすもの

平山　真理（白鷗大学法学部准教授）

他の存在の生命を尊重するということ

　凶悪な事件を起こした加害者の中には、他人の生命の大切さを尊重できない者が多いように思われる。また特に少年事件の場合は、他人への攻撃という行動に出る前に、動物への虐待を行う者も少なくないことが報じられる。アメリカのFBIの報告では、人への攻撃性と動物虐待との関連性は高いことがわかっている。動物虐待を行ってきた者の多くが将来、人に対して攻撃を行うとは言えないが、人に対する攻撃（犯罪）を行った者の多くは過去に動物への残虐行為を行ったということは指摘できよう。他の存在（人間でも動物でも）に対する暴力という悪しき習慣は、その初期において断ち切らなければならない。

アメリカにおける取組

　アメリカの矯正施設では、更生プログラムの一環として、受刑者に動物を飼育させることで、他の生命への共感を育ませ、またコミュニケーション能力を養うことを目的としたプログラムを採用しているところも多い。飼育する動物としては、犬や猫、馬等様々なプログラムがあるが、代表的なものはやはり犬である。人間に対して最も忠誠な動物であることがその理由であろう。

　犬は世話をしてくれる受刑者に対して無条件の愛情を示すであろう。犬にとっては犯罪者かそうでないかは関係ない。何かに愛情を注ぎ、その愛情が返されるという経験は犯罪を犯した者にとって大きな意味を持つ。

　このようなプログラムの草分け的存在は、ワシントン州の最重警備女性刑務所において1982年から開始された「プリズン・ペット・パートナーシップ・プログラム」（以下、PPPP）である。PPPPは自身も過去にドラッグやアルコール漬けの生活を経験した女性（後に修道女となった）が動物と人間の絆に注目し、刑務所側に犬を介在したプログラムの重要性を説得したことがきっかけで始まった。PPPPでは、飼い主がいない等の理由でシェルター（日本の保健所に近い）に保護されている犬の中から訓練に適した犬を選び出し、PPPPに登録した受刑者が世話をする。受刑者はこうした犬を単にペットとしてかわいがるのではなく、介助犬を目指して訓練するのである。当然その訓練課程は受刑者、犬双方にとって厳しいもので、責任感があり規律を守る受刑者でなければこのプログラムから脱落してしまう。しかし、自らが世話をする犬が見事に介助犬となり、介助犬を必要とする人々から感謝

されることは、彼女らの自尊心に大いに効果的に働く。また、PPPPではペット美容室やペット・ホテルを刑務所に併設し、受刑者がその運営を行っている。もちろんその利用者は刑務所の外にいる一般市民であり、受刑者はこの運営を通して仕事のスキルやコミュニケーション・スキルを学び、これらは出所後の彼女らの就職にも大いに役立つことが期待されている。

少年院における同様の取組として代表的なのは、オレゴン州にあるマクラーレン少年院における「プロジェクト・プーチ」である。このプロジェクトは同少年院付属高校の校長でもあったジョアン・ダルトン氏により1992年に始められた。このプロジェクトでは、Human Society（北米の動物愛護団体）が飼い主のいない犬をシェルター等から保護し、プロジェクトに参加する少年と犬をマッチングする。ここでは、少年が訓練することで犬にソーシャル・スキルを学ばせ、新たな飼い主を見つけることを大きな目的とする。少年により訓練され、一般家庭のペットとして「合格」と判断された犬には新しい家族を見つけていくが、犬にふさわしい飼い主かどうか、少年らが詳細にチェックする。訓練してきた少年にとって犬との別れはつらいが、新しい家庭で絶対に幸せになってほしいからである。このプロジェクトにおいても、少年院内にペット美容室やペット・ホテルが併設されており、利用者である一般市民との接客を通じて、少年たちもまたコミュニケーション・スキルを習得するのである。筆者は2007年7月にこのプロジェクトを訪問したが、少年たちが非常に熱心に犬の世話をして愛情を注いでいる姿が印象的であった。

このプロジェクトについては、効果検証が行われており、参加した少年たちには行動の落ち着きや他者への共感などの変化が見られ、再犯率はゼロである（2005年時点）とのことである。

Win-Winアプローチ

すでに見てきたように、被収容者と犬とのラポート関係は、犯罪者の更生において大きな役割を果たす。ところで、これらのプログラムは犬を犯罪者の更生に役立てるという点だけに意義が見出されるわけではない。プログラムで飼育される犬の多くは、飼い主が見つからない、人になつかない等の理由で場合によっては殺処分されてしまう犬たちである。犬もまた、このプログラムに参加することでその命が救われることになる。犯罪者も犬も「セカンド・チャンス」が与えられるという意味において、まさにWin-Winアプローチであるところに大きな意義がある。

我が国における取組と今後の展望

我が国の矯正施設においては、被収容者に小動物などを飼育させることはあっても、動物の飼育を更生プログラムの一環として位置づけることはなかった。しかし2009年4月、島根あさひ社会復帰促進センターで「盲導犬パピー育成プログラム」（以下、「パピー・プログラム」）が開始されたことは歓迎すべき大きな変化である。この大きな変化を可能としたのは、2006年10月より全国4か所にPFI刑務所（半官半民の刑事施設）が開庁し、矯正教育

においても積極的に民間のノウハウが導入されることとなったからである。島根あさひセンターもPFI刑務所であり、このプログラムは日本盲導犬協会（以下、「協会」）の協力のもと行われる。プログラムへの参加希望者の中から選出された受刑者は、協会より委託された盲導犬候補の子犬（生後2か月）を、盲導犬としての訓練が始まる1歳まで育てる。受刑者は数人のグループを編成し、1匹の子犬を平日に訓練する。週末になると子犬は一般家庭に預けられ、「外の社会」の経験も積む。刑務所に隣接するエリアに「島根あさひ盲導犬訓練センター」が設置され、「パピー・プログラム」の運営をサポートしていることの意義も大きい。受刑者らは子犬の生活のすべてを世話し、最大限愛情を注ぐことで、犬に人間との信頼関係を覚えさせる。これらの活動は受刑者に生命尊重の精神や責任感、自尊心などを抱かせることになり、刑務所における一般改善指導として位置づけられている。プログラムに参加した受刑者らの感想は肯定的コメントがほとんどで、自己肯定感が高まり、また出所後の社会貢献への意識を高めた受刑者もいたようである。

　プログラムの仕上げは、犬を協会に返す修了式である。筆者も2010年1月に行われた修了式に特別に出席させて頂いたが、受刑者が人目もはばからず涙を流すのを見た。犬の新たな門出とは言え、受刑者にとってはつらい別れであるに違いない。しかし10か月間責任を持って犬を飼育し、また生命に愛情を注ぐという貴重な経験をしたことの意義は大きい。このプログラムの参加が（参加しなかった者に比べ）再犯率をどの程度下げるのか、という効果検証が期待される。

　盲導犬に関しては、視覚障がい者のニーズに対しその数が大きく不足していると指摘されている。その意味で「パピー・プログラム」は受刑者の更生だけでなく、社会貢献にもつながる。しかし一方、この「パピー・プログラム」で飼育される子犬は、ラブラドール、或いはゴールデン・レトリーバー等の「人気犬種」であり、飼い主がいない犬ではない。上述したように、欧米の刑事施設で動物を介在させるプログラムの意義は、人間に捨てられたり虐待されたりしてきた動物の命を救うところにもある。我が国では欧米に比べ動物愛護の精神が欠け、人間の勝手な都合で殺処分される犬や猫は年間数十万匹にも及ぶ。動物との絆が犯罪者の更生やその心情安定に役立つことを踏まえると、刑務所や少年院、また児童福祉施設等で犬や猫の飼育プログラムを正式に導入してもよいのではないか。そこで飼育対象となるのは保健所等で保護された動物の中から選ばれるのが望ましい。「パピー・プログラム」は素晴らしい始まりであり、大きく発展していくことを願ってやまない。

参考文献
・大塚敦子（1999）『犬が生きる力をくれた』岩波書店
・平山真理（2005）「マクラーレン少年院（オレゴン州ウッドバーン）における『プロジェクト・プーチ』の試み—動物への愛情がもたらすものとは」『青少年育成』第52巻第10号
・山本貴祐（2010）「盲導犬パピー育成プログラムについて」『刑政』第121巻第4号

第7章
更生保護とは

高木　俊彦

1　更生保護制度の歴史と沿革

1）その歴史

　社会の掟を破る犯罪と、犯罪を犯した者に対する制裁、刑罰の歴史は、人類の誕生と同じくらい古い歴史を持つ。その「罪と罰」の歴史の中でも、最も古く成文化されたと言われているのが、今から3700年ほど前、イラン北西部にある古都スーサに栄えていた当時のバビロン・ウル王朝の6代目ハンムラビ王によって制定されたハンムラビ法典である。この法典の第196条には「もし人が目をつぶしたときは、彼の目をつぶす」という条文が、また続く第197条には「もし、人の骨を折りたるときは、彼の骨を折る」という条文が記されている。それから1480年ほど経ったBC280年頃に成立したといわれる旧約聖書レビ記第24章では、その内容が「人に傷害をくわえた者は、それと同一の傷害を受けねばならない。骨折には骨折を、目には目を、歯には歯をもって、人に与えたと同じ傷害を受けねばならない」とある。後に「目には目を、歯には歯を」という「同害報復」の代名詞として語られる有名なタリオの法則（lex talionis）である。遠い昔から人類は、罪を犯した者に対する報復、罪を犯した者の償いのあり方について、「同害報復」というある意味で極めて合理的と思われる方法を発見したのである。そして、このタリオの法則に象徴される刑罰思想は、今なお人々の素朴な応報感情の心情的拠り所となっている。

　一方、このタリオの法則も、その後、330年から380年を経過したAD50年から90年代の間に書かれたと言われる新約聖書では、マタイ福音書第5章「山上の垂訓」において、「『目には目を、歯には歯を』と言われたのを、あなたがたは聞いている。しかしわたしはあなたがたに言っておく。悪い者に手向かってはならない。あなたの右の頬を打つものには、左の頬も向けなさい。……」と

第二部　非行・犯罪に取り組む

記され、同害報復とは異なる人知の一端が示されているのである。

　確かに、現実社会の中で、「右の頬を打つものに左の頬を差し出す」ことを人々に期待することは大変難しく、被害者の気持ちを癒やすため、また社会の安寧秩序を守るためには、人々の素朴な応報感情に依拠し、人に傷害をくわえた者は、それと同一の傷害を受け、他人の生命を奪った者は、自らの命でもってこれを償う「同害報復」の論理を持ち出す方がはるかにわかりやすく、人々に受け入れられやすいのである。

　しかし、その一方で、近代以降の人道主義や科学主義の発達は、刑罰の機能を、復讐や応報、威嚇や抑制、排外ないし無害化といったものを中心とする考え方から、犯罪を犯した者の改善ないし矯正、あるいは社会復帰といったものを重視する方向へ、徐々にではあるが、その変化を促してきた。我が国の更生保護もまた、以下に記すように、このような歴史的展開を踏まえた近代刑事司法システムの最終の部分を担いつつ、その発展を遂げてきたのである。

2）我が国の更生保護の沿革

　我が国における更生保護事業の淵源を辿ると、古くは持統天皇が罪囚を赦免し、布や稲を下賜して更生を命じたという記事が日本書紀に見出される。その後、江戸時代では、老中松平定信が火付盗賊改方長谷川平蔵の進言で江戸石川島に設けた更生施設「石川島人足寄場」などが有名である。明治になってからは、これら更生保護の事業が、地域社会の中で民間の人たちによって行われるようになった。その最初の足跡が、明治16年、大阪の地で神道教導職にあった池上雪枝氏によって開設された少年保護施設「池上感化院」、そして、明治20年、同じく大阪天王寺の浄土真宗超願寺の住職であった森祐順氏による「大阪感化保護院」の創設などであったと言われている。

　一方、成人の免囚保護事業の先駆けとしては、明治21年静岡県で私財をなげうっての治山治水事業などで名高かった金原明善（きんばらめいぜん）により設立された「静岡県出獄人保護会社」（現在の更生保護法人「静岡県勧善会（かんぜんかい）」）が挙げられる。この「静岡県出獄人保護会社」の設立にあたっては、次のようなエピソードがある。静岡監獄にあらゆる罪科を重ねた囚人がいた。多くの看守が手を焼く人物であったが、当時の副典獄（刑務所長）の川村矯一郎の熱心な指導が功を奏して心底

悔悟するに至り、「今後は決して道に外れるようなことはしません」と誓って獄を去っていった。しかし、監獄での10年を経て我が家に戻ってみると、もはや父母はなく、最愛の妻も他の男と再婚しており、やむなく親戚を頼ったが追い出される始末で、寝るに宿なく、食うに職なくの状況に追い込まれたのである。昔の彼であったならたちまち悪事に走ったのだが、川村副典獄との約束もあり、思い余った彼は長い書き置きを残して池に身を投じ、自らの命を絶ったのである。この話を川村から聞いた金原は「川村さん、あなたの名訓戒も人を殺すに至っては功徳とは言えない。改心して監獄を出たものを社会の中でしっかり保護する方法を考えなくてはいけません」と言って出獄人保護会社を設立したのであった。

このように、草創期の更生保護事業の多くは、宗教家による少年保護や免囚保護など、人間愛や宗教的慈愛心に依拠する、慈善事業、福祉事業に近いものであった。そして、戦後新たに発足し、平成21（2009）年に60年目を迎えた今日の更生保護制度もまた、このような更生保護事業の長い歴史を踏まえるものと言えるのである。

更生保護制度の定着に見られるように、我が国の犯罪者処遇は、19世紀以降の、拘禁による「施設内処遇」から、実社会での生活を続けながら必要な指導、援助を加える「社会内処遇」へとその中心が移行しつつある。その背景には、受刑者の人権への配慮等人道主義的な風潮の高まりや刑事施設での過剰拘禁の解消、あるいは施設収容に対するコストパフォーマンスからの評価等、様々な要因・背景が考えられる。また、犯罪者処遇の目的が社会復帰にあることを国際的な指針として表明した1990年の国連決議「被拘禁者処遇最低基準規則」も、更生保護への認識を高めさせた一背景と言えよう。

その後、我が国の更生保護は、平成17（2005）年7月からの「心神喪失等の状態で重大な他害行為を行った者の医療及び観察等に関する法律（以下「医療観察法」という）」の施行、平成19（2007）年12月からの犯罪被害者等施策の実施、平成20（2008）年6月の「更生保護法」の施行等により、その守備範囲、関連分野をさらに拡充させることとなった。

第二部　非行・犯罪に取り組む

2　更生保護制度の意義と社会的役割

　人々が犯罪などの被害に遭わず、安全に社会生活を送れるためには、地域社会で犯罪を起こさせないことが何より大切であるが、前節でも触れたように、そのことに加え犯罪をした人や非行のある少年が、再び犯罪や非行に陥ることなく、社会の一員として立ち直れるよう援助することもまた極めて重要なことである。つまり、犯罪や非行を防止するとともに、発生してしまった場合には適切な措置を講じ、彼らに対し、社会的制裁である刑罰を加えるばかりでなく、心理学・社会学・教育学等人間諸科学の助けを借りて、犯罪者の改善更生をいかに図るかということが、犯罪対策を担う刑事司法、なかでも更生保護制度の重要な課題となっているのである。

　更生保護とは、犯罪をした人や非行のある少年を社会の中で適切に処遇することにより、その再犯を防ぎ、非行をなくすとともに、これらの人たちが自立し更生することを助けることにより、社会を保護し、個人と公共の福祉を増進しようとする制度である。

　平成20（2008）年6月、新たに施行された更生保護制度の基本法である「更生保護法」の第1条には、更生保護の主要な役割機能として、①再犯・再非行の防止と改善更生をともに達成する、②恩赦の適正運用、③犯罪予防活動の促進、の3つが掲げられており、その究極の目的として、「社会を保護し、個人及び公共の福祉を増進すること」が明記されている。

　このように、更生保護は、ややもすると社会的に排除されがちな犯罪者に社会的な居場所を与え、立ち直りの具体的手立てを教示するなど、社会制度の一翼としての刑事司法が果たしていくべき社会支援、社会福祉的機能を、刑事司法システムの最後の位置にあって長きにわたり担ってきたのである。

3　仮釈放等

　矯正施設に収容されている人を、収容すべき期間が終わる前に、仮に釈放する処分には、刑事施設からの「仮釈放」や「少年院からの仮退院」等の種類がある。仮釈放又は少年院からの仮退院の場合は、収容期間が満了するまでの

間、保護観察を受けることになる。仮釈放を許すか否かの判断は、全国の高等裁判所所在地8か所に置かれた地方更生保護委員会が行っており、関係資料や矯正施設での面接の結果を精査し、仮釈放等の許可基準に該当すると認められるかどうかを審査している。ちなみに、刑事施設からの仮釈放の場合、その許可の基準は、刑法で定める法定期間（有期刑の場合は執行すべき刑期の3分の1の期間を経過する末日、無期刑の場合は10年を経過する末日）を経過し、「悔悟の情及び改善更生の意欲があり、再び犯罪をするおそれがなく、かつ、保護観察に付することが改善更生のために相当であると認めるときにするものとする。ただし、社会の感情がこれを是認すると認められないときは、この限りでない」と法務省令に定められている。

なお、保護処分である少年院からの仮退院については、更生保護法第41条において、「処遇の最高段階に達し、仮に退院させることが改善更生のために相当であると認めるとき、その他仮に退院させることが改善更生のために特に必要であると認めるときとする」など、刑事処分と比べより柔軟で緩やかな許可基準が定められている。

4　保護観察

1）保護観察の目的

更生保護法第49条第1項には、「保護観察は、保護観察対象者の改善更生を図ることを目的として、指導監督及び補導援護を行うことにより実施するものとする」とその目的と実施方法が定められている。また、同条第2項には、「保護観察処分少年又は少年院仮退院者に対する保護観察は、保護処分の趣旨を踏まえ、その者の健全な育成を期して実施しなければならない」と、同じ保護観察であっても、少年対象者に対する保護観察は、その健全育成、教育的側面に配意して実施されなければならないことが付言されている。

2）保護観察の種類と期間

保護観察は、保護観察に付された者の改善更生、社会復帰を援助するケースワーク的措置であると同時に、彼らの自由を制限する権力的、統制的側面をも

有しているところから、その対象や期間、実施方法については、国の法律である更生保護法によって、以下のとおり定められている。

① 保護観察処分少年（1号観察）

少年法第24条第1項第1号の保護処分（保護観察所の保護観察に付すること）に付されている者。その保護観察期間は、その少年が20歳に達するまで（その期間が2年に満たない場合には2年）である。ただし、家庭裁判所への通告等がなされた保護観察中の少年で、年齢が既に20歳以上である場合は、家庭裁判所が23歳を超えない期間内において保護観察の期間を定める。なお、この1号観察には、非行性のあまり進んでいない少年に対し、おおむね6月以上7月以内の解除を目処に短期間実施される「短期保護観察」、及び、一般非行性がないかその進度が深くなく、交通非行性が固定化していない交通事件により保護観察処分に付された少年に対し、原則3月以上4月以内の解除を目処に、保護司に委嘱せず集団講習受講などを中心に実施される「交通短期保護観察」などもある。

② 少年院仮退院者（2号観察）

少年院からの仮退院を許されて保護観察に付されている者。その保護観察期間は、仮退院の日から仮退院の期間が満了するまで。通常は20歳に達するまでであるが、26歳を超えない範囲で例外が認められている。

③ 仮釈放者（3号観察）

刑事施設からの仮釈放を許されて保護観察に付されている者（以下「仮釈放者」という）。その保護観察期間は、仮釈放の日から仮釈放の期間、すなわち残刑期間の満了するまでである。無期刑仮釈放者は恩赦によらない限り終身。ただし、少年のとき無期刑の言い渡しを受けた者は仮釈放後10年を経過するまでの期間。少年法による定期刑、不定期刑にも成人の場合とは異なった例外が認められている。

④ 保護観察付執行猶予者（4号観察）

刑法第25条の2第1項の規定により刑の執行を猶予され保護観察に付されている者。その保護観察期間は、判決確定の日から、刑の執行猶予期間の満了するまでである。

⑤ 婦人補導院仮退院者（5号観察）

売春防止法第26条第1項の規定により婦人補導院からの仮退院を許されて保護観察に付されている者。その保護観察期間は、仮退院の日から補導処分（6月間）の残期間が満了するまで。昭和58（1983）年以降、事件係属はなかったが、平成24（2012）年に2件係属した。

3）保護観察の方法
① 遵守事項
ア．遵守事項の意義

保護観察に付されている者は、その期間中、再び犯罪行為等を起こさないため、また本人の改善更生のため、特定の事項（約束事）を遵守することが求められる。これを遵守事項といい、一般遵守事項と特別遵守事項の2種類がある。更生保護法は、保護観察における指導監督の方法として、面接その他の適当な方法により保護観察対象者と接触を保ち、その行状を把握するとともに、遵守事項を遵守し、並びに生活行動指針に即して生活し、及び行動するよう、必要な指示その他の措置をとることを定めている。このように、遵守事項は、保護観察を受ける者の行為規範であると同時に、保護観察の中核である指導監督の目標ないし基準として、重要な意味をもつ。また、遵守事項の違反は、仮釈放取消し、刑の執行猶予取消し、婦人補導院仮退院取消し、少年院への戻し収容、保護観察処分少年に対する施設送致申請等いわゆる不良措置の事由となる点において、強い規範性を有している。

イ．遵守事項の種類
a　一般遵守事項

保護観察に付された者全員が共通して守らなければならない事項を、一般遵守事項といい、更生保護法第50条では下記の5つの事項が示されている。

一般遵守事項（更生保護法第50条）
（ⅰ）再び犯罪をすることがないよう、又は非行をなくすよう健全な生活態度を保持すること。
（ⅱ）次に掲げる事項を守り、保護観察官及び保護司による指導監督を誠実

第二部　非行・犯罪に取り組む

> に受けること。
>   ア　保護観察官又は保護司の呼出し又は訪問を受けたときは、これに応じ、面接を受けること。
>   イ　保護観察官又は保護司から、労働又は通学の状況、収入又は支出の状況、家庭環境、交友関係その他の生活の実態を示す事実であって指導監督を行うため把握すべきものを明らかにするよう求められたときは、これに応じ、その事実を申告し、又はこれに関する資料を提示すること。
> (iii) 保護観察に付されたときは、速やかに、住居を定め、その地を管轄する保護観察所の長にその届出をすること。
> (iv) 特別に住居又は宿泊すべき場所を定められた場合、もしくは転居の許可を受けた場合以外は、前号の届出に係る住居に居住すること。
> (v) 転居又は7日以上の旅行をするときは、あらかじめ、保護観察所の長の許可を受けること。

　これら一般遵守事項はいずれも、犯罪を犯した者や非行のある少年を自由な一般社会の中で処遇し、その改善更生、社会復帰を通して彼らの再犯、再非行を防止するために不可欠のものである。

b　特別遵守事項

　特別遵守事項は、一般遵守事項のほか、個々の保護観察対象者の有する問題性等に応じて定められる遵守すべき特別の事項である。また、特別遵守事項は、一般遵守事項同様、これに違反した場合に仮釈放の取消し等、不利益処分の事由となることを踏まえ、下記事項について、保護観察対象者の改善更生のために特に必要と認められる範囲内において、具体的に定めるものとされている（更生保護法第51条第2項）。

> 特別遵守事項（更生保護法第51条第2項）
> (i) 犯罪性のある者との交際、いかがわしい場所への出入り、遊興による浪費、過度の飲酒その他の犯罪又は非行に結び付くおそれのある特定の行動をしてはならないこと。

(ⅱ) 労働に従事すること、通学することその他の再び犯罪をすることがなく又は非行のない健全な生活態度を保持するために必要と認められる特定の行動を実行し、又は継続すること。
(ⅲ) 7日未満の旅行、離職、身分関係の異動その他の指導監督を行うため事前に把握しておくことが特に重要と認められる生活上又は身分上の特定の事項について、緊急の場合を除き、あらかじめ、保護観察官又は保護司に申告すること。
(ⅳ) 医学、心理学、教育学、社会学その他の専門的知識に基づく特定の犯罪的傾向を改善するための体系化された手順による処遇として法務大臣が定めるものを受けること。
(ⅴ) 法務大臣が指定する施設、保護観察対象者を監護すべき者の居宅その他の改善更生のために適当と認められる特定の場所であって、宿泊の用に供されるものに一定の期間宿泊して指導監督を受けること。
(ⅵ) その他指導監督を行うため特に必要な事項

各事項の具体例
(ⅰ) 共犯者との交際を絶ち、一切接触しないこと。パチンコ店に出入りしないこと。
(ⅱ) 就職活動を行い、又は仕事をすること。
(ⅲ) 3泊以上の外泊をするときは、緊急の場合を除き、あらかじめ、保護観察官又は保護司に申告すること。
(ⅳ) 性犯罪者処遇プログラムを受けること。暴力防止プログラムを受けること。
(ⅴ) ○○就業支援センターの規則で禁じられた飲酒、粗暴行為及び無断外泊をしないこと。職業訓練を受講すること。
(ⅵ) 被害者等の身辺につきまとわないこと。

c 特別遵守事項の設定・変更・取消
　特別遵守事項は、保護観察処分少年については、家庭裁判所の意見を聞き、保護観察所の長が定め、又は変更することができる。また、保護観察付執行猶予者についても、地方裁判所等の意見を聞いた上で、同様に、特別遵守事項を

定め、又は変更することができることとされている。さらに、少年院仮退院者又は仮釈放者については、地方更生保護委員会が保護観察所長の申出に基づき、決定をもって定め、同様に変更することができる（更生保護法第52条）。一方、一旦定められた特別遵守事項につき、学校の卒業や更生保護施設からの退所等、その後の身上変動などのため必要がなくなったと認めるときは、それぞれ保護観察所長及び地方更生保護委員会は、これを取り消すことができることとされている（更生保護法第53条）。

d　生活行動指針

更生保護法では、指導監督の枠組みとして、特別遵守事項のほかに「生活行動指針」を定めることができるとされている（更生保護法第56条）。特別遵守事項は、これに違反した場合に仮釈放の取消し等の不良措置をとることが想定されるような、特に必要と認められる具体的な行為規範に限定され、「遊興、浪費を固く慎しむこと」「真面目に働き、家族の扶養に努めること」など生活指針的・努力目標的な事項や、具体的な行為規範ではあっても、その違反を不良措置の制裁でもって問責するほどの必要性まで認められないものについては、生活又は行動の指針として別に定めることができることとされている。

4）保護観察の実施方法と実施に当たる者の態度

保護観察は、保護観察に付されている者について、遵守事項を遵守するよう指導監督し、及びその者に本来自助の責任のあることを認めてこれを補導援護することによって、その改善更生、再犯防止を図ることを目的とする制度である。また、指導監督、補導援護その他の権限を行使するにあたっては、必要かつ相当な限度で行うこと、基本的には個別処遇の原則、つまり、個々の対象者の社会的環境条件は千差万別であり、その措置・処遇は、画一的に行うことを避け、その者にもっともふさわしい方法を適用する必要があるとの原則に基づき実施すること、公正を旨とし懇切にして誠意ある態度が必要であることなどが求められている。さらに、法務省令では、保護観察等の実施にあたっては、法の目的を踏まえ、公正を旨とし、社会内における処遇の対象となる者に対しては厳格な姿勢と慈愛の精神をもって接し、関係人に対しては誠意をもって接し、その信頼を得るようにつとめなければならないとされている。

以下、保護観察の実際の手続と、その内容を記しておきたい。
　① 指導監督
　保護観察における指導監督は、保護観察における統制的、権力的側面を象徴するものと言え、次に掲げる方法によって行われる（更生保護法第57条）。
a　面接その他の適当な方法により保護観察対象者と接触を保ち、その行状を把握すること。
b　保護観察対象者が遵守事項を遵守し、並びに生活行動指針に即して生活し、及び行動するよう、必要な指示その他の措置をとること。
c　特定の犯罪的傾向を改善するための専門的処遇を実施すること。
d　以上の指導監督を適切に行うため特に必要があると認めるときは、保護観察対象者に対し、当該指導監督に適した宿泊場所を供与することができること。
　② 補導援護
　保護観察における補導援護は、保護観察対象者が自立した生活を営むことができるようにするため、その自助の責任を踏まえつつ、次に掲げる方法によって行われるもので、保護観察における援助的、福祉的側面を象徴するものである（更生保護法第58条）。
a　適切な住居その他の宿泊場所を得ること及び当該宿泊場所に帰住することを助けること。
b　医療及び療養を受けることを助けること。
c　職業を補導し、及び就職を助けること。
d　教養訓練の手段を得ることを助けること。
e　生活環境を改善し、及び調整すること。
f　社会生活に適応させるために必要な生活指導を行うこと。
g　前各号に掲げるもののほか、保護観察対象者が健全な社会生活を営むために必要な助言その他の措置をとること。
　③ 応急の救護
　応急の救護は、その内容において補導援護の一形態とも言えるが、緊急事態が生じた場合に、保護観察所の長が自ら又は更生保護事業を営む者その他適当な者に委託して行う措置である（更生保護法第62条）。

④ 保護者に対する措置

保護観察所の長は、少年本人の問題性ばかりでなく、その保護者の監護能力や少年への対応のあり方等が問題とされる事案など必要があると認めるときは、保護観察に付されている少年の保護者に対し、その少年の監護に関する責任を自覚させ、その改善更生に資するため、指導、助言その他の適当な措置をとることができる（更生保護法第59条）。

⑤ 出頭の命令

保護観察の実施にあたり、保護観察対象者が遵守事項を遵守していない疑いがあったり、地方更生保護委員会において良好・不良措置を進めるにあたって対象者に事実関係を聴取する必要があったりした場合に、地方更生保護委員会又は保護観察所の長は、その職務を行うため必要があると認めるときには、保護観察対象者に対し、出頭を命ずることができることとされている（更生保護法第63条）。

⑥ 引致・留置

保護観察所の長は、保護観察対象者について、次のいずれかに該当すると認める場合には、裁判官のあらかじめ発する引致状により、保護観察対象者を引致（身柄の確保、勾引）することができる（更生保護法第63条第2項）。

a 正当な理由がないのに、届け出た住居に居住しないとき。また、宿泊すべき特定の場所を定められた場合には、当該場所に宿泊しないとき。
b 遵守事項を遵守しなかったことを疑うに足りる十分な理由があり、かつ、正当な理由がないのに、出頭の命令に応じず、又は応じないおそれがあるとき。

同様に、地方更生保護委員会についても、少年院仮退院者又は仮釈放者について、上記のいずれかに該当する者を、裁判官のあらかじめ発する引致状により、引致（身柄の確保、勾引）することができることとされている。

さらに、地方更生保護委員会は、引致された少年院仮退院者について少年院への戻し収容の申請をするか否かに関する審理を開始するとき、仮釈放者について仮釈放の取消しの決定をするか否かに関する審理を開始する必要があると認めるときには、当該対象者をそれぞれ刑事施設又は少年鑑別所に留置することができる。留置の期間は原則として10日間、最大でも通して20日間を超える

ことができないこととされている。

5）保護観察官と保護司の協働態勢

　我が国における保護観察は、特異重大事犯や暴力的性向の強い者などで処遇上特別の配慮を要し保護観察官が指導監督や補導援護を直接実施する場合（直接担当）や更生保護施設などに補導援護の措置を委託して実施する場合等を除き、保護観察官と保護司の協働態勢の下、実施されている。協働態勢は、保護観察官の専門性と保護司の民間性、地域性といったそれぞれの特色を活かし、保護観察をより効果的に実施しようとするものであり、我が国の保護観察の特質とも言われている。なお、その協働態勢のあり方については、過度の民間依存とならないよう官の側の主導性、責任性を明確にした上で実施されている。

6）良好・不良措置

　通常、それぞれの保護観察対象者は、法律で定められた期間が満了するまで保護観察を受けることになる。しかし、保護観察の成績が良好で、もはや保護観察を継続する必要がないと認められる者については、期間が満了する前に保護観察を打ち切ったり、仮に解除したりする良好措置が、あるいはその反対に、保護観察中に再び犯罪や非行を犯したり、その虞（おそれ）が強い者、遵守すべき遵守事項が守れていないなど保護観察成績が不良である者等については、仮釈放の取消しや少年院への戻し収容などの不良措置がとられる。

　良好措置には、保護観察処分少年（1号観察）に対する「保護観察の解除」「保護観察の一時解除」、少年院仮退院者（2号観察）に対する「退院」、不定期刑仮釈放者（3号観察）に対する「不定期刑の終了」、保護観察付執行猶予者（4号観察）に対する「保護観察の仮解除」がある。不良措置には、保護観察処分少年（1号観察）に対する「警告及び施設送致申請」「家庭裁判所への通告（いわゆる「虞犯通告」）」、少年院仮退院者（2号観察）に対する「戻し収容」、刑事施設からの仮釈放者に対する「保護観察の停止」「仮釈放の取消し」、保護観察付執行猶予者（4号観察）に対する「執行猶予取消申出」がある。

7）不服申立て（審査請求と異議申立て）

　以上見てきたように、保護観察の実施にあたっては、転居・旅行の不許可や仮釈放の取消し等、本人の権利利益に重大な影響を与える処分が、保護観察所の長や地方更生保護委員会の決定によって行われる。行政庁の違法又は不当な処分その他公権力の行使にあたる行為に関しては、不服申立ての道を開くことによって、国民の権利利益の救済を図るとともに、行政の適正な運営を図ることを目的に行政不服審査法が定められている。保護観察関係で不服申立てをすることができる処分の種類等は以下のとおりである（更生保護法第92条）。

　「特別遵守事項の設定、転居・旅行の不許可、保護観察の停止、仮釈放の取消し、関係人の呼出し、記録閲覧請求の拒否、仮解除の取消し、仮退院の取消し」

5　保護観察各論

1）保護観察ケースワーク
　　①　調査と診断（見立て、アセスメント）

　保護観察における処遇は、個々の対象者の特性や問題点等を的確に把握し、その問題点を解決あるいは解消することによって、対象者本人の社会復帰や改善更生を助け、もって彼らの再犯から社会を保護しようとするものである。したがって、そのケースワークは、調査と診断（見立て、アセスメント）、処遇というプロセスを経ることとなる。

　そこで、これを保護観察の実務に即して見ると、まず、調査と診断は、本人の生育歴等が記された、いわゆるフェース・シートに当たる「保護観察事件調査票」の作成と保護観察実施上の問題点とその対処方針等が記された「保護観察の実施計画」の策定という手続で行われる（詳細は第8章参照）。

　　②　保護観察におけるダブルロール

　保護観察の実施にあたっては、指導監督と補導援護を一体的、有機的に行うことによってその効果が十分に発揮されるよう努めなければならないとされている。指導監督は保護観察における統制的、権力的側面を象徴し、補導援護は、保護観察における援助的、福祉的側面を象徴する。法務省令においても、

「社会内における処遇の対象となる者に対しては厳格な姿勢と慈愛の精神をもって接しなければならない」とされている。つまり、国の刑事政策の一環として、対象者の再犯防止等を図っていくという点において保護観察は厳しいものでなければならないが、その一方、対象者の社会復帰や更生を図っていくためには、就労の斡旋や心理的援助等、優しさや慈愛の精神でもって彼らを受け止め、関わっていくものでもなければならないのである。このように、保護観察には、二律背反するとも思える二つの役割を同時に果たして行かなければならない困難な側面がある。実際の処遇場面においては、保護観察官も保護司も、どちらか一方の役割を担うのではなく、保護観察における統制的、権力的側面と援助的、福祉的側面を同時に、その人格の中に統合して発揮していくことが求められている。これが、保護観察におけるダブルロールの問題である。

　③　保護観察処遇における社会資源ネットワーキング

　保護観察を実施するに際し、指導監督における専門的処遇、補導援護における医療や療養、職業補導、就労の援助等に関しては、保護観察官や保護司だけでは十分な対応ができない。そこで、更生保護法第30条で、保護観察所の長は、その所掌事務を遂行するため、官公署、学校、病院、公共の衛生福祉に関する機関その他の者に対し、必要な援助及び協力を求めることができると規定し、各種社会資源との連携の重要性を強調している。

　また、平成17（2005）年7月以降、同じ保護観察所が所管する医療観察法に基づく、いわゆる医療観察（精神保健観察等）においても、各地域における医師や精神保健福祉関係施設、関係ワーカーとの連携、ネットワークでもって処遇にあたることが求められている。このように、保護観察官や保護司あるいは社会復帰調整官の重要な業務の一つとして、各種社会資源とのネットワークづくりが期待されているのである。

2）各種処遇施策

　通常、保護観察は、保護観察処分を言い渡され、或いは矯正施設を仮釈放になるなどして保護観察所に出頭してきた保護観察対象者に、本人の居住地区を担当する保護観察官（地区主任官）が面接し、その面接結果等を踏まえ、「保護観察事件調査票」と「保護観察の実施計画」を作成、これらの文書を担当保

護司に送付する。担当保護司は主任官から送られてきた書面を参照しながら、保護観察の担当を委嘱された対象者と適当な接触（多くの場合、月2度ほどの対象者の来訪と月1度ほどの担当保護司の往訪）を保ち、その行状を見守り、遵守事項を遵守するよう必要な助言指導を行う。対象者の生活が不安定化したり、再犯・再非行の虞(おそれ)が大きくなったときなどには、主任官の往訪指導や保護観察所への出頭を要請し、それでも改まらない場合には、いわゆる不良措置を考慮し、反対に、生活等が安定し、もはや保護観察を継続する必要が認められなくなった場合には、いわゆる良好措置に及ぶというのが通常の保護観察の実際である。

　しかし、保護観察対象者の持つ問題性は多様で、中には、民間のボランティアである保護司では十分対応できないケース、再犯防止上、保護観察官が直接担当あるいは関与しなければならないケースなども少なくない。また、保護司が担当するケースであっても、精神的、心理的に複雑困難な問題を有し、保護観察官がその専門性でもって介入していかなければならないケースも増えつつある。さらに、約38,000人の保護観察対象者に対し、現場第一線の保護観察官の数が約980人という厳しい状況の中で、限られたマンパワーをより効率的に発揮させていくためには、保護観察の実施体制等についても様々な工夫が求められる。そこで、更生保護官署としては、多様で複雑困難な問題を持つ対象者の処遇に関し、「類型別処遇」「刑務所出所者等に対する就労支援プログラム」「しょく罪指導プログラム」「被害者等の心情等の伝達制度」「長期刑仮釈放者処遇プログラム」「直接処遇」「段階別処遇」など数多くの処遇施策を策定し、また、特に最近において、「性犯罪者処遇プログラム」「覚せい剤事犯者処遇プログラム」「暴力防止プログラム」「飲酒運転防止プログラム」の4つの専門的処遇プログラムを策定し、処遇現場に導入した（詳細は第8章参照）。

6　生活環境の調整と就労支援

1）生活環境の調整

　少年院や刑事施設などの矯正施設に収容されている人が、そこを出た後に、再び犯罪や非行を誘発するような環境に戻れば、その改善更生を支援すること

は困難である。そこで、保護観察所の長はその人の社会復帰を円滑にするために必要があると認めるときは、釈放後の住居（帰住予定地）、就業先その他の生活環境の調整を行うものとされている。適切な帰住予定地や引受人を定められない場合には、更生保護施設その他の施設に受入の可否について照会する。なお、刑事施設から仮釈放された者のうち、更生保護施設に帰住した者の割合はおおむね23％から25％となっており、更生保護施設は受刑者の社会復帰の受け皿として大きな役割を果たしている。

また、保護観察所の長は、保護観察に付する旨の言渡しを受け、その裁判が確定するまでの者について、保護観察を円滑に開始するために必要があると認めるとき、すなわち住居が不安定であったり、無職で、かつ就業の見込みがないときなどは、その者の同意を得て、住居、就業先その他の生活環境の調整を行うことができるとされている。いわゆる「保護観察付執行猶予の裁判確定前の生活環境の調整」である。

2）就労支援

① 補導援護と民間人による就労支援

保護統計年報によると、平成25年に保護観察が終了した者に占める再犯などによる取消しで終了した者の比率を、終了時の就労状況別に見ると、無職者の取消しは、仮釈放者では8.8％（有職者は1.9％）、保護観察付執行猶予者では37.2％（同14.0％）であり、有職者に比べて著しく高い。無職のままであることが再犯の要因になりやすいことは、この数値から見ても明らかである。無職であれば収入が途絶え生活に困窮するばかりでなく、自らを支える社会的ネットワークからも疎外されてしまう。本人の再犯防止上、また社会に再適応する上で、無職であることは致命的なマイナス要因となる。

そこで、更生保護法では、指導監督と並び保護観察処遇の重要な要素である補導援護の内容として、保護観察対象者が自立した生活を営むことができるよう、「職業を補導し、及び就職を助けること」が規定されている。保護観察所では、従来から公共職業安定所と提携し、保護観察対象者に対する就労先を紹介するなどしているが、それとともに、更生保護の民間協力施設である更生保護施設や協力雇用主など独自の社会資源を開拓、活用することによって保護観

察対象者の就労支援を実践してきた。

②　公的就労支援施策

前掲の民間人による就労支援に加え、平成18（2006）年から法務省と厚生労働省が連携して「刑務所出所者等総合的就労支援対策」が開始されている。これは一般人に対する公共職業安定所の窓口での職業相談・職業紹介、求人情報の提供、職業に関する情報提供に加えて、保護観察対象者や更生緊急保護の対象者に対しては、a 予約制のマンツーマンによる求人開拓から就職までの一貫した支援、b トライアル雇用や職場体験の紹介、c セミナーや事業所見学会の紹介等特別の就職支援が行われる新たな制度である。さらに、雇用者に損害を与えた場合の保障制度が盛り込まれた身元保証制度も日本更生保護協会によって新設された。

7　更生緊急保護

刑事施設から満期釈放された人、刑の執行猶予の言渡しを受け保護観察に付されなかった人などの中には、刑事上の手続等による拘束を解かれて社会に出ても、親族等から援助が受けられず、職を得ることが困難であったり、当座の衣食住にも窮する人がいる。このような人に対して、国又は国の委託を受けた更生保護法人等が、当面の宿泊場所や食事・衣類などの提供、就業の援助、社会生活に適応するための生活指導を行うことにより、善良な社会の一員となることを援護し、その速やかな改善更生を促すために保護することを、更生緊急保護という。この保護の措置は、釈放後原則として6月以内に限り、本人の申出に基づいて行われる。

8　更生保護における犯罪被害者等施策

更生保護における犯罪被害者等施策は、平成19（2007）年12月から、①仮釈放等審理における意見等聴取、②保護観察対象者に対する被害者等の心情等の伝達、③加害者の処遇状況等に関する被害者等への通知、④犯罪被害者等に対する相談・支援、の4つの施策が順次制度化され、実施されている。

なお、犯罪被害者等施策の制度導入にあたっては、全国の保護観察所において、「被害者担当官」と「被害者担当保護司」が新たに指名されている。両者ともその任に当たる間は、加害者を対象とした保護観察や生活環境の調整を担当しないこととされ、あくまで加害者処遇とは別の被害者等を支援するための施策であることを明確にしている（詳細は第10章参照）。

9　恩赦

　行政権により裁判の内容を変更又は裁判の効力を変更もしくは消滅させるなどする恩赦には政令によって一律に行われる政令恩赦と、特定の者について個別に審査して行われる個別恩赦の二つがある。このうち、保護観察所において上申される個別恩赦は、特定の人に対して、性格、行状、再犯のおそれ、社会感情等の審査を経て実施され、更生保護の最終段階、総仕上げと位置づけられている。この個別恩赦には、政令でのみ行われる大赦を除く、特赦、減刑、刑の執行の免除、復権の4種類がある。上申権者（刑事施設の長、保護観察所の長、検察官）が、職権又は本人からの出願により中央更生保護審査会に上申し、同審査会において審査の結果、恩赦相当として法務大臣に恩赦の申出がなされた人について内閣が恩赦を決定し、天皇がこれを認証する。ちなみに無期刑の者は、通常、恩赦（刑の執行の免除）によらなければ刑期を終了させることができない。

10　犯罪予防活動

1）犯罪予防活動の沿革と組織
①　犯罪予防活動

　犯罪予防とは、一般的に、犯罪が発生する原因を取り除き、又は犯罪を抑止するための力となる諸条件を強化、助長することによって、犯罪の発生を未然に阻止（防止）することを意味する。更生保護制度の基本法である更生保護法第1条では、保護観察の実施等とともに、「犯罪予防の活動の促進等」が、社会を保護し個人及び公共の福祉を増進するための方法の一つとして規定されて

いる。またその目的を実現するため、同法第29条では、保護観察所の所掌事務に、保護観察の実施と並んで、「犯罪の予防を図るため、世論を啓発し、社会環境の改善に努め、及び地域住民の活動を助長すること」が掲げられている。さらに、保護司法第1条においても、「犯罪の予防のため世論の啓発に努める」ことを保護司の使命として規定している。

　まず、①世論の啓発の例としては、各種マスメディアによる広報宣伝や地域住民を対象とする座談会、講演会、公開ケース研究会、学生児童を対象とした作文コンテスト、広報ビデオや映画を用いたフィルムフォーラム、パレード等がある。次に、②社会環境の改善の例としては、有害図書やインターネットの有害サイトなどの排除等、犯罪・非行の原因となる諸条件、諸状況を改善する方法のほか、公園・スポーツ施設の整備、健全なレクリエーション機会の提供、お祭りや地域活動の場作り等の方法が挙げられる。最後に、③地域住民の活動の促進の例としては、子どもの登下校を守る「子どもパトロール隊」の支援、犯罪予防のためのボランティア活動の組織化などが考えられる。更生保護の分野では、BBS会、更生保護女性会、協力雇用主会等が協力組織として組織化され、犯罪前歴者等の改善更生及び犯罪予防活動に重要な役割を果たしている。

②　社会を明るくする運動

　更生保護の分野における犯罪予防活動の例として、法務省が主唱する"社会を明るくする運動"がある。この運動は、1949年、戦後の混乱期にあって、巷に溢れる子どもたちの将来を危惧した東京・銀座の商店街の人々が、犯罪予防や更生保護の思想に共鳴し、保護少年たちのサマースクール開設資金造成などを目的に実施した「銀座フェアー」がその始まりと言われている。それから60年余を経過して、今では、全国で何百万人という人々が参加する国民的キャンペーンとなっている。例年、行動目標や重点事項を決め、その年ごとの広報ビデオやポスターを作成し、7月1日からの1か月を強調月間として、全国各地において、多種多様なキャンペーン活動を展開している。

11 更生保護制度の担い手

1）保護観察官

　保護観察官は、医学、心理学、教育学、社会学などの専門的知識に基づき、仮釈放審理のための調査を実施したり、保護司と協働して保護観察を行うなど、犯罪をした者や非行のある少年の更生保護並びに犯罪予防に関する事務を行う常勤の国家公務員である。全国の地方更生保護委員会及び保護観察所に約1,300人が配置されている。保護観察は、保護観察を受けている人の特性やとるべき措置の内容その他の事情を勘案して、保護観察官又は保護司が行うこととされているが、実際の処遇にあたっては、保護観察官の専門性と民間の篤志家である保護司の地域性、民間性というそれぞれの特性を活かし、かつ個々の事案ごとの諸事情を考慮し、適切に役割分担をしながら、保護観察対象者の指導を行っている。例えば、処遇が困難な事案や保護観察を行う上で特別の配慮を要する事案については保護観察官が直接担当したり、保護司が担当する場合であっても随時保護観察官が面接するなどして適切な関与を確保している。また、一般的に、保護観察官の果たすべき役割としては、①保護観察開始当初の対象者との面接による保護観察への導入、②保護観察処遇に関する調査・診断・実施計画の策定、③危機場面の調整・介入・処置、④有権的措置（良好・不良措置等）に関する事項の処理、⑤担当者（保護司）に対するスーパービジョン、などが挙げられる。最近では、これらの一般的役割遂行に加え、集団処遇、カウンセリング、家族ケースワーク、SST、社会参加活動など従来から行われていた処遇施策のほか、認知行動療法等の理論に基づく性犯罪者処遇プログラム等新しい専門的処遇が数多く導入され、それらの処遇の大部分は、保護観察官が自ら実施することになっている。

2）保護司

　保護司は、保護観察に付された、犯罪をした者や非行のある少年の立ち直りを地域で支えるボランティアである。その地域の事情等をよく理解しているという特性を活かし、保護観察官と協働して保護観察や生活環境の調整を行うほか、地方公共団体をはじめとする関係団体と連携して犯罪や非行の防止のため

第二部　非行・犯罪に取り組む

の活動など行っている。定員数は52,500人で、平成24年4月1日現在、全国で約48,000人余の保護司が活動している（コラム「保護司の現場から」を参照）。

3）更生保護施設

　更生保護施設は、刑事施設から釈放された人や保護観察を受けている人などのうち、現に改善更生のための保護が必要と認められるのに頼るべき人がいないなどの理由で、直ちに自立することが難しい人たちに対して、一定期間、宿泊場所や食事を提供したり、就労援助や社会適応のために必要な生活指導を行うなどして、その円滑な社会復帰を支援し、再犯の防止に寄与している。平成24年4月1日現在、全国に104施設があり、民間の更生保護法人により101施設が、社会福祉法人、特定非営利活動法人及び社団法人によりそれぞれ1施設が運営されている（コラム「更生保護施設における処遇の流れと今後の課題」を参照）。

4）自立更生促進センター

　刑事施設から仮釈放された人々や少年院からの仮退院を許された少年等を国が設置した施設に宿泊させて、保護観察官が専門的で濃密な指導監督や手厚い就労支援を実施して、その人の改善更生を促進するとともに、再犯を防止することを目的とする。親族や民間の更生保護施設では受け入れが困難な人を一定期間受け入れ、保護観察官が24時間、専門的で濃密な指導監督にあたるものを「自立更生促進センター」、農業等の職業訓練を行うものを「就業支援センター」と呼ぶ。

　平成19（2007）年10月、北海道雨竜郡沼田町に、少年院からの仮退院を許された少年を対象とし、保護観察所の駐在官事務所に設置された宿泊施設に居住しながら同町が運営する農場で農業実習を受けることを目的とした「沼田町就業支援センター」が開所した。また、平成21（2009）年6月には、北九州市小倉北区に、受刑成績は良好であるが帰住先の確保に困難を伴った、刑事施設からの仮釈放者に対し、おおむね3月間を入所期間とし、特定の問題性に応じた重点的、専門的な処遇を行う「北九州自立更生促進センター」が開所した。

　さらに、平成21（2009）年9月に茨城就業支援センターが、平成22（2010）

年8月に福島自立更生促進センターが運営を開始した。

5）民間協力者

　更生保護の分野では、約48,000人の保護司をはじめ、104か所の更生保護施設とその役・職員、約4,500人のBBS会員、約18万人の更生保護女性会員、約9,900人の協力雇用主など24万人余りの民間篤志の方々が、約38,000人の対象者に対する保護観察と約6万人の矯正施設収容者に対する社会復帰のための帰住地の生活環境の調整、地域の犯罪予防活動など、更生保護制度の運用に協力している。これら民間篤志の方々を総称して「更生保護ボランティア」と呼んでいるが、保護観察所など国の機関に配置された更生保護官署職員の定員数が平成26年4月1日現在約1,760人であることを考えると、この仕事がいかに多くの更生保護ボランティアによって支えられているかがわかる。

12　更生保護における関係機関・団体との連携

　更生保護の主たる事業内容は、自由な社会の中で、犯罪をした者や非行のある少年の立ち直りを支援し、彼らの再犯、再非行を防止し、かつ地域社会における犯罪予防活動を促進していくことである。したがって、そこでは当然のことながら、地域の住民の理解や協力、また保護観察事件の取り扱いや手続をめぐっては、裁判所や検察庁などの司法関係をはじめとする関係機関との連携・協調が不可欠である。そのような問題意識の下、更生保護の現場では、従来から関係機関・団体との連携については特に重要視し、様々な取組を進めてきたところであるが、最近における犯罪・非行内容の質的変化、また、犯罪・非行に対する人々の意識変化や世論動向、経済的不況等による対象者の就職難や生活苦等、更生保護関係者の努力だけでは対応しきれない様々な問題が発生し、困難な状況が進展しつつある。さらに、近年における「医療観察制度」や「犯罪被害者等施策」あるいは「刑務所出所者等総合的就労支援対策」等各種の「就労支援施策」の更生保護への導入は、従来にも増して、矯正施設、公共職業安定所、福祉事務所等関係する機関・団体との円滑な連携の必要性を増大させつつある。

13　医療観察制度の概要

　医療観察制度は、平成17（2005）年7月に施行された「心神喪失等の状態で重大な他害行為を行った者の医療及び観察等に関する法律」に基づく制度である。心神喪失又は心神耗弱の状態で殺人や放火など重大な他害行為を行った人が対象となる。このような人については、必要な医療を確保して病状の改善を図り、再び不幸な事態が繰り返されないよう社会復帰を促進することが必要であり、この制度では、①裁判所が入院・通院などの適切な処遇を決定するとともに、国の責任において手厚い専門的な医療を統一的に行い、②地域において継続的な医療を確保するための仕組みを設けることなどが盛り込まれている。

　保護観察所は、精神医療や精神保健福祉の関係機関とともに、このような精神障害者の社会復帰を支援する地域ケアチームの一員として、この制度による処遇に関わっており、各保護観察所に配属された社会復帰調整官が、専門職としてこれにあたっている。社会復帰調整官が従事している主な具体的業務内容は、「生活環境の調査」「生活環境の調整」「地域社会における処遇（精神保健観察）」「関係機関との連携」の4つである。

　特に、精神保健観察の実施にあたっては、保護観察所は「ケア会議」を開催し、医療を行う指定通院医療機関の管理者、本人の居住地を管轄する都道府県知事及び市町村長と協議の上、一人ひとりの対象者について「処遇の実施計画」を作成している。

14　更生保護の課題と今後の展望

　最近20年間くらいの間に、犯罪情勢の厳しい英米などを中心に、「犯罪者に対しては、応報として、あるいは社会から隔離する手段として刑罰を科すべきである」という潮流が大きな勢いを得た。その影響を受け、全体的にはある時期以降、犯罪・少年非行ともに減少傾向にある我が国においても、重大・凶悪な事件のマスコミ報道等を受け、それまでの犯罪者処遇の理念、改善更生モデルの犯罪抑止効果に疑問が呈せられるようになり、より厳しい対応を求める声が強まった。保護観察に対しても、その「社会復帰機能」よりも、再犯防止な

第7章　更生保護とは

ど、社会の安全・保護を目的とした監視（モニター）機能の強化を求める議論が目立つようになった。

　このような潮流の中、当時発生した保護観察対象者等による重大再犯事件を契機に、我が国の更生保護制度の問題点と今後のあり方を検討するため、「更生保護のあり方を考える有識者会議」が設置された。検討の結果は、平成18（2006）年6月、報告書「更生保護制度改革の提言─安全・安心の国づくり、地域づくりを目指して─」にまとめられ、法務大臣に提出された。その具体的提言内容は、現行の更生保護制度には「国民・地域社会の理解の拡大」「実効性の高い官民協働」「保護観察の充実強化」の3点において問題が認められるとして、それぞれの改善方策を提言するものであった。この提言等を受け、それまでの更生保護の基本法であった「犯罪者予防更生法」と「執行猶予者保護観察法」の2つの法律が整理統合され、新たに「更生保護法」が定められ、平成20（2008）年6月に施行された。

　この新しい更生保護法では、前掲の有識者会議の提言を受け、様々な制度・手続の改変、新設がなされたが、その中でも、更生保護法に規定され、あるいは法施行に前後して導入された保護観察充実方策、とりわけ各種の専門的処遇プログラムについては特筆しておく必要がある。その代表的なものは、性犯罪者処遇プログラム、覚せい剤事犯者処遇プログラム、暴力防止プログラム、飲酒運転防止プログラムの4つであるが、いずれもその主要な実施主体は保護観察官である。これら専門的処遇プログラムの多くは、認知行動療法におけるリラプス・プリベンション（再発予防）を理論的な基盤におき、認知の偏りや自己統制力の不足等を問題点として自覚させたうえで、再発を防止するための具体的な方法を習得させ、犯罪傾向を改善しようとするものである。これらの専門的処遇プログラムは、専門的関与を必要とする処遇困難事案に対し、保護観察官の関与を強め、保護観察の実効性を高めていく有効な施策になり得るものとして制度設計されており、今後の成り行きが注目されるところである。さらに、将来の課題として、同種プログラムの更なる導入、刑の一部の執行猶予制度の導入及び保護観察の特別遵守事項の類型に社会貢献活動を加える法整備など、更生保護制度の一層の拡大策、改変が構想されている。これらの施策のうち、薬物事犯者などを中心に、刑期の一定期間を執行した後、残刑期の執行を

猶予し、猶予された期間、社会内で更生、社会復帰を促進しようとする刑の一部の執行猶予制度については、既に法案化されている。

　しかし、その一方で、上記の専門的処遇プログラムについては、前掲のように限られた人数の保護観察官が直接的、集中的に関与せざるを得ないところから、その有効性とマンパワーの観点等から検討されるべき課題がないとは言えない。すなわち、この種のプログラム処遇やマニュアル処遇は、マニュアル通りに実施することそのものに多大のエネルギーが費やされるため、その他の業務へ割く余力をなくすようなことにならないか、あるいは一律的な処遇が個々の対象者の姿を見失わせ、個別処遇の原則が軽視されるようなことにはならないか、マニュアル処遇に付随するこのような問題点への対応も、更生保護制度が当面する重要な課題と言えよう。

　最後に、これまで本章において重ねて言及したように、更生保護は、犯罪者を社会的に排除するのではなく、その社会復帰の促進により再犯を防止し、社会を保護しようとするものであり、その基本理念を堅持することが、制度そのものの存立理由ともなるものである。しかし、最近の犯罪や犯罪者に対する厳しい世論動向を受け、また、犯罪被害者の深刻な状況を見るにつけ、再犯防止機能の強化も喫緊の重要な課題である。地域社会や住民の支持なくしては成り立ち得ない更生保護制度の特質を考えるとき、社会復帰（改善更生）機能の充実に加えて、いかにして再犯防止機能を強化し、社会の期待に応えていくか、この更生保護におけるダブルロールの問題は、制度運用にあたる者にとって永遠の課題と言えるのである。

〈参考文献〉
・新訂保護観察事典編集委員会編・法務省保護局監修（1974）「新訂　保護観察事典」文教書院
・更生保護50周年記念論文集編集委員会編（1999）「更生保護の課題と展望」法務省保護局・共同印刷
・更生保護50年史編集委員会編（2000）「更生保護50年史」法務省保護局・共同印刷
・法務省法務総合研究所（2009）研修教材「平成21年版　更生保護」
・法務省保護局観察課（2003）「類型別処遇マニュアル（保護観察官版）」

- 法務省法務総合研究所編（2014）「平成26年版　犯罪白書」
- 法務省保護局（2008）「更生保護法関係資料集」2008年5月
- 高木俊彦（2008）「更生保護ボランティアの現状と課題」『犯罪と非行』日立みらい財団
- 法務省保護局（2008）「平成20年度版　更生保護関係法令集」
- 社会福祉士養成講座編集委員会（2009）「新・社会福祉士養成講座　第20巻　更生保護制度」中央法規出版
- 松本勝、高木俊彦他（2009）「更生保護入門」成文堂
- 更生保護法人日本更生保護協会（2009）「更生保護」2009年7月号

〈推薦図書〉
- 松本勝（2009）「更生保護入門」成文堂
- 北澤信治（2003）「司法福祉論」成文堂
- 日本犯罪社会学会（2009）「犯罪からの社会復帰とソーシャル・インクルージョン」現代人文社
- 伊藤冨士江（2001）「ソーシャルワーク実践と課題中心モデル」川島書店
- 東野圭吾（2006）「手紙」文春文庫

COLUMN

更生保護施設における処遇の流れと今後の課題

相良　翔（埼玉県立大学助教）

　更生保護施設（以下、「施設」）についての概要や統計などに関しては、本書における該当部分に譲るとして、本コラムでは施設に在所する人（以下、「在所者」）の入所から退所までのおおまかな処遇の流れと今後検討されるべき施設をめぐる課題について取り上げる。なお、本コラムでは成人男性を対象とした大都市圏にある施設を念頭においていることに留意されたい。

　入所初期の処遇として主に行われるのは住民票の異動である。在所者を施設の住所に異動させない限り、受けることができない社会的サービスが多い。例えば在所者の中には持病を抱えており、医療機関等にすぐに受診が必要な場合があるが、国民健康保険証がなければ医療費は全額本人負担になってしまう。それはもちろん在所者にとって大きな経済的負担になる。また在所者が高齢の場合は、住所なしには年金受給等の手続きができない。

　しかし、住所を設定することにより露見される問題もある。その中で典型的なのは多重債務の問題である。住所を異動することにより、債権回収会社からの通達が届くことになる。時効になっているケースもあるが、それ以外の場合は法的措置をとらなくてはならない。その場合は法テラス等の機関を利用して、対応することになる。

　その後に行われる主な処遇は就職指導である。各施設には協力雇用主がおり、その会社に在所者の就労を依頼することがある。また最寄りの公共職業安定所（ハローワーク）において保護観察対象者や更生緊急保護対象者に対する就労支援が行われている。それゆえ在所者の中にもその制度を利用する人がいる。就職が決まった在所者はその賃金を貯蓄するように指導される。退所後に住む場の1か月分の家賃と光熱費程度は毎月貯蓄することが望ましいとされる。

　生活の基盤が安定すると、犯罪を起こすことにつながった問題に対して、取り組んでいくための処遇がなされる。ここで念頭に置かれていることは在所期間にすべての問題を解決することではなく、退所後においても引き続い

てその問題に取り組んでいくための力をつけるための処遇である。その例として、在所者の中にはアルコール・薬物・ギャンブル・性など依存（症）を抱える在所者への処遇が挙げられる。保護観察所においても特別な処遇が行われているが、施設においても精神科クリニックやセルフヘルプ・グループなどの協力を得て、ミーティングなどの形式をとる処遇がなされる。またそれ以外にも、SST（Social Skills Training）や自炊の方法を学習するための料理教室なども行われている。

　最終期の処遇として行われるのは、退所後の生活の場の確保をすることである。在所者はいずれ施設を退所することになり、その後の生活先を決めていかなくてはならない。ただし平均的に3か月ほどの在所期間で自立に向けた資金を貯めることは難しい上に、資金があったとしても保証人などの問題でスムーズに地域生活に移行できない場合がある。それらの問題に対して、状況に応じた処遇を行う。また、就労自立が困難な在所者へは福祉施設等へ繋げることも必要となる。

　最後に施設をめぐる今後の課題を述べたい。施設における実践には、在所者に対して食事や宿泊場所を提供するなど更生に向けた「支援」の側面と「犯罪を起こすことにつながった問題に対して取り組んでいくための処遇」のような「教育」の側面がある。特に近年の更生保護制度の改革により施設の「処遇施設化」が進められ、「教育」の側面がますます注目されるようになってきた。グループミーティングやSSTなどの処遇が導入されてきた背景にはこのような事情がある。

　その一方で、「処遇施設化」されることにより、在所者に対する指導監督がより強化されている。このため在所者の社会復帰がかえって阻害されると断定するのは早計ではある。しかし、施設の歴史的背景や現状などから考えると「処遇施設化」に関しては疑問点がないとは言えない。それゆえに在所者の社会復帰の、また施設のあり方について改めて研究を行い、その成果を施設の実情に即したかたちで応用する必要性が出てくるだろう。

COLUMN

医療観察制度の現場から

馬淵　伸隆（法務省保護局精神保健観察企画官室精神保健観察係長）

　「心神喪失等の状態で重大な他害行為を行った者の医療及び観察等に関する法律」（以下「医療観察法」という）は、平成15年に公布され、平成17年7月に施行された。

　医療観察法は、この法律の目的を、心神喪失等の状態で重大な他害行為を行った者の、「病状の改善及びこれに伴う同様の行為の再発の防止を図り、もってその社会復帰を促進すること」（法第1条）として定めている。この目的を果たすため、適切な処遇を決定するための裁判所の審判手続や、医療を行うための指定医療機関、医療の継続性を確保するための地域処遇の仕組み等が定められている。

　本コラムでは、医療観察制度における保護観察所の地域処遇の実際について簡単に紹介したい（「生活環境の調査」、「生活環境の調整」については第7章を参照）。

　医療観察制度における地域処遇では、保護観察所はいくつかの役割を担っている。具体的には、各保護観察所に配置された社会復帰調整官により対象者との面接や、関係機関からの報告等により必要な医療を受けているか否かの確認や生活状況の見守りを行い、継続的な医療を受けさせるために必要な指導等（精神保健観察）が行われている（法第106条）。

　また、保護観察所は、定期的又は必要に応じてケア会議を開催する。これは、対象者の生活状況や意向等の情報を共有し、処遇の実施状況の評価を行いながら、「処遇の実施計画」の作成・見直し（法第104条）や各種申立ての検討をするものである。主に、対象者の地域処遇にかかわる、指定医療機関や地域行政機関、各種福祉サービス事業所等に参加を呼び掛けて開催する。社会復帰調整官は、ケア会議の進行役を務めることが多く、医療、保健、福祉等の多角的、専門的視点から協議が進むよう心掛けている。また、対象者自身や対象者の家族等も出席し、対象者自身や家族が意向等を述べることも多い。

　地域処遇上の課題（被害者が家族である場合の家族間調整、医療中断、生計確保、重複する障害への対応等）は対象者によって様々であるが、日頃からケア会議の開催等により、関係機関との連携を維持、強化しつつ、対象者の特性、地域の実情に配慮した対応が、今後も求められていると言える。

第 **8** 章
更生保護の現場から

中村　秀郷

1　更生保護の意義

　犯罪や非行は地域社会の中で起こるものであり、犯罪や非行に至った人は警察、検察、裁判所、矯正（少年院、刑事施設）などの刑事司法の一連の流れの中で法律に従って処分を受けた後、やがては地域社会に戻ってきて生活を送ることになる。彼らの多くは反省と立ち直りの気持ちを持っているが、地域社会に戻ってきたときに、犯罪や非行に至った様々な要因や社会生活を送る上で自立を阻害する要因があるにもかかわらず、必要な支援が受けられなかった場合、様々なハンディを抱えている彼らが社会に適応できず、社会に反発して再び犯罪に手を染めることを推測することは容易である。そこで、犯罪や非行を犯した人が地域社会に戻ったときに、その人たちの立ち直りを支援することが犯罪や非行を防止するために重要といえる。
　更生保護とは、刑事政策（罪を犯した人たちに対する諸施策）の一分野で、犯罪をした人や非行のある少年を社会の中で適切に処遇することで再犯や再非行を防止し、これらの人たちが健全な社会の一員として自立し、改善更生できるよう指導・援助し、社会を保護することを目的とする国の施策である（更生保護法第 1 条）。犯罪や非行に至った人を排除するのではなく、地域社会に適応するよう指導・援助して、再び犯罪や非行に手を染めないようにすることが、犯罪や非行を減少させ、安全・安心な地域社会の実現に繋がることになるといえる。
　刑事司法の処遇において、犯罪や非行を犯した人を強制的に社会から隔離し、少年院、刑事施設などの矯正施設に収容して行う処遇が「施設内処遇」といわれるのに対し、更生保護は犯罪や非行を犯した人を社会の中で通常の生活を送らせながら指導し、医療機関、福祉機関、ハローワークなどの社会内の資

第二部　非行・犯罪に取り組む

源を利用して社会復帰を援助して処遇を行うという特徴から、「社会内処遇」と呼ばれている。

　更生保護は、保護観察、仮釈放、更生緊急保護、恩赦、犯罪予防活動など従来からの制度に加えて、新たな制度として平成17（2005）年7月から医療観察制度（コラム「医療観察制度の現場から」を参照）が、平成19（2007）年12月から犯罪被害者等施策（詳細は第10章参照）が施行されている。

　本章では、更生保護の中心である保護観察制度を中心に実際の現場の処遇内容・事例を盛り込み、解説していきたい。

2　保護観察の概要

1）保護観察の意義

　保護観察とは、犯罪をした人や非行のある少年を社会の中で通常の生活を送らせながら、保護観察官と民間のボランティア（民間篤志家）である保護司が、毎月、保護観察対象者と面接を行い、あらかじめ定められた遵守事項を守らせるなどの指導監督と、就労・福祉・医療の援助など社会復帰を促進するために必要な補導援護を行うことで、再犯防止と改善更生を図る制度である。

2）保護観察の一連のプロセス

　保護観察の開始から終了までの一連のプロセス、保護観察処遇の大まかな内容については図表8-1のとおりである。具体的な処遇の中身は次節で解説していきたい。

3）保護観察の実施者

　保護観察の実施機関は、法務省の地方支分部局で、全国の各地方裁判所の管轄区域ごとに置かれている保護観察所である。

　保護観察は、保護観察官が自ら直接担当又は保護司と協働して行っており、担当の保護観察官を「主任官」といい、主任官と協働して保護観察を行う保護司を「担当保護司」という。主任官、担当保護司の指名は、保護観察対象者の特性やとるべき措置の内容その他の事情を勘案して行われており、特に、処遇

第 8 章　更生保護の現場から

図表 8-1　保護観察の流れ・処遇過程

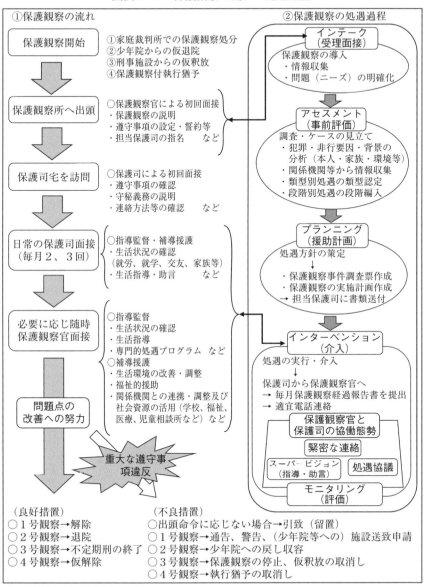

（注）筆者作成

第二部　非行・犯罪に取り組む

に特段の配慮を要する者については、保護司を指名せずに保護観察官が直接処遇を行うことで指導監督を強め、保護観察の再犯防止機能をより一層強化している。

　保護観察官は、医学、心理学、教育学、社会学その他の更生保護に関する専門的知識に基づき、保護観察、調査、生活環境の調整その他犯罪をした人及び非行のある少年の更生保護並びに犯罪の予防に関する事務に従事する（更生保護法第31条）。

　保護司は、保護観察官で十分でないところを補い、地方委員会又は保護観察所の長の指揮監督を受けて、保護司法の定めに従い、それぞれ地方委員会又は保護観察所の所掌事務に従事する（更生保護法第32条）。現在、全国で約48,000人の保護司が活動しており、職種は、会社員、宗教家、農林漁業、商業、製造業、主婦、無職等幅広い。また、地域社会において、民生委員・児童委員、自治会役員、消防団員、PTA役員、少年補導員など様々なボランティア活動をしている保護司が多いため、地域事情等に詳しく地域性・民間性という特色を有している。

　保護観察官が保護司を指名したときは、保護司に対して十分に指導・助言を行い、緊密な連絡を保つようにしている。これは保護司に過重な負担をかけないよう配意しつつ、保護司と保護観察官が協働することによって、保護観察官の持つ専門性と保護司の持つ地域性・民間性を有機的に組み合わせ、保護観察の実効性を高めようとするものである。

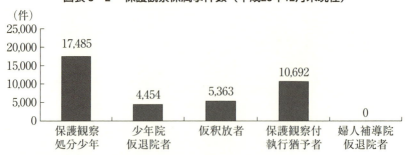

図表8-2　保護観察係属事件数（平成26年12月末現在）

（注）「平成26年12月　保護統計年報」をもとに筆者作成

第8章　更生保護の現場から

　保護観察の現場の第一線では、約980人の保護観察官が約38,000件の保護観察事件を抱えており、処遇の多くの部分を保護司に依存しているのが実情である（図表8-2）。

＊地方委員会…法務省の地方支分部局で、高等裁判所の所在地にある。仮退院又は退院の許可、少年院への戻し収容、仮釈放の許可及び仮釈放の取消し、執行猶予中の者の保護観察の仮解除及びその取消し等の権限を有する。また、保護観察所の事務の監督を行う（更生保護法第16条）。

4）保護観察対象者
(1) 保護観察の種類と期間（図表Ⅰ・Ⅱ参照）

　図表8-3の①②は少年の保護処分であり、③④は刑罰で一般的には成人が

図表8-3　保護観察の種類と期間（詳細は第7章参照）

種　　類		保護観察の期間
①保護観察処分少年 （1号観察）	家庭裁判所の決定により、保護観察に付された者（少年法第24条第1項第1号）	決定の日から20歳に達するまで。20歳までに2年に満たない場合は2年間。例外的に23歳まで。
②少年院仮退院者 （2号観察）	少年院から仮退院を許されている者（更生保護法第42条、第40条）	仮退院の日から、原則として20歳に達するまで。例外的に26歳まで。
③仮釈放者 （3号観察）	刑事施設から仮釈放を許されている者（更生保護法第40条）	仮釈放の日から、残刑期終了日まで。なお、無期刑仮釈放者は死亡するか又は恩赦に浴するまで続く。
④保護観察付執行猶予者 （4号観察）	裁判所で執行猶予付の判決を受け、期間中保護観察に付された者（刑法第25条の2）	執行猶予付の刑の言い渡しが確定した日から、執行猶予の期間終了日まで。
⑤婦人補導院仮退院者 （5号観察）	婦人補導院から仮退院を許されている者（売春防止法第26条第1項）	仮退院の日から、補導処分の残期間が満了するまで。

（注）筆者作成

第二部　非行・犯罪に取り組む

対象となるが重大な犯罪を犯した14歳以上の少年も対象となりうる。⑤は昭和58（1983）年以降、事件係属はなかったが、平成24（2012）年に２件係属した。なお、執行猶予には保護観察が付かない執行猶予（単純執行猶予）もあり、平成25年中に裁判が確定した執行猶予者は32,521人であるが、その内保護観察付執行猶予者は3,255人で、執行猶予者全体に対する割合は約１割である。

　保護観察期間については、保護観察対象者が遵守事項を守り、指導監督及び補導援護の必要がなくなったと認めるときは、保護観察処分少年、少年院仮退院者においては期間が満了する前に保護観察を終了させたり、保護観察付執行猶予者においては仮に解除することができる（更生保護法第69条、第81条）。また、仮釈放者で不定期刑の者に対しては不定期刑を終了させることができる（更生保護法第78条）。これらの措置は一般的に良好措置と呼ばれており、平成25年においては、保護観察処分少年の76.8％が解除に、少年院仮退院者の18.6％が退院となり、少年の場合は多くのケースで期間満了前に保護観察が終

図表８−４　平成25年　保護観察終了事由

保護観察処分少年（１号観察）終了事由
（14,333人）

少年院仮退院者（２号観察）終了事由
（3,354人）

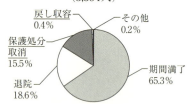

仮釈放者（３号観察）終了事由
（14,751人）

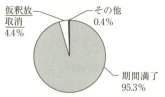

保護観察付執行猶予者（４号観察）終了事由
（3,521人）

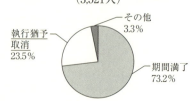

（注）　１．「平成26年版　犯罪白書」をもとに筆者作成
　　　２．保護観察処分少年は、交通短期保護観察の対象者を除く。
　　　３．「その他」は、死亡等である。

了している（図表8-4）。

＊解除…1号観察の良好措置で、期間満了前に保護観察を終了させるもの。
＊退院…2号観察の良好措置で、期間満了前に保護観察を終了させるもの。
＊戻し収容…2号観察の不良措置で、少年院に戻して収容するもの。
＊保護処分取消…保護観察中に再犯・再非行を犯し、裁判所で新たに保護処分がなされたり、又は有罪判決が確定したときに、家庭裁判所が保護観察等の保護処分を取り消すもの。
＊仮釈放取消…3号観察の不良措置で、仮釈放の処分を取り消し、刑事施設に収容するもの。
＊執行猶予取消…4号観察の不良措置で、執行猶予を取り消し、刑事施設に収容するもの。

(2) **保護観察開始人員の犯罪及び非行名**

保護観察対象者が具体的にどのような犯罪・非行を犯して保護観察になったのかを図表8-5、図表8-6の非行・犯罪名をもとに筆者が現場で見て感じたことを簡単に述べたいと思う。ただし、犯罪・非行は地域によって特徴が異なるため、あくまでも筆者のこれまでの勤務地の保護観察事件を見て感じたことであることに留意されたい。

① 保護観察処分少年・少年院仮退院者について（図表8-5）

男女ともに窃盗が多いのが特徴である。具体的には、①小遣い欲しさからDVDや漫画を万引きして中古店に売却、②自転車や原付バイクを盗んで乗り回す、③化粧品、アクセサリー、飲食物を万引き、といったケースが多い。以前は自己使用の万引きが一般的であったが、近年は換金目的の万引きが目立っており、生育歴を見ると小学生時代から万引きを始める少年も多く、これが非行の入り口となっている印象がある。道路交通法違反は、①興味本位で友人のバイクや盗んだバイクで無免許運転、②最近は減少しているが暴走族による暴走行為などが挙げられる。

少年院仮退院者の女子少年には覚せい剤取締法違反が多いが、これは年上の交際相手の影響を受けたり、家出中に援助交際の相手に勧められたり、繁華街のクラブなどで痩せる薬と言われて入手するなど、最初は興味本位で使用を始

第二部　非行・犯罪に取り組む

めるケースが多い。

　少年の交友関係は、昔は学校内・地元中心であったが、携帯電話の普及の影響もあり、今では校外・市外にも大きく広がっている。携帯電話のインターネット機能で「フェイスブック」などSNS（会員制交流サイト）に登録している少年やスマートフォンのアプリ「LINE」を使っている少年も多く、保護者や学校の先生の目の届かないところで交友関係が広がっており、ネットでの中傷が原因でトラブルを起こし保護観察になる少年もいる。また、携帯サイトにおいて、簡単に稼げるバイトとして犯罪の勧誘をしているものもあり、ほとんどの少年が携帯電話を所持している中、携帯電話が少年を簡単に犯罪に結び付けるツールになっている場合も多く、少年と犯罪の距離を一気に縮めている現状がある。

　少年の資質面を見ると、近年は発達障害を持つ少年が増えている印象を受ける。また、生育歴を見ると、保護観察開始前後を問わず高校を中退する者がか

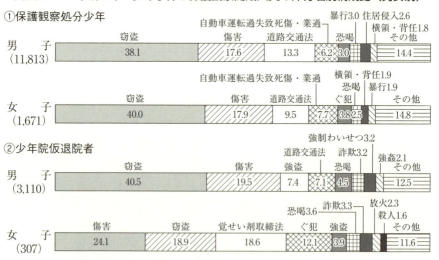

図表8-5　平成25年　少年事件の保護観察開始人員の非行名別構成比（男女別）

（注）1．「平成26年版　犯罪白書」をもとに筆者作成
　　　2．保護観察処分少年は、交通短期保護観察の対象者を除く。
　　　3．少年院仮退院者は、施設送致申請に基づき少年院に収容され仮退院した12人を除く。
　　　4．（　）内は、実人員である。

なり多く、低年齢で妊娠、中絶を経験した女子少年もちらほら見られる。家庭環境を見ると、両親が離婚した家庭、生活保護を受けるなどの貧困世帯の割合が高いように感じる。また、地域の中でも公営住宅の低所得者世帯に保護観察対象者が集中する傾向も見られる。

＊ぐ犯…保護者の正当な監督に服さずに家出・無断外泊を繰り返し、犯罪性のある人などと交際するなど、性格又は環境に照らして将来、犯罪行為をするおそれのある少年は、犯罪をしなくてもぐ犯事件として送致することができる（少年法第3条）。

② 仮釈放者・保護観察付執行猶予者について（図表8-6）

少年同様男女ともに窃盗が多いが、成人の場合、失業、ギャンブルによる借金、生活困窮など経済的な理由から、万引き、侵入盗を行う者が多いのが特徴である。また、成人は覚せい剤取締法違反の割合が高く、繰り返し刑事施設に

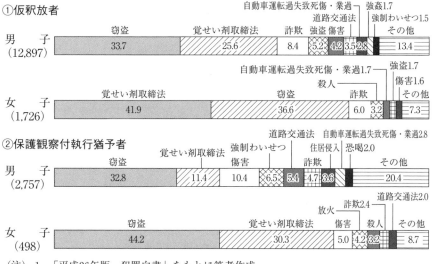

図表8-6　平成25年　刑事事件の保護観察開始人員の罪名別構成比（男女別）

（注）1．「平成26年版　犯罪白書」をもとに筆者作成
　　　2．（　）内は、実人員である。

第二部　非行・犯罪に取り組む

収容される累犯も多い。10代後半から覚せい剤を始めて薬物依存になり、保護観察中に覚せい剤精神病を発症したケースや、フラッシュバックを起こして自宅で暴れたり、精神病院に入院となったケースも見られる。詐欺は、2000年以降、首都圏を中心に振り込め詐欺関係が目立っており、生活困窮から安易にお金を稼ごうと携帯サイトのバイト募集を見て犯罪に加担したケースも見られる。振り込め詐欺の実行犯も多く、被害額が数億円に及ぶ悪質なケースもあり、楽にお金を稼ぐことを覚えてしまい、出所後も再び振り込め詐欺を起こして受刑を繰り返した者もいる。また、勤務先のお金を数千万円横領して実刑となり仮釈放で出所して保護観察を受けるケースや、パチンコなどギャンブルで消費者金融などからの借金が膨れあがり強盗に至ったケースなども見られる。

5）保護観察の方法（指導監督及び補導援護）

保護観察は、犯罪をした人や非行のある少年の改善更生を図るため、保護観

図表8-7　指導監督及び補導援護のまとめ

保護観察	指導監督　=　保護観察の権力的・監督的側面
	遵守事項等を守らせるための指導・指示。遵守事項違反者には強制的な措置が可能。保護観察対象者の犯罪傾向の改善、遵法精神の涵養、規範意識の醸成等を図る。 ・面接等で対象者と接触し、行状を把握。 ・遵守事項を守り、生活行動指針に則して生活・行動するよう必要な指示・措置。 ・特定の犯罪的傾向を改善するための専門的処遇の実施。
	補導援護　=　保護観察の援助的・福祉的側面
	援助・助言など保護観察対象者に対するサービスの提供、生活サポート。対象者の生活環境の改善、自立の阻害要因の解決、社会資源の活用等を行う。 ・適切な住居等を得たり、同所への帰住を助けること。 ・医療・療養を受けることを助けること。 ・職業補導・就職の援助を行うこと。 ・生活環境を改善・調整、生活指導等を行うこと。

（注）筆者作成

察官と民間のボランティア（民間篤志家）である保護司が指導監督及び補導援護を行うことにより実施される（更生保護法第49条）。我が国では、保護観察処遇の大部分が一人の保護観察対象者を保護観察官と保護司とが協働して処遇にあたる、いわゆる協働態勢という仕組みの下、実施されている。

　指導監督とは、面接その他の適当な方法により保護観察対象者と接触を保ち、その行状を把握し、保護観察対象者が遵守事項を遵守し、生活行動指針に則して生活・行動するよう必要な指示を行うほか、特定の犯罪的傾向を改善するための専門的処遇を実施することをいう（更生保護法第57条）。保護観察対象者が再犯・再非行を犯したり、遵守事項に違反してその情状が重い場合には少年院や刑事施設へ収容する強制的な措置をとることになる。このような特徴から、指導監督は保護観察対象者の自由を一部制限・制約する権力的措置といえる。

　補導援護とは、保護観察対象者が自立した生活を営むことができるようにするため、住居・宿泊場所の確保、医療・療養の援助、就職の援助、生活指導等を行うことをいい、保護観察対象者の社会復帰を支援するケースワーク的措置である（更生保護法第58条）。

　指導監督には保護観察のいわば権力的・監督的側面を認めることができ、補導援護には保護観察の援助的・福祉的側面を認めることができる。保護観察実施にあたっては、保護観察対象者の改善更生を促すために、指導監督及び補導援護の両面から、効果が十分に発揮されるよう、一体的かつ有機的に行う必要がある。

6）遵守事項

　遵守事項とは、保護観察対象者が保護観察期間中に守らなければならない事項であって、指導監督の目標であるとともに、これに違反した場合に不良措置（施設送致申請、少年院への戻し収容、仮釈放取消、執行猶予取消等）がとられ得る法的規範である。遵守事項は保護観察対象者の再犯防止と改善更生を図るために設定される。

　遵守事項には、すべての保護観察対象者が保護観察期間中に守らなければならない一般遵守事項（更生保護法第50条）と、保護観察対象者の改善更生のために特に必要と認められる範囲内において具体的に定める特別遵守事項がある

（更生保護法第51条）。

　一般遵守事項は、①再犯・再非行防止のための健全な生活態度の保持、②保護観察の実効性の担保、③対象者の住居・所在の的確な把握、を目的とした5つの事項が定められている。

　特別遵守事項は、保護観察対象者の処遇の状況に応じて設定、変更、取消しが可能であり、一定事項の不作為義務（禁止事項）、作為義務（行うべき義務）など6つの類型が定められている。

　なお、一般遵守事項及び特別遵守事項の類型については、第7章ですでに詳述しているとおりである。

7）生活行動指針

　生活行動指針とは、保護観察対象者の改善更生に資する生活又は行動の指針のことで、保護観察における指導監督を適切に行うため必要があると認めるときに定めるものである（更生保護法第56条）。生活行動指針は、遵守事項と異なり違反しても不良措置をとることはできないため、①違反した場合に不良措置をとることが想定されないような専ら生活指針的・努力目標的な事項、②規範として明確な事項であっても不良措置を想定した義務づけが特に必要とはいえない事項、について設定される。

　具体的には、①の例としては、「被害者等への謝罪、被害弁償に努めること」「異性との不純な交際をしないこと」などが挙げられる。②の例としては「パチンコをしないこと」、「飲酒をしないこと」などが挙げられる。ただし、パチンコや飲酒が原因で生活破綻となり犯罪に至った場合など改善更生に不可欠なときには特別遵守事項としての設定も考えられる。

3　更生保護の現場（保護観察官及び保護司の実際の処遇）

　本節では、1）保護観察処遇の展開、2）更生保護における福祉的援助機能、3）関係機関との連携・調整及び社会資源の活用など実際の処遇の現場について紹介していきたい。なお、掲載事例はすべて実際の事例を基に筆者が趣旨を損なわないよう一部を訂正して作成した架空のケースである。

1） 保護観察処遇の展開（図表8－1「保護観察の流れ・処遇過程」参照）
(1) 保護観察の一連のプロセス

保護観察が開始されると、保護観察対象者（対象者）は居住地を管轄する保護観察所に出頭するよう指示を受け、出頭した保護観察所で担当保護観察官（主任官）による初回面接を受ける。保護観察官は、①保護観察の説明、②遵守事項の設定・誓約など開始手続、③事件背景、生育歴、家庭環境、交友関係など保護観察を実施する上で必要な事項の調査、④担当保護司の指名などを行う。担当保護司の指名は、通常、対象者と面接中又は面接終了後に、保護司の個性や処遇能力と対象者の年齢、性別、性格、必要な指導・援助等を考慮した組み合わせ（マッチング）を重視し、さらに対象者宅と保護司宅の物理的距離等を加味した上、主任官が適任と思われる保護司に電話をし、ケース担当が可能かどうか確認し、了承を得られたら指名を行う。保護観察所での面接後、対象者はその日又は近日中に担当保護司宅を訪問し、保護司による初回面接を受ける。

保護観察官は、①対象者や家族等との面接結果、②裁判所、矯正施設（少年鑑別所、少年院、刑事施設等）が作成した関係書類、③中学校、医療機関、児童相談所など関係機関から得られた情報をもとに、ケースの見立てを行い、処遇の方針を決定し、「保護観察事件調査票」「保護観察の実施計画」（後述）を作成し、担当保護司に送付する。

担当保護司は、毎月2、3回の保護司面接を行い、対象者の生活状況、遵守事項違反の有無の確認を行い、「保護観察の実施計画」に沿って本人の改善更生に向けて指導・援助を行う。そして、月ごとに対象者に対して行った指導監督及び補導援護の内容、遵守事項の遵守状況並びに生活・行動の状況等を「保護観察経過報告書」に記載して保護観察所に提出する。保護観察官は保護司との連携を保ちながら、必要に応じて、対象者や家族等と面接、関係機関と連携・調整して指導・援助を行う。

その後、対象者に問題点の改善への努力が見られ生活が問題なく推移し、指導・援助の必要がなくなった場合には、適切な時期に良好措置を行い保護観察を終了する。逆に、生活状況や遵守事項違反などの問題があれば、保護観察官は必要に応じ随時保護観察官面接を実施して重点的に指導・援助を行い、それ

第二部　非行・犯罪に取り組む

でも行状が改まらない場合には不良措置を行う。また、良好措置・不良措置で保護観察が期間満了前に終了しなかった場合は、期間満了日に自動的に保護観察が終了となるのが通常の保護観察のプロセスである（図表8－4参照）。

(2)　保護観察官の役割

保護観察官の役割としては、①初回面接による保護観察の導入（インテーク）、②調査・ケースの見立て（アセスメント）、③処遇方針の策定（プランニング）、④担当保護司に対するスーパービジョン（指導・助言）などが挙げられる。また、危機場面の対応、専門的処遇プログラムの実施、関係機関との連携・調整など処遇の実行・介入（インターベンション）の場面において幅広い役割を担っており、ケースワークの理論・方法を用いて、対象者への指導・援助、生活環境の調整などを行っている。

①　初回面接による保護観察の導入（インテーク）

保護観察官による初回面接は、保護観察導入のインテークであり、保護観察を軌道に乗せる上で非常に重要なものである。遵守事項を守ることに加え、生活行動指針で定めた就労、就学、交友などの生活目標や課題を意識させて、日常生活を送らせることが初期段階において重要といえる。また、遵守事項違反、再犯・再非行をした際にとりうる不良措置の説明を行い対象者の逸脱行動にブレーキをかけさせること、健全な生活を送れるようになれば期間満了前に保護観察を終了する良好措置をとりうることを説明して対象者の保護観察に対するモチベーションをあげることで、再犯・再非行をしないための動機付けを高めることも効果的である。保護観察官は、初回面接において対象者の話す内容を共感的な態度で傾聴することが重要であり、また、信頼関係を形成する対話技法や雰囲気づくりを含めた面接スキル、対象者が自身の問題性に気づき、その解決に向けて意欲を高める動機づけのスキルが求められる。

②　調査・ケースの見立て（アセスメント）

保護観察の現場では、ケースワークにとって重要なケースの見立ては担当保護観察官（主任官）が行っている。初回面接等の調査結果による対象者の現状把握が、ケースの見立て、処遇の方針を決める判断材料となり、これにより適切な保護観察の実施が可能になるといえる。保護観察官は、初回面接で得た情報に加えて、家族、関係機関等から対象者に関する情報収集を行い、対象者を

取り巻く住居、家庭、生計、就労、就学、交友、社会などの環境を把握し、必要な指導・支援、利用可能な社会資源の検討などの課題分析を行っている。

③ 処遇方針の策定（プランニング）

保護観察官は、①対象者が犯罪・非行に陥った要因・背景といった問題点を分析、②対象者の今後の行動を予測、③関係機関等からの情報収集、④類型別処遇の類型認定（後述）、⑤段階別処遇の段階編入（後述）などを通してケースの見立て（アセスメント）を行い、再犯リスクを予想して処遇の方針を決定する。保護観察官は、対象者に将来生じる可能性の高い課題への予防を考慮し、再犯・再非行の防止に向けた具体的な指導・援助の方法を選定し、対象者を取り巻く環境や社会資源を考慮した実施可能な計画を立て、処遇の実行・介入（インターベンション）に繋げている。

また、調査結果、ケースの見立て、処遇の方針をまとめた「保護観察事件調査票」「保護観察の実施計画」を作成し、担当保護司に送付する。

*保護観察事件調査票…裁判や犯罪・非行に関する事項、対象者の生育歴や家庭状況等が記載されており、対象者の人間像や取り巻く環境を知り、保護観察を実施する上で基本的な資料となるものである。

*保護観察の実施計画…保護観察の開始当初において、処遇の目標並びに指導監督及び補導援護の方法及びとるべき措置の内容を定めたものであり、担当保護司は実施計画に沿って指導・援助を行う。また、実施状況等を考慮して必要な見直しを行う。

図表8-8　「保護観察事件調査票」「保護観察の実施計画」

保　護　観　察　事　件　調　査　票

事件種別等	
作成区分	開始・移送・その他
事件等の区分	1　号観察　　一般・交通・短期
事件番号	4＊＊(1)1－　＊＊＊＊＊
保護観察期間	平成＊＊年10月10日　から　平成＊＊年12月19日まで
氏　名　等	
ふりがな（通称・別名）	ほご　たろう
氏　　名	保護　太郎（平成　＊年12月20日生）　男・女
本　　籍	東京都○○区○○1丁目1番地1

第二部　非行・犯罪に取り組む

住　　居	東京都○○市○○１－１－１－101　　電話　＊＊＊－＊＊＊－＊＊＊＊
学籍・職業	無職・学生等・有職（職種　　　　）

審判又は裁判に関する事項
　決定又は言渡し裁判所　○○家庭裁判所　　　決定又は言渡しの日　平成＊＊年10月10日

犯罪又は非行に関する事項
　罪名・非行名　　傷害
　犯罪・非行の概要　　東京二郎、埼玉三郎と共謀し、H＊＊.8.20……（以下省略）
　動機・原因　　　　被害者の態度に立腹して…（以下省略）
　共犯者の状況　　　東京　二郎（16歳　中学同級生）、埼玉　三郎（16歳　中学同級生）
　被害者等の心身の状況、生活状況、被害に関する心情、被害者等に対する謝罪・被害弁償又は示談の状況その他参考事項
　　被害者感情は悪く、本人との一切の接触を拒否…（以下省略）

交友関係
　交友関係：共犯者の他、地元の中学同級生との交友が中心。○○、△△らと一緒にいることが多い。

家族その他の関係人の状況・家庭環境・居住地の生活環境
　実母　保護　花子　43歳　同居　無職　（生活保護受給中）
　家族間の折り合い　母親はうつ病で精神科通院中。神経質で本人との衝突が多い。（以下省略）
　生計状況　富裕・普通・貧困・極貧　　　家の状況　借家・集合住宅、室数（２室）、借料20,000円
　地域環境　住宅地域　　　　　　　　　　近隣感情　良・普通・悪・不詳

性格・心身の状況等
　(1)　精神状況　　　知能段階　IQ＝65
　　性格特徴　自己評価は低く劣等感が強い。虚勢をはり不良顕示的態度をとるが強い相手には卑屈である。
　　精神障害　ADHD（注意欠陥多動性障害）の診断。軽度知的障害の疑いあり。
　(2)　身体状況　　　壮健・普通・虚弱・疾病
　(3)　し癖等（内容・程度）喫煙（14歳～１箱／１日）・飲酒（－）・覚せい剤（－）・シンナー（－）・文身（－）・パチンコ（－）・競馬（－）・競輪（－）・賭博（－）・家出（中３の夏頃友人宅を転々。）
　(4)　趣味　カラオケ、バンド

生活歴又は保護観察開始後の生活状況
　(1)　生育歴　H＊.12.20　出生。　２歳時に両親離婚。　○○保育園入園。他の園児と比べて落ち着きがなかった。　H＊＊.4　○○小学校入学。入学直後にADHDの診断を受け、○○病院で治療を受ける。（以下省略）　H＊＊.4　○○中学校入学。（中１）授業中座っていることができず、保健室等で過ごすことがあった。（中２）他校の生徒との不良交友がはじまる。（中３）夜間徘徊、無断外泊で生活が乱れ、校内暴力、授業妨害など問題行動が目立つようになる。　H＊＊.3　○○中学校卒業後、先輩の紹介で解体工として稼働するも勤務態度が悪く、H＊＊.8に解雇される。　H＊＊.8.20　▲本件。　H＊＊.8.28　▲本件逮捕。　H＊＊.9.12　○○少年鑑別所に観護措置。
　(2)　教育程度　小・中・高・大・その他（　　　）　／　在学・中退・卒業・不就学
　(3)　保護観察回数　初回目

生活の計画、その他参考事項
　・ADHDの投薬及び通院治療は中学生になり中断。
　・軽度知的障害の疑いがあり、児童相談所で療育手帳取得手続検討。

就業又は就学状況
　・現在無職。就労先の見込みはなく、就労支援を希望。
　・H＊＊.4から通信制高校進学希望。

第8章　更生保護の現場から

保 護 観 察 の 実 施 計 画

課題又は目標
　(1) 早期就労。就労開始後はその継続。
　(2) 交友関係改善。
　(3) 家族関係の安定。必要に応じて母親の相談に乗り、家族調整を行う。
接触の頻度・方法　　（処遇段階の別　□S　　□A　　□B　　■C）
　　担当保護司による月2回程度の面接。必要な場合に往訪、主任官面接を実施する。
その他の指導監督の内容・方法
　(1) 就職活動の状況、採用面接の結果等の把握に努め、早期に就労できるよう働きかけを行う。
　(2) 本人の交友関係に注意を払い、共犯者との付き合いや、家出や非行を誘発するような交友関係を絶つよう指導していきたい。
補導援護の内容
　(1) 必要に応じて、ハローワークと連携して就労支援を実施する。
　(2) 必要に応じて、医療機関、児童相談所など関係機関との連絡を密にし、本人及び家族を支援していく。
その他の措置
　(1) 本人が日常生活でストレスを抱えることがないように、実母に協力を求める。

参考事項
　（処遇の実施において留意すべき指導領域）
　■交友関係　　　　□金銭管理　　　　□問題飲酒　　　　□薬物乱用　　　　■就労・就学関係
　□健康状態　　　　□居住関係　　　　■家族関係

主任官	○ ○ 　○ ○		担当者	○ ○ 　○ ○	
作成者	平成＊＊年10月10日		保護観察官	○ ○ 　○ ○	印

（注）掲載ケースは、様式の趣旨を理解しやすくするために、架空のケースを簡潔な記載例として筆者が作成したものである。

ア．類型別処遇

　類型別処遇とは、保護観察対象者の問題性や特性を、犯罪・非行の態様等によって類型化して把握し、各類型ごとに共通する問題性等に焦点を当てた効率的な処遇を実施して、保護観察の実効性を高めようとするものである。類型には、「シンナー等乱用」「覚せい剤」「問題飲酒」「暴力団」「暴走族」「性犯罪」「精神障害」「中学生」「校内暴力」「高齢」「無職等」「家庭内暴力」「ギャンブル等依存」など13類型があり、各類型ごとに保護観察実施上の問題点、処遇の方針、具体的処遇方法が示されており、これらを処遇に活かしている。例えば、「問題飲酒対象者」に対する一般的処遇方法としては、①アルコールの影響について正しく理解させる、②現在自分の置かれている状態を認識させる、③関係機関の活用、病院への受診及び自助グループの参加を促す、④家族への援助を行う、などが定められている。

イ．段階別処遇

　段階別処遇とは、個々の対象者について、処遇の難易に応じて保護観察の処遇に段階を設け、再犯可能性、改善更生の進度及び補導援護の必要性を的確に把握して対象者をＳ、Ａ、Ｂ、Ｃの各段階に編入し、問題性の深い対象者に対してより重点的に保護観察を実施するものである。各処遇段階への編入、各段階における処遇の内容は図表8-9を参照されたい。

図表8-9　段階別処遇

段階	各処遇段階への編入		各段階における処遇の内容
S	・長期刑仮釈放者 ・凶悪重大な事件を起こした少年 ・社会の耳目を集めた事件等で保護局長が指定した事件の対象者		・長期刑仮釈放者、凶悪重大な事件を起こした少年の処遇について定めた各通達内容 ・保護局長指定の保護観察事件の対象者はその都度処遇内容を指定
A	S段階に編入されない対象者のうち、「犯罪又は非行に結び付くおそれのある行動をする可能性」と「改善更生に係る状態の変化」を考慮して	処遇が著しく困難であると認められる者	・保護司面接…毎月3回程度（うち1回往訪） ・保護観察官面接…少なくとも3か月に1回 ・毎月電話等で保護観察官と保護司の処遇協議
B		処遇が困難であると認められる者	・保護司面接…毎月2回程度（往訪は3か月に1回） ・保護観察官面接…少なくとも6か月に1回
C		処遇が困難ではないと認められる者	・保護司面接…毎月2回程度（往訪は必要に応じ） ・保護観察官面接…必要に応じて

＊往訪…担当保護司が保護観察対象者の自宅を訪問すること。
（注）筆者作成

④　担当保護司に対するスーパービジョン（指導・助言）

　我が国の保護観察制度は、処遇の大部分が一人の対象者を保護観察官と保護司とが協働して処遇にあたる、いわゆる協働態勢という仕組みの下で実施されており、保護観察官が処遇方針（指導・援助の方針）を策定し、主に保護司が対象者に対する日常的な指導・援助を行うという役割を担っている。したがっ

て、毎月の対象者との接触、指導・援助は保護司の面接が中心であり、保護観察官は、毎月保護司から提出される「保護観察経過報告書＝保護司のフィルターを通した本人の姿」を見て、処遇状況を見極め適切な指導・助言を行う必要がある。そのため、保護観察官は、常時保護観察対象者を把握し、適宜電話連絡などで保護司と緊密な連絡を取り合い、適切な助言・指導を行い、必要に応じて処遇協議を行っている。

なお、保護観察官が保護司を指名するにあたっては、対象者の犯罪傾向、保護観察の実施に支障を生じさせるおそれのある問題性の有無・内容を把握した上で、保護司に過重な負担とならないよう配慮している。

(3) **危機場面の対応**

保護観察官は、保護司や家族から対象者の事故（遵守事項違反、再犯・再非行、無断転居、所在不明、犯罪又は非行等に結び付くおそれのある行動等）の報告を受けたときは、対象者と面接を実施して適切な指示、担当保護司に対する指導・助言、実施計画の見直し、不良措置などの必要な措置を行っている。

仮釈放者、保護観察付執行猶予者が遵守事項（無断転居、所在不明等）に違反して情状が重い場合や再犯で警察に逮捕された場合には、的確に不良措置をとる必要があり、対象者に質問調査を実施して仮釈放取消や執行猶予取消の手続を行う。なお、保護観察付執行猶予者が所在不明中に再犯を犯して身柄拘束された場合、起訴猶予等で身柄拘束を解かれることがあり、この場合には検察庁と連絡を取り合い、身柄釈放時に引致して不良措置の手続を行うことがある。

保護観察処分少年、少年院仮退院者が遵守事項に違反（再非行、無断転居、所在不明等）した場合には、少年院仮退院者は少年院への戻し収容、保護観察処分少年は通告、警告、少年院等への施設送致申請を行うことがあるが、少年の健全育成の観点から、実際には厳しく指導を行った上、保護観察の枠組みに戻し、そのまま保護観察を継続する場合が多い。

また、不良措置の場面以外にも、対象者が精神不安定となりリストカットや自殺未遂に及んだり、覚せい剤後遺症で家の中で暴れるなど緊急に医療措置が必要な場合や、対象者の自宅から違法薬物が発見されるなど犯罪行為の疑いが強い場合には、家族等から連絡を受けたときに即座に対応をとる必要がある。

第二部　非行・犯罪に取り組む

前者については医療機関、後者については警察と直ちに調整の上、的確に連携して対処することが求められる。

* 引致…保護観察対象者が、正当な理由がなく指定された住居に居住しないとき、又は、遵守事項違反の疑いが高く、かつ、正当な理由がなく出頭命令に応じない（おそれがある）とき、裁判官に事前請求して引致状を発してもらい、対象者を強制的に（手錠使用等で）保護観察所に連れてくること。
* 通告…ぐ犯事由（少年法第3条第1項第3号）がある少年を家庭裁判所に通告し、審判に付する制度。
* 警告…遵守事項を遵守しなかったことの情状、保護観察の実施状況等を考慮し、警告を発しなければ遵守事項を遵守しないおそれがあるときに発するもので、施設送致申請の前提手続である。

事例1　不良措置事例（少年院への戻し収容）（少年院仮退院者　女性　10代　ぐ犯）

> 本人はぐ犯で少年院送致となり、家庭環境が劣悪なため更生保護施設を帰住地として生活環境の調整を続けて仮退院となる。当初アルバイト就労を継続していたが、施設の門限を守らず無断外泊し、施設を飛び出し所在不明となる。2週間後、本人が施設に戻ってきた際、保護観察所に引致して質問調査を実施。無断外泊中に援助交際をしてお金を稼ぎ、知り合った男性と覚せい剤を使用して、男性宅を転々としていたことを認めたため、遵守事項違反で少年院への戻し収容手続を行った。

* 更生保護施設…頼るべき親族等がいない刑事施設釈放者等（保護観察対象者の他、満期釈放者、起訴猶予者等を含む）を、保護観察所から委託を受けて宿泊させ、食事提供、就職援助、生活指導等を行う施設。社会生活技能訓練（SST）、酒害・薬害教育、コラージュ療法を行うなど、施設によって処遇に特色がある。

事例2　不良措置事例（仮釈放取消）（仮釈放者　男性　20代　強盗）

> 本人は強盗事件を起こして刑事施設に収容されたが、刑期を3か月残して仮釈放となる。実母の許に帰住したが、転居許可を得ることなく無断で上京して連絡が取れなくなったため、<u>保護観察の停止</u>の手続を行い、<u>即時連絡</u>対象者として警察に登録。2年後、深夜に警察の職務質問で所在が判明したため、警察に仮留置を依頼し、翌朝本人を保護観察所に引致。無断転居の遵守事項違反で仮釈放取消の手続を行った。

＊保護観察の停止…仮釈放者が所在不明になった場合、刑期の進行をストップし、時効が完成するまで仮釈放の身分が続く制度。この事例では仮釈放期間の3か月が経過しても刑期は終了しない。

＊即時連絡…所在不明になった仮釈放者等を警察で登録し、職務質問などで所在が発見された際に保護観察所に通報してもらう制度。東京保護観察所が24時間コールセンターの役割を果たし、警察から所在発見の通報があると、東京保護観察所から事件が係属している全国の保護観察所に連絡がなされる。

(4)　専門的処遇プログラム

　保護観察の現場では、医学、心理学、教育学、社会学など専門的知識に基づく特定の犯罪傾向を改善するための処遇として、①性犯罪者処遇プログラム、②覚せい剤事犯者処遇プログラム、③暴力防止プログラム、④飲酒運転防止プログラムの4種類のプログラムを実施している。これらは心理療法である認知行動療法等を活用した専門的処遇として実施されるもので、プログラムごとに一定の条件（保護観察期間が一定期間以上、同種犯罪で処分歴があるなど）を満たす者が実施対象者となり、一部の対象者を除いて特別遵守事項でプログラム受講が義務づけられ、保護観察所の指定した日時に受講しない場合は不良措置がとられることになる。実際に、無断欠席を2回続けたため、不良措置がとられて刑事施設に再収容されたケースも出ている。

①　性犯罪者処遇プログラム

　性犯罪者処遇プログラムとは、強姦、強制わいせつなど性的欲求を満たすことを目的とする犯罪を反復する傾向がある保護観察対象者に対し、性犯罪に結び付くおそれのある認知の偏り、自己統制力の不足等の自己の問題性を理解さ

せ、再び性犯罪をしないための具体的な方法を習得させ、犯罪傾向を改善するものであり、導入プログラム、コア・プログラム、指導強化プログラム、家族プログラムの4種類がある。5課程からなるコア・プログラムは対象者の内面に働きかけるもので保護観察所において実施されている。なお、一部の保護観察所ではグループワークで行われている（コラム「保護観察所における性犯罪者処遇プログラムの実践」を参照）。

② 覚せい剤事犯者処遇プログラム

覚せい剤事犯者処遇プログラムとは、覚せい剤の使用を反復する犯罪傾向がある保護観察対象者に対し、覚せい剤の悪影響と依存性を認識させ、覚せい剤依存に至った自己の問題性を理解させつつ、簡易薬物検出検査において薬物が検出されない旨の結果を出し続けることを目標として、覚せい剤を再び使用しない意志を強化してこれを持続させ、再び覚せい剤を使用しないための具体的な方法を習得させ、犯罪傾向を改善するものである。

簡易薬物検出検査とは、保護観察官が簡易試薬を用いて、対象者の尿中又は唾液中に含まれる覚せい剤等規制薬物を検出するための検査である。

覚せい剤事犯者処遇プログラムは、(1)ワークブックを使用してリーディング形式で行う全5課程の教育課程（コアプログラム）、(2)コアプログラムの全課程修了後、履修内容の定着を図ることを主な目的とするフォローアッププログラム、(3)簡易薬物検出検査から構成されている。

③ 暴力防止プログラム

暴力防止プログラムとは、傷害、暴行、家族に対するDVなど身体に対する有形力の行使により、他人の生命や身体の安全を害する犯罪を反復する傾向がある保護観察対象者に対し、暴力犯罪に結び付くおそれのある認知の偏り、自己統制力の不足等の自己の問題性を理解させ、再び同種の再犯・再非行に至らないための具体的な方法を習得させ、犯罪傾向を改善するものであり、主として対象者の内面に働きかけ、認知や行動の変容を促すことを通じて、暴力的性向を有する対象者の再犯防止及び改善更生を図るものである。

暴力防止プログラムは全5課程からなり、暴力的事件を起こすときの自分の考え方の傾向、行動傾向、生活習慣などの問題点を理解した上で、暴力的な衝動をコントロールする具体的な方法を身に付け、暴力的な犯罪を避けることを

目的とし、ワークブックを使用して、定められた課題について保護観察官と話し合うことを主な内容としている。

　④　飲酒運転防止プログラム

　飲酒運転防止プログラムとは、飲酒運転を反復する傾向を有する保護観察対象者に対し、医学、心理学等の専門的知識に基づき、アルコールが心身及び自動車等の運転に与える影響を認識させ、飲酒運転に結び付く自己の問題性について理解させるとともに、再び飲酒運転をしないようにするための具体的な方法を習得させ、再犯防止及び改善更生を図るものである。

　飲酒運転防止プログラムは、保護観察対象者のアルコールに対する依存の程度に応じた2つのコースが設けられており、それぞれ全5課程の教育課程から構成され、第1課程は動機付けとアセスメント、第2・3課程は心理教育、第4・5課程は対処スキル習得を主な内容としている。

事例3　暴力防止プログラム受講事例（保護観察付執行猶予者　男性　40代　傷害）

> 　本人は過去何度も配偶者に対する家庭内暴力（DV）があり、今回は配偶者に対して傷害を負わせたため保護観察付執行猶予となる。特別遵守事項に暴力防止プログラムの受講が設定されたため、本人は2週間に1回保護観察所に出頭して、全5回のプログラムを受講。暴力防止プログラムを通して、暴力をふるわないための方法、暴力をふるうときの自身の行動パターンを理解し、怒りの感情をコントロールできるようになった。特に、本人は飲酒した状態で口論すると暴力に至る傾向があるので、飲酒を控えたり、飲酒時には争いになる話題を避けるなど生活の中で工夫が見られるようになった。

(5)　**保護司面接**（コラム「保護司の現場から」を参照）

　保護観察処遇においては、保護観察官が処遇方針を策定し、主に保護司が毎月対象者と面接し、日常的な指導・援助を行っている。保護司面接は、対象者の有する問題点を解消し、再び犯罪や非行に至らないよう、社会復帰を促すこ

第二部　非行・犯罪に取り組む

とが目的であり、対象者が保護司に対して信頼を寄せた時、その指示や指導を素直に受け入れ、問題解決に立ち向かうことができるといえる。そのため、対象者との間に信頼関係（ラポール）をつくり、相互に作用する中で問題解決を図っていくことが重要となってくる。

①　初回面接

保護司による初回面接は、保護司が対象者と初めて顔を会わせる場面であり、その後の処遇を左右する重要な面接である。保護司は、保護観察官が初回面接で説示した保護観察の趣旨・遵守事項等についての理解を確認し、理解が不十分な場合には再度説明を行いつつ、守秘義務についての説明を行う。対象者は、保護司が知り得た対象者・家族等の秘密を守ることで、安心して面接を受けることができるといえ、これが信頼関係を築く第一歩になるといえる。また、毎月の面接日時の変更方法、緊急の連絡方法など大まかな面接のルール・枠組みの決定を行うことで、対象者が保護観察をむやみに回避したり、依存したりすることを防止し、保護観察に対する自覚を促し、社会のルールを守る姿勢の涵養に繋げている。

②　日常の保護司面接

保護司は、毎月2、3回の保護司面接において、対象者から遵守事項違反の有無、就労、交友、家族など生活状況の確認を行い、指導・助言を行う。また、必要に応じて往訪（保護司が対象者宅を訪問）を行い、対象者の生活実態を具体的に掴み、家族とのコミュニケーションに触れて、その折り合いを把握する。往訪は、対象者や家族等に対象者のことを案じている気持ちや熱意が伝わるといえ、信頼関係を構築する上で非常に大切である。

対象者は、恵まれなかった生育歴や生活歴を背景に、他人の言動に疑心暗鬼の気持ちを抱き、開始当初は自ら進んで話す者は少なく、毎月面接を繰り返す中で時間をかけて徐々に信頼関係が形成されるといえる。保護司との確かな信頼関係は、対象者の支えとなり、信頼する人がいつも自分のそばにいて応援してくれているという安心感が、彼らの更生への第一歩となる。

③　危機場面の対応

保護司には、対象者の家族等から、対象者の再犯・再非行などを伝える緊急の電話が入ることもある。このような場合、保護司は冷静な対応を心掛け、電

話の相手を落ち着かせて要点を聞き出し、状況に応じた対応・助言を行っている。また、直ちに保護観察官に連絡を取り、今後の処遇方針について協議を行っている。

2）更生保護における福祉的援助機能

　刑事司法の一分野である更生保護において、例えば保護観察制度における保護観察の処分は保護観察対象者にとって自由を一部制限・制約する権力的措置を伴う不利益処分といえるが、処分を受けたことにより反射的に様々なサポート（援助・助言）を受けるようになり、適切な支援機関に繋がった結果、生活環境が改善して社会復帰に繋がったケースは多い。このように更生保護には、制度そのものに福祉的援助の機能が含まれているものがあり、以下、更生保護において福祉的援助の機能を有する(1)保護観察、(2)更生緊急保護、(3)生活環境の調整の各制度における福祉的な側面について紹介していきたい。

(1)　保護観察における福祉的機能
①　補導援護

　生活基盤（住居、家庭、就労、金銭、社会的スキル等）が脆弱な保護観察対象者は、社会生活を送る上で困難に直面することが少なくなく、これが犯罪・非行の要因となっている者も多い。そのため、例えば同居家族との衝突や家賃滞納などで住居を失った場合には住居確保の支援、失業した場合には就労支援など、対象者の自立に向けた支援を行い、生活環境を調整することが、再犯・再非行の防止に必要となってくる。

　補導援護とは、前述のとおり対象者が自立した生活を営めるように住居、医療、就職の援助、生活指導等を行って、対象者の社会復帰を支援するケースワーク的措置である。補導援護を行うにあたっては、対象者の自助の責任を踏まえつつ、依存心を助長したり、自発性や自主性を損なわないよう、改善更生のために必要かつ相当な限度において行う必要がある。また、補導援護を適切に行うため、保護観察官は、地域の社会資源に関する情報を十分に把握し、これらを整理した資料の整備に努めている。以下、補導援護の具体例を列挙しつつ、事例を交えて紹介していきたい。

ア．住居・宿泊場所・帰住の援助
　具体的には、①改善更生に適した住居に居住するよう助言すること、②公営住宅の申込や福祉施設の入所など住居確保に必要な手続を助けること、③必要に応じて対象者の家族及び親族と連絡をとり同居可能な家族等の調整を行うこと、④対象者の少年院仮退院や更生保護施設入所の際に帰住に同行すること、などが挙げられる。

事例4　住居調整・帰住同行（保護観察処分少年　10代　男性　暴行）

> 　本人が同居家族とトラブルを起こして実家を追い出されたため、保護観察官及び保護司が家族に説得を試みたが、これまでの本人の生活態度から一緒に生活するのは限界であると受け入れられなかった。また、本人が地元の不良交友を断つために他県での生活を希望したこともあり、保護観察官が他県の更生保護施設に連絡して調整を行い、施設までの帰住に同行した。

イ．医療・療養の援助
　具体的には、①医療上の措置が必要な対象者に医療又は療養を受けるよう助言すること、②病状に応じて適切な医療機関に関する情報を提供すること、③通院又は服薬を継続するよう助言すること、などが挙げられる。

事例5　知的障害への支援（保護観察処分少年　10代　女性　窃盗）

> 　本人は身柄拘束された際に、少年鑑別所での検査で軽度知的障害の疑いが判明。本人はアルバイト就労経験はこれまで何度かあるが、仕事上のミスが多いためたびたび解雇されていた。保護観察官が本人、母親を説得して児童相談所に連れて行き、知的障害の認定を受けさせて療育手帳を取得。知的障害の認定を受けたことで地域障害者職業センターの利用が可能となり、職場適応援助者（ジョブコーチ）の支援を受けて清掃会社に就職が決まり、就労を継続している。

第8章　更生保護の現場から

ウ．職業補導・就職援助

　具体的には、①就労意欲を喚起し、就労に必要な態度・技能を習得させ、就労の習慣が定着するよう助言等を行うこと、②就労意欲、職業能力、年齢、経歴、心身の状況、生活の計画等を勘案し、職業訓練を実施すること、③就労に関する情報を提供すること、④公共職業安定所の利用を促進すること、などが挙げられる。

エ．教養訓練の援助

　具体的には、①円滑な社会生活を送る上で必要な知識・教養を身につけさせ、情操を涵養するため、スポーツ、音楽その他のレクリエーション、ボランティア活動等への参加を促すこと、②健全な余暇の過ごし方について助言すること、などが挙げられる。

オ．生活環境の改善・調整

　具体的には、①生活保護法に規定する保護施設等への入所をあっせんすること、②対象者の改善更生を助けることについて家族や関係人に理解・協力を求めること、③公共職業安定所に対し就労支援等を依頼すること、④対象者の改善更生に協力する事業主に雇用（新規・継続）を依頼すること、⑤通学を継続できるよう学校に対し理解・協力を求めること、⑥医療機関に対し必要な診察・治療を依頼すること、などが挙げられる。

事例6　生活困窮への支援（保護観察付執行猶予者　40代　男性　窃盗）

> 　本人は半身不随で生活保護を受けて生活していたが、身柄拘束中に生活保護を打ち切られアパートを追い出されて住居不定となる。初回面接後、保護観察官が本人を連れて市役所福祉課（福祉事務所）に出向き、ケースワーカーと協議し、NPO法人運営の簡易宿泊施設に居住させて生活保護を再開。数か月後、市内のアパートに転居し、生活保護を受けながら自立した生活を送れるようになった。

第二部　非行・犯罪に取り組む

事例7　医療機関へ診察・治療の依頼（少年院仮退院者　10代　女性　ぐ犯）

> 本人は援助交際・家出を繰り返したため、ぐ犯で少年院送致となる。仮退院後、自宅に戻るも家族とトラブルになり、すぐに家を飛び出して家出状態となる。数週間後、友人から本人の所在場所の情報提供があり、警察少年センターと協議して都内のアパートで本人を保護。妊娠の可能性があったため、本人の希望で近くの医療機関に直ちに診療を依頼し、受診させたところ妊娠が判明。本人が出産を拒否して中絶を希望したため、本人の父親を呼び出して同意の上、処置を受けさせた。

カ．社会生活に適応させるための生活指導

　具体的には、①自立及び協調の精神を会得させ、健全な社会生活を営むために必要な態度、習慣及び能力を養わせること、②調理、洗濯、掃除等の日常生活を営むための知識、技術等を習得させること、③社会生活に適応するために必要な能力を習得させるための生活技能訓練を実施すること、④アルコール依存又は薬物依存からの回復を支援する団体に関する情報を提供すること、などが挙げられる。

キ．その他健全な社会生活を営むために必要な助言・措置

　具体的には、①適切な金銭管理の助言をすること、②健康保険等の手続をとることを助けること、③法律相談等のため適切な相談機関を紹介すること、などが挙げられる。

事例8　国民健康保険の加入手続の支援（仮釈放者　50代　男性　窃盗）

> 本人は親族等の身寄りがないため、更生保護施設を帰住地として生活環境の調整を続けて仮釈放となる。施設職員が本人に同行して市役所に出向き、住民登録及び国民健康保険の加入手続を手助けした。また、ハローワークの就労支援を利用し、建築作業員として就職が決まり、就労を開始。毎月給料日に施設にお金を預けて貯蓄を続け、6か月後施設退所時には貯金ができ、アパートを借りて自立することができた。

②　応急の救護

　応急の救護とは、保護観察対象者が医療、食事、住居など健全な社会生活を営むために必要な手段を得ることができず改善更生が妨げられるおそれのある場合、福祉機関等から必要な応急の救護が得られるよう援護し、救護が得られない場合は保護観察所が自ら又は更生保護施設等に委託して救護を行うことをいう（更生保護法第62条）。応急の救護は、保護観察対象者が生活困窮に陥ったときに、当面の衣食住などの保護をして社会復帰を支援する性格を有するものである。

　応急の救護の内容には、①宿泊場所の供与、②食事の給与、③宿泊場所への帰住旅費の給与・貸与、④就業又は当面の生活を助けるために必要な金品等の給与・貸与、などがある。

事例9　応急の救護（少年院仮退院者　10代　男性　窃盗）

> 　本人は地元を離れて親戚の家に居候して稼働していたが、親戚とトラブルを起こして家を追い出され職を失う。数週間、ネットカフェで生活していたが貯金が尽き、保護司に助けを求めたため、保護観察官が更生保護施設入所を調整した。本人は施設に宿泊しながら就職活動を続け、寮のある会社に就職が決まり、施設退所となった。

(2)　**更生緊急保護における福祉的機能**

　更生緊急保護とは、満期釈放者や起訴猶予者などが刑事手続等による拘束を解かれて社会に出てきた際に、親族や福祉機関等から援助が受けられず生活に窮した場合、緊急に金品の給与、宿泊場所の供与、就職支援、生活指導等を行うことで生活環境を改善・調整して速やかな改善更生を保護することをいう（更生保護法第85条）。更生緊急保護は、保護観察所が自ら又は更生保護施設等に委託して行う。また、更生緊急保護の内容は保護観察対象者に対する応急の救護と同じであり、満期釈放等で身寄りがないまま社会に放たれた者が生活困窮のため再び犯罪に至らないように、当面の衣食住の保護をして社会復帰を支援する性格を有するものである。なお、更生緊急保護は、刑事手続等による

第二部　非行・犯罪に取り組む

拘束を解かれた後、原則として6月以内に限り、本人の申出に基づいて行われる。

更生緊急保護の内容には、①宿泊場所の供与、②食事の給与、③宿泊場所への帰住旅費の給与・貸与、④就業又は当面の生活を助けるために必要な金品等の給与・貸与、などがある。

事例10　更生緊急保護（起訴猶予者　50代　男性　窃盗）

> 本人は5年前から○○公園においてホームレス生活をしていたが、空腹のためスーパーで食料品を万引きして身柄拘束される。本人は、検察庁で起訴猶予となり、身柄釈放された際、保護観察所に出頭して更生緊急保護の申出を行い、更生保護施設にて保護を行った。

事例11　更生緊急保護（満期釈放者　50代　男性　窃盗）

> 本人は5年前から○○公園においてホームレス生活をしていたが、空腹のためスーパーで食料品を万引きして身柄拘束される。本人は、裁判で懲役1年の実刑判決となり、刑事施設に収容されたが、身寄りがないため仮釈放にならず、刑期終了日まで受刑した。満期釈放後、保護観察所に出頭して更生緊急保護の申出を行い、更生保護施設にて保護を行った。

(3)　生活環境の調整における福祉的機能

①　矯正施設（少年院、刑事施設等）収容中の者に対する生活環境の調整

矯正施設（少年院、刑事施設等）に収容されている人が、釈放後に再び犯罪や非行を誘発するような環境に戻れば、その改善更生を支援することは困難である。

そこで、保護観察所では、その人の社会復帰を円滑にするために必要があると認めるときは、家族や関係人を訪問して協力を求めるなどの方法により、釈放後の住居、就業先などの生活環境の調整を行っている（更生保護法第82条）。地域社会で自立した生活を営むためには、帰住先の状況や家族等の引受人の調

査に加え、医療、保健、福祉、就労、就学等の関係機関に援助・協力を求めるなど、社会復帰を目的とした計画的かつ実効性のある支援が必要といえる。

事例12　生活環境の調整（少年院在院者　中学３年生　男性　傷害）

> 本人は、校内暴力で後輩に傷害を負わせたため少年院送致になる。本人は幼少時から精神科病院に通い、精神安定剤などを服薬していた。本人が少年院入所中に、保護観察官が主導して両親、中学校の教諭を集めてケースカンファレンスを実施して、本人が出てきた際の受入準備を進めた。両親には進路関係、仮退院後に通院する医療機関の調整、学校には通学環境の整備、卒業後の進路指導などを依頼して具体的に煮詰め、仮退院後の本人の生活が軌道に乗るよう調整した。

② 裁判確定前の保護観察付執行猶予者の生活環境の調整

保護観察所では、保護観察付執行猶予の言渡しを受け、裁判が確定するまでの者について、保護観察を円滑に開始するため必要があると認めるときは、その者の同意を得て、家族や関係人を訪問して協力を求めるなどの方法により、その者の住居、就業先などの生活環境の調整を行っている。これは刑が確定する前（保護観察開始前）ではあるが、改善更生のためにすみやかな調整が必要な者に対し、住居や就労先の確保等の支援を行うものである。

事例13　保護観察付執行猶予の裁判確定前の生活環境の調整（60代　男性　傷害）

> 本人は、裁判所で懲役３年、執行猶予４年間保護観察付の言い渡しを受けたが、住居・所持金がなかったため、保護観察所に出頭し、住居・就業先の生活環境の調整を求めた。保護観察官が本人と疎遠の他県在住の長男、長女に連絡を取り、同居を依頼したが家庭事情のため、受け入れられなかった。また、更生保護施設を調整したが施設に空きがなかったため、自立準備ホームを調整し、宿泊や食事の提供、毎日の生活支援を委託し、

本人を入所させた。2週間後、裁判が確定し、自立準備ホームで生活しながら保護観察を開始した。

＊自立準備ホーム…NPO法人、社会福祉法人等が管理する施設の空きベッド等を活用する「緊急的住居確保・自立支援対策（平成23年度開始）」に基づいた民間の施設の通称。保護観察所から、あらかじめ登録された事業者に対して、保護が必要なケースについて、宿泊場所、食事の提供、毎日の生活指導等の委託がなされる。

3）関係機関との連携・調整及び社会資源の活用

　実際の保護観察の処遇場面では、面接による助言・指導など対象者への働きかけだけでは解決できない問題が少なくない。生活基盤（住居、家庭、就労、金銭、社会的スキル等）が脆弱な対象者には、適切な関係機関と連携して医療機関・福祉機関・ハローワークなどの社会資源を有効に活用しながら解決を図っていくことが必要である。これまで適切な機関による支援を受けたことがないまま保護観察になって初めて適切な機関の窓口に繋がる対象者も多く、彼らが抱えている医療、保健、福祉、就労、金銭などの問題を解決に結びつけ、自立を阻害する要因を取り除くことが社会復帰に繋がるといえる。

　保護観察官は、処遇を適切に行うため日頃から地域にどのような関係機関があり、どのような活動を行っているのか、社会資源に関する情報を十分に把握し、日頃から必要な情報交換を行い協力態勢を整備することが重要である。また、必要な処遇場面で、関係機関を保護観察の土俵に乗せて、社会資源を積極的・効果的に活用して指導・援助の両面における処遇の充実を図ることが保護観察官に求められる大きな役割といえ、様々な施策について理解を深めることが求められる。

　福祉に関して補足すると、刑事司法は処分の期間が定められているが、福祉は刑事司法の処分が終わった後も援助が必要な限り継続するという特徴があり、保護観察終了後における対象者の社会資源との繋がりを考え、期間内に必要な機関と結びつけておくことが保護観察終了後の本人の継続支援・社会復帰に有用である。また、社会資源の利用を通じて対象者が自らが抱えている問題

第8章　更生保護の現場から

図表 8-10　多機関連携事例（エコマップ）（保護観察処分少年　15歳　男性　窃盗）

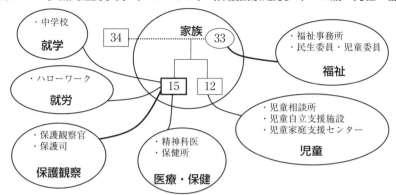

を認識し、その解決に向けて主体的に適切な機関に相談して支援制度を利用できるようになることは、対象者の自立を促すことに繋がるともいえる。

　対象者の社会復帰には、医療、保健、福祉、就労、就学等の関係機関との多面的連携が必要になる場合もある。図表8-10は、ある対象者（筆者作成の架空ケース）を取り巻く社会資源を整理したものである。ケース設定は、①両親が離婚し母親と同居、②家庭は生活保護受給中（福祉との繋がり）、③本人が発達障害で通院治療中（医療・保健との繋がり）、④弟が児童自立支援施設に入所中（児童福祉機関との繋がり）、⑤本人が保護観察になったことで社会資源に保護観察官及び保護司が加わり、卒業後の進路に就職を希望したのでハローワークへ就労支援を実施している。この事例のように複雑な問題を抱えている家庭は実際に多く、このようなケースでは各機関が単独で家庭を支援するより、家庭を取り巻く機関が連携・調整して支援に取り組むほうが効果的な援助が可能である。一つの家庭を関係機関が連携して支援することは保護観察の現場でもよく見られ、必要に応じて関係機関の担当者が集まり処遇協議を行っている。

　以下、社会資源の活用について関係機関との連携・調整事例を紹介したい。

第二部　非行・犯罪に取り組む

事例14　中学校との連携事例（保護観察処分少年　10代　男性　暴行）

> 生徒3人が中学校で校内暴力を起こし、全員が保護観察処分となる。開始直後に保護観察官、各担当保護司、学校担任、指導主任等が集まり処遇協議を実施。その後も定期的に就学状況、生活状況、家庭環境等について情報交換を行い、AにはBBS会のともだち活動（学習指導）を行い、Bは進路が就職希望のためハローワークの就労支援を実施、Cは家庭内の問題が大きいので保護者に対して家族調整を行った。保護司面接では学校側の指導方針に合わせて指導・援助を行い、Aは工業高校に進学、Bは左官工として就職、Cは昼間アルバイトをしながら定時制高校に進学した。

＊BBS会…非行のある少年や悩みを持つ子どもたちに、兄や姉のような立場で接し、相談に乗ったりしながら立ち直りを支援する活動等（Big Brothers and Sisters Movement）を行う青年ボランティア団体。平成26年4月1日現在、BBS会の数は479、会員数は約4,500人である。

事例15　精神保健福祉センター・ダルクに繋げた事例（生活環境の調整、仮釈放者　30代　男性　覚せい剤取締法違反）

> 本人は、覚せい剤の自己使用により刑務所に2度目の受刑となる。引受人は母親で、引受け意思は認められたが、本人出所後の再犯を懸念していた。そのため、保護観察官及び保護司が母親に対して働きかけを行った結果、保護観察所が開催している「覚せい剤事犯者の引受人会」に毎回参加し、薬物依存や地域の支援機関について正しい知識を得ることができた。さらに精神保健福祉センターが主催する家族教室に繋げたところ、自身の不安や悩みを吐露できるようになり、また、具体的な場面に応じた本人への有効な対応方法を知ることができた。
> 　そして、母親が刑務所で本人と面会し、ダルクへの通所について提案したところ、本人も刑務所内での薬物依存離脱指導を受けたこともあり、検討することとなった。その後、本人は刑務所を仮釈放となり、保護観察所

で覚せい剤事犯者処遇プログラムを受講した後、母親、保護観察官、保護司の勧めもあり、ダルクへの通所を開始。以後、薬物依存からの回復を続けた。

事例16　断酒会・福祉に繋げた事例（保護観察付執行猶予者　40代　男性　強盗）

　本人は、保護観察開始当初から問題飲酒対象者であったが、その後も飲酒をやめることができず、アルコール依存症になり自己をコントロールできない状態になった。保護観察官が都の担当者に相談し、措置入院について検討したが、状態が落ち着いたため社会内生活を維持させた。本人は、保護護観察官、保護司、家族等の働きかけにより、アルコールを断つ決意を固め、断酒会に継続的に参加するようになった。また、本人の生活が困窮したため、担当保護司が民生委員に相談して福祉に繋がり、生活保護が受けられるようになった。

事例17　ハローワークとの連携事例（保護観察処分少年　10代　女性　窃盗）

　本人はコミュニケーション能力に問題があり、アルバイトを始めても接客対応が上手くできず、すぐに解雇されてきた。そのため、ハローワークの就労支援を利用し、保護観察官、保護司、ハローワークの専門職員で援助チームを作って協議し、本人でも就業可能と思われる職種を中心に応募させた。何度も不採用が続く中、理解ある雇用主に出会えて就職が決まり、就労を継続している。

事例18　医療機関との連携事例（保護観察付執行猶予者　女性　20代　放火）

　本人は統合失調症で入院歴があり、退院後も定期的に通院している。本人の同意のもと、保護観察官及び保護司が精神科医と定期的に情報交換を行い、協働して生活全般を支援。保護観察では医師の処方に従った服薬を

> するよう指導を行い、また、通院・服薬が心身の状況を改善していることに気づかせ、継続する動機付けを高める指導を行った。

4 更生保護を担う者として

　保護観察対象者は、成育歴、家庭環境、資質面など様々な問題を抱え、これが犯罪・非行というかたちで現れてきた人といえる。彼らは、社会の中で必要な指導や援助を受けることによって、人と人との関わりを通して、より良く変わり得る人たちであり、科学的知識も活用しながら、根気強く繰り返し丁寧な指導を行うことが必要である。社会から排除されてきた彼らは、弱点・問題点を含め、他者に受け入れられたと感じた時に初めて更生への道を歩みだすことができる。

　更生保護の現場では、保護観察官及び保護司は、処遇者として彼らと向き合い、社会復帰を支援する。彼らの更生をめぐって、多くの人々が日々悩み、悪戦苦闘し、泣き、笑う。道を踏み外しながらも更生した多くの人たちの陰には、処遇者たちの高い使命感・強い自覚に加え、彼らの更生を最後まで信じる気持ち、そして、彼らに対する深い愛情がある。

　また、処遇者として、彼らが保護観察終了後も再び犯罪や非行に至らないよう、たとえ期間中に社会復帰の芽が出なくても、期間中に様々な社会資源と結びつけて、保護観察終了後においても地域で彼らの自立を助けられる環境を調整するなど、先を見据えた処遇が必要と感じている。「社会資源」という財産を自前の箪笥にいっぱい蓄え、いつでも、求めと必要に応じて引出せるようにしておきたいと思う。

　犯罪や非行のない明るい社会をつくるためには、犯罪や非行に至った人たちを社会から排除するのではなく、彼らを受入れて支援していくことが大切であり、彼らが立ち直ることで新たな犯罪・非行の防止に繋がるといえる。更生保護の意義はここに見出すことができる。

〈参考文献〉
・法務省保護局（2012）「平成24年度版　更生保護関係法令集」
・法務省保護局　各種通達、事務規程、保護司研修資料等
・法務省法務総合研究所編（2014）「平成26年版　犯罪白書」
・法務省法務総合研究所（2014）研修教材「平成26年版　更生保護」
・法務省大臣官房司法法制部（2014）「平成26年12月　保護統計年報」
・更生保護法人日本更生保護協会（2009）「更生保護便覧」

〈推薦図書〉
・伊藤冨士江（2001）「ソーシャルワーク実践と課題中心モデル」川島書店
・山本譲司（2006）「累犯障害者―獄の中の不条理―」新潮社
・藤川洋子（2007）「なぜ特別支援教育か―非行を通して見えるもの―」日本標準
・松本勝、高木俊彦他（2009）「更生保護入門」成文堂

COLUMN

保護観察所における性犯罪者処遇プログラムの実践

里見　有功（関東地方更生保護委員会保護観察官）

　保護観察所における性犯罪者処遇プログラムは、2004年11月に奈良県で起きた、わいせつ目的の女児誘拐事件をきっかけとして、性犯罪者に対する処遇内容が見直されたことから、2006年9月に導入され、刑務所等からの仮釈放者及び保護観察付執行猶予者を対象として全国で実施されている。

　性犯罪者処遇プログラムの全体像は、「指導強化プログラム」、「家族プログラム」、「導入プログラム」、「コアプログラム」の4つのプログラムから構成されている。「指導強化プログラム」は、保護観察官及び保護司が定期的な面接等を通じて、対象者の生活実態を把握しながら必要な指導助言を行うものである。「家族プログラム」は、保護観察官及び保護司が対象者の家族と協力関係を築きながら、家族を精神的に支え、再犯防止に向けて家族に助言を与えていくものである。これら2つのプログラムは、保護観察全期間を通じて実施される。そして、「導入プログラム」は、「コアプログラム」の受講に向けての動機付け等を行うものであり、「コアプログラム」は、これら4つのプログラムの中心となっているが、リラプス・プリベンションや認知行動療法の考え方を取り入れた心理教育的なプログラムであり、東京、大阪等の大規模庁においてはグループワークとして実施している。以下、「コアプログラム」についての、東京保護観察所における実践について述べる。

　「コアプログラム」は、全5回のセッションから構成され、各セッションは概ね2週間に1回の頻度で実施されている。東京保護観察所においては、同プログラムを専従して担当している「特別処遇実施班」が設置されており、保護観察官6名（男女各3名）が配置されている。各セッションの内容は、「A：性犯罪のプロセス」、「B：認知の歪み」、「C：自己管理と対人関係スキル」、「D：被害者への共感」、「E：再発防止計画」となっている。Aセッションは、対象者自身の事件前後の生活を丁寧に振り返り、当時の認知、気分・感情、行動等を確認して、事件に至るまでの流れを把握することが目的で個別に実施し、セッションB～Eの4回を原則としてグループで実施して

いる。

　グループはクローズドで、概ね5名程度を対象とし、メンバーはプライバシーに配慮してニックネームで参加、男女1名ずつの保護観察官がファシリテーター（4回固定）として実施する。プログラムの中心となる考え方は、認知行動療法における「認知再構成法」と「問題解決法」に基づいている。プログラムの目的は、メンバー自身に自らのストレスや不快感情を高めた認知や、事件に直結した認知を自覚させた上で再構成させるとともに、ストレス場面や危機場面での具体的な行動対処方法を身に付けさせ、実生活においてそれらを継続的に実行させることによって、セルフ・コントロール感を高め、再犯を防止していくことにある。さらに、グループワークで実施することにより、ファシリテーターからの助言だけでなく、自分の意見を伝え、他のメンバーの意見に耳を傾けることで洞察を深め、プログラムとしての実効性をさらに高めることを目的としている。

　最後に、本プログラムが導入されて6年が経過し、再犯への抑止効果の有無がそろそろ検証される時期が来ていると思われるが、私見ではあるが現段階での課題を述べたい。第一は、担当保護司や本人の居住する地区や更生保護施設を担当する保護観察官（主任官）とのより緊密な連携の必要性である。これは、対象者が就労を含めた社会生活を営みながら受講するという制約を考慮すると、5回という限られた回数の中では、対象者自身が自らの「再発防止計画」を作成した段階でコアプログラムが終了となるため、実生活での継続を確認したり、必要に応じてメンテナンスを図る際には、連携が不可欠となるためである。第二は、実施者側の技術向上の問題である。プログラムの基本的な内容は規定されているものの、一人ひとりの対象者の問題点を的確に把握した上で、それに応じた目標を定めつつグループをマネージメントすることは、各ファシリテーターの力量に拠るところが大きい。定期的なスーパービジョンや研修の機会を確保することは容易ではないものの、実施者一人ひとりの日々の研鑽が、結果的には対象者の再犯防止の大きな力となるものと思われる。

COLUMN

保護司の現場から〜心に残るケース〜

土屋　邦子（保護司）

　保護司の委嘱を受けてから30年近い月日が経過し、数多くのケースに出会ってきました。これまで担当した対象者の大半は少年でした。保護観察処分少年は、非行の進んでいない場合1年の経過を経て、解除になるケースがほとんどですが、再非行や家庭環境が改善せず、長期にわたるケースも少なくはありません。対象者との関わりの中で、心に残るケースを紹介します。

　A子は中学生までは共働きの両親を助け弟の面倒を見る頑張り屋でした。高校の進学で希望のところに行けず、先生との折り合いが悪く、退学し、非行に走って保護観察になりました。しかし、A子は父親との確執から家を飛び出し、恐喝、シンナー乱用などの再非行で少年院に送致、父親は面会に行くことを拒否し、このままでは仮退院後のことが憂慮されました。必死で父親を説得し、なんとか面会までこぎ着けたのですが、これがA子の家庭環境を改善するきっかけになりました。それからのA子はみるみる変化の兆しを見せました。仮退院後すぐに仕事を始めて生活が安定し、保護観察も問題なく推移して無事終了。結婚して夫の郷里に同行し、現在は三人の子どもの母親になっています。

　男子少年の場合は、成人に達すると自立心が芽生え、就労意欲も家族に対する気持ちも変化する場合が多いのですが、女子少年の場合は、家庭での自分の居場所、心のよりどころが確立されることで立ち直りに向かう傾向が見られます。

　幼い頃から、家族内での自分の位置、居場所に悩み、非行に走ってから自分の位置を確認し、どうにもならない現状から再非行に走る場合もあります。それを救うのが身近で支えてくれる人たちの存在です。家族だけでなく、いつも身近で叱咤激励してくれる保護司との間にできた信頼関係は彼らにとって大きな支えになります。また、理解のある雇用主に出会い、職場で認められることで自分の存在価値を見出したり、自分の過去を承知で必要な存在だと言ってくれる配偶者に巡り会えたりしたとき、彼らは立ち直ることができます。

　私たち保護司が対象者にできることは、彼らに寄り添い、共感し、一人では踏み出せなかった一歩の背中をそっと押し出し、真っ直ぐ歩いていけるかを温かく見守っていくことではないでしょうか。

　保護司の委嘱を受けてから対象者との関わりの中で、多くのことを学びました。これからも、保護司として共に歩み学んでいくことを願っています。

=COLUMN=

社会福祉士と司法福祉の現場

中村　秀郷（社会福祉士、名古屋保護観察所保護観察官）

　社会福祉士は、我が国のソーシャルワークを担う専門職として、社会福祉、医療、保健などの現場において、障害者、高齢者、児童、低所得者など福祉的援助が必要な人々に対する相談援助並びに制度や社会資源の活用といった連絡調整の業務を行っている。

　社会福祉士の主な職種としては、行政機関（都道府県、市町村、福祉事務所等）における相談業務や福祉サービスの企画を担うソーシャルワーカー、病院・保健所等における医療ソーシャルワーカー、老人福祉施設・心身障害者施設等の生活指導員などが挙げられる。さらに近年においては、スクールソーシャルワーカーをはじめとする学校領域、成年後見制度といった司法分野においても活躍の場が広がっている。

　また、社会福祉士養成課程において更生保護施設が実習指定施設となり、新カリキュラムにおいて更生保護制度が科目として導入されるなど、司法福祉分野への社会福祉士の参加が期待されるようになった。ここで社会福祉士の新たな活躍の場について、法務省の関係機関を例に簡単に紹介したい。

　刑務所などの矯正施設では、平成19（2007）年度から社会福祉士の配置が進められた。これは高齢者や障害者など、社会復帰の支援を必要とする受刑者が増大したためで、入所後早期に福祉的支援に係るニーズを把握し、支援が必要な受刑者に対し、福祉サービス受給の申請手続等の援助（療育手帳、身体障害者手帳、精神障害者保健福祉手帳、要介護認定、生活保護受給等の手続）を行い、出所後の生活をスムーズにするための支援を行っている。さらに、平成21（2009）年度からは、行き場がなく、自立生活が困難な高齢者や障害者など福祉的な支援を必要とする受刑者に対し、矯正施設、保護観察所、地域生活定着支援センターが連携して帰住先及び福祉サービスの調整を行う「特別調整」の制度が開始された。この制度導入にあたり、民間の更生保護施設では、平成21（2009）年度から一部の指定施設で、特別調整対象者が刑事施設出所後すぐに福祉の支援（福祉施設入所等）を受けることができ

ない場合、福祉に移行するまでの間受け入れるようになった。指定更生保護施設では社会福祉士等が福祉職員として配置され、生活指導や関係機関との調整を行い、円滑な福祉への移行や社会生活に適応するための専門的な生活指導を支援している。

　保護観察所では、保護観察官の採用は、従来は国家公務員採用試験が中心であったが、平成24（2012）年度に法務省専門職員採用試験が新設され、従来から専門試験であった矯正心理専門職、法務教官に加えて、保護観察官も試験区分に加わり、今後の保護観察官採用ルートの中心になることが見込まれる。この試験は福祉、心理学、社会学及び教育学などの知識を問う専門職試験であり、社会福祉士を目指す福祉系学部の学生・出身者の応募が見込まれている。また、近年の保護観察官の選考採用（通常の国家公務員採用試験とは別に任免権者が行う実務経験者等の採用）は、社会福祉士の有資格者を採用要件にするケースが増えている。これらの流れは、高齢者や障害者など自立困難な対象者が増えており、福祉的視点が最近の更生保護の現場で求められているからである。また、平成17（2005）年度から「心神喪失等の状態で重大な他害行為を行った者の医療及び観察等に関する法律（医療観察法）」に基づいて、医療観察（精神保健観察等）を担う社会復帰調整官が保護観察所に配置されているが、社会復帰調整官の採用要件には、精神保健福祉士の他に社会福祉士の有資格者も含まれている。

　以上のように、非行・犯罪に取り組む司法福祉の実践現場において、社会福祉士の専門性を活かす新たな実践の場が広がっており、今後の活躍が期待されている。

第三部

犯罪被害者の支援

第 9 章
被害者支援の現場から

森　響子

1　犯罪被害者がおかれる状況と抱える問題

　犯罪被害に遭うと、被害者及びその家族、もしくは遺族はどのような問題に直面し、どのようなことに困難を感じるのだろうか。はじめに、犯罪被害者がおかれる状況と抱える問題について概観する。こうした状況や問題は、犯罪の罪種や個別の被害状況などにより多様であるが、一般的によく見られるものとして提示したい。

1）犯罪被害の精神的影響
　犯罪によって心身をひどく傷つけられる、あるいは大切な家族の生命を奪われるという出来事は、被害に遭った本人のみならず、家族もしくは遺族の心に大きな衝撃を与える。その衝撃によって心身には様々な反応が生じ、生活全体にも変化をもたらす。
　犯罪被害は予期せぬ出来事であるため、とりわけ被害直後の被害者は茫然自失の状態に陥る。出来事を受け止められず、一見冷静で落ち着いている様子に見えることがある。これは、感覚や感情、思考が麻痺してしまうためである。その他に、強い恐怖、不安、怒りなどの情緒的な反応や、動悸、過呼吸、不眠、食欲の低下などの身体的な反応も生じてくることが多い。
　また、被害から1か月後くらいまでの間に多くの被害者に見られる反応がある。まず、思い出したくもないのに頭の中に事件の光景が浮かび、被害当時の恐怖や苦痛がよみがえってくることがある。これは、同じような事件のニュースを見聞きしたり、加害者と似た人を見かけたりするなど被害当時と近い状況におかれると起こりやすく、被害を再び体験しているような生々しい感覚に襲われる。その結果、被害を思い出させるようなものや場所を避けるようにな

り、生活の制限や不適応が引き起こされる。感情に麻痺が生じて物事への興味や関心が失われたりもする。さらに、物音などに敏感になり、いつも何かに警戒し緊張した状態が続く。感情をコントロールすることが難しくなり、イライラしたり急に泣き出したりもする。そのため、集中力が低下し、仕事の能率が落ちるなどの影響も出てくる。一方、苦しみや悲しみを受け止めきれず、現実感や感情を失い、被害に遭ったことを他人事のように感じたり、自分が自分ではないように感じ、外から自分自身を見ているような感覚を持ったりするなどの表面には現れにくい反応もある。これら被害後の様々な反応は、犯罪被害のような強い衝撃を受ける出来事を体験すれば、「誰にでも起きてくる当然のこと」、つまり「異常な出来事に対する正常な反応」とされる。多くの場合、時間の経過とともに軽減していくが、長期化すると治療が必要になることもある。

　社会や他者、自分に対する見方や考え方も変化すると言われている。社会に対する安全感や人への信頼感などが失われ、外出することは危険、他人は信用できないという思いが強くなる。また、自分に対しても自分は弱い、価値のない人間であるなど自己を否定的に捉えるようになる。さらに、自分には全く責任がないにもかかわらず、事件を防ぐことができたのではないかなどと自責の念に苦しむことも多い。

　遺族の場合では、大切な家族を他人の不法行為によって理不尽に突然奪われるというかたちで死別を体験するため、病死といった一般的な死別における悲嘆の反応より複雑になり、長期にわたって苦痛を伴うことが多い。犯罪被害による精神的影響は、長期・慢性化すると、PTSD（心的外傷後ストレス障害）やうつ病などの精神疾患に至ることも少なくない。生活上にも様々な支障をきたすため、社会生活全般の機能の低下につながる深刻な問題である。

2）司法手続への関わり

　犯罪被害に遭うと、否応なく刑事手続への関わりが生じてくる。具体的には、被害直後から警察や検察による事情聴取を受け、刑事裁判になれば証人として出廷を求められることがある。刑事裁判における被害者参加制度（コラム「被害者参加制度」を参照）を利用する場合、法廷のバーの中に入り、検察官

の隣に座って、加害者に直接質問をしたり、求刑に対する意見を述べたりするなど、刑事裁判に直接関与することもできるようになった。しかし、刑事手続は多くの人にとって普段の生活には馴染みのないものであり、警察と検察の違いは何か、刑事裁判とは何か、今後どのようなことが行われ、自分たちは何をするのかなどを知らないことがほとんどである。犯罪被害に遭えばいきなりこのような手続への対応を迫られるため、多くの被害者は不安を抱える。

また、刑事裁判は、被害者にとって大変な精神的苦痛を伴う時間となる。裁判は公開されているため、証人などで法廷に立つと、被害者保護に関する一定の配慮はなされるようになっているものの、司法関係者だけでなく、裁判員や傍聴人など一般市民の目にとまることになる。刑事裁判は、被害者にとって、なぜ加害者は事件を起こしたのか、どうして自分もしくは家族が被害に遭わなければならなかったのかなど、事件の状況や加害者の処分などを知る機会である。そのため、裁判を傍聴することにより、事件の内容を知ってショックを受けたり、加害者の言葉や行動にさらに傷つけられたりすることも多い。上訴されるなど裁判が長引けば、それだけ被害者に強いられる負担も大きくなる。

併せて、示談や民事裁判などの民事上の手続に関わることがある。経済的な被害回復を図る手段であるが、被害者は、加害者から金銭を受け取ることや亡くなった命を金銭に換算することに抵抗感を持つことも少なくない。また、経済的な被害回復よりも、加害者に謝罪を求めたい、責任を課したい、真実を知りたいなどの思いから民事裁判を提訴する場合もある。

これら司法手続への関与に付随して、加害者の弁護士などから謝罪や示談の申し入れなどを受け、その対応に苦慮することもある。加害者は事件直後から国選弁護人を付けることができるのに対し、被害者は自ら弁護士を探し、依頼しなければならない。加害者の罪を少しでも軽くしようと働きかけてくる弁護人に対し、法律の専門家ではない被害者はどう判断して対応すればいいのか、戸惑うのは当然のことである。

3）犯罪被害者の経済的問題

被害直後から生じる様々な経済的負担もある。具体的には、まず、救急で運ばれた病院では治療費や入院費などの多額の医療費の請求を受け、その後の治

療が続けばその負担も長期にわたる。被害者が亡くなった場合には、即刻葬儀にかかわる費用が必要となる。自宅が殺人事件などの事件現場となった場合には、転居を余儀なくされ、引越しに伴う費用だけでなく、現場となった住居内の清掃などの費用負担が生じることもある。

そして、身体のけがや精神的なショックから休職や退職を余儀なくされれば、収入が減ったり途絶えたりすることとなる。けがの後遺症が残れば、その障害程度により就労が困難になるなど将来に対する不安が増すこととなる。被害者が一家の生計を担う者であればその影響は家族にも及ぶ。自営業をしていた場合には、休業中の補償を受けにくかったり、廃業に追い込まれたりするなど、受ける打撃は深刻である。精神的な問題を抱えて医療機関を受診すれば、治療やカウンセリングにかかる費用負担も必要となる。

また、司法手続にかかわる出費もある。弁護士を依頼した際の費用、裁判を傍聴する際にかかる交通費、民事裁判などに必要となる公判記録のコピー代など、被害者の負担は軽くない。例えば、東京で開かれる刑事裁判を遠方に住む家族（遺族）が傍聴する場合には、宿泊を要することもあるため、交通費に加えて宿泊費もかかる。上訴などによって裁判が長引けばその出費もさらにかさむこととなる。

以上の他にも種々の費用負担があるが、被害後しばらくは預貯金を取り崩して生計を維持していたとしても、経済的負担が長期に渡った結果困窮に至る場合もある。これら被害者に生じた経済的な損害は、当然加害者が賠償すべきものである。しかし、加害者の資力によっては、たとえ民事裁判で勝訴したとしても賠償金が支払われず、結果としてさらなる経済的な損害を被ることも少なくない。また、犯人逮捕に至らなければ、当然加害者から賠償は受けられず、すべて被害者の負担となってしまう。

国からの経済的給付としては犯罪被害給付制度がある（被害者が申請し、一定の要件を満たす必要がある）。この制度は、犯罪被害者等基本法（以下、「基本法」という）に基づき策定された第1次犯罪被害者等基本計画（以下、「第1次基本計画」という）によって、支給要件や支給内容の改正及び支給金額の増加などの拡充が図られた。しかし、労災保険や加害者からの賠償などの支払いを受けた場合には減額されるほか、弁護士費用など諸々の必要経費を相殺す

ると手元にはほとんど残らないなど、犯罪被害給付制度のみでは十分とは言えないケースもある。そのため、第2次犯罪被害者等基本計画（以下、「第2次基本計画」という）では、犯罪被害給付制度の拡充のみならず、種々の費用負担に対する新たな補償制度の創設などを含めたさらなる支援の充実を目指した検討がなされることとなった。

被害を受けたことによって生じる経済的な負担が生活の基盤を脅かすこともまれではない。経済的不安が新たな精神的ストレスを生み、精神的な被害の回復を遅らせる要因にもなるのである。

4）日常生活への影響

犯罪被害が日常生活に及ぼす影響も大きい。まず、一時的な居所の確保が急務となることがある。例えば、自宅が事件現場となった場合、被害直後から現場検証などで立ち入ることができなくなるため、その日から緊急に身を寄せられる場所を確保しなければならない。警察の捜査が終了して引き渡されたとしても、その日から安心して住む場を失うことになる。例えば、自宅で強姦被害にあった女性が、その後も同じ場所で安心した生活を送ることができるだろうか。すぐに転居をしたくても、経済的理由などで困難が伴い、仕方なく模様替えをして住み続けている場合もある。

また、家庭内における家事や育児・介護の負担も増す。それら役割を担う者が被害に遭った場合には、たちまち家庭内でのその機能が失われる。そうでなくても、家族の誰かが重大な被害に遭えば、精神的なショックから何も手につかなくなったり、被害直後から様々な問題への対応に時間を割かれたりする。そのため、家族内でその負担を補い合わなければならず、少なからず家族の生活に変化が起きてくる。

さらに、家族内でも、被害の受け止め方や気持ちの表し方、回復方法や回復に要する時間などに違いがあるため、摩擦が生じることがある。お互いを気遣う気持ちのゆとりを持ちにくくなるために傷つけ合い、家族関係が悪化することも決してまれなことではない。やり場のない怒りや悲しみなどの親の感情が弱い子どもに向けられ、暴力や暴言などの身体的、心理的虐待が始まったり、子どもへの関心が向かずネグレクトを招いたりすることもある。犯罪被害に

遭ったことによる家庭環境の変化が子どもたちの成長に様々な影響を及ぼすことが懸念される。

　加えて、周囲から好奇の目で見られたり、被害者の心情に配慮しない言動を受けたりすることも多いため、被害のことを安心して話しにくくなり、他人との関わりや社会活動を絶つことも少なくない。知人に会うことを避けるため、外出を控えたり、日常の買い物もわざわざ遠方まで出かけたりするなど、地域での何気ない日常生活を送ることにも支障が生じ、精神的苦痛を強いられる場合がある。こうした理由から転居を考える被害者も見られる。

5）犯罪被害者が受ける二次的被害

　被害者は、加害者から受ける直接的な被害だけでなく、前述したような被害後に生じる様々な問題や周囲の人々からの心ない言動や態度、関係機関からの配慮に欠けた対応、マスコミの対応などに苦しめられる。これらは二次的被害と呼ばれ、被害からの回復を妨げる要因となる深刻な問題とされている。

　被害者支援都民センターが平成18年に犯罪被害者遺族110人に対して行ったアンケート（以下、「被害者支援都民センターの調査」という）によると、二次的被害を受けたことがあると回答した人は87.3％に上り、二次的被害を受けた相手は、近所の人や親戚などの身近な人、警察、弁護士、検察庁などの被害直後から関わる人が多くなっている（図表9-1、9-2）。また、割合としては高くないものの、マスコミによる二次的被害も深刻である。事件がメディアに大きく取り上げられるほど、報道関係者が自宅に押しかけるなどするため、自宅への出入りもままならなくなるだけでなく、その影響は近隣の住民にも及ぶ。週刊誌には被害者のプライバシーを侵害する詳細な内容や事実と異なる記事を書かれることもあり、被害者の名誉が傷つけられるのである。たとえ被害者が報道の自粛や誤った記事の訂正を申し入れたとしても、当初の報道が一般市民に与える印象は強く、事件や被害者に対する周囲の誤解や偏見に苦しみ続ける被害者もいる。

　そのような背景から、第1次基本計画により、刑事司法における法律の改正や制度の創設、それら関係機関における支援体制の整備が進められている。一方、一般市民の犯罪被害者に対する理解は進んでおらず、被害者にも落ち度が

第9章　被害者支援の現場から

図表9-1　二次的被害の有無

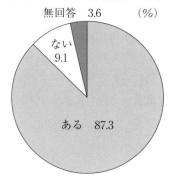

無回答　3.6　（％）
ない　9.1
ある　87.3

図表9-2　二次的被害を受けた相手

回答者数96人（複数回答）

受けた相手	人（％）
近所の人から	56（58.3）
警察から	49（51.0）
弁護士から	39（40.6）
親戚から	38（39.6）
検察庁から	33（34.4）
職場から	29（30.2）
裁判所から	26（27.1）
マスコミから	25（26.0）
病院から	22（22.9）
役所から	17（17.7）
被害者支援センターから	12（12.5）
被害者団体から	11（11.5）
その他から	31（32.3）
無回答	1（ 1.0）

出所：社団法人被害者支援都民センター（2007）『今後の被害者支援を考えるための調査報告書—犯罪被害者遺族へのアンケート調査—』

あったのではないかなどの社会の偏見は根強く残っている。そのため、身近な人から受ける二次的被害は跡を絶たない。近隣の人からは、無責任なうわさを流されたり、中傷を受けたり、哀れみの視線を向けられ遠巻きにする態度をとられたりすることも少なくない。知人・友人の心ない言葉に心の傷を深める被害者も多い。その結果、住み慣れた地域での日常生活や、親しい友人などとの人間関係をも失ってしまうのである。

　二次的被害の最たるものは、周囲の人々が何気なくかけてしまいがちな「言葉」である。被害者の落ち度を責めるような発言はもちろんであるが、不適切な励ましによっても、被害者は体験した恐怖や抱えている精神的苦痛は理解してもらえないという思いを強くし、孤立感を深めるのである。不適切な励ましの例として、「がんばって」「早く忘れなさい」といったものから、子どもを亡くした遺族に対する「他の子のためにもしっかりしなさい」「他にも子どもがいるじゃない」、他の被害と比べて「あなたはまだいい方」「命が助かっただけよかった」といったものがある。

2 犯罪被害後に必要な支援と求められる視点

　被害者に必要とされる支援は、大きく分けると、①刑事司法に関する支援、②精神的ケア、③生活の再建という３つが柱になると考えられる。その内容は被害後の時間の経過とともに変化するため、その時期に応じた幅広い関係機関による総合的な支援が必要である。ここでは、被害を受けた後に必要とされる支援内容や支援活動に求められる視点についてまとめる。

１）早期支援から長期にわたる継続的な支援

　被害者が被害直後から長期にわたって様々な問題を抱えることは、前述したとおりだが、特に被害直後は突然の出来事で混乱状態の中、警察や病院などで緊急かつ様々な対応を迫られるため、個人の対処能力を超える事態に直面することとなる。

　被害者支援都民センターの調査によると、被害直後に求められている支援は、精神的な支えや関係機関への付き添い、専門家や支援団体による支援など、多種多様である（図表９－３）。しかし、被害直後の被害者は、自分は何をしなければならないのか、どんな支援が必要なのかなどを判断することが難しく、自分から支援を求める行動につながらないことが多い。そのため、被害後できるだけ早く支援者が被害者を訪問するなどして接触を持ち、ニーズに応じた適切な支援を提供することが、二次的被害の防止と被害からの早期回復に重要とされる。

　被害直後、最も早く被害者に接するのは警察になるが、早期支援の充実とその後の途切れのない支援をスムーズに行うためには、長期にわたる継続的な支援が可能な民間支援団体による早期介入が有効とされている。そのため、警察と民間支援団体との連携の下に効果的に早期支援活動を行うための制度[1]も設けられている。

　また、被害者が求める支援は、被害からの時間の経過に伴い変化するものと、長期にわたって継続的に必要とされるものがある。とりわけ家族を殺害された遺族においては、長期・継続的な精神的支援の必要性が高いと思われる。被害者支援都民センターの調査によると（図表９－４）、被害直後は様々な支援

第9章 被害者支援の現場から

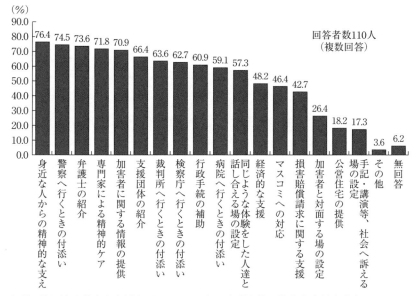

図表9-3 被害後に必要な支援（被害直後）

出所：社団法人被害者支援都民センター（2007）『今後の被害者支援を考えるための調査報告書―犯罪被害者遺族へのアンケート調査―』

に対する要望が多いが、被害から1年後以降、全体的には支援を必要とする割合が減少している。しかし、精神的支援を必要とする人の割合は、他の支援に比べ高い状態が続くことがわかる。精神的支援の内容として、被害直後は身近な人や専門家による支援の要望が多いのに対し、被害から1年後以降は「同じような体験をした人達と話し合える場（自助グループ）の設定」の割合が高くなっており、求める支援の内容に変化が見られる。この背景としては、司法手続など各種手続が落ち着いたことでかえって精神的に落ち込んだり、時間の経過とともに周囲から事件が風化されて、安心して心情を語れる場が徐々に失われたりしていくことなどが考えられる。被害直後から二次的被害を受け、長期にわたって精神的苦痛を抱える遺族が多いため、個別のカウンセリングだけでなく、気持ちの分かち合いや孤立感の軽減を目指す自助グループの活動は、長期・継続的な支援として有効な支援のひとつとされる。

この他には、被害を受けた後のライフステージにおける被害に起因した問題

第三部　犯罪被害者の支援

や心配事などに対する相談支援が必要となる場合もある。家族の状況や生活環境、社会生活状況などは時間の経過に伴い変化していくものだが、被害の影響を大なり小なり長きにわたって受け続けるため、新たに生じた問題への対処を難しくしてしまうこともまれではない。その際、犯罪被害による影響を踏まえて相談に応じ、併せて必要な情報提供や適切な専門家・支援機関などにつなげ

図表9-4　被害後に必要な支援（時間経過に伴う要望の変化）

(%)

被害後に必要な支援	被害直後↓	被害から				
		1年後↓	3年後↓	5年後↓	7年後↓	10年以上↓
警察へ行くときの付添い	74.5	18.2	7.3	5.5	4.5	4.5
病院へ行くときの付添い	59.1	11.8	3.6	2.7	2.7	2.7
検察庁へ行くときの付添い	62.7	22.7	8.2	5.5	3.6	3.6
裁判所へ行くときの付添い	63.6	30.9	12.7	7.3	7.3	6.4
経済的な支援	48.2	20.0	14.5	11.8	9.1	10.0
行政手続の補助	60.9	18.2	6.4	2.7	1.8	3.6
公営住宅の提供	18.2	12.7	8.2	6.4	5.5	4.5
マスコミへの対応	46.4	17.3	7.3	3.6	3.6	5.5
損害賠償請求に関する支援	42.7	43.6	20.0	7.3	4.5	7.3
弁護士の紹介	73.6	25.5	9.1	2.7	2.7	3.6
支援団体の紹介	66.4	30.0	14.5	6.4	5.5	7.3
専門家による精神的ケア	71.8	42.7	22.7	18.2	16.4	13.6
身近な人からの精神的な支え	76.4	39.1	31.8	24.5	20.9	21.8
同じような体験をした人達と話し合える場の設定	57.3	54.5	38.2	27.3	27.3	27.3
手記・講演等、社会へ訴える場の設定	17.3	29.1	32.7	25.5	20.9	18.2
加害者に関する情報の提供	70.9	47.3	39.1	26.4	25.5	22.7
加害者と対面する場の設定	26.4	20.9	18.2	12.7	12.7	13.6
その他	3.6	3.6	2.7	2.7	0.9	2.7
無回答	6.4	20.0	38.2	51.8	57.3	55.5

出所：社団法人被害者支援都民センター（2007）『今後の被害者支援を考えるための調査報告書―犯罪被害者遺族へのアンケート調査―』

る支援が必要になるのである。

2）時期に応じた情報提供

　被害者に対する様々な情報を適切な時期に提供することも重要である。刑事司法に関することをはじめ、心身に起こる様々な反応や生活上抱える困難に関すること、加害者に関することなど、被害者が必要とする情報は多岐にわたる。また、それぞれの情報を被害者が必要とする時期は異なるため、被害直後から長期にわたる情報提供が求められる。しかし、被害者はそれらの情報をどこで聞けばいいのかがわからないことも多く、情報が必要な時期に適切に提供されないと、制度を利用する時期を逸したり、対応が遅れて問題が悪化したりするなど二次的被害を広げることにもつながる。そのため、各関係機関の担当者や民間支援団体などの支援者から、時期に応じた適切な情報提供を受けることが大切になる。

　特に要望が多いものとして、事件捜査や刑事裁判などの刑事手続に関する情報提供がある。まず、被害者は今後どのように手続が進んでいくのかわからないといった不安が大きいため、刑事手続の流れを説明する必要がある。また、事件の真相や加害者の処分についての情報も強く求めているため、事件の捜査状況や刑事裁判の詳細について、警察や検察から十分な説明を受けられることが必要である。

　さらに、刑事裁判で被害者として利用できる制度などに関する情報提供も大切である。被害者が主体的に関わり、力を尽くしたと思える体験は、被害後に失った自信を取り戻すきっかけにつながり、被害からの回復に寄与するひとつのステップにもなり得るからである。一方、制度などに対する十分な説明を受けていなかったり、説明を受けてもよく理解できなかったり、負担を軽減する制度の存在を知らなかったりするために、関わることへの不安がふくらみ、その機会を断ってしまうこともある。被害者が制度をよく理解した上で、利用するかどうかの選択をし、利用する際には安心して関わることができるよう、提供する時期や情報の伝え方などに配慮することが大切である。

　ほかには、心身に起きてくる反応やそれらに対応できる医療機関に関する情報提供も必要である。被害後に生じる様々な反応に、「自分はおかしくなって

しまったのではないか」「この状態はいつまで続くのだろうか」などと不安を訴える被害者は多い。このようなとき、起きている反応は「異常な出来事に対する正常な反応」であり、多くの場合、時間の経過とともにやわらいでいくこと、犯罪被害のような大きな衝撃を受ける体験をした人には「誰にでも起きてくる当然の反応」であることを伝えると安心することが多い。被害者が自分の状態を理解したり、今後起こりうる反応に対する予測と準備ができるような情報を伝えたりすることは、不安の軽減に役立つ。

　また、加害者に関する情報提供は、刑事裁判終了後も継続的に必要である。その内容は、加害者の処遇及び出所情報、生活状況、更生状況など多岐にわたる。加害者からの再被害の恐怖があるために、加害者の情報を知りたいという場合もある。これには、被害者の要望に応じて適切な支援が受けられるよう、関連する制度や相談機関などについての情報提供が必要になる。

　この他にも、民事手続やマスコミ対策の方法、どこでどのような支援が受けられるのかといった支援サービスに関する情報を求める声も多い。

3）関係機関との連携による途切れない支援

　被害者は被害直後から長期にわたり、多くの機関と関わらなくてはならない。例えば、被害直後は警察や病院、事件が送致されると検察、そして裁判所へと変わっていく。刑事裁判終了後も、加害者の処遇に関する事柄など更生保護における被害者のための制度を利用するなら、保護観察所などに問い合わせることとなる。この間に住居や経済的な問題を抱えれば、相談窓口は最寄りの役所に、その他にも法律相談や医療機関の受診など、抱える問題に応じて様々な関係機関や各種相談窓口などを利用することとなる。こうしたことから、被害後、どの関係機関が起点になるにしても、必要な情報提供や適切な支援が受けられる体制ができていることが必要である。

　また、被害直後から中・長期にわたる継続的な支援の中で生活を支える視点に立ったとき、民間支援団体の活動と被害者に身近な地方公共団体における支援が重要になる。民間支援団体は、行政の管轄に縛られることなく、様々な関係機関と連携をとりやすい。被害者に長期にわたって関わることができるため、被害者の状況を十分把握した上で、被害者のニーズに応じて関係機関と連

携し総合的な支援を提供することができる。一方、地方公共団体は、保健医療、福祉などの相談機関や各種制度・サービスなど、被害者やその家族の日常生活を支えるために必要な社会資源を多く持っている。したがって、民間支援団体と地方公共団体における担当窓口及び関係機関が連携を強化することによって、被害者の生活を支える体制を身近な地域に作ることができ、日常生活を取り戻す一助になるのである。

しかし、関係機関との連携を図った支援の実施には課題もある。その要因として、関係機関やその担当者が被害者の心情や必要な支援について十分に理解していないことや、あるいは日常業務で多忙なため負担に感じてしまい消極的な姿勢になるなどが挙げられる。この課題を克服するには、「被害者とその家族の生活を支える」という目的を共有し、各機関間で支援における役割を明確にして支援体制を築いていく必要がある。そのためにも、被害者の実状やニーズを代弁しながら、イニシアチブを取りやすい民間支援団体の働きが重要となってくる。

また、地域によっては、その地域の風習や相談機関までの交通の便が悪いなどの地理的な状況といった地域の特性による問題があるため、身近な地域において支援を受けにくいという課題も指摘されている。あるいは、外国人が関係した犯罪被害についても複雑になりやすい。そのため、全国で画一的な組織体制や役割分担を決めるだけではなく、民間支援団体と地方公共団体それぞれがその地域の実状にあわせて検討を重ねていくことが求められている。

4）社会資源の活用

被害者支援においては社会資源を活用した支援活動が必要とされている。社会資源は、提供する主体からみて、インフォーマルな分野のものとフォーマルな分野のものとに分類することができる。前者は家族、親戚、友人、同僚、近隣、ボランティアなど、後者は行政、非営利団体、民間企業などがある。

被害者支援に関連するフォーマルな分野の社会資源を見てみると、行政・福祉サービスの相談機関・組織としては、市町村役所、福祉事務所、社会福祉協議会、児童相談所、こども家庭支援センター、精神保健福祉センター、市町村保健センター、地域包括支援センター、女性センター、地域活動支援センター

などが挙げられる。また、人的資源については、社会福祉士、精神保健福祉士、臨床心理士、保健師、ケースワーカー、介護支援専門員、介護福祉士、ホームヘルパー、民生委員・児童委員、保護観察官、保護司などが挙げられる。

しかし、長年、犯罪被害者という存在が社会の中で認知されていなかったため、フォーマルな分野には適当な相談窓口がなく、既存の制度やサービスの対象外とされることも少なくなかった。さらに、犯罪被害という特質や被害者への理解不足から、フォーマル及びインフォーマル双方の分野からの二次的被害も多かったため、被害者支援の領域において社会資源の活用は容易ではなかったのが実情である。

現在、基本法の制定・施行を受けて、地方公共団体における取組や保健医療従事者などの専門家への教育が進められており、フォーマルな分野の社会資源は利用しやすいものへと少しずつ改善されていくであろう。一方、インフォーマルな分野の社会資源については、身近で「よき隣人」として生活に密着した支援を得られるメリットはあるが、公務員や専門家であれば当然課せられる守秘義務や倫理規定の遵守という点に関してときに困難を伴い、被害者に対する関わり方に関する十分な知識・理解がなければ、二次的被害を拡大させることにもつながる。

社会資源は、被害者に有益な支援となるようにその専門性や特性を十分考慮して活用する必要がある。ゆえに、支援者は被害者に有効な社会資源の情報を把握して、被害者がその資源を利用できるようにすることも重要である。被害者に有益な社会資源を増やしていくことにより、支援のネットワークをより強固なものにしていくことが求められている。

5）被害からの回復を支える視点

被害からの回復とは、被害者ができるだけ早く被害に遭う前に近い生活を取り戻し、被害体験を受け止めたうえで新たに人生を再構築していけるようになることである。この回復過程において、その方法及び目標、必要とする時間は、被害の程度、被害を受ける前の生活状況、社会資源、被害後に受けた支援、その人の人生観などによって大きく異なる。しかし、支援の基本となる視

点は、被害者の「自立を支える」ことである。

　人間は本来、問題を自力で解決し、打撃から回復する力、すなわち問題解決力や自己回復力を備えているものと言われている。被害者も同様で、被害に遭う前は普通に社会生活を営んでいた場合がほとんどで、決して弱者ではなく、突然衝撃的な出来事に直面したことによって、一時的にその力が失われているだけである。しかし、受けた衝撃の大きさや抱えることになった問題の深刻さ、さらには社会の偏見など周囲の環境も影響し、被害者が自助努力のみで被害からの回復を図ることには困難を極める。そこで、様々な社会資源を活用しながらその人が被害に遭う前から備えている能力をもう一度引き出し、再び周囲の環境に適応できるように対処能力を高めたり、環境を改善したりすることが必要となる。これは、エンパワメントの概念に基づくもので、被害者の自立を支える過程において欠かせない視点と言える。

　自立を支えていく過程で重要となるのが、まず、自己決定の尊重である。そのために、様々な選択肢や判断材料を提示し、被害者が「選択」できるように情報を提供することが大切である。具体的には、選択肢についてどのようなメリット及びデメリットがあるのかを可能な限り提示するなどの対応を行う。このような関わりをすることによって、自己決定の能力を引き出すことにつながるのである。

　さらに、エンパワメントの概念に基づいて考えると、本来人間が持つ問題解決力や自己回復力を高めていけるような支援が求められる。そのためには、支援者が「何でもするもしくは与える」という関わりではなく、被害者の状況や潜在能力に応じ、具体的な情報を提示する、あるいは付き添うなどして被害者自身による行動を促進し、被害者が自分の力でできることを増やしていくことが大切である。被害者は、困難を乗り越える体験を積み重ねることで、失った自尊心や自信を少しずつ取り戻していくことができるのである。

　被害からの回復を支える支援は、被害者を取り巻く環境に視点をあて、どのような社会資源を活用し、どの関係機関との連携を図ることが有益かを考えることが大切である。そして、個別的な関わりとともに周囲の環境への働きかけなど多角的な関わりを持って、被害者を支える環境づくりを進めていくことが求められている。

3　関係機関における被害者支援

　基本法の制定・施行を受けて策定された第1次基本計画に基づき、関係機関における取組が進んでいる。ここでは、被害者支援に関連する公的機関と民間支援団体の取組について触れる。なお、公的機関の取組においては、対象となる被害者の範囲は個別の施策ごとに異なることを付記しておく。

1）警察における被害者支援

　警察は、被害の届出、事情聴取、被疑者の検挙、被害の回復・軽減、再発防止などの点において、被害者が被害を受けた直後から密接に関わる機関である。そのため、基本法制定以前から被害者に関する各種施策を推進している。警察庁は、平成8年2月、各種施策を総合的に推進するにあたっての基本方針を取りまとめた「被害者対策要綱」を制定し、これを受けた各都道府県警察において以下の取組が行われている。

(1) 一般的な施策

① 被害者への情報提供

　「被害者の手引き」の作成・配布のほか、「被害者連絡制度」を定めて刑事手続及び犯罪被害者のための制度、被疑者の捜査・逮捕状況、処分状況などについて被害者の意向に応じて連絡している。また、再被害防止やその不安感を軽減するため被害者訪問・連絡活動も実施している。

② 相談・カウンセリング体制の整備

　警察本部に警察総合相談室を設置しているほか、全国統一番号の相談専用電話「♯9110番」がある。その他には性犯罪相談、少年相談、消費者被害相談など個別の相談窓口もある。また、犯罪により精神的被害を受けた被害者に対して、カウンセリングに関する専門的知識や技術を持つ職員の配置や、精神科医などとの連携を図るほか、被害少年に対しては専門職員（少年補導員）が部外専門家などの助言を得てカウンセリングを実施している。

③ 犯罪被害給付制度

　通り魔殺人などの故意の犯罪行為によって不慮の死亡、重傷病又は障害の被害を受け、公的救済や加害者側からの損害賠償も得られない被害者又は遺族に

第9章　被害者支援の現場から

対して、社会の連帯共助の精神に基づいて国が一定の給付金を支給するものである。給付の種類は、遺族給付金、重傷病給付金、障害給付金がある。
　④　捜査過程における被害者の負担軽減
　事情聴取、実況見分などの実施には、日時の選定など被害者の心情を配慮して便宜を図り、またプライバシーの保護、施設などの整備・改善も図っている。さらに、「指定被害者支援要員制度」を導入し、一定の事件において捜査員とは別に指定された警察職員が各種付き添いなど支援にあたっている。
　⑤　被害者の安全確保
　いわゆる「お礼参り」などを未然に防ぐため、「再被害防止要綱」を定め、これに基づく種々の対策を講じている。
　(2)　**犯罪類型に応じた個別の施策**
　性犯罪被害者には女性警察官による対応や緊急避妊などの経費負担などを行う。被害少年には専門職員などによる継続的な支援活動や、少年問題の専門組織「少年サポートセンター」の設置などがある。また、児童虐待に関しては児童相談所などの関係機関と連携して対応している。暴力団犯罪や交通事故被害者に対しては専用電話や相談窓口を設置するなどしている。DVやストーカー事案の被害者については「女性・子どもを守る施策実施要綱」を制定し、刑罰法令に抵触するか否かに応じて個々の事案に対する適切な措置を講じている。そして、各々の事案について定める法律に基づき種々の対応をしている。
　(3)　**関係機関・団体との連携**
　公益財団法人犯罪被害救援基金、全国被害者支援ネットワーク及びその加盟団体、犯罪被害者等早期援助団体などの関係機関・団体と連携している。また、全都道府県において、警察、関係機関・団体、県などで構成する「被害者支援連絡協議会」の設立や、警察署を単位とした連絡協議会も作っている。

2）検察・裁判における被害者支援

　事件が警察から検察に送致された後、検察での捜査や刑事裁判の過程においても被害者のための様々な取組がある（コラム「検事とは」を参照）。
　(1)　**一般的な施策**
　「被害者支援員制度」を定め、被害者対応に関する研修を積んだ専門スタッ

フ（被害者支援員）が、被害者からの相談、法廷付き添いや各種手続などの支援を行うとともに、被害者支援機関・団体との連絡・調整などを行っている。また、被害者からの被害に関する各種相談や自分に係る事件の照会などを行うための専用電話として、被害者支援員が配置されている検察庁に「被害者ホットライン」を設置している。さらに、「被害者等通知制度」を設け、被害者からの申請に応じて、事件の処分結果、公判期日、刑事裁判の結果、加害者の受刑中の刑務所における処遇状況や出所時期などに関する情報を提供している。

(2) 捜査における被害者支援

性犯罪は親告罪[2]であるが、被害者の心情や事件をめぐる様々な事情が生じ、短期間で告訴の意思決定をすることが困難な場合が少なくない。そのため、告訴期間が撤廃されている。また、検察官が事件を不起訴処分としたことに対して異議がある場合には、検察審査会にその当否について審査を申し立てることができる制度もある。ほかに、不起訴となった事件の記録の閲覧は原則として認められていないが、一定の要件を満たす場合には可能となっている。

(3) 公判における被害者支援

公判においては、性犯罪などの場合は被害者の氏名を含めその情報を明らかにしない方法をとったり、証人尋問の際の家族などによる付き添い、被告人や傍聴人からの遮蔽措置、別室からモニターを通じて行うビデオリンク方式を利用したりすることによって、被害者保護を行っている。また、優先的に公判を傍聴できるように傍聴券の確保もできるようになっている。冒頭陳述内容を記載した書面の交付や公判記録の閲覧・コピーも可能である。さらに、被害についての心情や事件についての意見を法廷で述べる意見陳述制度もある。

その他には、一定の事件においては刑事裁判手続に直接関与できる被害者参加制度があり、それを利用する場合には被害者参加人のための国選弁護制度ができている。また、民事上の請求に関する被害者の労力を軽減するための制度として、刑事手続において民事裁判での和解と同じ効力を与える刑事和解や、損害賠償請求に係る紛争を刑事手続の成果を利用して簡易迅速に解決するために設けられた損害賠償命令制度もある。

(4) 少年審判に関連する被害者支援

少年審判は、少年の健全育成の観点から原則非公開とされているため、以前

は、被害者は手続に関与したり事件に関する情報を得たりすることができなかった。しかし、事件の被害者に対する保護・支援に配慮する視点から、少年法の一部改正が行われた。現在は、被害者からの申出により、事件記録（社会記録は除く）の閲覧・コピー、裁判官や家庭裁判所調査官に心情や意見を伝える意見聴取制度、一定の事件における審判の傍聴、審判状況の説明、少年の氏名や審判結果などの通知などで支援をしている。

　(5)　その他

　上記の他に、心神喪失者等医療観察法の審判における傍聴及び審判結果の通知制度や、詐欺などの財産犯などの犯罪被害者に対する被害回復給付金支給制度が導入されるなど、被害者保護・支援施策について徐々に法整備が進んでいる。

3）更生保護における被害者支援

　第1次基本計画に基づき、平成19年に更生保護法が制定されたことを受け、更生保護の分野でも被害者支援が始まっている。刑事裁判や少年審判で刑や処分が確定し執行されている過程における加害者に関する情報の提供や、被害者の手続への関与という点についてはこれまで不足していたが、これらを拡充するための取組がなされている。

　具体的には、各保護観察所に被害者専任の担当者が配置されたほか、加害者の仮釈放・仮退院の審理における意見聴取制度及び保護観察中の加害者に対する心情伝達制度、保護観察の状況など加害者に関する情報の通知、被害者専任の担当者による相談・支援業務が行われている（詳細は第10章参照）。

4）地方公共団体における被害者支援

　基本法では、被害者の権利利益の保護における国、地方公共団体、国民それぞれの責務が明記されている。地方公共団体においては、国と同様、相談・情報提供、保健医療・福祉サービスの提供、雇用・居住の確保、住民の理解促進など多岐にわたる施策を地域の状況に応じて策定し、実施する責務が課されている。

　各団体では、「施策担当窓口部局」の決定及び「総合的対応窓口」の設置、

犯罪被害者等施策に関する規定を含む条例の策定、地域住民に対する広報啓発などの取組が進んでいる。さらに、地域の実状に応じて独自の取組を行っている団体も増えつつある。そのような団体では、犯罪被害者施策に特化した条例などが策定され、総合支援窓口の設置、居住に関する支援、資金の貸付や見舞金の支給などの経済的支援、家事・育児などのホームヘルパー派遣といった日常生活の支援などが実施されている。

被害者が平穏な日常生活を取り戻すためには、生活に密着した種々のサービスが必要となり、それらサービスの実施主体である団体の役割は大きい。保健医療、福祉、教育、住宅などの既存の各種制度を活用した実際的な支援や地域社会における被害者支援の普及促進などが求められている。

5) 民間支援団体における被害者支援

民間で活動している団体には、DVや性暴力被害、虐待などの一定の被害類型に特化した支援組織、被害当事者などが運営する当事者団体などが多く存在し、その活動内容も幅広い。しかしここでは、犯罪被害全般にわたる支援活動を実施している全国被害者支援ネットワーク[3]に加盟する団体の活動内容について触れることとする。全国被害者支援ネットワークの加盟団体は、既述した被害者の現状や被害後に必要な支援をふまえ、種々の支援活動を行っている。ただし、団体によって支援内容の程度に相違があることを付記しておく。

全国被害者支援ネットワーク加盟団体の主な活動内容は、①電話相談（メール・ファックス含む）、②面接相談・カウンセリング、③直接的支援（自宅訪問や関係機関への付き添い、生活支援など）、④自助グループ活動である。被害者がおかれている状況や抱える問題に応じ、必要な支援を見極め、各種情報提供や関係機関・団体及び専門家などとの連携を図った支援を提供している。犯罪被害者等早期援助団体としての指定を受けている団体においては、警察からの情報提供によって被害後早い時期に被害者に連絡をとることができるため、警察との連携のもと、危機介入を含め、より早期に各種情報の提供や生活支援、関係機関への付き添い支援などを被害者のニーズに応じて提供することができる。そのほかには、キャンペーンやシンポジウムなどによる広報啓発活動、支援に携わる人材の養成も行っている。

ここ数年来で、刑事司法機関を中心に公的機関などにおいて支援体制の充実が図られてきている。しかし、その支援は被害者がそれぞれの機関と関わる一定の時期に限定されたものであり、被害後に必要とされる支援の一端にすぎない。そこで、被害直後から長期的な総合支援を提供する支援機関が必要となる。継続的かつ長期にわたって被害者に関わることはもちろんだが、複数の省庁や管轄をカバーして公的機関の支援を補完する役割を果たし、各種関係機関や専門家と支援活動の連絡・調整を図るコーディネーターとしての役割を担う。そのほかに、警察などへの被害通報がなくても相談があれば対応できる。こうした理由から民間支援団体の存在意義は大きい。

　最近の動向として、性犯罪被害者に関する問題が多く取り上げられている。そのため、民間支援団体には性犯罪被害に対するより一層の専門性が求められ、また、関係機関や専門家などとの連携を強固にしながらその役割を発揮することが期待されている。しかしながら、民間支援団体の多くは脆弱な財政基盤のため慢性的な人材不足が続いており、専門性の高い人材の育成及び確保が難しいなど、抱える課題は少なくない。

4　被害者支援におけるソーシャルワークの実践

　本節では、民間支援団体における支援活動を取り上げ、関連する主なソーシャルワークの機能について述べる。まず民間支援団体において、実際に被害者支援がどのように行われていくか、架空の事例をもとにまとめる。

【事件概要】
　自営の飲食店店舗において、強盗目的で侵入してきた見知らぬ男性に夫が殺害され、居合わせた長女も重傷を負った。加害者は数日後逮捕された。
【家族構成】
　夫＝被害者、妻、長女（大学生）、長男（中学生）
【支援経過】
　事件から4日後、警察本部被害者支援室から被害者支援センターに遺族に対する支援要請の連絡が入る。1週間後、支援員が遺族の自宅を訪問し

妻と面接をすることとなった。妻は、マスコミの対応に苦慮していること、医療費や生活費といった経済的な問題や刑事手続に対する不安、不眠、食欲の低下などを訴えた。支援員は、妻の話を傾聴しつつ、刑事手続の流れなどの様々な情報提供を行い、今後、支援センターが提供できる支援内容を伝えた。

まず、マスコミへの対応として、警察からマスコミ各社に自粛を要請してもらう方法があることを伝え、妻の要望を受けて早速支援員から警察に連絡をとった。また、入院中の長女の精神面に対する心配や医療費の支払いについて不安があったため、自宅訪問の翌日に妻と病院を訪問。長女からは恐怖心や父を助けられなかった自責感が語られた。長女の気持ちを受け止めつつ自責感の軽減に努め、心身に起きてくる被害後の反応などについて伝えた。さらに、精神的ケアを必要とする場合は、担当医師に伝えるよう話をし、担当看護師に対しては、被害者支援センターの存在や被害者の精神状態について伝え、対応に配慮してもらえるよう働きかけた。医療費の支払いについては、妻とともに病院の医療ソーシャルワーカーと面談をし、高額療養費の手続や支払い時期などについて相談をした。今後の生活費など経済的な問題は、この翌週、支援員が市役所に付き添い、生活保護の申請について相談をした。

事件から3週間後、退院して自宅で療養していた長女が、検察官の事情聴取を受けた後からフラッシュバックなどの反応が強まり、精神状態が不安定になっていると母から相談があった。日常生活に支障をきたしている様子が見られたため、病院（精神科）を紹介し、初回受診時には付き添い支援を行った。その後も継続的に通院をすることとなった。また、長男は事件1週間後から通学を再開していたが、最近学校を休みがちになっているとの話が出たため、学校関係者（担任、養護教諭、スクールカウンセラー）の理解と協力を得ることを目的に、学校を訪問して、長男の状況を共有し今後のサポート体制について話し合った。

事件から1か月後、犯人が起訴され、後日、長女が証人として出廷しなければならないとの連絡を受けた。検察官による裁判に関する事前説明や証言の際の打ち合わせの場にも、遺族の要望を受け付き添うこととなっ

た。公判の際は、証言をする長女の負担を軽減する制度の利用や傍聴券及び被害者専用待合室の確保を要望した。また、妻が要望して意見陳述もすることになった。

　事件から半年後、公判が始まり、その2か月後に判決。計4回の公判では傍聴をする妻に付き添い、その都度、遺族が公判に関して疑問に感じていることなどに対して検察官から補充説明を受けられるよう調整した。4回の公判の合間には、電話及び面接相談で精神面のサポートをした。また、犯罪被害給付金の申請にあたって必要となる書類を整えるため、市役所や病院での証明書や診断書などを請求する手続の補助も行い、警察署にも付き添った。

　事件から1年後、妻に対して定期的に電話及び面接相談を続け、長女や長男も普段の生活を取り戻しつつあった。妻から他の被害者遺族と話してみたいとの要望があったため、支援センターが運営する自助グループへの加入を勧め、精神的に支えていくこととした。

1）側面的援助機能

　被害者支援における支援の基本的あり方は、被害者が失った自信を取り戻しながら自らが持つ「強さ」に気づき、被害者自身による主体的な取組を促進することである。支援者は、被害者の主体性や自己決定を心理的・社会的に支え、その人らしい社会生活を維持あるいは再構築する過程を側面的に支援する役割を担う。この側面的援助機能は、被害からの回復を支える視点として既述した、被害者の「自立を支える支援」の実践において欠かせない機能である。

　支援者は、その人の持つ「強さ」に着目し、それを最大限に発揮できるような関わり、すなわちストレングズ視点による支援を行うことが重要である。「強さ」には、その人の能力はもとよりこれまでの生活の中で培ってきた経験や構築してきた人間関係など、その人の回復に役立つ様々な社会資源や機会も含まれる。被害者自身の力で対処できていることや被害者が周囲からの協力を得られている状況があれば、その人がそれまでに培ってきたその人自身の力によるものであると支持し、自分が持つ「強さ」への気づきを促していくような

第三部　犯罪被害者の支援

対応を行う。

　被害者は、自分が大切にしていたものを根こそぎ奪われ、築いてきた人生を破壊されたように感じるため、無気力になり無力感を抱くことが多い。しかし、すべてを失ったわけではないことを実感してもらうため、自分の「強さ」を生かしながらできることを積み重ねていくことが大切である。たとえ混乱した状況下であっても、被害者にわかりやすい方法を用いて情報を提供するなどして、自分の意思にもとづいた判断や自己決定を助けるような支援が重要である。支援者は、大変な状況におかれている被害者を見ると必要以上のことをやりすぎてしまいがちである。常に、被害者の意向を尊重し、状態を見極めながら側面的な支援を行っていくことがその役割であることを忘れてはならない。

2）代弁機能（アドボカシー）

　代弁機能とは、自らの希望、要求などを主張できずに、その権利が侵害されている場合などに、クライエントやその家族を弁護し、彼らの訴えを代弁する機能で、ソーシャルワーカーが果たす重要な役割のひとつである。被害者支援においても様々な場面でこの機能を発揮することが求められている。

　先述の事例では、支援者がマスコミ対策について被害者に代わって警察に要請するほか、役所での相談及び手続、検察官との面談などでの付き添い支援に際して、被害者の状態に応じた代弁機能を果たしている。これは、被害後の精神的ショックや混乱によって自分の状況や要望を伝えることに困難を伴う被害者に代わって、説明をしたり、補足をしたりするなどして関係機関での相談や手続をスムーズに行えるようにするためのものである。また、相談する際に被害事実を話さなければならないことが辛いという被害者もいるため、代弁することによってそうした被害者の精神的負担を軽減する目的もある。さらに警察官や検察官などの刑事司法関係者に対しては、日頃接する機会が少ないこともあり、被害者は何か疑問があっても、「こんなことを聞いてもいいのだろうか」と質問を躊躇してしまうことも少なくない。支援者が、被害者の心情などをふまえて、口添えしたり補足したりすることによって、被害者自身の言葉で要望や質問などを相手に伝えられるようにすることも重要な支援である。

　また、民間支援団体の活動には、国や地方公共団体、その他関係機関に対し

て被害者支援に関わる制度やサービス内容、施設の整備などの改善に向け、被害者の実状や要望をふまえた意見を発信していく役割もある。被害者支援に取り組み始めたばかりの関係機関では、被害者に対する職員の理解が周知徹底されていないこともあることから、二次的被害につながるような不適切な対応を行う場合も少なくない。そのため、個々のケースを通じてその担当者や組織に対する地道な啓蒙活動を行うことも必要である。これは、支援サービスや被害者への対応の改善・充実を図るための重要な代弁機能と言える。日頃の支援活動の中から得た「被害者の声」を被害者支援施策の見直しや支援システムの改善に反映させていくことが、被害者支援の充実・発展には欠かせない。

3）教育機能

　教育機能とは、その人自身が現在抱えている問題に関する理解を深められるようにしたり、また、支援者がその問題への対処方法や利用できるサービスなど必要な情報をわかりやすく提供したりすることによって、その人が持つ問題解決能力や環境への対処能力を高め、生活の安定や社会的機能の発揮を促していくことである。被害者支援においても、支援者が担う役割には様々な教育機能が含まれている。

　先述の事例では、被害直後の面接の際、刑事手続の流れについて情報提供を行っている。現在、警察や検察の被害者支援が進むにつれ、各担当者からも説明が行われるようになっている。しかし、刑事手続は被害直後に関わるため、被害者は混乱し精神状態が麻痺していることも多い。そのため、説明を受けても理解できなかったり、記憶に残っていなかったりすることもある。「パンフレットが手元にあるので既に説明は受けたかもしれないが憶えていない」という被害者も少なくない。この時期の被害者には、説明が理解できているかどうかを確認しながら、繰り返しわかりやすく伝える必要がある。そうすることによって、被害者の主体的な取組を促進することができるのである。

　心身に起きてくる反応については、被害者の自分の状態に対する理解を促進させる対応（心理教育）が被害直後から積極的に行われている。これは、被害当事者のみならず、家族をはじめ被害者を支える周囲の人々に対しても有効である。なぜなら、周囲の人々は、普段とは異なる被害者を目にして理解に苦し

み、対応に苦慮することも多いからである。被害者の状態について正しい知識や情報を得ることで安心することができ、被害者を支える大きな力となるだけでなく、二次的被害を防ぐためにも有用である。心理教育の実践は、被害者支援者の重要な役割である。

　また、どこにどのように相談すればよいのかという相談の方法を具体的に伝えることで、被害者の中には、自力もしくは家族や知人の力を借りて相談機関にアクセスできる人もいる。その人自身が持つ力や周囲の資源を最大限生かし、問題に対処できるような具体的な方法を提案していくことは、被害者の問題解決能力を高め、自主的行動を促進させるものであり、基本的な対応である。

4）仲介機能

　社会資源を活用した支援活動が重要であることを述べてきたが、そのためにはいかにして被害者にとって有益な社会資源と被害者とを結びつけるかという仲介者としての機能が求められてくる。具体的には、①被害者に専門家や他の相談機関を紹介するとき、②複数の機関と連携して支援を行うとき、③機関間の連絡・調整を行うとき、などにこの機能が発揮されることとなる。支援者は、被害者に様々な社会資源の情報を提供するほか、被害者の家族や周囲の人々、関係機関などに対して被害者の状況や心情を説明し、被害者のニーズや意向に沿った役割を果たしてもらえるよう調整しながら、被害者が社会資源を得られるよう橋渡しをしていく役割を担う。

　通常、人々は身近にどのような社会資源があるのかという情報に疎く、ましてや被害者は自分に必要な社会資源を調べたり、自らアクセスしたりする気力も奪われてしまっていることが多い。さらに、関係機関や専門家なども、被害者に対する知識・理解不足から、相談に訪れた被害者の要望に適切に対応しきれないことがあり、被害者だけの力で社会資源を利用していくことが難しい場合もある。このとき、仲介者となる支援者の存在が、被害者にとっても、また関係機関にとっても必要となる。

　仲介機能を果たすとき、被害者の状況、抱えている問題、被害者の対処能力などに応じて適切な方法を考えていくことが大切である。例えば、被害者に専

門家や他の相談機関を紹介する場合、被害者のニーズや対処能力に合わせて、紹介先の情報を伝えるのみにとどめるのか、あるいは支援者があらかじめ紹介先の機関に連絡を入れておくのかなどを検討する。また、複数の機関と連携して支援を行う際には、支援者がそれぞれの機関の組織・業務内容を把握した上で、どの機関（誰）が、どのような支援を、どのような方法で提供していくのかを話し合い、役割を明確にしていくことも必要である。

先述の事例では、入院中の長女が精神的ケアの必要時に即応してもらえるように病院関係者へ働きかけをしていることや、後日、精神科への初回受診時に付き添い支援を行っていることも仲介機能である。また、被害者の長男を支える体制を築くために学校関係者とカンファレンスを持ち、学校生活における理解者・協力者をつくることで長男を支える環境整備を行っている。これも社会資源を有効な形で被害者に結びつける支援である。他の例では、被害者の職場復帰にむけて上司や同僚の理解・協力を得られるような働きかけをしたり、そのような環境を整えていくことの重要性を被害者に伝えて、自分で協力を求める行動ができるようなアドバイスをしたりする。このように被害者を取り巻く環境の整備・調整を考えた支援を行い、さらには、日常の心理・身体的サポートとして、地元の保健センターなどとの連携を図った支援体制を構築することもある。

被害者が抱える問題はひとつの専門家・機関だけでは対応できないことが多い。フォーマル・インフォーマルを問わず、被害者のニーズに適した社会資源を有効に活用するために、この仲介機能を発揮していくことが必要である。

5）調停機能

被害者支援では、被害者とその家族及び被害後に関わる様々な機関の担当者などとの間で良好な関係が築けるように調整を図る役割が重要である。

まず、被害当事者とその家族間における調停機能について見てみたい。例えば、性被害に遭った人が、家族に対して被害事実を含め気持ちや要望を十分に伝えられずにいたり、一方で被害事実を知った家族が被害に遭った本人にどのように接したらいいのかわからず不安を抱えていたりする場合がある。このようなとき、支援者は、被害当事者の意思を尊重しながら、家族に対して犯罪被

第三部　犯罪被害者の支援

害の影響によって生じた様々な変化や困難について説明をして理解を促したり、接し方をアドバイスしたりする。こうすることで、身近に相談できる存在を作り、被害当事者が安心して過ごせる生活環境の構築を目指す。また、子どもを亡くした家族の場合、悲しみや辛さを家族に見せまいと仕事に没頭する夫と、ショックのあまり家事なども手につかない妻との間に葛藤が生じ、家族関係がぎくしゃくするようなこともまれではない。家族内でも被害に対する考え方や気持ちの表現の仕方など一人ひとりに様々な違いがあることなどを伝えながら、家族間の葛藤を緩和していく関わりも大切である。

　また、被害者とその他の関係者との間の調停機能も重要である。例えば、刑事裁判の場合、裁判の進め方や加害者の量刑などについて、被害者の心情を考慮すると納得できない事柄が出てくることはよくあることである。現行の法律や刑事司法システムでは根本的に解消することは困難かもしれないが、国や社会、あるいは法律に対する不信感を助長させることは被害からの回復の妨げとなる。そのため支援者は、被害者が裁判に関する疑問などについて検察官から十分な説明や情報提供を受ける機会を調整したり、検察官に被害者の心情や裁判にかかる負担感などを伝えて理解を促したりして、被害者の心情に沿った配慮ある対応を受けられるように働きかけ、相互の良好な関係構築に努めるのである。

6）ケースマネジメント機能

　被害直後から長期にわたって多様なニーズを抱える被害者に対し、支援者は、心理的サポートに努めながら、各種情報提供、手続の補助、生活上の課題を解決・緩和するための現実的なサポートを並行して行う。その際、常に被害者と被害者を取り巻く周囲の環境調整にも目を向け、多種多様な社会資源を活用するために、様々な関係者と積極的な関わりを持っていく。これら支援者が担う役割は、助言やカウンセリングなどの個別・直接的な支援と同時に、種々の社会資源と被害者とを結びつけるための間接的な支援という両面を展開するもので、ケースマネジメントの中心的機能であると言える。

　ケースマネジメントは複数の必要な社会資源を包括的に利用することを可能にするものである。そして、それは継続性とある程度長期にわたることを前提

にして行われるものであるため、被害直後の早期介入から長期にわたって途切れることのない支援が求められる被害者支援において必要性の高い機能である。

　先述の事例に見られる一連の支援活動には、支援者が担う役割として、随所にケースマネジメント機能が発揮されていると言えるのではないだろうか。民間支援団体は、様々な社会資源を活用した総合的な支援を提供する中核として機能することが期待されている。その現場に立つ支援者は、個々の被害者の状況やニーズを的確に捉え、時期に応じた適切な支援をコーディネートする役割を担う。継続的かつ長期的支援が可能である民間支援団体において、支援者がケースマネジメント機能を十分に果たすことによって、被害者により有益でより効果的な支援を提供することができると考える。

7）被害者支援とソーシャルワーカーの関わり

　以上、民間支援団体における支援活動をもとに関連するソーシャルワーカーの機能について述べた。公的機関や様々な専門家などによる支援を補完・調整し、総合的な支援の要となることが期待される民間支援団体は、ソーシャルワークの専門性がより活用される被害者支援の現場であると感じる。現在、ソーシャルワーカーが専従する団体は少ないが、多種多様な社会資源とのネットワーキングを駆使して、生活上の問題の解決・緩和を目指して活動するソーシャルワーカーは、今後、民間支援団体における支援活動の充実・発展の一翼を担うことができる貴重な存在であろう。

　現状の民間支援団体では、少数の職員とボランティアによって支えられているところが多いが、併せて、弁護士、精神科医、臨床心理士など各種専門家も団体に所属し、支援活動が行われている。種々の支援者による活動は、被害者のニーズに即した幅広い支援が可能になるメリットはあるものの、各支援者の役割分担が不明瞭だったり、特定の専門家の影響力が大きくなったりすると、支援者間に葛藤が生じることも少なくない。組織内における異なる立場や他職種間を調整する役割は重要で、この点においても、ソーシャルワーカーの特性が役立つのではないだろうか。

　一方、保健医療、福祉、教育などの関係機関・団体は、被害者の支援と密接

な関係があるため、それらに所属するソーシャルワーカーは、犯罪被害についてのある程度の知識や理解を持っていることが必要である。なぜならば、被害に遭う前から経済的不安や、何らかの障害を持っている人などが当該機関を利用していたとして、その人が犯罪被害に遭った場合、元々の問題が悪化したり、その影響が深刻化したりする。被害回復もより困難になる。そのため、犯罪被害特有の事柄と、福祉的ニーズに関連する事柄とを踏まえた関わりが求められる。したがって、それぞれの分野に携わるソーシャルワーカーと被害者支援者が日頃から相互理解を深め、連携することが重要であると考える。

　また、司法福祉の分野においては、従来から、非行少年などを含めた加害者側には様々な資源があるが、被害者を支援する観点に立ったものはほとんどない。例えば、少年同士の事件では被害少年の支援という視点は全く欠けており、社会的サポートも不足している。これらは、今後取り組むべき重要な課題であり、ここにもソーシャルワーカーの役割発揮が期待される。

　ソーシャルワーカーには、被害者が安心して日常生活を送ることができる地域社会を創り出すという幅広い視点を持って、その立場から被害者支援を展開することが求められている。その一環として、学校などの教育現場や地域社会に対して啓発活動を行うなどの取組に積極的に関与していくことが重要である。

　繰り返しになるが、被害者支援にとって、ソーシャルワーカーの専門性は大いに役立つ。しかし、その前提としては人間としての共感を持って被害者に接することを忘れてはならない。その上で、二次的被害を与えないことはもちろん、被害者支援者としての研鑽を積み重ねていくことが大切である。

　従来、被害者支援という観点は我が国において欠如しており、社会福祉を専攻する学生や現場のソーシャルワーカーにおいても認知度は低かった。今後、社会福祉の教育現場や地方公共団体などの福祉関連機関で被害者支援というテーマが広く取り上げられることが必要である。そして、多分野において被害者支援に対する重要性の認知度が深まり、取組が広がれば、ソーシャルワーカーには様々な役割を担える可能性があり、被害者支援に幅広い貢献ができるであろう。

〈注〉

(1) 「犯罪被害者等給付金の支給等による犯罪被害者等の支援に関する法律」第23条に基づき、都道府県の公安委員会が犯罪被害者に対しての援助活動を適正、かつ確実に行うことができる非営利法人を指定する制度がある。指定を受けた団体を「犯罪被害者等早期援助団体」という。この制度により、事件を取り扱った警察が被害者等の同意を得て、その氏名及び住所、犯罪の概要等に関する情報を指定団体に提供することができるようになった。

(2) 親告罪とは、被害者のプライバシー等を尊重するため、警察官や検察官への告訴がなければ起訴できない犯罪のこと。強姦や強制わいせつなどの性犯罪や器物損壊、名誉毀損などがこれにあたり、告訴をすることができる期間は、原則として犯人を知った日から6か月以内とされている。

(3) 認定特定非営利活動法人　全国被害者支援ネットワーク　http://www.nnvs.org/

〈参考文献〉

・社団法人被害者支援都民センター（2007）「今後の被害者支援を考えるための調査報告書─犯罪被害者遺族へのアンケート調査─」（平成18年11～12月実施）http://www.shien.or.jp/report/result/shien_result20070719_full.pdf
・内閣府犯罪被害者等施策推進室（2009）「地方公共団体における犯罪被害者等施策に関する調査」http://www8.cao.go.jp/hanzai/report/h21/pdf-index.html
・特定非営利法人全国被害者支援ネットワーク編（2008）「犯罪被害者支援必携」東京法令出版
・金吉晴編（2006）「心的トラウマの理解とケア　第2版」じほう
・小西聖子編著（2008）「犯罪被害者のメンタルヘルス」誠信書房
・空閑浩人編著（2009）「ソーシャルワーク入門─相談援助の基盤と専門職─」ミネルヴァ書房
・社団法人日本社会福祉士会編（2004）「新・社会福祉援助の共通基盤　上」中央法規出版
・バーバラ・J・ホルト（2005）「相談援助職のためのケースマネジメント入門」中央法規出版
・内閣府「平成21年版　犯罪被害者白書」

第三部　犯罪被害者の支援

・警察庁パンフレット「警察による犯罪被害者支援」
・検察庁パンフレット「犯罪被害者の方々へ」

〈推薦図書〉
・小西聖子（2006）「犯罪被害者の心の傷（増補新版）」白水社
・飛鳥井望監修（2007）「PTSDとトラウマのすべてがわかる本」講談社
・板谷利加子（1998）「御直披」角川書店
・大藪順子（2007）「STAND―立ち上がる選択―」いのちのことば社・フォレストブックス
・酒井肇ほか（2004）「犯罪被害者支援とは何か――附属池田小事件の遺族と支援者による共同発信」ミネルヴァ書房

COLUMN

検事とは

熊谷　明彦（弁護士、元検事）

　検事の主な仕事は、犯罪捜査を行ったり、刑事裁判で被告人の犯罪事実を立証し、適正な判決を得ることにある。

　ところで、検事のことを検察官と呼ぶ場合もあるし、さらには、検察庁といった用語もあるが、それらの意味をきちんと説明できる方は意外と少ないかもしれない。

　検察庁や検察官に関する基本的事項は検察庁法に規定されている。検察庁法によると、検察官の職務は、刑事について公訴を行い、裁判所に法の正当な適用を請求し、かつ、裁判の執行を監督するなどのほか、公益の代表者として他の法令がその権限を属させた事務を行うこととされており、犯罪捜査の権限も与えられている。そして、このような職務に従事する検察官の種類は、検事総長、次長検事、検事長、検事及び副検事とされている。つまり、検事とは検察官の種類のひとつにすぎないのである。しかし、検事総長と次長検事は各１名、検事長は高等検察庁の長であるから全国で８名しかいない。そこで、実際に活躍している検察官のほとんどは、検事か副検事ということになる。そして、検事は、原則として裁判官や弁護士と同じ法曹資格者から任命され、殺人等の凶悪事犯や贈収賄等の複雑事犯の犯罪捜査及び刑事裁判に従事することが多い。他方、副検事は、主に検察事務官や捜査関係の職に従事した者の中から選考試験を経て任命され、事件数の多い交通事犯や比較的単純又は軽微な事犯の犯罪捜査及び刑事裁判に従事することが多い。しかし、検察官であれば職務権限は同じで、それぞれ独立してその職務を遂行する。

　次に、検察庁とは、検察官の行う事務を統括するところであり、最高検察庁、高等検察庁、地方検察庁及び区検察庁がある。つまり、検察庁とは検察官やその職務を補佐する検察事務官が働く、いわば役所の名称である。

　さて、検察官の重要な職務のひとつは犯罪捜査を行うことである。しかし、例えば東京地検特捜部のように検察官自らが犯罪を認知し摘発する例は

少なく、その活動の多くは、警察等の捜査機関が捜査した結果を受けて、それらの捜査機関に補充捜査を指示するほか、自ら被疑者や被害者、参考人から事情聴取を行うことや、それらと並行して警察等の捜査機関の捜査活動が適法に実施されているか否かをチェックすることに充てられている。

検察官は、捜査を遂げた結果、有罪判決を得られる見込みが立たない場合は不起訴処分とする（少年事件の場合は家庭裁判所に送致しない）。しかし、成人の刑事事件の場合は、有罪判決を得られる見込みが立っても、そのすべてを起訴するわけではなく、犯人の生活、年齢及び境遇、犯罪の軽重及び情状並び犯罪後の状況等により起訴する必要がないと判断した場合には、あえて、不起訴処分にすることができる。

つまり、検察官は、単に犯罪捜査に邁進するだけでなく、事件ごとに、被疑者、被害者等の立場や犯罪の社会的影響等を総合的に勘案し、公訴、つまり、起訴するのが良いか否かについて判断を下さなければならない。そこで、検察官は、事件の真相を見極めるため、被疑者のみならず、被害者をはじめとした事件関係者の意向にも耳を傾ける必要がある。

次に、起訴した場合には、弁護人の意見も参考に、事件の争点を把握した上で刑事裁判に臨み、捜査段階で得られた証拠を提出したり、証人尋問を行うなどして被告人の犯罪行為を立証するための訴訟活動を行う。

しかし、検察官が訴訟活動を行う目的は冒頭で述べたとおり、適切な判決を得ることにある。

そこで、検察官は、単に犯罪事実を立証するだけでなく、被害の程度、被害者の処罰感情、被告人に汲むべき事情があるか否かなどにも十分に配慮した上で、事件ごとに、裁判所に対し、適切な判決を求める必要がある。

COLUMN

弁護士とは

安西　敦（弁護士）

　弁護士は、法律や裁判などのシステムを使って、クライアントが巻き込まれるトラブルを解決したり予防したりすることを役割としている。

　弁護士が担う業務は多岐にわたる。離婚や相続といった家族の問題や、借金の問題や交通事故といった民事上のトラブル、刑事弁護や、非行少年の付添人、犯罪被害者支援など様々である。クライアントなどから、専門分野は何かとよく尋ねられるが、ほとんどの弁護士はいわば町医者であるから、何かの分野に特化するのではなく、こういった業務全般を広く手がけており、その中で自分の得意な分野をいくつか持っているというのが通常のかたちである。クライアントのほとんどは、一生に一度あるかないかといったトラブルに見舞われて不安でいっぱいになって弁護士と出会う。そのクライアントが、相談を繰り返し、手続が進むにつれて、希望を取り戻して明るい表情に変わっていくのがこの仕事の醍醐味である。

　一つのケースの中でも、弁護士がとるべき役割は広範囲にわたる。例えば、非行少年が事件を起こして逮捕された場合、警察や検察で捜査が行われている段階では、少年の弁護人となり、成人の刑事弁護と同じく、取り調べに対するアドバイスをしたり、検察官と処分について交渉したりといった活動をする。捜査を終えて少年が家庭裁判所に送致された後は、鑑別所で少年と何度も会い、なぜ自分が事件を起こしたのか、被害者に対してどう償いたいのか、共犯少年との今後のつきあいをどうするかなど時間をかけて話し合い、少年が自分の考えを深めていくことを援助する。そして少年が考えたことを家庭裁判所調査官や裁判官に伝え、少年にとってどういう処分が適当なのかについて議論することで、少年の意見表明権を実現していく。審判後に少年が学校に戻れるように、学校の先生たちと少年の受け入れ環境について相談したり、親との間で少年とのコミュニケーションの取り方について話し合ったりする。虐待などで家に戻れない事情がある場合は、子どものシェルターや自立援助ホームなどと連携して、少年が帰る場所を確保するといった

第三部　犯罪被害者の支援

環境調整も弁護士の仕事である。

このようなケースについて、被害者支援の立場から関わることもある。被害者から相談を受け、手続の説明をし、家庭裁判所で家裁調査官や裁判官に対して意見を述べるための支援をしたり、審判の傍聴を求めるための手続をとったり、加害少年との間で損害賠償の交渉にあたったりする。

ケースによっては、福祉や医療といった他分野の専門職と連携することもある。例えば、病気で仕事ができなくなり、生活費が底をついたためにスーパーで食品の万引きをして逮捕されたというケースにあうことは多いが、こういうクライアントについて、刑事裁判で執行猶予判決をとっただけでは問題の解決にはならない。収入を確保しなければ、近い将来に再度万引きをして刑務所に行くしかない。しかし、生活保護につなぐことができれば、当面の生活費は確保できるし、病院に行くこともできる。勾留中に家賃の滞納で住居を失っているなら、ホームレスにならないために住居を確保する必要がある。生活のためにサラ金から借金をしていたなら、自己破産などの手続をとって借金を清算しなければならないし、介護や医療について関係機関の援助を求める必要も出てくる。

このように、犯罪に陥ってしまった人たちは多くの問題点を抱えているのであり、弁護士が法律を使うだけでその人に関わる問題のすべてを解決することはできない。一方で、福祉や医療などの分野だけでは解決できない問題も多い。DV被害者の気持ちを受け止めるだけでは安心できる状態を作り出すことはできない。その人に暴力をふるう配偶者から切り離すために、保護命令を裁判所に出させて安全を確保し、その後に離婚の調停や裁判を行うことが必要になる。知的障害のある人を見守ることはできても、騙されて買わされてしまった高額な商品のローンの支払の問題を解決しなければ生活は立て直せない。立て直すことができなければ、貧困を原因とした犯罪につながってしまう。司法と福祉は多くの場面で連携する必要があるのである。

近年、弁護士の間でも、非行や犯罪のクライアントを支援するためには、司法以外の分野との連携が必要であることについての問題意識が共有されつつある。こうした問題について、刑事弁護、非行少年の付添人、子どもの虐待や学校問題、高齢者や障害者の支援、貧困問題への支援、犯罪被害者支援といった様々な分野について弁護士会内で議論が進められている。

COLUMN

被害者の声は届いているか──被害者参加制度

髙橋　正人（弁護士、全国犯罪被害者の会（あすの会）副代表幹事）

　裁判長は大きく首を横に振った。しかし、裁判員の反応は明らかに違った。
　二十歳目前の娘さんがつきあっていた彼に殺害された事件で、私が被害者の代理人（参加弁護士）として、求刑をしたときの法廷の光景である。
　被害者参加制度が施行される平成20年12月1日以前は、被害者は、裁判の日程すら教えてもらえず、捜査や裁判の記録も一切、見せてもらえなかった。判決文すらもらえなかったのである。判決書きは報道陣からこっそりと写しをもらうしかなかった。被告人は法廷で平気で嘘を言い、傍聴席で「違います」と一言叫んだだけで、退廷処分を受けた被害者もいた。裁判長がぼそぼそと話し、良く聞こえないので「マイクのボリュームを大きくしてほしい」と頼んだら、閉廷後、裁判官室に呼ばれ、「傍聴人に聞かせるために裁判をしているのではない」と一喝された被害者もいた。こんな裁判を誰が信用しようか。被害者の司法への不信感は頂点に達した。
　そこで、被害者は立ち上がり、平成12年、全国犯罪被害者の会（あすの会）を設立し、被害者のためにも刑事司法はあると訴えた。被害者参加制度を実施している独仏に海外調査をし、帰国後、制度導入のための署名活動を展開し、政府や国会議員に働きかけた。こうした努力が実り、平成20年12月1日から被害者が刑事裁判に直接、参加できるようになった。事前に捜査や裁判の記録を閲覧したり、コピーしたりすることができるようになった。また、裁判の日程にも配慮してもらえ、裁判の当日には、被告人に直接、質問して問い質すことができるようになった。さらに被害者は、検察官とは別に、独立して求刑することもできるようになった。制度は大きく変わったのである。
　しかし、制度が変わってもこれを運用する人の心が変わらなければ、制度を活かすことはできない。
　先の例で、被害者の母親は「あなたは生きて償いたいと言うが、娘は、首を絞められているとき、どんなことを心の中で叫んでいたか想像できますか。私は『生きたい、生きたい、助けて、助けて』と聞こえてきますよ。そ

第三部　犯罪被害者の支援

れでもあなたは生きたいというのですね」と訴えた。そして、私も、代理人としてこう求刑意見を述べた。「罪には反省し、更生すれば償える罪と、どんなに反省しても償えない罪があるのではないか。傷害であれば、傷が完治し、治療費を全額弁償し、何度も何度も頭を下げれば、許してもらえるかもしれない。しかし、殺人は違う。反省し、更生することは大切だが、反省することで娘さんが生き返るのならいくらでも反省してほしいと思う。しかし、どんなに反省し、悔い改めたとしても娘さんは生き返ってこない。だからこそ、あなたの命で償ってくれというのが遺族の願いだ」。

　裁判長はあからさまに拒絶反応を示した。しかし、裁判員6名全員と、若いもう一人の裁判官は大きく頷いてくれた。裁判員裁判は裁判官3名・裁判員6名の計9名の多数決である。被害者の願いは「市民」に届き、被告人に厳しい刑が言い渡された。むろん、厳罰に処せられたからと言って、被害者が元の生活に戻れるわけではない。しかし、厳罰に処せられなければ、被害者は一層傷つく。

COLUMN

イギリスにおける犯罪被害者支援
―Victim Supportの活動

伊藤冨士江

　イギリスは1964年に犯罪被害者補償制度を施行、1970年代には被害者支援団体のVictim Support（以下VS）が発足し全国的組織になるなど、世界の中でもっとも早くから犯罪被害に遭った人々のための支援策を打ち出してきた国である。現在、イギリスではどのような支援が行われているのだろうか。2012年11月にロンドンのVSを訪問しヒアリングする機会を得たので、その結果をもとにVSの活動概要を紹介したい。

　VSは一民間慈善団体（Charity Organization）であるが、政府から多額の補助金を得て、全国（イングランドとウェールズ）で司法・行政機関と連携を取りながら組織的な支援活動を展開している。VSの活動は、おもに①電話や被害者宅訪問等による精神的支援・情報提供、②証人支援サービス（Witness Service）と呼ばれる裁判所内での支援に分けられる。

　2008年に新設されたロンドンの被害者ケア・ユニット（Victim Care Unit、以下VCU）は、警察からの電子情報システムを導入し、ロンドン地区（32自治区、人口約800万人）内のあらゆる罪種の犯罪被害にかかわる初期相談に当たっている。電子情報システムとは次のようなシステムである。まず被害者側の同意が得られると、警察署からVCUに被害者の情報がおおよそ24時間以内に電子情報として送られる。一定のフォーマット上の電子情報をもとに、VCUのワーカーが被害者に電話をかけ、VSの説明をしたのち支援を必要としているかどうかを尋ねる。被害者の心情を聴いたり、すぐに実際的支援が必要な場合は被害者居住地区のVSを紹介したりする。その時点で被害者が「支援は必要ない」と返答した場合でも、今後支援が必要になったらいつでも連絡するようにと伝える。

　現在ロンドンVCUが警察から受ける電子情報は、1日800～1,000件で8時から20時まで（日曜日は除く）約50名のスタッフがシフトを組んで担当している。英語を母国語としない被害者のために、様々な言語の通訳を手配でき

るようにもなっている。なお殺人、性犯罪、DVの被害については、特別なトレーニングを受けたスペシャル・ユニットが支援に当たる。

　電子情報システムが導入される以前は、各地区VSの被害者宅訪問による支援が中心で、相手が不在のため空振りになることも多かったが、電子情報システムにより、効率的に支援を必要としている被害者に支援が届くようになった。VCUの機能について、責任者は「トリアージ・システム（緊急時の対応の優先順位を決定する）」と語っており、犯罪被害直後のニーズを見極める初期対応を担っていると言えよう。

　また、犯罪被害の相談を受ける窓口としては、VS組織内に被害者サポートライン（Victim　Supportline）が設けられている。週日は9時から21時、週末は9時から19時まで全国からの電話やメールによる相談に当たっており、現在約60名のボランティアが4名のコーディネーターのもとで働いている。

　VSのもう一つの柱である証人支援サービスは、公判の証人尋問のさいに被害者側に対して裁判所内に安全な場所を確保し、公判手続・場面の説明や付き添いなどを行う、公判に特化したサービスである。全国すべての裁判所（Crown Court centreおよびmagistrates' court）に常駐して、トレーニングを積んだボランティアがマネージャーのもとでサービスを提供している。法的助言等はできないが、公判での不安を和らげるためにきめ細かい精神的支援を行い、公判の特別措置（例えば、TVリンクや遮へい設置）や通訳の手配を仲介することもある。証人支援サービスは、司法機関から信頼を受けているからこそ成り立つ支援と言えよう。なお、公判後に支援が必要な場合は、ケースを再びVCUにリファーする。

　以上、イギリスのVSについて、長い実績の上に官民協働体制が行き届いていること、被害直後の初期介入が組織的に行われていること、警察からVCU、地区VS、証人支援サービスと一連の支援が切れ目なく提供されること、刑事司法機関とサービス間との連携がよく取れていること、実際の支援ではトレーニングを受けたボランティアを十二分に活用していること、といった点を特徴として挙げることができる。VSボランティアの募集は、テレビやインターネットなどマスメディアを通じて随時行われ、その人材確保にはほとんど苦労していないとのこと。イギリス国民におけるボランティア活

動の浸透ぶりも特筆すべき点であろう。
　社会福祉の歴史からみると、イギリスは19世紀末の友愛訪問を軸とした慈善組織協会（Charity Organization Society）発祥の地であり、VSはその友愛訪問の流れを汲んでいたとも言える。現在は「よき友人であること」といったボランタリー性や地域性が薄れ、政府からの補助金に見合う成果を出すため、より中央集権的になり専門性を強調するようになった点も指摘しておきたい。

第10章 更生保護における犯罪被害者等施策について

西崎　勝則

1　はじめに

　筆者はこれまで、保護観察官として罪を犯した者や非行のある少年の社会内処遇に携わっていたが、更生保護の分野に共通の認識として、筆者も、犯罪の一方の当事者である犯罪被害者やその家族等（以下「被害者等」という）の存在については、どこか遠いものとして受け止めていた。
　これまでの更生保護は、加害者の社会復帰を優先するあまり、被害者等の苦しみや悲しみに対して必ずしも十分な配慮がなされているとは言えなかった。加害者に直接働きかける保護観察官にとっては、「被害者のことを知ると保護観察対象者の指導が困難になる」という思い、いわゆるダブルロールの問題意識が強かったのである。
　しかし、更生保護法（平成19年法律第88号）第1条にあるとおり、更生保護は、犯罪をした人や非行のある少年に対し、「再び犯罪をすることを防ぎ、又はその非行をなくし、これらの者が善良な社会の一員として自立し、改善更生することを助け」ることによって「社会を保護し、個人及び公共の福祉を増進する」ことを目的としているが、ここでいう「個人」とは、被害者等も含まれることから、被害者等が受けた被害の回復に更生保護が寄与することは、むしろ当然のことと言える。
　そのような中で、更生保護においても、犯罪被害者等基本法に基づく犯罪被害者等基本計画の258の施策のうち4つの施策を実施するため、平成19（2007）年12月1日から更生保護における犯罪被害者等施策が開始された。
　筆者は、この制度開始当初から平成21（2009）年10月までの約2年間、保護観察所で被害者担当の保護観察官（以下「被害者担当官」という）として従事

することとなったものの、当初は、「加害者のことで被害者から非難されたらどう対処すればいいのかわからない」と、被害者等からの相談電話に、ある種の恐怖感すら覚えたものであった。

しかし、被害者担当官としての対応を通じて被害者等の受けた苦しみや現在の境遇に接し、被害者等の回復には加害者が自分の起こした事件にきちんと向き合うことが重要であり、また、その回復のために更生保護官署にしかできないことがある、という思いを強くすることとなった。

今回、縁あって本稿執筆の依頼があり、立場をわきまえずお受けしたが、筆者の経験が少しでも役立つのであれば幸いである。

なお、本文中の意見にわたる部分は、私見であることをあらかじめ申し上げておく。

2 更生保護制度の概要と犯罪被害者等施策開始までの歴史的背景

1）更生保護制度の概要

「更生保護」とは、罪を犯した者や非行のある少年が再び過ちを繰り返すことなく、社会内において善良な社会の一員として自立し改善更生することを助けることによって、社会を犯罪から保護し、個人及び公共の福祉を増進する活動のことであり、具体的には、仮釈放や保護観察等を実施するほか、恩赦、犯罪予防活動の促進等を実施しており、警察、検察、裁判、矯正と並んで刑事司法の重要な一翼を担っている。

現在における我が国の更生保護制度の法体系は、犯罪者予防更生法（昭和24年法律第142号）と執行猶予者保護観察法（昭和29年法律第58号）を整理統合する形で平成20（2008）年6月1日に施行された更生保護法である。

更生保護の主な制度は、「保護観察」、「仮釈放」と「生活環境の調整」である。保護観察は、罪を犯した者や非行のある少年を社会の中で生活させながら、一定の約束事（遵守事項）を義務付けて、これを守るように助言・指導するとともに、就職の援助や悩みの相談に応じて、その自立を援助するものである。また、刑務所や少年院などの矯正施設において処遇がなされた者の円滑な社会復帰を図るための仮釈放・仮退院を実施するとともに、釈放前に帰住先の

環境の調整や相談を行う「生活環境の調整」も、更生保護制度の重要な施策の一つである。

　更生保護の実施体制は、法務省の機関として、保護観察所（全国50か所）及び地方更生保護委員会(仮釈放を審理及び決定する国の機関。全国8か所)と、現場の第一線で、約980人の保護観察官（専門的知識を有する国家公務員）と約48,000人の保護司（地域のボランティア）との「官民協働」態勢により保護観察等を実施しているほか、更生保護施設、更生保護女性会、BBS（Big Brothers and Sisters Movement）、協力雇用主等の「更生保護ボランティア」に支えられている。

　なお、心神喪失又は心神耗弱の状態で殺人、放火等の重大な他害行為を行った人の社会復帰を促進することを目的として、心神喪失等の状態で重大な他害行為を行った者の医療及び観察等に関する法律（平成15年法律第110号）に基づき、保護観察所に配置する社会復帰調整官による「医療観察制度」が開始されている。

2）更生保護官署における犯罪被害者等施策開始以前の犯罪被害者等への対応

(1)　被害者感情調査の実施

　地方更生保護委員会が刑務所や少年院等の矯正施設からの仮釈放・仮退院を審理し決定することや恩赦の適正な執行に努めることは、加害者の改善更生を促し、再犯者を生まないための重要な施策であるが、その実施に当たって、犯罪被害者等の意見を聴取し参考にすることは、犯罪被害者等施策開始前からなされていた。

　これは、仮釈放審理や恩赦の決定の際には被害者感情を十分考慮せよという社会の要請を受けたものであるが、本調査は、仮釈放や恩赦という加害者の利益処分に繋がるものであるという内容面での問題もさることながら、突然保護観察官や保護司が連絡又は訪問するという調査方法であることから、調査自体が二次的被害を招くとの批判があった。

(2)　制度上の根拠を持たない中での配慮に欠けた対応

　被害者等への対応について明確な根拠規定を持たなかった更生保護の分野に

おいては、被害者等の相談や要望に対しては、その内容によって保護観察官等が個別に対応していたが、守秘義務等を理由として、結果として配慮に欠けた対応になることがあった。

(3) **必ずしも被害者の視点が十分でなかった保護観察処遇**

従来から更生保護は、被害弁償の意思を有する保護観察対象者等への適切な指導やしょく罪指導プログラム等の処遇等を実施しているが、施設内処遇と社会内処遇との連続性に欠けた「リンク切れ」の処遇であった。後節で例示するが、具体的には、施設内で実施されているしょく罪指導の成果が保護観察に引き継がれず、社会内処遇でのしょく罪指導に生かす体制ができていないこと、あるいは、検察庁が特定の被害者等に再被害のおそれがあると認定しておきながら、これらの情報を保護観察所が十分把握しておらず、加害者の帰住先を調査する方法をとる生活環境の調整結果、加害者本人の面接、そして書面審理というプロセスの中で、被害者等が持つ再被害のおそれに対して全く認識していないまま加害者の仮釈放に至ったことなどがある。さらに、保護観察実施上の関係記録が加害者本人の主観情報が混在しているために、「事件あるいは事故の客観的事実が加害者によって都合よく歪曲され、歪曲されたまま処遇を行うという大問題がある」と被害者等から指摘を受けたことがあり、そのため処遇者から見た被害者像に誤解が生じたり、被害弁償についても、保護観察中の加害者の生活の安定を優先するあまりに、対応しないことを追認したりと、必ずしも被害者の視点を十分取り入れた保護観察処遇を行っているとは言い難いものがあった。

3）犯罪被害者支援と更生保護における犯罪被害者等施策開始までの歴史的背景

(1) **犯罪被害者等に関する法整備**

我が国における被害者等に対する施策の萌芽は、昭和49（1974）年に発生した三菱重工ビル爆破事件等をきっかけとして昭和55（1980）年に制定された犯罪被害者等給付金の支給等に関する法律である。

その後、被害に遭った直後から関わることができる警察による犯罪被害者支援の必要性を定めた「被害者対策要綱」が平成8（1996）年に策定された。

325

第三部　犯罪被害者の支援

　さらに、交通死亡事件被害者遺族からの裁判情報の求めに対応できなかったことを教訓とし、平成11（1999）年に検察庁による被害者等通知制度が導入され、裁判結果等の通知等がなされるようになった。

　また、刑事裁判における被害者等への配慮において大きな変化があったのが平成12（2000）年の犯罪被害者等保護二法（刑事訴訟法及び検察審査会法の一部を改正する法律・犯罪被害者等の権利利益の保護を図るための刑事手続に付随する措置に関する法律）の制定である。本法では、公判で被害者等が意見陳述・証言する際の保護等が定められた。

　同年1月に第1回のシンポジウムを開催した全国犯罪被害者の会（あすの会）等の犯罪被害者団体の署名活動等を通じ、社会に被害者等の厳しい現状が明らかになるにつれ、その声を受けて基本法制定の機運が高まり、平成16（2004）年12月、犯罪被害者等基本法が議員立法により成立した。

　この法律は、被害者等に対する施策の基本理念を明らかにし、官民が連携して被害者等のための施策を総合的かつ計画的に推進することを定めたもので、国を挙げて被害者支援を行う決意表明をしたものである。これを受け、平成17（2005）年12月27日、国が責任を持って行う258の施策を策定した犯罪被害者等基本計画（第1次）が閣議決定され、更生保護において行うべき4つの施策が定められた。

(2)　**更生保護における犯罪被害者等施策と犯罪被害者等基本計画**

　犯罪被害者等基本計画で更生保護に関する施策のうち主なものは、次のとおりである（括弧内は犯罪被害者等基本計画「Ⅴ　重点課題に係る具体的施策」の各項目を指す）。

　①　仮釈放審理をより一層犯罪被害者等の意見を踏まえたものとすること（第3　刑事手続への関与拡充の取組の1.刑事に関する手続への参加の機会を拡充するための制度の整備等（基本法第18条関係）の［今後講じていく施策］の(27)）

　②　犯罪被害者等の心情等を加害者に伝達する制度の検討及び施策の実施（同(22)）

　③　判決確定後の加害者情報の犯罪被害者等に対する提供の拡充（同(20)及び(21)）

④ 刑事裁判終了後の支援についての検討及び施策の実施（第4 支援のための体制整備への取組の1.相談及び情報の提供等（基本法第11条関係）の［今後講じていく施策］の(34)）

（なお、上記②～④については、保護司との協働態勢の下で実施される。）

以上の各施策について、当時設置されていた「更生保護のあり方を考える有識者会議」による検討を経て、更生保護法に規定を置く等の根拠を得て、平成19（2007）年12月1日から更生保護における犯罪被害者等施策が開始されることとなった。

3　更生保護における犯罪被害者等施策

1）概要

更生保護における犯罪被害者等施策は、前述の犯罪被害者等基本法に基づく犯罪被害者等基本計画に定められた施策として実施されたものであり、次の4つの制度である（図表10-1）。

① 意見等聴取制度
② 心情等伝達制度
③ 被害者等通知制度
④ 相談・支援

2）実施体制

各保護観察所における犯罪被害者等施策の実施体制は次のとおりとなっている。

(1) **被害者担当官・被害者担当保護司の配置**

各保護観察所では、被害者等を専門に担当する保護観察官として「被害者担当官」を配置している。また同じく、被害者等を専門に担当する男女各1人以上の「被害者担当保護司」を配置し、被害者等からの相談に応じている。また、被害者担当官・被害者担当保護司双方とも指名を受けている間は加害者の担当をすることはない。

第三部　犯罪被害者の支援

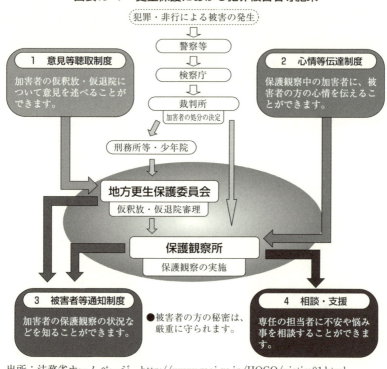

図表10-1　更生保護における犯罪被害者等施策

出所：法務省ホームページ　http://www.moj.go.jp/HOGO/victim01.html

(2)　犯罪被害者相談専用電話・専用相談室等の設置

たらい回しを防いで被害者等が安心して相談できるように、各保護観察所では、被害者担当窓口にダイレクトにつながる専用電話を引いているほか、来庁の際の不安を和らげるために専用の相談室等を設置している。

3）意見等聴取制度
(1)　制度の概要

意見等聴取制度とは、地方更生保護委員会が3人の委員による合議体として行う仮釈放等の審理に対して、被害者等が意見を述べることができる制度であり、更生保護法第38条で規定している。

(2) 被害者等の範囲等

更生保護法第38条第1項では、被害者等の範囲を、被害者本人・被害者の法定代理人・被害者が死亡した場合又はその心身に重大な故障がある場合におけるその配偶者、直系の親族若しくは兄弟姉妹としており、申出は、加害者の仮釈放審理の期間中となっている。

なお、この制度は、被害者等の申出によることとしているが、申出を待つことは、仮釈放等の意見を述べること自体精神的な負担が大きい被害者感情調査の反省に立ち、被害者等に二次的被害を極力生じさせないことを考慮したためである。

(3) 申出から意見等聴取までの手続

申出から意見等聴取までの手続は、原則として仮釈放等を審理する地方更生保護委員会（以下「審理委員会」という）が行う。

なお、申出から意見等聴取の流れは図表10-2のとおりである。

図表10-2　意見等聴取における手続の流れ

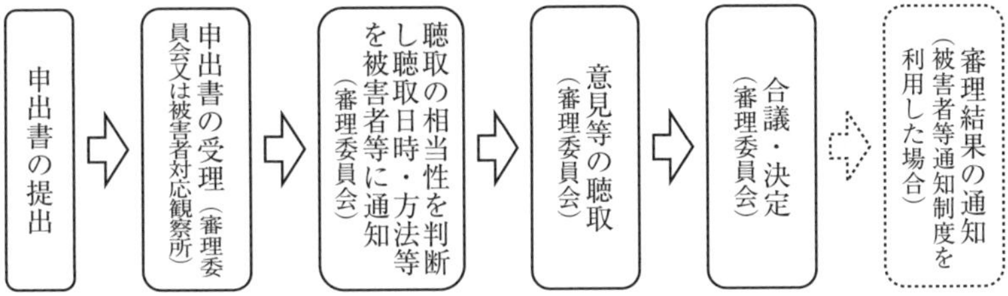

申出書の提出 → 申出書の受理（審理委員会又は被害者対応観察所） → 聴取の相当性を判断し聴取日時・方法等を被害者等に通知（審理委員会） → 意見等の聴取（審理委員会） → 合議・決定（審理委員会） ⇢ 審理結果の通知（被害者等通知制度を利用した場合）

（注）筆者作成

(4) 意見等聴取の方法

意見等聴取にあたっては、合議体もしくは委員による口頭聴取、合議体の支持を受けた保護観察官による録取、被害者等が作成した書面の提出の方法があり、被害者等の希望や審理の状況等を考慮し審理委員会が決めることとしている。

(5) 意見等の聴取を円滑に実施するための事務（円滑実施事務）

意見等の聴取を円滑に実施するために、審理委員会は、被害者等が希望すれば、意見等の陳述に関する助言、陳述場所までの付き添い、同席、意見等記述

書の代筆等を保護観察所に嘱託することができる。

4）心情等伝達制度
(1) 制度の概要
　心情等伝達制度とは、被害者等から申出があったときに、保護観察所の長が、被害者等の心情等（被害に関する心情、被害者等の置かれている状況、保護観察中の加害者の生活や行動に関する意見）を聴取し、これを保護観察中の加害者に伝える制度であり、更生保護法第65条に定められている。
　また、保護観察中の加害者に対しては、被害の実情等を直視させ、より反省や悔悟の情を促すよう指導監督を行うこととなっている。

(2) 制度を利用できる被害者等の範囲
　更生保護法第65条第1項では、被害者等の範囲を、被害者本人・被害者の法定代理人・被害者が死亡した場合又はその心身に重大な故障がある場合におけるその配偶者、直系の親族若しくは兄弟姉妹と規定している。
　また、制度を利用できる期間は、加害者の保護観察期間中に限定され、複数の刑を順次執行されている者のうち、被害者等が害を被った犯罪により言い渡された刑の執行がすでに終了している等の場合は、制度の利用ができない。

(3) 申出から心情等伝達までの手続
　心情等伝達の流れは図表10-3のとおりである。

図表10-3　心情等伝達における手続の流れ

（注）筆者作成

　申出の手続は、原則として、保護観察中の加害者の保護観察をつかさどる保護観察所（以下「処遇観察所」という）が行うが、他の保護観察所でも申出の

受理ができる。

(4) **心情等の聴取の方法**

心情等の聴取は、原則として被害者担当官が行い、その内容を記載した書面（心情等聴取書）を作成するが、被害者等の心身の状況等によって、被害者等が記載した書面の提出を受けることができる。なお、心情等聴取書の作成にあたっては、伝達の正確を期するため、聴取書に記載した内容を確認の上、署名押印を求めることとなっている。

(5) **心情等の伝達の方法**

心情等の内容を記載した書面の伝達は、処遇観察所において保護観察を担当する保護観察官等が加害者の面前で朗読して行う。ただし、心情等の伝達をすることが当該保護観察対象者の改善更生を妨げるおそれがあり、又は当該被害に係る事件の性質、保護観察の実施状況その他の事情を考慮して相当でないと認めるときは、この限りでない。

具体的には、その心情等の内容が侮辱罪にあたるものや、加害者の人種・民族・信条・性別・社会的身分等についての侮辱、嫌がらせにあたるもの、事件に関係のないもの等の場合や、例えば、伝達をすることでストーカー等の再被害が防げないなど保護観察上の指導を尽くしても改善しない問題がある場合は、一部及び全部を伝達しない場合がある。また、被害者等が希望した場合には、氏名等を伏して伝達することもできる。

(6) **伝達結果の通知**

心情等伝達を実施した場合は、その旨及び伝達日を、伝達しなかった又は一部を伝達しなかった場合は、その旨と一部伝達の場合は伝達した部分を被害者等に通知する。

また、被害者等の希望があれば、心情等伝達を実施した際に、加害者が申し述べた内容について、伝達結果の通知の際に併せて通知することができる。

なお、本制度が被害者等と保護観察中の加害者が直接に接触することを担保するものではない。

5）被害者等通知制度

(1) 制度の概要

　本制度は、これまで検察庁が実施している被害者等通知制度を拡充する形で、平成19(2007)年12月1日から、加害者の処遇状況について通知するほか、少年の保護処分後の状況についても通知を行うこととなった。

　本制度は、これまで知り得なかった加害者の直近の状況を知ることができるものであるが、前述の意見等聴取制度や心情等伝達制度の利用可能時期の把握にも繋がることから、他の制度の利用の端緒としての機能を有している。

　なお、他の通知制度としては、被害者等の再被害防止の観点から、被害者等からの申出に基づき必要と認められる場合に、検察官から加害者の釈放予定時期や釈放後の帰住先等の事前情報の通知を行う制度や、少年事件の場合、家庭裁判所から加害少年の審判の結果を通知する制度がある。

(2) 制度を利用できる被害者等の範囲

　本通知制度を利用できる被害者等の範囲は、刑事処分と保護処分で異なっている。

　加害者が刑事処分の場合は、①被害者本人、②被害者の親族又はこれに準ずる者、①又は②の弁護士である代理人となっており、加害者が保護処分の場合は、①被害者本人、②被害者の法定代理人、③被害者が死亡した場合又はその心身に重大な故障がある場合におけるその配偶者、直系の親族又は兄弟姉妹、①～③から委託を受けた弁護士となっており、制度を利用できる期間は、加害者の処分の決定後からその処分が終了するまでの間となっている。

(3) 通知の手続

　被害者等の申出に基づくが、申出にあたっては、来庁のほか、郵送でも可能。申出先は、加害者が刑事処分の場合は、刑の言渡しがあった裁判所に対応する検察庁で、加害者が保護処分で保護観察処分の場合は、被害者等が居住する住居地を管轄する保護観察所、少年院送致の場合は最寄りの少年鑑別所となる。

　また、通知の方法は、書面、口頭、電話等が選択できる。

(4) 通知事項等（更生保護官署以外の他官署が通知する事項も含む）

　加害者が刑事処分（実刑又は保護観察付執行猶予）の場合の通知事項は、図

第10章　更生保護における犯罪被害者等施策について

表10-4のとおり。なお、図表中の※印の事項については、申出者の選択事項となっている。

さらに、図表中の下線部分は、第2次犯罪被害者等基本計画により検討した結果、平成26（2014）年4月1日から追加されたものである。

図表10-4　被害者等通知における通知事項（加害者が刑事処分の場合）

加害者の状況	通　知　事　項	通知元
刑事施設収容中	◎刑務所における処遇の状況等に関する事項（※） ①収容されている刑事施設の名称等 ②刑の執行終了予定時期及び受刑者の刑事施設における処遇状況（収容区分・<u>懲罰の状況及び褒賞の状況</u>。おおむね6か月ごとに通知） ◎仮釈放又は刑の執行終了による釈放に関する事項	有罪の言渡しをした裁判所に対応する検察庁の検察官
刑事施設収容中 （仮釈放審理）	◎仮釈放審理に関する事項 ①仮釈放審理の開始 ②仮釈放審理の結果	仮釈放審理を行う地方更生保護委員会
保護観察中	◎保護観察中の処遇の状況に関する事項（※） ①保護観察の開始年月日及び終了<u>年月日</u>、加害者の保護観察をつかさどる保護観察所の名称等（保護観察の開始後） ②保護観察中の処遇状況（特別遵守事項、<u>特別遵守事項に基づき実施する特定の犯罪傾向を改善するための専門的処遇プログラムの実施状況及び毎月の接触回数</u>。おおむね6か月ごとに通知） ◎保護観察の終了に関する事項 ①保護観察期間満了年月日及びその事由 ②加害者の保護観察をつかさどっていた保護観察所の名称等（保護観察の終了後）	加害者の保護観察をつかさどる保護観察所の長

（注）筆者作成

また、加害者が保護処分（少年院送致又は保護観察処分）の場合の通知事項は、図表10-5のとおり。

図表10-5　被害者等通知における通知事項（加害者が保護処分の場合）

加害者の状況	通知事項	通知元
少年院入院中	◎少年院における処遇の状況等に関する事項 ①収容されている少年院の名称等 ②少年院における教育状況（教育段階、賞、懲戒及び問題行動指導の状況。おおむね6か月ごとに通知） ③出院及びこれに準ずる事項	少年院の長
少年院入院中 （仮退院審理）	◎仮退院審理に関する事項 ①仮退院審理の開始 ②仮退院審理の結果	仮退院審理を行う地方更生保護委員会
保護観察中	◎保護観察中の処遇の状況に関する事項 ①保護観察の開始年月日及び終了年月日、加害者の保護観察をつかさどる保護観察所の名称等（保護観察の開始後） ②保護観察中の処遇状況（特別遵守事項及び毎月の接触回数。おおむね6か月ごとに通知） ◎保護観察の終了に関する事項 ①保護観察期間満了年月日及びその事由 ②加害者の保護観察をつかさどっていた保護観察所の名称等（保護観察の終了後）	加害者の保護観察をつかさどる保護観察所の長

（注）筆者作成

6）相談・支援

(1) 制度の概要

　相談・支援は、刑事裁判や少年審判が終了した後の被害者等に十分な配慮をし、その負担を軽減することを目的としたものであることから、前述の3つの施策と異なり、申出を要件とせず、被害者等の範囲も特に限定してはいないが、支援の要否については、その必要性によって判断している。

(2) 相談・支援の内容

　相談・支援の内容は、主に①悩み・不安等を丁寧に聴き、負担が軽くなるように相談に応じる、②関係機関等を紹介し、関係機関等への連絡や相談を補助し、その円滑な利用を支援する、③問い合わせに応じ、更生保護における犯罪

被害者等施策や、被害者等が刑事に関する手続に適切に関与するための制度、関係機関等が行う犯罪被害者等支援の内容その他について説明し、情報を提供するなどである。

4　更生保護における犯罪被害者等施策の実施状況

　本節では、前節で述べた更生保護における犯罪被害者等施策の実例や実施件数などの実施状況を紹介して、本制度を利用することによる加害者及び被害者等への影響について考えてみたい。
　なお、本節で紹介する事例においては、原則として被害者等の了解を得ているものであっても、加害者の人権に配慮する意味で、事件の内容等を一部架空のものとしたことを了解されたい。

1）心情等伝達制度の事例
(1)　心情等伝達によって加害者処遇における問題点が浮き彫りになった事例

　事件は、ある日の夜、被害者男性と加害者男性がすれ違いざまに肩が触れたことに因縁を付け、人気の少ない河川敷に連れて行き一方的に暴行し、川に突き落とし溺死させた傷害致死事件である。
　本件は目撃者がいなかったことから、加害者は当初、「被害者がいきなり殴りかかろうとしたから怖くなって無我夢中で応戦した。被害者は自分から川に足を滑らせて落ちた」等と正当防衛と偶然の事故であると主張していたため、警察も当初の捜査に予断を許すこととなり、マスコミでもそのように報じられた。しかし、捜査により加害者の嘘が判明すると、被害者遺族である両親の求めにより、警察や捜査機関も被害者の無念さを晴らすべく、徹底的に真実を求めて捜査を続けた結果、被害者には全く落ち度がなかったことが証明され、懲役5年の実刑判決が下された。
　また加害者は、両親に対し、謝罪はおろか裁判所の前で罵るなどしていながら、公判では「土下座して謝ったのに靴で殴られた」と、事実と異なる供述を行い、さらに公判で両親が意見陳述をしたことを逆恨みし、判決

第三部　犯罪被害者の支援

前夜に両親に対して脅しともとれる手紙を送ったことから、加害者からの報復を恐れた両親は、検察庁に対して被害者等通知制度を申し出ていた。

その後、加害者は刑期を半年ほど残して釈放され、保護観察が開始された。

一方、両親の元には、釈放前に検察庁から仮釈放時期の事前通知（再被害防止の観点から検察官が特に必要と認めた場合にのみ通知される）が届いていた。さらに、仮釈放当日、被害者遺族の元に、検察庁から「今日出所しますから気をつけるように」などと連絡が入ったことから、両親は、加害者が刑務所内で逆恨みの感情を増幅させていることから、再被害を受けないために何らかの自衛策を講じる必要があると考えていた。

しかし、加害者情報がないままでは自衛策を立てようがなく、また、「勝手に猛獣を檻から放しておきながら、こちらはいつやられるかわからない恐怖におびえて、一生闇雲に逃げ惑わなければならないのか」と、被害者遺族はその理不尽さに義憤を募らせていた。

加害者が釈放されてからしばらくして、両親は意を決して保護観察所を訪ねた。

当時は、更生保護における犯罪被害者等施策の開始直前であったことから、加害者の処遇を担当する部署の職員が対応したが、両親は対応者に、「加害者の釈放を検察庁から知らされ、加害者から報復されるのではと恐れている。どんな自衛策を講じればいいか一緒に考えてほしい。その参考にしたいから、加害者の現状に関する情報を知りたい」と、その切実な思いを訴えた。殺された息子の下に弟妹がいて、彼らに危害が及ぶのが心配なのだ。

しかし、対応者の第一声に、両親は愕然とした。

「でも、息子さんから先に手を出されて、川には誤って落ちたんですよね？」

この情報こそが、まさに加害者の主張する「事件の内容」であって、加害者の嘘のせいで事件当初からマスコミで被害者にも落ち度があるように報道され、世間からもそう思われて苦しい思いをしてきた両親にとって、裁判で真実が明らかになり、受刑したにもかかわらず、保護観察所では未

> だに息子に冤罪が被せられ、加害者の言い分がまかり通っているのかと、職員のこのような認識をただすために事件の真相を説明しなければならなかっただけでなく、本件が再被害のおそれがあることすら認識が薄かったことに、暗澹たる気持ちに陥った。
>
> 　結果として、両親は、加害者に関する情報を教えてもらうどころか、加害者を取り巻く現実を知り、落胆し、失意の中で帰途に着いたのだそうだ。

　なぜこのようなことが起こったのか。

　意外かもしれないが、保護観察所にある加害者に関する文書の大半は、加害者の主観情報や加害者の引受人等から得られた情報に基づくものである。本来、事件に関する客観情報の最たるものは、確定裁判記録だが、情報量があまりに膨大なことから、保護観察所が得る情報は、判決書に書かれた犯罪事実など客観情報と、加害者が刑事施設に収容された後に加害者が調査者に供述した主観情報が混じったものであり、本件のような記録の「鵜呑み」が起こり、被害者の置かれた深刻な状況を認識しないまま加害者の改善更生の道筋が作られ得るのである。

　このため、例えば、加害者の言い分によって作られた文書の上に、権威に従順な加害者の姿を見れば、加害者を担当する保護観察官や保護司が持つ加害者の印象は、「起こした結果こそ重大だが、目の前にいるのは大人しく実直そうな青年」となってしまうのである。

　それから数か月が経ち、犯罪被害者等施策の開始に伴い、筆者が被害者担当官として両親を担当することとなり、新制度を聞くために再び来庁してもらうことになったが、来庁した両親の表情は、硬くこわばっていた。

　当たり前である。「加害者の更生のために加害者の言い分ばかり鵜呑みにしている役所」と受け止められた保護観察所に対する不信感がそのような表情にさせているのだ。筆者は両親から「事実を把握しないで、どうやって加害者の改善更生をするつもりなのか。被害者支援をする以前の問題ではないのか」と厳しい指摘を受けたところから、この両親との関係がスタートすることとなった。

筆者はとにかくじっくり話を聴いた。加害者に対する怒り、加害者処遇の理不尽さに対する失望など、被害者担当として初めて被害者に対応した筆者にとって、保護観察所にある加害者に関する記録と大きく異なる両親の話に、初めは戸惑いを覚えたが、後に閲覧した裁判記録とは全く符合していた。両親はあくまで公正な裁判の場で認定された事実をそのまま述べているだけで、加害者がそれとは異なる内容を関係者に供述していること、それを「鵜呑み」にしている我々のほうに問題があることに気付かされた。
　もちろん、加害者の改善更生を図るためには、応報的な側面だけでは足りないことは、加害者の処遇を担当していた筆者としても十分理解していた。しかし、加害者の一方的な供述に頼って、その改善更生を図ろうとすることは、あまりにも偏ったものにならないか、それでいいのか、という思いが、両親の話を聴くにつれて強くなっていった。
　ところが、加害者を処遇している立場の保護観察官や保護司には、このような違和感を持つ機会が乏しく、むしろ、加害者の表層的な部分に着目し、保護観察を実施しているのである。もちろん、加害者のすべてが表層的であるかといえばそうではないが、中には権力の前では従順であっても、内省が深まるどころか、他罰的な側面が改善されないままに社会復帰の寸前までたどり着いている加害者がいることも事実である。
　両親にとっては、本件の加害者こそが、まさにそういう人物なのだ。しかも、加害者の現在の状況を知るすべを持たないために、加害者の存在は、次第に得体の知れない「モンスター」となっていった。
　本来最も重要であるこのような被害者等からもたらされる情報を、保護観察中の加害者はもちろん、加害者を指導している立場の人々に「リアルに」知らせる方法が、まさに心情等伝達であると考えた筆者は、両親に対して、被害者等の現在の心情等をそのまま伝達することによって、再被害を助長する危険性について説明した上で、次のように提案したのである。
　「加害者は満期を目前に、まさにマラソンのゴールテープを切ろうとしている状態です。このままでは恐らく満期になれば事件のことをすべて忘れ、誰の手にも届かないところに行ってしまうでしょう。また、加害者処遇に携わる人たちにとっても、加害者が大人しい実直な青年だという印象のままで終わって

第10章　更生保護における犯罪被害者等施策について

しまうのです。しかし、今ここで心情等伝達制度を使えば、ゴールのテープを切る前に、加害者と加害者を取り巻く人々に事件の真実に触れさせ、満期後も事件のことを忘れさせないようにすることができるかもしれません。私はこの制度が御両親の思いに最も近いものだと思いますし、もし利用されるのであれば、ゴールまでお供いたします。」

　結局両親は、当初は戸惑いつつも、それぞれが個別に心情等伝達制度を利用する決意をした。

　その後、両親それぞれの様々な思いを正しく伝えるために、限られた時間ではあったが、あえて、加害者の面前で朗読する「心情等聴取書」の原稿を両親に作成してもらうことを提案し了承を得た。その際に筆者は「まずは思いのたけをそのまま述べてください」と両親に伝えた。

　数日して、まず母から送られてきた「原稿」は、加害者を「お前」と呼び、「〜しろ」と命令口調である等、未だに抱き続ける加害者への激しい怒りをそのまま言葉にしたような大変厳しいものであった。また、後日父から送られてきた原稿も、文面こそ落ち着いていたが、加害者が行った数々の理不尽な行為について鋭く言及したものであった。

　筆者は、これまでの両親との面談で、両親が持つ加害者への厳しい感情を相当理解したと思っていたが、改めて活字となった心情等を見ると、その厳しさがより強く感じられた。

　また、心情等伝達制度は、保護観察中の加害者に対し、被害者等の現在の心情等を伝えるものである。「伝える」ための制度であるから、「どう伝えるか」ということが、まず重視される。父の心情等聴取書は、落ち着いた口調の中で、父の言葉に対して加害者がどう考えるのかを問うものであり、この制度を利用する意義を父は理解していたのである。

　一方で、母にとって心情等伝達が持つ意味は異なっていた。母は、後にこう述べている。

　「加害者に対して、どんな言葉で私の心情等を伝達しようとも、加害者に響くことはないと考えていました。むしろ、事件に対する視点が変わったことが一番大きかったのです。これまで加害者の嘘に翻弄され、次から次へと濡れ衣を着せられ続けてきて、裁判官に向かって、検察官に向かって、マスコミに向

かって、弁護士に向かって、濡れ衣を晴らすのに翻弄されながら真実を訴え続けなければなりませんでした。加害者と同じ土俵で、私の訴えのほうが正当だと闘わねばならなかったのです。しかし、今回、誰かにわかってもらうためではなく、加害者本人に向かって私の今の気持ちを伝える機会を与えられたことで、それまで『わかってほしい』という欲におぼれて見えていなかったことが見えてきたのです。鳥になって高い空を飛んでいるような感覚とでもいうのでしょうか、高い空から事件全体を俯瞰して土俵を上から見下ろしたことで、モンスターの正体がやっと見えてきたのです。」

母が「事件に対する視点が変わった」と述べた点については、母の原稿を推敲する段階でも表れている。原稿の内容について、筆者と母は率直に意見を述べ合った。その数日後、母は「モンスターには、厳しい口調で言っても伝わらないだろうから、逆に皮肉たっぷりな文章にしてみた」と「第二稿」を送ってきた。その文章には、初稿にあった「どこにも行きようのない充満した怒り」から少し解かれた分、逆に落ち着いて加害者の問題を鋭く言い当てたような文章となっていた。

このことについて、筆者は、原稿という「外在化された母の心情等」に第三者である被害者担当官が触れ、理解した内容を母に返す作業の中で、母の「感情の整理」がなされていくという付随した効果があったのではないかと考えている。

母の原稿は次の文章から始まっていた。

「まさか、単に社会復帰することが更生と思っていないでしょうね。①犯した罪を自覚し、②罪を犯した自分自身と正面から向き合い、③真摯に反省して、④心から息子と私たちに謝罪した上で、⑤二度と罪を犯さないと誓って、⑥償いをしつつ、社会復帰することが更生です。」

これは、加害者だけでなく、加害者処遇に関わる人たちすべてに向けたメッセージではないだろうか。

こうして、加害者の仮釈放期間満了を目前にして、両親から聴取した心情等が加害者に伝達されたのである。

ちなみに、心情等伝達の際に加害者が申し述べた内容の通知について、母はきっぱりと「必要ありません」と答えた。その理由を、母は次のとおり述べて

いるが、まさに、更生保護が抱える現状と課題に直結するものと言える（メール原文をそのまま記載する）。

「理由1　加害者に思いを伝える、というこの制度が持つ本来の目的に反して、この加害者に私の思いが伝わる可能性はなく、本来の目的ではないが、この制度を自分が区切りをつけるために（自己満足に過ぎないことを自覚した上で）自分のために使うと決めたから。

理由2　この加害者が、処遇担当官の前で自分の不利になる本音を言うはずもなく、といって本音以外は頭に浮かばず、答えに窮してだんまりを通すだろうと予測できたこと。

理由3　処遇担当官が、もっともらしい言葉をいかにもそれらしく作成するに違いないと予想できたこと。」

　この事例は、筆者にとっても、心情等伝達制度にとっても、イニシャルケースとなったが、このケースこそが、加害者処遇の持つ問題点を如実に表していると考えている。

　しかし、当の筆者も、かつて処遇担当官として従事していた頃は、加害者の主観情報が中心の書類と面前の加害者の印象を頼りにし、加害者を信じることから更生保護は始まるものと考えていた。それだけに、本事例はもしかしたら、これまでかかわった加害者の改善更生の方法がすべて間違っていたのではないかと思わせるほどのインパクトを持っていた。

　「事件によって何が起こったのか？」を正しく理解することから加害者処遇が始まることは当然だということを改めて認識し、理解する姿勢があってこそ、真の更生保護であることを、この事例に学ぶべきではないかと考える。

(2) **幼少時に父を殺された女性の心情等を保護観察中の加害者に伝達した事例**

　「加害者と会って、なぜ父が殺されたのか確かめてみたい」
　保護観察所の相談電話にかかってきた女性の第一声である。
　ある殺人事件の被害者の長女である彼女は、数十年前に起こった事件の真相を知りたいと思い、裁判所に出向き相談した際に、被害者等通知制度

があることを知り、検察庁に対して通知希望の申出を行ったところ、加害者がすでに釈放され保護観察中であるという通知を受けたため、保護観察所に電話をしたものである。

応対した保護観察所の被害者担当官は、加害者である保護観察対象者に直接会わせることは難しいと説明し、心情等伝達制度を紹介したところ、利用を希望したものである。

数日後保護観察所に来庁した彼女の表情は、固くこわばり、口調にも覇気が感じられず、幼少時に起こった事件の影響がいまだにあることを強くうかがわせるものがあった。

面談では、被害者担当官が応対しつつ、彼女により近い席に被害者担当保護司が同席し、面談の緊張を和らげる働きかけを行う等、その負担の軽減に努めた。

彼女は、自営業の父と主婦である母の間に一人娘として生まれた。父は一緒に遊んでくれ、自分を満面の笑顔で抱きしめてくれる優しい存在だった。

しかし、裁判記録では、経営者としての父の顔は彼女の前のそれとは全く異なり、他の従業員の面前で罵倒したり殴ったりと厳しく接していたため、反論する従業員もおらず大変恐れられていたようだ。とりわけ、中堅営業社員であった加害者には大変厳しく、営業成績が悪い月には、殴る蹴るの暴行があり、さらに木刀で頭を殴るなどその行為もエスカレートしたため、加害者は「このままでは殺されるのではないか」と強い恐怖を覚えるようになっていた。そのような中、加害者がある大口の受注に失敗してしまう。当然予想される厳しい叱責から逃れるために父を殺害する計画を立て、帰宅途中の父を背後から刃物で刺して殺害した罪により、長期の懲役刑の判決を受けたものである。

父親が殺害されたのは彼女が幼少の頃であったが、父が突然姿を消した衝撃は余りにも大きく、結婚した現在も不眠や興奮等のトラウマ症状により睡眠薬や精神安定剤を常用しており、事件によって人生を狂わされ、未だに生活に暗い影を落としていた。

また、彼女への影響を心配した母は、事件の詳細を彼女に話さなかった

第10章　更生保護における犯罪被害者等施策について

ため、彼女は未だ事件の詳細を承知していなかった。なぜ父が殺されなければならなかったのか、父を殺したことに対して、現在どのような気持ちでいるのか、さらに、遺族に対して謝罪や被害弁償を行う気持ちがあるのかどうか等現在の考えを述べ、被害者担当官が「心情等聴取書」を作成したが、その間も被害者担当保護司が、彼女の言葉に耳を傾けていた。

　後日、加害者が単独で出頭し、加害者の保護観察を担当する保護観察官からその心情等を伝達した。彼は、伝達の間目をつぶって聴いていたが、伝達が終わると、少し間を置いてから、堰を切ったように自らの思いを述べ始めた。彼は、被害者を殺したことで、遺族を苦しめていることについては申し訳ないと思いながらも、普段から暴力を受けており、これ以上暴力を受ければ自分が殺されるのではないかという恐怖心から犯行をしたものであり、当時の自分の気持ちも理解してほしいこと、また、被害弁償については、受刑中に彼女の母に申し入れを拒まれたため、仮釈放後少額ながらも毎月近隣の寺院に寄進しており、今後は彼女あてに振り込みたい等と述べた。

　後日、その内容を彼女に通知した。ところが数日して、彼女から「加害者は全く反省していない。もう一度心情等伝達を実施してほしい」と電話があったことから、二度目の心情等聴取を行うことになった。

　再度来庁した彼女の表情は、前回にも増して怒りに満ち、面談室は重々しい空気に包まれていた。

　彼女は、「彼は被害者遺族の気持ちを全く理解していない。すべて言い訳ばかりだ。全く反省していない」等と加害者の陳述を激しく非難した。また、被害弁償については、寺院への寄進等の努力はある程度認めるものの、送金については、反省の意思が認められないため拒否した。

　後日、これらの内容を伝達することの可否について内部で検討したところ、加害者を担当する保護観察官からは、加害者の言い分に対して反論する被害者等の心情等を聴き続けても、裁判事項の蒸し返しにしかならず不毛ではないかという意見があったが、本制度の趣旨にかんがみて、聴取した内容を全文伝達することとした。

　自らの主張を受け入れてもらえないことに不満を漏らしていた加害者に

対して、加害者の担当保護司が彼の思いをじっくりと聴きつつ、被害者遺族の思いがより伝わるよう助言する等配慮に努めた上で、伝達を行った。

その結果、彼は、彼女に言い訳と受け止められたことは残念だが、被害者遺族の思いを強く心にとどめて生きていかなければならないと思ったこと、毎朝被害者を思い仏壇に手を合わせているが、これからも続けていきたいこと、被害弁償については、やはり毎月送金させてもらいたいこと等を述べ、初回目の際に述べた内容に比べ、被害者遺族の気持ちを受け止めていた。

二度目の心情等伝達結果を通知してしばらくした後、彼女から「自分の気持ちを少しでも理解してもらったことは良かったと思っている。加害者も努力していることがわかった。その努力を見届ける意味で、加害者からの送金を受け入れたい」と連絡があり、加害者からの送金が始まることとなった。

数か月後、彼女から「まだ送金は続いている。今まで怒りの感情を持ち続けて苦しい思いをしてきたが、少し気持ちが安らいだような気がして、睡眠薬を使わずに寝られるようになってきた」と保護観察所に連絡があった。

この事例は、幼少の頃に父を殺されたという消し難い過去を背負って大人となった女性が、心情等伝達によって現在の加害者の思いを知ったことで心を揺り動かされつつも、加害者からのささやかな被害弁償を受け入れ、僅かながらではあるが、回復の一助となったと思われるものである。

彼女は、幼少の頃になぜ父が亡くなったのかが理解できずに育ってきたため、その理由を知りたかったのであるが、心情等伝達は、まさに加害者にその問いを投げかけ、加害者からその理由を知ることができた。これまで断絶していた加害者と被害者との情報を疎通させることができる意味で、相当効果的な制度ではないかと考えられる。

人を、それも大切な肉親を失った者にとって、その喪失感は金銭では代え難いものであるが、加害者にとっても、奪った生命の代償を考えれば考えるほど途方に暮れるものである。さらに周囲も、被害者遺族と人を殺めた加害者との

間には埋めようがない溝があって、被害の大きさゆえに被害弁償や謝罪を「しても意味がない」あるいは「被害状況に見合わない弁償はかえって被害者遺族を憤慨させる」と捉えて被害回復に努めないことを肯定し、結果として、本人も周囲も被害弁償や謝罪に向き合わないという状況が起こってしまう。

　一方で、加害者としては、回復し難いほどの損害を相手に与えた自らの人生をどう歩むべきか、受刑中ひたすら考え、実行するために釈放されたはずであるのに、具体的にどうすればいいか、周囲からの支援も乏しく面前の生活の基盤の確保に目を奪われ、結果として謝罪の機会を逸してしまうことが多い。

　「被害者に謝罪するためには被害弁償をどうするかを考えなくてはならない」「被害弁償をするためには就労等の生活をまず安定しなければならない」「だから謝罪は被害弁償ができるようになってから行えばいい」

　これは、実際に加害者から聞いた言葉であり、加害者を指導監督する保護観察官や保護司から出た言葉でもある。

　実は、この事例で加害者が送金し続けている金額は、僅か1,000円である。もし自分が担当保護司だったとして、保護観察中の加害者から「被害者遺族に毎月1,000円ずつ送りたい」と聞いたら、一体どう思うであろうか。「たとえ1,000円ずつだったとしても、謝罪の気持ちを表し続けることがあなたにとっても大切なことだから、相手が受け入れてくれるのなら、ぜひ続けてみてはどうか」と胸を張って言えただろうか。

　幾人かの指導者は、「1,000円では許してもらえないと思うので、やっても無駄ではないか」と加害者に思いとどまらせてはいないだろうか。

　「金額は問題ではない。必要なのは誠意、謝りたいという気持ちだ」と被害者等からよく聞くが、まさにそのとおりではないか。「謝っても許してもらえないから謝罪しない」というのは、やはり加害者側の身勝手な論理だと言わざるを得ないのではないか。

　もちろん、性犯罪被害者等の場合、加害者からの連絡すら絶対に受け入れたくないのに同様のアプローチをすれば、それこそが二次的被害となるわけであり、決して許容されるものではない。しかし、心情等伝達を希望された被害者等にとっては、加害者やその周囲からの何らかのアクションを期待しているところであり、それが加害者の主体的なものであればあるほど、与える影響は大

きいものがあると思われる。

その意味で、心情等伝達は、被害者加害者双方が現在何をしているか、何を考えているかをお互いが知ることによってそれ自体が問題にもなるが、その問題を認識することで解決に繋がることにもなるのではないかと考えられる。

(3) その他の心情等伝達事例

> ○　中学生である保護観察対象者に対して、被害者である少年の親族からの厳しい内容の心情等を伝達する際には、保護観察対象者に与える影響を考慮し、伝達前に保護観察対象者の保護者と面接するなどし、その趣旨等の理解を求めるなどの配慮を行った。

少年が加害者である事件は、被害者も未成年者である場合が多く、被害者の親等の保護者が処分に納得できていなかったり、被害弁償が未済であったりすることを理由に心情等伝達を希望する事例が複数あった。またその場合、親世代から少年である保護観察対象者に対し親の思いを伝達する場合は、その少年の親に対する不満が根強いことが多いことから、保護観察対象者の保護者にも同席してもらう等の工夫を要する場合があった。

> ○　夫婦間の傷害事件の被害者である配偶者が、加害者の対応に不満があったために、何度も繰り返し心情等伝達を希望した。しかし、伝達を希望した心情等の内容に、離婚、子の養育、同居時代に浪費された財産の支払い等、保護観察の原因となった犯罪によって受けた被害以外の内容が数多く含まれていたことから、聴取した内容の伝達の可否について検討を要した。

婚姻関係や家族間での加害者被害者関係の場合、本件に関する以外の不満や問題等の私情が心情等に多分に含まれる場合があるが、内容について、私情と犯罪被害とを切り分けることは相当困難であり、対応には慎重を要する案件が多い。

2）意見等聴取制度

(1) 量刑への不満と仮釈放審理に対する厳しい意見との関係

　例えば、自動車運転過失致死によって愛する人を失った被害者等にとっては、加害者に対して「死刑にしてほしい」と思うことは当然であろう。しかし当該の罪に係る法定刑の上限が7年であることすら被害者等にとっては納得がいかない上に、求刑や判決がそれ以下となる場合もあることから、そもそも被害者等は加害者の量刑に強い不満を感じていることが多い。

　そのような中で、加害者の仮釈放の審理が開始されたことを知った被害者等が「まだ加害者の刑を減らすのか」と考えるのは自然な流れであり、現に、仮釈放等に対する意見は大変厳しいものが多いと聞いている。

　しかし、仮釈放の許可を決定するにあたっては、被害者等の意見のほか、帰住先の環境や受刑中の成績等様々な要素を踏まえて個別的・具体的に検討されるべきものであることから、仮に被害者等の意見が極めて峻烈なものであったとしても、仮釈放を許可することも考えられる。

(2) 意見等聴取における円滑実施事務の重要性

　被害者等にとって、仮釈放を決定する地方更生保護委員会委員の面前での意見陳述は、裁判での陳述と同様に何を陳述してよいかわからず、相当緊張するものである。そのため、陳述内容の助言や陳述場所への付き添いや同席等、意見等聴取を円滑に実施するための支援は大変重要であり、陳述内容の助言から陳述場所への同席までワンパッケージで提供することが理想であると思われる。

　ワンパッケージとすれば、陳述内容の助言は、いわば被害者等と陳述内容の事前打ち合わせとなり、陳述場所に付き添い同席することで被害者等の緊張を和らげることができる。陳述場所に同席した場合は、陳述者の隣に被害者担当保護司が着席し、緊張のため予定した内容が陳述できない際には、陳述者に発言を促したりすることができるなど、被害者等にとっては、まさに制度を円滑に利用するための必要な支援を得ることができ、同制度を利用された被害者等の評価はおおむね良好であると思われる。

　もちろん、意見を述べた被害者等にとって、陳述内容が仮釈放等の可否に反映されたかと同様に「きちんと聴いてもらえた」かどうかも大切なことである。

第三部　犯罪被害者の支援

しかし、意見陳述をした被害者等からは厳しい意見を聞くこともあった。理不尽な被害に遭い、信頼感を根底から破壊された被害者等にとっては、相手方の対応には極めてセンシティブになっていることから、意見を聴取する委員の対応は、被害者等の思いを偏りなくしっかりと受け止めるだけの技量が求められる。

3）被害者等通知制度

担当時代に、通知を受けた被害者等からは、「通知内容が少ない」「加害者が真面目に生活しているか教えてほしい」「民事裁判を起こすために住所を教えてほしい」等の不満や要望を聞くことが多かった一方で、「加害者の現状を知ることができて少し安心した」「国が被害者をないがしろにしていない」等と肯定的な意見もあった。

従来から検察庁で実施していた被害者等通知の通知内容を、仮釈放審理や保護観察の実施状況にまで拡大することについては、申出のあった被害者等に限られるものの、国民に対する犯罪者処遇のアカウンタビリティー（説明責任）に対する一つの取組であるといえる。

また、地方更生保護委員会が仮釈放等の審理開始を通知する際には、意見等聴取や心情等伝達などの更生保護における犯罪被害者等施策を説明したリーフレット等を同封しており、通知が制度利用の端緒となるよう配慮がなされている。

なお、通知内容の拡大については、後述の第2次犯罪被害者等基本計画の検討事項の一つとなっているが、住居等の個人情報に属する情報については、個人情報保護の観点から、相当慎重な検討を要すると思われる。ちなみに、被害者等が通知を希望する理由の一つが損害賠償請求であることから、例えば、刑事裁判の成果を利用した損害賠償命令制度を拡充させることができれば、被害者等通知制度における通知範囲の拡大と同様の効果があると思われる。

4）相談・支援

刑事司法手続の中で、警察や検察、あるいは民間支援団体における比較的早期の支援については充実しつつあるように思われる。

第10章　更生保護における犯罪被害者等施策について

　しかし、内閣府が平成19（2007）年に発表した「犯罪被害者等に関する国民意識調査」によれば、被害者等の約44％が、カウンセリングや警察からの情報提供、経済的な支援等のいずれも受けることができなかったと回答しており、被害者等への支援は十分行き渡っているとは言えない。
　特に、刑事裁判の終了以降に、被害者等が自らこうした情報を得ることは困難であることから、更生保護官署において支援の情報を提供することの必要性は極めて高いと思われる。
　具体例としては、かつて婚姻関係にあった加害者からの再被害を懸念した被害者等から、加害者の仮釈放前に公営住宅の入居を希望する旨の相談があった際に、優先入居の有無等について関係当局に照会し、その結果情報を提供するなどしている。

5）関係機関・団体との連携と広報
(1) 途切れのない支援のための連携と広報の必要性
　被害者等に関係する機関や団体には、警察・検察・地方公共団体・医療機関・民間の被害者支援団体等の被害者等を支援する立場の機関・団体のほか、被害者や遺族らで組織された自助グループ等の被害当事者の団体がある。
　犯罪被害者等基本法第3条第3項にも「犯罪被害者等のための施策は、犯罪被害者等が、被害を受けたときから再び平穏な生活を営むことができるようになるまでの間、必要な支援等を途切れることなく受けることができるよう、講ぜられるものとする」と定められていることから、更生保護における犯罪被害者等施策を真に必要としている人に制度を周知し利用してもらうために、さらに制度を円滑に実施するためにも、これら関係機関や団体との連携や協力は大変重要である。

(2) 機関・団体との連携の実情
　被害者等を支援する立場の機関・団体との連携にあたっては、双方の役割をまず理解することで、実際に被害者等から相談があった場合に対処ができる。平素からの情報の共有を図るための意見交換の場や事例検討会等の開催が求められるところであるが、現状では協議会等の定期開催には至っていない。

第三部　犯罪被害者の支援

(3)　被害者団体と関わって得られたこと

　被害者やその遺族等によって組織された団体等で活動をしている人々は、かつて被害者等として辛い経験をしてきた、あるいは現在も経験している人々である。

　被害者団体に関わる人々は、その辛い経験を後の人にしてもらいたくないという気持ちから、新たに被害に遭った人からの相談に応じたり、シンポジウムの開催等様々な活動に従事したりするなどしている。

　一般的に、被害者等が更生保護関係者に持つイメージは、あまり良くない。「加害者の味方ではないか」と思われるのである。筆者が被害者団体の集会に参加した際、当初は厳しい視線を向けられたこともあったが、何度も集会に参加し、犯罪被害者等施策の趣旨や更生保護の意義等を説明することによって、次第に更生保護に対する理解と、更生保護関係者への信頼関係が生まれたのである。

　また、筆者が被害者団体の集会に参加した際、参加者の中に加害者が現在受刑中の被害者がいたため、被害者等通知制度や意見等聴取制度の説明をしたところ、制度の利用に至ったということが複数回あった。

　したがって、こうした被害者団体との関係を持つことは、真に制度を利用する必要のある人々に制度を利用してもらうきっかけとなり、さらに更生保護への理解を深めることとなった。これこそが、関係機関や団体との連携のあり方ではないだろうか。

6）更生保護における犯罪被害者等施策の実施状況の推移

　更生保護における犯罪被害者等施策の実施状況については、図表10-6のとおりである。

　平成20年と平成25年を比べた場合、心情等伝達、意見等聴取、被害者等通知、相談・支援のいずれの施策についても、約1.4～3.2倍増加しており、とりわけ、被害者等通知制度について内訳を見ると、刑事事件及び少年事件における保護観察状況がそれぞれ約6.3倍、約6.4倍と極めて高い伸びを示しているなど、被害者等が加害者の社会内処遇の状況について高い関心を示していることがうかがえる一方、通知件数の増加の伸びに比べて意見等聴取や心情等伝達の

図表10-6　更生保護における犯罪被害者等施策の実施状況（平成20～25年）

	平成20年	平成21年	平成22年	平成23年	平成24年	平成25年 件数	平成25年 H20から増減(%)
意見等聴取	212	279	287	273	271	304	143.3
心情等伝達	61	83	97	112	106	99	162.2
被害者等通知（いずれも延べ件数）	2,870	4,785	6,463	7,756	8,505	9,273	323.1
刑事施設仮釈放審理	1,884	2,389	2,783	3,092	3,050	3,276	173.9
刑事事件における保護観察状況	809	1,976	3,157	4,070	4,722	5,080	627.9
少年院仮退院審理	59	108	95	139	160	165	279.7
少年事件における保護観察状況	118	312	428	455	573	752	637.2
相談・支援	837	1,176	1,125	1,342	1,324	1,408	168.2

出所：「平成21～26年版　犯罪白書」

増加は鈍い。

　ちなみに、図表10-7では、加害者と被害者の数を参考に示した。本図表の「保護観察開始人員の罪名・非行名」の特別法犯は、覚せい剤取締法違反などであり、被害者等のない罪名が大半であること、刑法犯でも人が被害者等とならない罪名もあるなど、単純に比較はできないが、それらを差し引いてもなお、多数の被害者等が本施策の利用には至っていないことについて、これが適正値なのか、通知によりこれらの制度を知ったとしても制度利用にはなお敷居の高さを感じているのか、これらの制度利用に意義を感じる人が余り多くない結果なのかどうかについては、今後何らかの方法で検証する必要があろう。

5　終わりに

(1)　第2次犯罪被害者等基本計画が更生保護に期待するもの

　平成17年（2005）年12月に決定された犯罪被害者等基本計画に定めた取組を総括し、犯罪被害者等の権利利益の保護を一層図るために、平成23（2011）年

第三部　犯罪被害者の支援

図表10-7　更生保護等における加害者及び被害者に関する数値

平成25年仮釈放・少年院仮退院審理開始人員	18,981
うち　刑事施設仮釈放審理	15,594
うち　少年院仮退院審理	3,387
平成25年末現在保護観察中人員（総数）	39,852
うち　刑事処分	16,544
うち　保護処分	23,308
平成25年保護観察開始人員の罪名・非行名（総数）	34,790
うち　刑法犯	26,035
うち　特別法犯	8,545
うち　ぐ犯・施設送致申請	210
人が被害者となった一般刑法犯　認知件数（平成25年）	1,061,851

出所：「平成26年版　保護統計年報」「平成26年版　犯罪白書」

　3月25日に第2次犯罪被害者等基本計画が閣議決定されたが、第1次計画により実施された施策に加えて、更生保護の分野で取り組むべき主な施策については、①被害者等から意見等聴取制度で得た意見等を一層しんしゃくした仮釈放の実施、②意見等聴取に資するための被害者等通知制度における通知内容の充実（通知制度の運用状況や加害者の改善更生、個人のプライバシーの問題を考慮しつつ検討し、3年以内に結論を出す）、③心情等伝達による被害の実情を直視させ、反省や悔悟の情を深めさせるような指導監督の徹底、④保護司研修の充実などであり、更生保護における犯罪被害者等施策がいずれも被害者等の権利利益の保護において重要な取組であることを示しているといえる。

　その中で、②の被害者等通知制度の充実については、平成26年4月から、刑事施設及び少年院における処遇状況として、懲罰や褒賞、少年院における問題行動指導の状況が、また、保護観察中の処遇状況として、特別遵守事項に基づき実施する特定の犯罪傾向を改善するための専門的処遇プログラムの実施状況が、それぞれ付加されることとなった。

　今後、更生保護が行う加害者処遇が社会の負託に応えるためにも、十分な検

討の上で、制度の充実が図られることを期待したい。

(2) **加害者による被害者等へのアプローチの問題**

内閣府が平成20（2008）年度に発表した「犯罪被害者等に関する国民意識調査」では、被害からの回復に有効な事柄について、謝罪を受けた人が「加害者の謝罪」「加害者の被害弁済」「公的経済援助」などのほうが有効であると回答する傾向が強かったのに対し、謝罪を受けなかった人は、「適正な処罰」や「裁判での意見陳述」のほうが有効であると回答する傾向が強かった。つまり、「謝罪しない」ために、さらに被害者の処罰感情を強めることがうかがえる。

さらに同調査によれば、被害から5年以上経過しても、被害弁償や謝罪が回復に有効であると考えている人の割合が7割を超えていることから、事件から相当期間を経過した保護観察段階においても、謝罪の気持ちを何らかの形で伝えることは、決して遅きに失したことではないことがわかる。

しかし、現制度は、被害者からの要望に応える形で制度化したものであり、加害者の謝罪等のアクションは担保しておらず、本人の自助努力や処遇上の配慮の一環として、手探りで更生保護関係者が関わっているが、二次的被害の問題等もあり、制度化には至っていない。

心情等伝達がフォローできない加害者本人の自発意思を尊重した被害者加害者関係への関与については、更生保護が残している課題の一つといえよう。

(3) **被害者担当保護観察官として**

約2年間の被害者担当の保護観察官として、筆者は100人以上の被害者等から様々な話を聞くことができた。

猛烈な怒りをぶつけてこられた方、穏やかな表情の奥に喪失感をにじませている方など犯罪という理不尽な経験のみならず、捜査・裁判の過程でさらに苦しみを味わった方々の話に耳を傾けることは、これまで加害者の話ばかりを聴いてきた者としては正直大変な負担であったが、被害者等の話をじっくり伺えば伺うほど、その内容は実に至極まっとうであり、加害者の努力不足や更生保護関係者の意識の低さに起因するものがいかに多いかということがわかった。

例えば、謝罪について、加害者が「謝っても許してもらえなかった」「許してもらえないのだったら謝っても仕方がない」と述べることがあるが、被害者等からすると、「謝罪」は「許してもらうため」にするものではなく、理不尽

な犯罪をした者としての最低限の行為なのである。

　そして「謝罪すること」とは、加害者が自らした行為と真正面から向き合うことであり、それこそが改善更生と再犯防止の第一歩ではないか。被害者等に接することで、筆者はそれに気づくことができたのである。

　しかし、被害者等の話を聴いたからといって、筆者が加害者に対して悪感情を抱くようになったかというと、決してそうではない。むしろ、加害者の抱える問題に対してどのように支援すれば解決につながって、結果として被害者等にも利益になるかという視点を持つことができたのではないかと思うのである。

　このように、加害者と被害者の双方が置かれた状況を「俯瞰」する視点は、更生保護に携わるすべての関係者に持ってほしいものである。

〈参考文献〉
・河原誉子（2007）「更生保護法における犯罪被害者等施策」『法律のひろば』60巻第8号　pp. 38-42
・更生保護のあり方を考える有識者会議報告書「更生保護制度改革の提言―安全・安心の国づくり、地域づくりを目指して」
　（http://www.moj.go.jp/KANBOU/KOUSEIHOGO/houkoku2.pdf）
・小西聖子（2006）「犯罪被害者の心の傷［増補新版］」白水社
・内閣府（2008）「平成20年版　犯罪被害者白書」
・清水義悳・若穂井透（2009）「MINERVA　社会福祉士養成テキストブック⑱更生保護」ミネルヴァ書房
・法務省法務総合研究所（2009）研修教材「平成21年版　更生保護」
・長井進（2004）「犯罪被害者の心理と支援」ナカニシヤ出版
・ジョン・H・ハーヴェイ（2000）「悲しみに言葉を～喪失とトラウマの心理学」誠信書房
・法務省法務総合研究所編（2009～14）「平成21～26年版　犯罪白書」
・法務省大臣官房司法法制部（2014）「平成26年版　保護統計年報」

第10章　更生保護における犯罪被害者等施策について

〈推薦図書〉
・柳原三佳（2005）「交通事故被害者は二度泣かされる」リベルタ出版
・信田さよ子（2008）「加害者は変われるか？―DVと虐待をみつめながら」筑摩書房
・美達大和（2009）「人を殺すとはどういうことか―長期LB級刑務所・殺人犯の告白」新潮社
・半田亜季子（2008）「被害者だって笑うんです！」産経新聞出版
・板谷利加子（1998）「御直披（おんちょくひ）―レイプ被害者が闘った、勇気の記録」角川文庫

COLUMN

加害者の人権、被害者の人権どちらが重い？

糸賀　美恵（全国犯罪被害者の会会員）

　平成14年、当時25歳の長男を元交際相手であった自殺願望のある女性に、道づれにしようと就寝中に殺害目的で自ら準備したサバイバルナイフで十数か所を刺され殺害されるという事件に遭いました。

　この加害者は、小さい頃から親との確執があり早く家を出たいと、専門学校卒業と同時に同級生と結婚。やっと家を出たが相手からの愛情を求めるだけで、自分から相手を愛すること、相手を思いやることもできなかった、そんな心の貧しい人間だったのでしょう。1年ほどで離婚、実家に戻ったがそこには居場所がなく、一人暮らしを始めました。

　そんな時息子と出会い、3か月ほどの交際の後息子の部屋へ引っ越してきました。「近いうちに結婚したい」という彼女の言葉を信じて、ボーリングに行ったり、お祭りに行ったり、誕生日祝いをしたり、私には男の子しかなかったため、本当の娘ができたような幸せな時が1年半ほど続きました。

　ところが彼女は息子の部屋に住みながら、ほかの男性の子どもを宿し、中絶の父親の欄に息子にサインをさせていたことを事件後知りました。

　息子はもう彼女を信じられない…と実家に戻しましたが、彼女は実家には居場所がなく、3か月間ほど実家でひきこもり、その後自殺願望を抱くようになりました。

　どこにも居場所のない彼女は、「行くところがないから少し居させてほしい」とまた息子の部屋へ入り込み、「自分だけ死んだのでは、正和君は仕事もでき、友達も大勢いてこれから先普通の生活をしていくのが憎い。私には親も友達もいない、頼るのは正和君しかいないと言ったのに実家に帰した」というとんでもない逆恨みから、道づれにしようと息子を刺殺しました。

　加害者が自首、自白、2か月以上もいつ殺そうかと狙っていたという殺意も計画性もすべて認めたため、事件からたった2か月後に刑事裁判が始まりました。心神耗弱は認められず、それでも求刑が懲役13年。被告人は罪を認めている、事件から裁判までの2か月間、自分の親に迷惑をかけた、自分の

親に悪いことをしたと、親に対する謝罪の手紙を20通も交わしているといったことが反省していると認められたのか、たった１年の減刑で懲役12年の判決となりました。

　熟睡中の息子の頸動脈にナイフを突き刺し、口から血を吐きながら「救急車を呼んで」といった息子の苦しそうな顔も、「どうせ助からない、早く楽にしてあげようと」と頭や胸、苦しみながら寝返りをうった背中等に何度も何度も力の限りナイフを突き刺しました。その手の感触すらすっかり忘れて、来年の今頃は仮釈放できるのかと社会に放たれる日を、今頃指折り数えて待っていることでしょう。

　一方、私たち遺族は息子が生きていれば今頃どんな幸せな家庭を築いていたのだろうか。こんなかたちで命を奪われなかったら、今頃可愛い孫の顔を見せてくれたのではないかという思いが一生続いてしまうのです。

　被害者や遺族が負った苦しみ、悲しみ、「心の傷」は息子が生きて戻ってこない限りずっと続くことでしょう。

　そういう被害者の「心の傷」に目を向けてほしい。

　苦しみながら生きている被害者がいることをわかってほしい。

　被害者は被害に遭っただけで、立ち直れないほど傷ついているのです。

　10年半前の事件ではありますが、刑事裁判は生きている加害者の人権保護のために、被害者をなおさら傷つけるものだと感じました。

　悲しいことに毎日毎日、事件事故が絶えることがありません。遺族ばかりではなく、特に性犯罪、いじめ等、外傷はなくても心に大きな傷をもってしまうと、精神的な立ち直りも困難な被害者が多くいます。

　被害者になってしまった人に対して、被害者が立ち直るための情報提供、支援体制が国の責務としてなされるべきだと思います。加害者の人権を守る前に被害者が立ち直るための支援がなされる社会になるべきだと感じています。

第11章 アメリカにおける犯罪被害者支援

伊藤冨士江

　アメリカ合衆国（以下アメリカ）は周知のように、日本の約25倍の面積、約2.4倍の人口（約3億1,160万人）を抱え、多様な人種民族、文化宗教が共存する国である。個人主義が浸透し、州権が強い地域の独自性も特徴として挙げられる。
　アメリカと聞くと、銃社会を思い浮かべる人も多いだろう。2012年12月にはコネチカット州の小学校で男が銃を乱射し、子ども20人と職員6人が犠牲となる事件が起きた。アメリカの学校で頻発する銃乱射事件の中でも史上2番目の死者数を出す惨事となり、オバマ大統領が直ちに哀悼を示す声明を発表、本格的な銃規制強化策に乗り出したところである。犯罪発生の面からみると、年間おおよそ2,300万人の市民が何らかの犯罪被害に遭い、そのうちの約20％は暴力犯罪の被害者とされる（Hightower、2009）。殺人事件の犠牲者は2011年14,612人であった（U.S. Department of Justice）。
　日本と比べるとはるかに高い犯罪率を示し、「犯罪大国」とも形容されるアメリカだが、一方で犯罪被害者に対する支援体制は手厚い。1980年代に刑事司法における被害者の権利を確立する動きが本格化し、連邦、州、コミュニティレベルで様々な支援サービスが展開されるようになり、現在、被害者支援は一定のレベルに達しているといえる。
　本章では、まずアメリカにおける被害者支援の動向（発展経緯）を概観する。次に、筆者がアメリカで行った聞き取り調査等をもとに、被害者支援に携わる支援員等に対するトレーニング（研修）について、トレーニングの体系・内容、その具体例を紹介した上で日本にとって示唆となる点を検討する。さらに、被害者支援の観点から修復的司法の実践を取り上げ、被害者にとって「回復」のための選択肢となり得るかについて考察したい。
　なお本章で「被害者」は、断りがない限り、犯罪被害者とその家族及び遺族を含むこととする。

第11章　アメリカにおける犯罪被害者支援

1　アメリカにおける犯罪被害者支援をめぐる動向

　世界で初めて犯罪被害者に対する国家（公的）補償制度が制定されたのは1963年、ニュージーランドにおいてであったが、アメリカでは1965年カリフォルニア州が全米初の補償制度を制定した。以降各州で制定が進み、1992年までに全州に犯罪被害者補償に関する法律が制定されるに至っている。

　民間被害者支援団体の活動は1970年代から活発となり、ボランティアを中心に様々な犯罪の被害者に対する精神的支援、具体的援助が展開されるようになった。1975年にはNOVA（National Organization for Victim Assistance、全米被害者援助機構）として知られる非営利団体が設立され、長年にわたって被害者の権利運動を牽引し、危機対応チームの派遣、年次総会やトレーニングの実施などを行っている。

　被害者の権利獲得に向かう動きは、1982年にレーガン政権下で設立された「犯罪被害者に関する大統領諮問委員会（President's Task Force on Victims of Crime）」による最終報告の勧告の影響が大きい。この委員会は刑事司法システムにおける被害者の権利に関する研究を行い68項目の勧告を出した。この勧告を受けて各州に被害者の権利を立法化する流れが本格化し、現在「犯罪被害者権利章典」は全州に制定されている。さらに、この勧告によって被害者の権利を憲法上に規定する動きも出て、州憲法を修正してその権利を保障している州は現在32州に及ぶ（Office of Justice Programs）。その中で認められている被害者の基本的権利には次のようなものがある（OVC、2002）。①犯罪に関する法廷手続のすべてを知らされる権利、②被告人から保護される権利、③加害者の量刑において（被害者影響陳述という形式で）意見を述べる権利、④加害者の判決、量刑、拘禁、釈放についての情報を得る権利、⑤有罪となった加害者からの弁済命令に関する権利、⑥このような権利をすべて知らされる権利、⑦このような権利を主張する権利。

　また、アメリカの被害者支援が進展するうえで大きな節目となったのは、1984年の「犯罪被害者法（Victims of Crime Act、以下VOCA）」制定である。上述の委員会勧告を受けVOCAが制定され、このVOCAによって「犯罪被害者基金（Crime Victims Fund、以下被害者基金）」が設立された。被害者基金

359

は連邦法違反にかかわる罰金、没収された保釈保証金、刑罰賦課金、寄付金等を財源にしており、国民の税金を財源としていない点に特色がある。利用できる上限額は、議会の承認を経て2009会計年度は6億3,500万ドル、2010、2011、2012会計年度は7億500万ドルとなっている。この被害者基金は主に、各州の被害者に対する直接的補償、州やコミュニティの官民の支援組織による被害者サービスに対する助成に充てられる[1]。補償には被害者に対する直接弁済のほか、被害に関わる医療費、葬儀費用、カウンセリング費用、給与補償が含まれる。各州の被害者補償制度を被害者基金がバックアップするかたちになっており、財源安定の点でこの基金の果たす役割は大きい。被害者サービスは多岐にわたるが、危機介入、緊急シェルター、緊急移送、カウンセリング、刑事司法手続における権利擁護活動（例えば法廷への付添）等がある。

　1988年にはVOCAの改正によって「犯罪被害者対策室（Office for Victims of Crime、以下OVC）」が、アメリカ司法省（U.S. Department of Justice）の中に正式に発足した。このOVCは、アメリカの被害者支援を統括する連邦レベルの組織として重要な位置を占める。そのミッションとしては「犯罪被害者を援助する力を全米的に高め、あらゆる被害者に対して正義と癒しを促進できるように意識、政策、実践を変革するリーダーシップを提供すること」を掲げている。具体的取組には、①被害者補償および援助プログラムの管理、②アメリカインディアンやアラスカ先住民のコミュニティにおける被害者支援の改善、③国内外におけるテロリズムと大規模暴力への対応、④トレーニング・プログラムの開発と啓発、⑤被害者支援団体等へのトレーニングと技術的援助の提供を挙げており、アメリカの社会情勢を反映した包括的な内容となっている。

　以上、アメリカの犯罪被害者をめぐる動向を概観したが、刑事司法における被害者の権利獲得への流れとともに、VOCAという基本法のもとで被害者に対する補償とサービスに対する財源が制度化された意義は大きい。2009年はVOCA制定25周年だったが、この法律の成果として被害者支援と支援員の専門性が促進されたことが強調されている（Hightower、2009）。具体的には、各コミュニティにおける被害者援助プログラムが安定して提供されるようになったこと、VOCAによる助成金を得て被害者のニーズに応えようとする民間支援団体の動機づけが高まったこと、支援プログラムが警察、検察、病院等多機関

にわたって展開されるようになったこと、また被害者支援の拡充や被害者のニーズと権利に関する認識が高まったことが指摘され、VOCAによって様々な相乗効果がもたらされたことがわかる。

2　被害者支援トレーニングの実際

1）犯罪被害者対策室等の活動

　全米の被害者支援のレベルを確保し、支援員等の専門性向上のために貢献しているのが、先述のOVCと「トレーニングと技術的援助のためのセンター（Training and Technical Assistance Center、以下TTAC)」である。TTACは、1998年に設立されたOVC下にある民間組織で、トレーニングの実施や全米の被害者支援団体のための技術的指導を担っている。常勤スタッフのほか、非常勤のコンピュータ専門家（オンライン上のトレーニングやトレーニング評価等を含むWebの管理を担当）によって運営されている。

　OVCのサービスはすべてWeb上から検索でき（http://www.ojp.usdoj.gov/ovc/)、被害当事者に対する情報提供のほか、被害者支援に関する刊行物やリソースセンター等様々な情報を広く提供している。OVCとTTACによって開発された、現行の被害者支援トレーニングの体系は、図表11-1のようにまとめられる。この他に、助成金を得ている支援団体向けに、おもに運営管理をテーマにしたWeb上のセミナー（Webinar）も開いている。

図表11-1　アメリカの被害者支援トレーニング

種　　類	範　囲	内容レベル
(1)　被害者援助オンライントレーニング（Victim Assistance Training）	全米	基礎レベル
(2)　全米被害者援助アカデミー（National Victim Assistance Academy）	全米	基礎、専門職養成、リーダー養成の3つのレベル
(3)　州立被害者援助アカデミー（State Victim Assistance Academy）	各州	基礎レベル
(4)　OVC提供のトレーニング	全米	特定のテーマを設定

このようなトレーニングの特徴としては、①基礎レベルから専門的レベルまで幅広い内容が設定されている、②基礎レベルはオンラインで学ぶことができ、被害者支援に関する理解の裾野を広げるのに役立っている、③定期的に内容が更新され新たなトピックが学べる、④継続的なトレーニングが可能、といった点を指摘できよう。なお、参加費用については、支援員、支援団体、被害当事者向けにOVCによる奨学金制度がある。以下、各トレーニングの内容について説明する。

(1) **被害者援助オンライントレーニング（Victim Assistance Training、以下VAT）**

VATは、オンラインの入門トレーニング（https://www.ovcttac.gov/vatonline/）として無料で公開しており、OVCからの資金で民間企業（Cicatelli Associates Inc.）が全米犯罪被害者センター（National Center for Victims of Crime）とセーフ・ホライズン（Safe Horizon Inc.）の協力のもとに作成・更新している。犯罪被害者援助に必要な知識や基礎的スキルが学べる内容となっており、経験3年以下の支援員や一般市民を対象としている。自分のペースで随時学ぶことができ、修了するには約35〜40時間が必要である。Web内容は2年ごとに更新されている。

(2) **全米被害者援助アカデミー（National Victim Assistance Academy、以下NVAA）**

NVAAは1995年にOVCが4大学の協力を得て設立。2003年から本格的な研修が始まり2007年にカリキュラム改定し、現在以下のような3コースがある。参加費は各コース（5日間）500ドルでマニュアル、朝食・スナック等の費用が含まれている。

①基礎コース

3年未満の直接支援員（専門職、ボランティア）を対象とした5日間のトレーニングである。犯罪被害者・遺族に対応するための知識、スキル、社会資源について基礎的なことを学ぶ。なお、全州に州立被害者支援アカデミーが設立された時点で基礎コースは終了する予定である。

②専門職養成コース

被害者支援に2年以上携わっている経験者を対象とした5日間のトレーニ

ングである。支援員の仕事に直接関連する最近の具体的トピックを取り上げている。

③リーダー養成コース

　被害者支援プログラムの管理者とリーダーを対象とした5日間のトレーニングである。プログラムを効果的に運営し維持するのに必要なスキルや能力を発展できる内容となっている。

(3) **州立被害者援助アカデミー**（State Victim Assistance Academy、以下SVAA）

SVAAは1999年にOVCによって設立。内容はNVAAの基礎コースとほぼ同じであるが、各州の被害者権利章典を踏まえた上で地域性やニーズに即した講習を提供している。現在35州とコロンビア地区、プエルトリコ（アメリカ自治領）にある。

(4) **OVC提供のトレーニング**

OVCとTTACの共催による講師主導のトレーニングは、全米の様々な都市で実施されその数は年々増えている。テーマは、おもに支援員の要望をオンラインで集めた結果決められる。対象となるのは支援員やボランティア、被害者支援に携わる司法・医療・保健等分野の専門家であり、オンラインで申し込むことができる。2、3日のスケジュールで構造的なカリキュラムが組まれている（詳細は後述）。

2013年におけるトレーニングのテーマは以下の通りである。直接支援に必要な臨床的テーマから、特別のニーズを抱える被害者への支援、組織運営、DNA鑑定といった最新のトピックまで実に多彩なテーマが取り上げられている。

① 共感疲労/代理トラウマ
② 被害者支援団体のための被害者支援リーダーのための戦略的プランニング
③ 性的暴行事案におけるDNA—警察官、看護師、被害者弁護士の役割
④ 被害者の権利を高める
⑤ 被害者支援団体のための助成金申請書の書き方と資金調達の方策
⑥ 高齢者虐待を特定し対応する

⑦　被害者支援サービスにおけるリーダーシップ
⑧　被害者支援プログラム評価
⑨　犯罪被害者に対し文化的に配慮したサービスを提供する
⑩　性的少数派の犯罪被害者にサービスを提供する
⑪　被害者遺族にサービスを提供する
⑫　性的暴行の支援員/カウンセラーのためのトレーニング
⑬　被害者支援のリーダーのための戦略的プランニング
⑭　軍事施設内の性的暴行に対応するため地域の被害者支援と連携する
⑮　悲嘆とトラウマを抱えた子どもたちへの支援―総合的アプローチ
⑯　障害のある被害者への対応
⑰　トレーニングの提供者としてさらに上達するために

2）被害者支援員のためのトレーニングの一例

　筆者は2009年10月に2日間にわたってメリーランド州ボルティモア市で実施された、OVCとTTAC共催のトレーニングに参加する機会を得た。その概要を以下にまとめ、我が国にとって示唆となる点について検討したい。参加したトレーニングのテーマは「悲嘆とトラウマを抱えた子どもたちへの支援―総合的アプローチ」である。

　講師は警察の被害者支援室のディレクターを務めるエリス氏（Carroll Ann Ellis）と、子どものトラウマ・ケアを専門とするウィリアムズ氏（Mary Beth Williams）であった。エリス氏自身が被害者支援の実務を通して、特に殺人事件に遭った子どもたちへの支援が不十分であることに気づき、トレーニングの必要性を提言したことからこのトレーニングが開発されたという。

　参加者は、被害者支援に携わる実務家、臨床医、心理士、ケースマネージャー、民間支援団体の責任者等25人であった。参加者にはトレーニング全内容と参考文献リストを記載した詳細なマニュアル（200頁以上）が手渡された。トレーニングは5つの丸テーブルを参加者が囲む形で座りグループを作り、講義とワークシートをもとにした活動（グループワーク）によって進められた。

　トレーニング内容は、図表11-2に示すとおりである。9つの課程（module）から成り、課程ごとに、目的、学習内容、学習目標が定められている。トラウ

マとなる出来事、殺人事件が子どもに与える影響、子どもの発達段階にそったトラウマ・ケア、悲嘆作業等について基礎的知識を得るとともに、被害に遭った子どもを支援するための協働体制の取り方、総合的アプローチに至るまで考察・検討できるようになっている。各課程には質疑応答形式のワークシートや事例検討が組み込まれ、参加者が自ら考えたりグループで討議したりできるように工夫されている。また最終課程では、学習した内容を参加者全員で確認し、トレーニング全体について評価する時間が設けられている。

　2日間で計15時間ほどのトレーニングだったが、学習目標が明確であり、段階を踏んで一定の知識を習得できるという点で構造的なカリキュラムということができる。質疑応答の時間が随時あり、講師とのやり取りから学習内容を深めることもできた。参加者間の情報交換も活発であった。

　我が国においても、殺人事件で親を失ったり、親が殺害される現場を目撃したりした子どもたちのために、子どもの発達段階に応じたサポート体制を整えていくことは課題の一つである。子どものトラウマ・ケアや総合的アプローチに関する知識やスキルを習得しているか否かは、支援の質に大きな差を生じさせることになろう。こうしたトレーニング内容に学ぶべき点は多いのではないだろうか。

　また、被害者支援員のためのトレーニングを開発するうえで参考になる点としては、次のようにまとめることができる。①現場の要望をもとにトレーニングを組み立てること、②構造的なカリキュラムにすること、③講師による一方的な講義で終始しないようにグループワーク等参加型の活動を取り入れること、④参加者からのフィードバックをもとに、内容を修正・充実させていくこと。

図表11-2　トレーニング「悲嘆とトラウマを抱えた子どもたちへの支援——総合的アプローチ」のカリキュラム

課程 (module)	学習目標 (Learning Objectives) (各課程を終えるまでに参加者ができるようになっていること)
1　オリエンテーション 　（トレーニング概要と参加者の紹介）	・本トレーニングの目的を述べる ・トレーニングの目的を達成するためのトピックについて説明する
2　トラウマとなる出来事のタイプと影響	・トラウマを定義する ・トラウマとなる出来事の例を確認する ・トラウマとなる出来事が子どもに与える影響を検討する
3　トラウマとなる出来事としての殺人	・殺人を定義する ・他のタイプの死と殺人を区別する ・殺人の傾向と最新統計をもとに、子どもたちの生活の中で殺人事件がどのくらい起きているのか検討する ・殺人事件によって子どもが経験するトラウマと悲嘆に、メディアがどのような影響を及ぼすかを検討する
4　子どもたちは死をどのように理解し反応するか	・子どもが発達過程において死をどのように理解し折り合いをつけていくかを説明する ・文化が、個々の死別体験プロセスの中でどのような重要な役割を果たすかを説明する ・家族の価値観が、個々の死別体験プロセスの中でどのような重要な役割を果たすかを説明する ・子どもが殺人の死別経験を経て対処できるようになるために「儀式（ritual）」が重要であることを説明する
5　子どもたちはどのような悲嘆過程を経てトラウマに反応するか	・子どものトラウマ、悲嘆、喪に関する共通の俗信を確認する ・子どもが経験する悲嘆反応の重要性を説明する ・死別体験を複雑にするトラウマを確認する ・親を亡くした子どもたちのリスク予測要因とレジリエンス要因を検討する
6　協働の仕方を明確化する	・（トレーニングの）参加者と、専門的に協働していくための方法について説明する
7　子どもたちのための効果的な対応	・殺人事件後に介入する諸機関の個々の役割を確認する ・殺人事件後の介入過程と子どもたちと他の遺族への対応を説明する ・専門的知識の各領域が介入過程で果たす重要性を説明する ・子どもたちへの効果的な対応を妨げる障壁を確認する ・殺人事件後子どもたちと家族に対して効果的に応じるためにどのような改善が必要かを明確化する
8　総合的アプローチ	・介入する諸機関が経験するチャレンジを説明する ・協働するためにギャップを埋める機会を確認する ・ベストの実践をするためにどのような専門知識領域が必要かを検討する ・協働取組のためのモデルを構築する
9　トレーニングの評価とまとめ	・本トレーニングの学習目標を再度述べる ・学習目標と学習成果を合わせる

3 被害者のための「修復的司法」の実践

1) 修復的司法とは

　ここで、犯罪被害者をめぐる動向の一つとして修復的司法を取り上げたい。修復的司法（Restorative Justice、以下RJ）は、犯罪に対する新たな考え方の枠組みを提供するものとして注目されるようになって久しい（コラム「修復的司法とは何か」を参照）。アメリカをはじめ世界80か国で多数のRJプログラムが実施されている（細井他、2006）のに対して、我が国では未だに、RJは加害者の更生のために行われるもので、被害者側は利用されるだけではないかといった懸念が強い。しかし、RJはそもそも犯罪から生じるニーズと役割を再検討する中から始まり、国家対加害者といった刑事司法の図式から出て、犯罪によって直接影響を受けた被害者、コミュニティのメンバーが、RJプロセスに関わることを重視してきた。すなわち、RJでは被害者のニーズ、加害者のニーズと役割、そしてコミュニティのニーズと役割に焦点を当てる。これらのニーズは従来の刑事司法においてはその構造上、無視されがちであり扱うことのできなかったものである。

　RJの概念的枠組みを発展させたハワード・ゼアは、RJによって多少とも充足し得る「法的」ニーズを以下のようにまとめている（Zehr、2002）。まず被害者のニーズには次の4つがある。

① 情報：加害者に（直接もしくは間接的に）アクセスすることによって得られる真の情報を求めている。

② 真実を語ること：被害体験について語る機会をもつことは、被害者が癒やしを得たり被害体験をこえたりする上で重要な要素である。特に害悪をもたらした相手に向かって、その影響を理解させるために語ることが重要である。

③ エンパワメント：RJプロセスに直接関与することは、犯罪によって奪われたコントロール感を取り戻し、エンパワメントされる重要な途となり得る。

④ 被害弁償もしくは被害者の正当化：加害者による被害弁償は、実際の損失上のみならず、弁償が示す象徴的な意味からも重要である。弁償は、被

害者には責められることがないといった正当化のニーズ、より根源的なニーズの表れでもある。

次に、加害者のニーズと役割については、第一に責任を取ることを挙げている。この責任のニーズは、従来の刑事司法で見られるような処罰を受けることではなく、自分の犯したことにきちんと向き合い、自らの行為が与えた衝撃を理解し、それを正していくことが強調される。そのうえで加害者には、人として変わるための経験を促されるニーズ、コミュニティへ統合されるための励ましと支援のニーズがあり、一時的な拘束が必要な場合があるとされる。

また、コミュニティも犯罪によって影響を受けており、コミュニティのメンバーにはそこから生じるニーズと役割がある。それらは広範囲に及ぶが、自分たちも被害者として留意すること、コミュニティ意識と相互責任を築く機会をもつこと、さらに被害者、加害者を含むコミュニティのメンバーの福祉のための責任を引き受け、健全なコミュニティを育てるように促されること、が挙げられている。

近年ソーシャルワーク分野からもRJに関心が高まり、原理と実践の共通点や相互関連（例えば被害者、加害者、コミュニティのニーズへの対応、社会問題に対する変革的改善策の探求など）が指摘されるようになった（Beck et al.、2010）。RJとソーシャルワークの協働の必要性が明確になってきている。

2）修復的司法の実践

RJは当初、財産犯等比較的軽いとみなされる犯罪や少年犯罪を対象にして実践されてきたが、近年は飲酒運転による死亡事犯、暴行、強姦、殺人等の重大犯罪にもその適用が広がっている。

RJ実践の一例として、デラウェア州で実施されている対話プログラム（Dialogue program）「被害者の声を聞くということ（Victim's Voices Heard、以下VVH）」を紹介したい。VVHは一人娘を殺害された遺族のキム・ブック（Kim Book）によって2002年に設立された。NPO小規模プログラムだが、殺人、性犯罪等暴力犯罪に焦点を当て「被害者加害者対話」や、「謝罪文バンク（加害者からの謝罪文を預かり被害者の承諾があれば手渡す）」などを実施している（http://www.victimsvoicesheard.org/）。

キムは遺族となってから犯罪に関心をもち、軽犯罪の対話進行役を務めるようになった。その後、暴力犯罪のRJアプローチを学びトレーニングを積み、先述のVOCAから資金を受けてVVH対話プログラムをスタートさせた。2011年にはデラウェア州刑事司法協会より助成金を得て、新たに「被害者インパクト：聴いて学ぶ（Victim Impact: Listen and Learn）」プログラムを立ち上げている。これは刑務所で受刑者を対象に開かれる講座で、被害者に与えた影響を認識させ再犯を防止することを目的としている。いずれも加害者に責任を取らせ、被害者の新たな一歩を援助するというRJの原則に基づいた実践である。

VVH対話プログラムは、テキサス州の刑事司法省被害者サービス局が実施している重大犯罪における「被害者加害者対話プログラム（Victim Offender Mediation／Dialogue）」[2]を参考にしているが、対話に至る過程はおおむね次のようである。まず、被害者から対話の申し込みを受けると、加害者と直接コンタクトを取る。刑務所に出向き、加害者にVVH対話プログラムの説明をし、被害者に会う気持ちがあるか、謝罪する意思があるかを確認する。加害者側の対話に応じる意思が確認されると、対話のための準備期間に入る。この準備には通常5、6か月から1年かける。被害者、加害者双方に、ほぼ2週間ごとに会い、「悲痛／悲嘆調査票（Grief Inventory）」という事件にまつわる気持ちや苦しみ、現況等の質問項目票に回答する作業を進める。それぞれが、対話進行役の支援のもとで対話に向けて気持ちや考えを整理していく過程といえる。また、対話への期待を現実的なものに絞っていくことも重要となる。

対話の約1か月前に、被害者、加害者あてに、対話したい／対話に同意した理由と、対話から何を得たいかを手紙に書き、両者でその手紙を交換する。これは一方が書いた手紙に他方が返信するかたちではなく、同時に書いたものを交換するかたちで行う。実際の対話は刑務所内で行われることがほとんどで、対話に要する時間は個々に異なる。対話進行役は、中立的な立場で両者の対話を引き出す役に徹する。対話後は被害者からVVH対話プログラムのフィードバックをもらい、定期的に電話を入れるなどフォローアップする。

実際に、被害者はVVH対話プログラムを通して、どのような体験をし、何を得ることができるのだろうか。このプログラムに参加した被害者と遺族を対象にインタビュー調査を実施することができたので、その概要と当事者の声を

以下にまとめる。調査にあたって倫理的に配慮し、ケース内容は本人と特定できないように若干の改変を加えている[3]。なお、事例中のキムとは、VVHの創設者で対話進行役も務めるキム・ブックのことである。

(1)　事例１：リサ（仮名）50代女性　強姦被害者

　1997年11月夜、夫が出張中でたまたまリサだけが家にいたところ、少年（17歳）に家に押し入られ強姦被害に遭った。リサはすぐに警察に通報したものの、極度の恐怖心と混乱状態に陥る。２日後に犯人逮捕。被害者支援サービスとしては、週１回のカウンセリング（半年間無料）と、就労できなくなったため給与補償を受けることができた。しかし、カウンセリングの効果はあまりなく、窓のブラインドを閉めたまま家に閉じこもるようになり、「まるで自分の心の中の刑務所に入っている」と感じる期間が長く続いた。特に、犯人と同世代の若者の姿を見かけただけで、体が硬直してしまう症状に悩まされた。

　2003年VVH対話プログラムがテレビで取り上げられ、それを見た家族から連絡を取ってみるように勧められる。リサがキムに電話をし、直接会って話したところ「この人なら何でも話せる」と直感したという。リサは犯人に「なぜ自分をねらったのか」「今何を考えているのか」を聞きたかったし、自分の苦渋に満ちた体験を直接ぶつけたいと考えていた。

　リサからの申し込みを受けてキムは加害者と面会する。VVH対話プログラムに参加することの同意が得られたので、対話に向けて準備が始まった。しかし、加害者が刑務所内で違反行為をしたため、対話の時期は大幅に遅れることになった。その間、リサはキムの支援を受けながら、被害当事者の集まり等で自分の被害体験を話す機会をもつようになる。また、加害者はリサに謝罪の手紙を書き、リサの許可を得てから家族にも謝罪の手紙を送った。

　2006年にようやく対話が実現。加害者が収容されている刑務所で、リサとリサの妹、キム、加害者の４人が対面した。実際に会ってまず、リサは加害者がもう少年ではなく体格の大きな青年になっていることに驚いた。リサは「もしあなたの家族に同じ被害が起こったらどう思うか」と切り出

し、加害者からは直接の謝罪があった。対話の時間は１時間余りで、リサは話した内容よりも、加害者の目を直接見て、相手の中に変化が生じたのを感じ取ったことをよく覚えているという。

現在リサは、キムの支援を受けながら自分の被害体験を公の場で語ることを続けており、「話せば話すほど、らくになっていくのを感じる」「もし人が被害者のままでいたなら、加害者の勝利となってしまう。サバイバー（survivor：被害から立ち直った人）になることを学んでいく必要がある」と語った。

(2) 事例２：リンダ（仮名）40代女性　殺人被害者遺族

1983年母親が、近所に住む男に頭を石で殴られ殺害された。リンダは第１子妊娠９か月目で、母親殺害の知らせを聞いた途端気を失い、以後のことはほとんど覚えていない。当時は犯罪被害者の権利はまだ確立されておらず、被害者支援サービスもほとんど存在していなかった。犯人はすぐに逮捕されたが、リンダは裁判に１度も出ることができなかった。そのことを今でも非常に悔やんでおり、「裁判に出るだけの強さが自分にはなかった」と当時を振り返る。のちに公判記録を得ようとするが、文書をすべてコピーするのに2,000ドル以上かかると言われる。加害者側は無料で入手できる文書が、なぜ被害者側にはそれほど高くつくのかと憤慨し、あらゆる手を尽くしたが結局入手できなかった。それはまさに刑事司法手続で受けた二次的被害だった。犯人には終身刑が科された。

事件後リンダの生活は一変し、安全に対する思いが根底から覆され常に警戒心とともに暮らしてきた。子どもが生まれ家族が増えても、思いは失った母のことでいっぱいであり、「いつもそばにいるべき人がなぜいないのか」「母には孫を抱くことも、自分が経験している楽しいことも一切経験できない」といった考えが頭から離れなかった。またリンダの住む州では、加害者は終身刑を科されても21年目には仮釈放審理が可能となるので、そのことについても恐れるようになっていた。

2006年、リンダはある被害者遺族からVVH対話プログラムのことを聞

き、キムに電話をした。キムと話して、初めて遺族としての自分の気持ちをわかってもらえたように感じたという。当初リンダは加害者との対話自体には関心がなく、裁判についての情報がほしいと考えていた。キムは、加害者が収容されている刑務所と連絡をとり、リンダのために加害者の写真を取り寄せ刑務所システムについて知らせた。リンダが加害者との対話を決意するまでに約1年かかっている。対話に向けての準備期間は、VVHの対話進行役のスーザンが担当した。スーザンと会うたびに、「悲痛／悲嘆調査票（Grief Inventory）」等のペーパーワークを行いスーザンと話し合い、自分の気持ちに向き合っていった。リンダはこうした準備期間によって、自分自身を深く見つめることができるようになったという。

2008年にリンダはスーザン、キムとともに刑務所で加害者と対面した。テーブルをはさんで、リンダは加害者から一番離れた位置に座った。リンダはこの瞬間のことを自分がそこにいる現実感がなく、まるで映画を観ているような感覚だったという。まず、事前に書いておいた手紙を加害者の前で読み上げた。その内容は、事件が自分と自分の家族にいかに大きな衝撃を与え続けているか、ひとりの命を奪っただけでなく、ドミノ倒しの影響であること、赦す気持ちはないことを綴ったものだった。リンダにとって対話の目的は、加害者から事件の詳細について聞き出すことではなく、自分が受けた衝撃の大きさを直接伝えることだった。家族や自分の子どもたちのアルバムも持参し、「亡くなった母が見ることのできなかったもの」として加害者に提示した。加害者は責任を感じていると口にしたが、弁解がましい発言もあり、本当に自分のしたことの責任を取る気があるのか疑問に感じた。対話の時間は約90分であった。

リンダは、この対話によって加害者のことを恐れる気持ちが薄れ、むしろ、今は加害者の方が自分を恐れているのではないかという。「母と自分はよく似ており、加害者は自分を通して再び母の姿を見ることになったに違いない。母は死んでも、加害者を赦さずにいる人間の存在を知ったと思う」と語った。また対話直後から、長年悩まされていた悪夢を見なくなり、犯罪の轍にはまっていたような感覚が消え、自分の中にコントロール感が得られるようになった。「知識を得れば得るほど、区切りの感覚（sense of

> closure）も生まれる」と語っている。現在もキムやスーザンと連絡を取り続け、加害者との2回目の対話を考えている。

3）被害者にとってRJ実践が意味するもの

　この2つの事例に示されるように、RJ実践は「被害者と加害者が直接会って、加害者が謝罪し被害者は癒やしを得る」といった、ドラマティックな出来事を指すのではない。加害者から謝罪や反省を引き出すことを主目的とする場でもなければ、被害者にとって加害者を赦すことを強要される場でもない。対話進行役等の支援を受けながら時間をかけて入念に準備をし、自分の気持ちを見つめ葛藤を経て対話に至る、そして対話後のフォローアップを受ける、その一連のプロセスがRJのあり方を示している。

　本事例でRJ実践による成果として注目されるのは、パワーのシフトが起きた（加害者を恐れていた気持ちが薄くなり、パワーを取り戻している）点、被害体験という闇の中の行き詰まったような状態から外へ踏み出すことができた点ではないかと思う。また、ゼアが指摘した4つのニーズについても、特に真実を語ること、エンパワメントの点で、その充足を読み取ることができよう。

　被害者が犯罪によって受けた傷は深く、年月を経ても癒えることがなく様々なニーズを伴う。刑事司法手続においては十分に取り上げられない、そうしたニーズを中心に置いて扱っていくのがRJである。もちろん、RJ実践はすべての被害者に向いているわけではなく、被害者の状況のみならず加害者の状況によっても適用しない方がよい場合もある。あくまでRJ実践は、被害者のニーズを満たす選択肢の一つとして位置づけることが重要である。

　現在アメリカでは、こうしたRJプログラムが州レベルやコミュニティの民間レベルで多数実施されており一定の成果を上げてきている。VVHプログラムのように矯正機関と連携を取って実践しているRJプログラムも多数見られる。しかし一方で、準備プロセスを省略した手軽なプログラムや加害者主体になりがちなプログラム、また被害者の参加が限定的となっているRJ実践に対する批判も出ている。

　ゼアらは、果たしてRJは被害者のニーズに応えているかという問題意識の

第三部　犯罪被害者の支援

もとに1999年から2002年にかけてリスニング・プロジェクト[4]を実施した（Mika et al.、2002）。これは、被害者、被害者支援員（被害者サービスに携わる人々）、RJワーカー（RJプログラムを実践している人々）計120人を対象に、RJに関する意見や体験を直接聴き、RJの課題を被害者側の視点から明らかにしたものである。このプロジェクトの結果から、RJをより被害者に配慮したものとして実践していくには、何より被害者・被害者支援員コミュニティとRJ関係者の協働が必要であると結論づけている。そして、次のような項目を提案している。被害者・被害者支援員コミュニティとのこうした具体的なかたちでの連携がなされてこそ、被害者主体のRJ実践が展開できると言えよう。

① RJの原則、プログラム内容、運営等について、被害者・被害者支援員コミュニティとRJワーカーの間で意見交換の場を組織的にもつこと
② プログラムのフィードバックを計画的に行うこと
③ 被害者とRJ関係者が共同で、RJに関する特定のテーマの刊行物を発行すること
④ RJを実施するための基準となるようなトレーニングに向けて、被害者とRJ関係者が協働すること

4　アメリカの被害者支援からの示唆

先述の事例2からもわかるように、アメリカにおいても1980年代の初めまで犯罪被害者に対して十分な支援が行われていたわけではなかった。しかし、VOCA制定を一つの契機として被害者支援は大きな進展を見せ、現在は連邦、州、コミュニティのレベルにおいて病院、警察、矯正、更生保護等多分野と連携した総合的アプローチを展開している。近年アメリカでは、性的暴行、DV、高齢者虐待、人身取引における被害者問題が喫緊の課題として挙がっている。

ひるがえって我が国の状況を見ると、2004年の「犯罪被害者等基本法」成立以降、2005年「犯罪被害者等基本計画」、2011年「第2次犯罪被害者等基本計画」の策定によって、被害者に関わる制度・施策は急速に整備されてきた。第9章で詳説されているように民間被害者支援団体が増え、きめ細かい支援が行われるようになり、地方公共団体の被害者支援への取組も進みつつある。刑事

第11章　アメリカにおける犯罪被害者支援

裁判における被害者参加制度が2008年に導入され、被害者の権利保障が大きく前進した。また、民間団体の支援活動を行う者のための研修カリキュラム・モデル案も内閣府において作成された。

　しかしながら、アメリカの状況と比べると、我が国の被害者支援はまだいくつかの大きな課題を抱えている。まず、被害者支援に関わる財源について、アメリカの被害者基金とまではいかなくとも、国レベルで真剣に取り組み拡充していくべきではないだろうか。多くの民間支援団体にとって活動資金の獲得に苦労する状態が続いている。安定した財源があってこそ、民間団体による支援内容が充実したものとなり、被害者のための途切れのない支援が可能となる。大事な仕事を担う被害者支援員の待遇も改善できる。

　次に、財源確保の課題とも通じるが、被害者支援に携わる人材の確保と育成を挙げたい。支援に関心をもつボランティアを増やし底上げを図るとともに、被害者支援に専従するスタッフ（専門職）を育成していく必要がある。そのためには、様々なレベルのトレーニングを充実させ継続的に研修できる体制を整えること、特にインターネットを利用した、トレーニングのニーズの把握や入門レベルのトレーニングの提供はもっと検討すべきである。またアメリカでは、被害者支援員の資格任用制度よりも、専門職としての倫理綱領の徹底とトレーニングの充実によって支援員の質を確保している。こうした方向性も参考になるであろう。

　さらに、被害者支援全般のレベルアップとともに、被害者が被害体験から新たな一歩を踏み出すためには、社会に多様な選択肢が用意されていることが重要である。被害者のニーズ、例えば「自分がなぜ被害に遭ってしまったか知りたい」「加害者が今何を考えているか知りたい」等に対して、RJ実践のような双方向のチャンネルとプロセスがあることは大きな意味をもつ。もちろん、「加害者とは一切関わりたくない」「加害者のことを考えないようにすることで何とか日常生活の均衡を保っている」と語る被害者も多く、RJの実践は強要されることなく被害者主導で行われなくてはならない。前項で見てきたようにRJを実践するには、被害者支援員コミュニティとの協働が不可欠である。RJについて正しい理解と認識のもとで議論が開かれ、我が国の被害者のニーズと状況に応じた実践への道筋が太くなっていくことを望みたい。

〈注〉

(1) 助成金を得るためには、各支援プログラムはOVCに申請書類を提出して認可される必要がある。

(2) テキサス州の重大犯罪における「Victim Offender Mediation／Dialogue」は、1990年代後半より着手され多数のケースで実践されている。その方針には被害者主導で行われること、被害者・加害者は自由意志によって参加すること、また加害者の参加は減刑やパロールの状況等には一切反映されないこと等が明記されている。

(3) 本インタビュー協力者には、個人的被害体験を直接聞くため、調査の目的や本人と特定できない形での結果公表等についてインフォームド・コンセントを書面で行い、インタビュー後の情緒面での変化にも対応できるようにカウンセラー等の連絡先を伝えた。また本調査の実施にあたって、ハワード・ゼア氏の指導を受け、VVHプログラムのキム・ブック氏および被害当事者の方々のご協力を得たことに感謝したい。詳細な報告は、伊藤冨士江（2011）「アメリカにおける被害者加害者対話の実践—Victim's Voices Heardのインタビュー調査をもとに—」『上智大学社会福祉研究』35号　pp. 1-13。

(4) このリスニング・プロジェクトの成果の一つとして、ゼアは被害者39人のポートレートと語りを収録した本「Transcending: Reflections of Crime Victims」（Zehr, H. 2002、推薦図書参照）を刊行している。

〈参考文献〉

・Beck,E., Kropf N.P. & Leonard, P.B. eds.（2010）Social Work and Restorative Justice: Skills for Dialogue, Peacemaking, and Reconciliation, Oxford University Press（＝2012、林　浩康監訳「ソーシャルワークと修復的正義」明石書店）
・Hightower, C.（2009）25 Years of Progress for the Victims of Crime Act of 1984, The Crime Victims Report: For Criminal Justice Professional and Providers of Support Services, Vol. 13（3）, 36-46, Civic Research Institute
・細井洋子他編著（2006）「修復的司法の総合的研究」風間書房
・Mika, H., M. Achilles, E. Halbert, L.S. Amstutz and H. Zehr,（2002）Taking

Victims and Their Advocates Seriously: A Listening Project, Akron, PA: Mennonite Central Committee.
- OVC (2002) OVC Fact Sheet: What You Can Do If You Are a Victim of Crime, U.S. Department of Justice, Office of Justice Programs
- Zehr, H. (2002) The Little Book of Restorative Justice, Good Books

〈推薦図書〉
- Zehr, H. (2002) Transcending: Reflections of Crime Victims, Good Books (＝2006、西村春夫他監訳「犯罪被害の体験をこえて―生きる意味の再発見」現代人文社)
- Amstutz, L.S. (2009) The Little Book of Victim Offender Conferencing, Good Books
- Gerry Johnstone (2002) Restorative Justice: Ideas, Values, Debates, Willan Publishing (＝2006、西村春夫監訳「修復司法の根本を問う」成文堂)
- 新恵里著 (2000)「犯罪被害者支援―アメリカ最前線の支援システム」径書房

第三部　犯罪被害者の支援

COLUMN

修復的司法とは何か

平山　真理（白鷗大学准教授）

　修復的司法とはRestorative Justiceの訳語である。修復的司法と訳すと、刑罰法令の違反としての犯罪に対応するものとして限定的に理解されがちなため、学校におけるいじめや、さらには国家間の紛争や人種問題にまでその対象を広げるべきであると考える場合、修復的正義と訳される。

　ヴァージニア州の東部メノナイト大学の正義と平和構築センター教授であり、修復的司法の祖父とも呼ばれる、ハワード・ゼア博士によると、従来のレンズ（伝統的な刑事司法制度）とは違ったレンズ（修復レンズ）を通して被害者や加害者、犯罪について見ることが修復的司法である、ということになる。したがって修復的司法とは、犯罪や被害、またそれに対応するコミュニティについての「考え方」全般を指すとも言えよう。

　つまり、これまでの刑事司法制度において投げかけられる質問が「どの法律に違反したか、非難されるべきは誰か、彼らはどのような報いを与えるべきか」であるのに対し、修復的司法におけるそれは「誰が傷つけられたのか、被害者や加害者のニーズは何か、ニーズを満たす義務は誰にあるのか」となる。この意味で、従来の刑事司法制度が過去の行為に向けられた責任非難であり、応報に重きが置かれていたのに対し、修復的司法は犯罪の事後問題を解決するために「誰が誰に対して何をすべきか」に焦点を当てる、未来志向アプローチだと表現されよう。

　また修復的司法においては、被害者、加害者だけでなく、地域社会も重要な参加者となる。地域社会は犯罪の間接の被害者であるがゆえにそこにはニーズが存在し、また被害者の回復や加害者の更生に果たす役割という意味で地域社会にも犯罪の事後問題解決において能動的な関与が求められるのである。

修復的司法の定義

　修復的司法は犯罪や被害に対する従来の考え方からのパラダイム変換全体を指すというべきであり、「修復的司法とは何か」を定義することは困難で

ある。しかし、ここであえてその「修復的司法の定義化」を試みてみると、その際に引用される定義の一つは「純粋モデル」である。純粋モデルでは「当該犯罪に関係するすべての当事者が一堂に会し、犯罪後の問題とその将来への関わりにいかに対処するかという問題を解決しようとする」プロセスこそが修復的司法だと考えられる。このモデルのもとでは、事件に利害関係を持つ者の多くの参加が求められるために、会合が成立することの困難さや、参加者の納得する結論が得られにくいという問題がある。

　もう一つの定義は「最大化モデル」である。そこでは「犯罪によって生じた害悪を修復することによって正義をなそうとする一切の活動」が修復的司法であると定義付けられる。最大化モデルは純粋モデルを内包し自己の内側においてそれを拡大するものであり、否定するわけではない。このモデルのもとでは、損害賠償命令や社会奉仕命令なども修復的司法と解されることになり、修復的司法の個性を曖昧にするという批判もある。

　それぞれのモデルには長所と短所があるが、どちらのモデルにも共通しているものは、「害悪を被った者」と「害悪を与えた者」に従来の刑事司法制度がしてきたよりも大きな焦点を置いていることだと言える。

修復的司法の諸形態

　では実際に修復的司法はどのような形態で行われるのだろうか。まずは、被害者加害者間の対話を中心にしたVictim Offender Mediation（VOM）、Victim Offender Reconciliation Program（VORP）が挙げられる。これらのモデルは英米を中心に採用されている。また、オーストラリアやニュージーランドで採用されている家族集団会議（Family Group Conference、以下FGC）は被害者とその家族、加害者とその家族、また地域社会の代表者など被害者や加害者を支える多くの人が一堂に会し、話し合うものである。またカナダで採用されてきたサークル（Circle）は、事件に利害関係を持つ者が車座になって座り、すべての参加者が平等な発言権を持ち事件の事後問題解決を話し合う、というものである。FGCやサークルはそれぞれの国の先住民が採用してきた、問題解決手法がその起源である。どの形態をとるとしても、対話進行役（ファシリテーターと呼ばれる）による被害者加害者対面までの綿密な準備と、対話の際の中立公平で適切な介在が重要となる。

諸外国の修復的司法

英米では修復的司法は主に少年、成人に対する司法手続の各段階におけるディヴァージョンの一形態として導入されており、裁判所命令としてこのようなプログラムに事件が付されることになる。

一方、ニュージーランドでは「1989年児童・若者及びその家族法」により、死亡事件以外のすべてのケースが、修復的司法アプローチによって処理され、うまくいかなければ少年審判がバックアップとして控えている。修復的司法について規定している法律が存在すること、その制度がメインとして運営されているという点で、ニュージーランドは他の国々と一線を画している。

日本における修復的司法の取組

我が国においては修復的司法は公的な制度としてではなく、NPO団体や弁護士会による取組が中心である。代表的なものは、NPO法人である「千葉被害者加害者対話の会運営センター」、兵庫県弁護士会による「被害者・加害者対話支援センター」などが挙げられる。

修復的司法への批判

我が国においては特に被害者団体が修復的司法への懸念を示すことが多い。被害者にとってはどのような形態であっても加害者とコミュニケーションをとることに抵抗を感じるであろうことは想像に難くない。また被害者の中には、修復的司法に参加することで、被害者が加害者を「赦す」ことを強要されるのではないかと考えるかもしれない。修復的司法は、被害者と加害者が対話するそのプロセスそのものに重きが置かれるのであり、「合意の形成」を目的とするわけではない。そして加害者を赦すかどうかは被害者に任されており、その意味で被害者をエンパワメントするものであると考えることも可能ではないだろうか。

修復的司法とパブリシティ

ところで我が国において修復的司法は一定の学問的関心を集めながらも、いまだ認知度を上げないのはなぜか。修復的司法は諸外国においても民間団体などによる「草の根」活動として拡大してきた。ゆえに修復的司法の担い手としての市民に対して、どのように啓蒙活動を行っていくのかが重要な鍵となるであろう。また、修復的司法が小説やテレビ、映画などで取り上げら

第11章　アメリカにおける犯罪被害者支援

れるのも効果的かもしれない。2009年の第29回横溝正史ミステリ大賞受賞作の大門剛明の『雪冤』（角川書店）は、死刑制度とえん罪の問題が中心テーマだが、小説の中で複数回にわたり修復的司法について登場人物が議論する。大衆小説において修復的司法が取り上げられたのは我が国においてはおそらく初めてであろう。このようにマスメディア等の媒体を通した修復的司法のパブリシティも、今後検討されるべきではないだろうか。

第三部　犯罪被害者の支援

> **COLUMN**
>
> # Defense Initiated Victim Outreach という考え方
>
> 平山　真理（白鷗大学准教授）
>
> 　修復的司法の新しい形態の一つとして、「刑事弁護人からの被害者への働きかけ」（Defense Initiated Victim Outreach、以下DIVO）が注目を集めている。DIVO開始のきっかけとなったのは、1995年4月19日にオクラホマ州で起きた連邦ビル爆破事件の裁判であった。この事件の被告人の1人ティモシー・マクヴェイの主任弁護人であったリチャード・バー弁護士は、168人もの死者を出したこの事件の裁判で、被害者遺族たちが行うであろう、死刑を求める被害者意見陳述にどのように対応してよいかを悩み、修復的司法の第一人者であるハワード・ゼア博士に相談したのである。ゼア博士はそこで、弁護人から被害者に対し修復的司法に基づいた働きかけを行うことを提案する。弁護人は法廷でいずれ峻烈な被害者感情に向き合わなければならない。だとすれば、刑事裁判の対審構造の中でお互いを傷つけて終わるのではなく、弁護人の立場からでも被害者にでき得ることを考えたい、というバー弁護士らの思いでDIVOは開始された。
>
> 　DIVOは現在、米国の一部の連邦公選弁護士事務所において採用されている。DIVOでは弁護人のスタッフの一員でもある被害者リエゾンが被害者遺族にコンタクトをとり、被害者と弁護人の間の橋渡しを行う。
>
> 　DIVOが被害者に対して満たし得るニーズは大きく二つに分けられる。一つ目は「被告人から提供し得る情報」である。被告人は事件についての情報を知っているただ一人の存在であることも多く、弁護人はそれに最もアクセスし易い立場にいる。被害者がそれらの情報を望み、その情報提供が被告人の権利と抵触しないのであれば、DIVOは他の被害者支援がなし得ないことをできることになる。
>
> 　そして、二つ目は「被告人がなし得る修復」である。死刑求刑に相当する重大な事件ではそもそも被害の修復は不可能であるが、被告人が死刑になっても、被害者遺族の苦しみは終わるわけではない。被害者遺族の中には、被

告人が死刑になることよりも、その生涯をかけて罪と向き合い、反省してほしいと考える人もいるだろう。DIVOはその場合、被告人は被害者のために何をなし得るのか、をともに考える場ともなり得る。

重要なのは、DIVOが受け入れられる素地として、米国では国や民間団体からの被害者支援が充実している点を忘れてはならない。被害者はこれらの被害者支援を利用しつつ、「その他の選択肢」としてDIVOに関心を持つことになる。提供され得る情報や支援の量がDIVOによって倍になるとも単純化できるかもしれない。

ところで、「では、DIVOはいったい誰の味方なのか」という問いが出てくるかもしれない。DIVOで橋渡し役を務める被害者リエゾンは、被害者と会うときは被害者のニーズにのみ焦点を当て、被害者に隠しごとをしないことが求められるが、同時に被害者リエゾンは弁護側のスタッフであることを自身が忘れてはならないし、その範囲でしか被害者のニーズを満たし得ないことを十分に被害者に説明することが求められる。被害者がこれを十分に理解せず、過剰な期待を抱いてしまうと、結局被害者を最終的に傷つけることになり、これだけは絶対に避けなければならない。

DIVOは現段階では米国においても死刑事件に限定して採用されているが、対審構造をとる刑事裁判に被害者が参加することを望む場合、被害者がそこで受ける苦痛を少しでも軽減し、また被告人にとっても、事実関係に争いがない場合は被害者に対して自分がなし得る修復について思いを馳せることに重要性を見い出すとすれば注目に値するアプローチとなる。またDIVOは加害者の支援者であるところの弁護人に、被害者の視点に配慮する重要性を持たせることができる点に意義があると言える。

我が国でも被害者参加制度や裁判員制度が開始され、両制度が重畳的に適用される場合もあるから、弁護人の被害者対応が裁判員の心証に与える影響は大きなものであることが予想される。このように刑事裁判の変革を迎えている我が国においてもDIVOの果たし得る役割が期待される。

COLUMN

正義と平和構築センター
Center for Justice and Peacebuilding
―紛争をこえた健全なコミュニティを目指して

伊藤冨士江

　本書の締め括りとして、平和構築と修復的司法（Restorative Justice、以下RJ）に関する研究・教育機関として有名な「正義と平和構築センター（Center for Justice and Peacebuilding、以下CJP）http://www.emu.edu/cjp/」を紹介したい。CJPはアメリカヴァージニア州の美しいシェナンドア渓谷に位置する東部メノナイト大学（Eastern Mennonite University）内にある。RJ研究の第一人者ハワード・ゼア氏（Dr. Howard Zehr）が、17年間にわたって教鞭を執ってきたことでも知られる。東部メノナイト大学は（暴力に対する）無抵抗主義を伝統とするキリスト教メノー派を設立母体とするが、CJPには世界中から紛争緩和や平和構築に携わる実践家や研究者が民族・宗派を超えて集まっている。

　CJPは現在、「コンフリクト・トランスフォーメーション修士課程プログラム（Graduate Program in Conflict Transformation）」をはじめ、「平和構築のための夏期講習（Summer Peacebuilding Institute）」、「トラウマ認識とレジリエンスのための方策（Strategies for Trauma Awareness and Resilience、以下STAR）」など、理論と実践を重視したプログラムを提供している。修士課程プログラムには、総合的（戦略的）平和構築、修復的司法と平和構築、心理社会的トラウマと平和構築、開発と平和構築、組織のリーダーシップと平和構築という5つの専攻があり、各自の関心にそって平和構築に必要な勉学を深め現場での実習を経て、コンフリクト・トランスフォーメーション修士を取得できる（コンフリクト・トランスフォーメーションについては次の文献を参照。Lederach, J.P.（2003）The Little Book of Conflict Transformation, Good Books（＝2010、水野節子/宮崎誉共訳「敵対から共生へ―平和づくりの実践ガイド」ヨベル））。

　先述のSTARは5日間の集中セミナーで、人間社会に生じる暴力、トラウ

マ、紛争をテーマに、暴力の連鎖を断ち切るにはどのようなアプローチが可能か、ミクロ、メゾ、マクロレベルから学ぶプログラムである。2001年9月11日の同時多発テロ事件を受けて、CJPが中心となって編み出された。テロとの闘いが声高に叫ばれていた中で、暴力の連鎖を断ち健全なコミュニティをつくるリーダーを育てようと、このようなプログラムを開発したCJPの素早い対応は高く評価できる。STARにはレベルⅠ（基礎セミナー）とⅡがあり、歴史上のトラウマ（過去の奴隷制度からくる人種間対立）を扱ったセミナーも開いている。

　RJについては、「司法のあるべき姿を探求するきっかけを与えてくれる」とするゼア氏のもとで多角的な研究が進められ、現在はwebinar（インターネットを使ったセミナー）が公開されている。RJという実に広い概念に、明確な方向性と新たな視点を注ぎ込んでいるのがゼア氏である（ゼア氏のブログhttps://emu.edu/now/restorative-justice/）。ゼア氏は、2013年春学期で大学の教職を退き、新たに設立されるゼア・RJ研究所（Zehr Institute for Restorative Justice）の共同指導者として、おもに実践家を対象とした活動を始める。彼のもう1つの本業であるphotographyに再び専念しつつ、アートと平和構築の交わりなど「未開の」トピックに取り組んでいくという。

　CJPで学んだ者は世界120か国以上におよび、より現実的な平和構築を探って活動している。我が国は「内向き社会」といわれるようになって久しいが、CJPのような機関で多様な人々と出会い、国際的視野から平和構築について学ぼうとする若者が増えていくことを期待したい。

東部メノナイト大学

執筆者一覧

第一部
第1～3章　宮下　節子（東京家庭裁判所　主任家庭裁判所調査官）
　　　　　蔵　慎之介（大阪家庭裁判所　家庭裁判所調査官）
　　　　　楠美　絵里（千葉家庭裁判所松戸支部　家庭裁判所調査官）

第二部
第4章　　石橋　昭良（文教大学人間科学部　教授）
第5章　Ⅰ　吉村　雅世（法務省仙台矯正管区　第三部長）
　　　　Ⅱ　森　　伸子（法務省名古屋矯正管区　第三部長）
第6章　　大橋　　哲（法務省矯正局　総務課長）
第7章　　高木　俊彦（東京福祉大学心理学部　教授）
第8章　　中村　秀郷（名古屋保護観察所　保護観察官）

第三部
第9章　　森　　響子（元　公益社団法人被害者支援都民センター
　　　　　　　　　　　相談支援室長代理）
第10章　　西崎　勝則（奈良保護観察所　統括保護観察官）
第11章　　伊藤冨士江（上智大学総合人間科学部　教授）

図表Ⅰ・Ⅱ　中村　秀郷

（2015.4.1現在）

コラム執筆者一覧

目　次
　　　　　・司法福祉学の課題と日本司法福祉学会（前野　育三）

第一部
第1章　・非行少年の更生と少年法（後藤　弘子）
　　　　・成年後見制度と社会福祉士（高野八千代）

第二部
第4章　・被害者と加害者の対話（山田由紀子）
　　　　・児童相談所における司法福祉機関との協働（渡辺　潤）
　　　　・児童養護施設と児童自立支援施設（大原　天青）
第6章　・オールジャパンによる取組（西江　尚人）
　　　　・プリズン・ペット・プログラム（平山　真理）
第7章　・更生保護施設における処遇の流れと今後の課題（相良　翔）
　　　　・医療観察制度の現場から（馬淵　伸隆）
第8章　・保護観察所における性犯罪者処遇プログラムの実践（里見　有功）
　　　　・保護司の現場から（土屋　邦子）
　　　　・社会福祉士と司法福祉の現場（中村　秀郷）

第三部
第9章　・検事とは（熊谷　明彦）
　　　　・弁護士とは（安西　敦）
　　　　・被害者の声は届いているか（髙橋　正人）
　　　　・イギリスにおける犯罪被害者支援（伊藤冨士江）
第10章　・加害者の人権、被害者の人権どちらが重い？（糸賀　美恵）
第11章　・修復的司法とは何か（平山　真理）
　　　　・Defense Initiated Victim Outreachという考え方（平山　真理）
　　　　・正義と平和構築センター（伊藤冨士江）

索　引

あ

アセスメント　114
アメリカの犯罪被害者支援　358

い

イギリスの犯罪被害者支援　319
育成的処遇　149
意見等聴取制度　328, 347
一般改善指導　190
一般遵守事項　213
一般少年鑑別　154, 156
一般保護観察　65
意図的の行動観察　140
居場所作り　104
医務室技官　7, 18
依頼鑑別　154
医療観察制度　230
医療観察法　236
医療同意　38
引致・留置　218, 256

う

Victim Support　319
Victim's Voices Heard　368

え

SST（Social Skills Training）　123, 235
援助依頼　46
エンパワメント　295, 367, 373

お

応急の救護　217, 265
応報　378

応報的司法　121
恩赦　225

か

外出・外泊　195
解除（保護観察）　243
介助犬　204
改善指導　187, 190
外部通勤作業　189
開放的施設　194
カウンセリングマインド　110
覚せい剤事犯者処遇プログラム　258
家族集団会議　379
家庭裁判所　3-4, 32, 128, 134
家庭裁判所調査官　3, 7
家庭裁判所調査官補　7
仮釈放　195, 323
仮釈放者（3号観察）　212, 241
仮釈放等　210
仮釈放取消　243
観護教官　137, 142
観護処遇　141
観護措置　40, 73, 134
観護措置期間の特別更新　21
観護措置に対する異議申立て　23, 31
鑑別　135
鑑別技官　18, 137
鑑別結果通知書　56, 136

き

規範的解決　xii
教育課程　167
教育機能　305
教育的措置（保護的措置）　73

教科教育　172
教科指導　187, 192
矯正施設　205
矯正処遇　187
協力依頼　46
協力雇用主　234

く

ぐ犯　13, 92, 97, 116
グループワーク　274

け

ケア会議　236
警告　255-256
警察法　104
刑事事件の主な流れ　x
刑事施設　183
刑事処分　333
刑執行開始時の指導　186
継続補導　105
刑罰　35
刑務官　202
刑務所　36, 202
ケースマネジメント機能　308
検察官　67, 313
検察官送致決定　67
検察官の抗告受理申立て　23
検察庁　313
検事　313
健全育成を考慮した処遇　149
原則検察官送致　23-24
厳罰化　23
権利擁護センターぱあとなあ　37

こ

強姦被害者　370
更生緊急保護　224, 265

更生保護　237, 299, 322
更生保護施設　228, 234, 256, 275
更生保護制度　323
更生保護法　322
交通安全指導　190, 192
交通短期保護観察　65
交通保護観察　65
高等学校卒業程度認定試験　172
行動観察　140
個別処遇の原則　216
個別的処遇計画　168
コンフリクト・トランスフォーメーション　384

さ

サークル　379
再鑑別　154
在宅鑑別　153
在宅事件　40, 73
在宅試験観察　60
裁定合議制　21
裁判員裁判　318
裁判員制度　xii, 32, 383
作業（矯正処遇）　187-188
サポートチーム　120

し

自営作業　189
試験観察　60, 89
事件記録　41
死後事務　38
資質鑑別　151
執行猶予取消　243
実体的解決　xii
指導監督　217, 246-247
児童虐待　6, 128
児童自立支援施設　65, 130

児童相談所	6, 26, 46, 78, 128
児童福祉法	128
児童養護施設	65, 130
司法制度	35
司法福祉学	xi
島根あさひ社会復帰促進センター	205
社会記録	41, 85
社会資源の活用	293
社会調査	41
社会福祉士	37, 277
社会復帰	323, 338
社会復帰調整官	236, 278
社会を明るくする運動	226
修復的司法	121, 126, 367, 378, 382, 384
修復的司法の実践	368
修復的正義	378
収容鑑別	136, 138, 153
就労支援	195, 223, 234
就労支援指導	190, 192
受刑者	277
出頭の命令	218
主任官	238
遵守事項	213, 247
証人支援サービス（Witness Service） 320	
少年院	36, 66, 81, 159, 205
少年院仮退院者（2号観察）	212, 241
少年院送致	66
少年院の種類	164
少年院法案	179
少年鑑別所	40, 47, 56, 134
少年矯正を考える有識者会議提言 154, 178	
少年サポートセンター	103
少年事件の主な流れ	x
少年審判	59
少年相談	103

少年対話会	121
少年調査票	58
少年法	13, 35
少年法改正	20
処遇課程	164
処遇区分	164
処遇施設化	235
処遇指標	186
処遇調査	186
処遇要領	186
職業訓練	189
職業補導	172
触法少年	13, 26
自立援助ホーム	315
自立更生促進センター	228
自立準備ホーム	268
心情等伝達制度	330, 335, 339, 341
心神喪失者等医療観察法	299
身体障害	202
審判不開始	64, 72
審判への検察官関与	21
心理テスト	98

せ

生活環境の調整	222, 266, 323
生活行動指針	216, 248
生活指導	171
生活保護	203, 316
正義と平和構築センター（Center for Justice and Peacebuilding） 378, 384	
制限の緩和	193-194
生産作業	189
精神障害	202
精神保健観察	236
精神保健福祉士	278
成年後見制度	37

性犯罪再犯防止指導　190-191
性犯罪者処遇プログラム　257, 274
全国犯罪被害者の会　317, 356
全米被害者援助機構　359
専門職後見人　37
専門的処遇プログラム　257

そ

早期支援　288
相談・支援　348
ソーシャルワーカー　309
ソーシャルワーク　301, 368
即時連絡　257
側面的援助機能　303
訴訟活動　314

た

第1次犯罪被害者等基本計画　284
退院（少年院）　243
第2次犯罪被害者等基本計画　285, 351
代弁機能　304
対話の会　126
ダブルロール　322
段階別処遇　254
短期保護観察　65
担当保護司　238

ち

地域処遇　236
地域生活定着支援センター　197, 277
知事又は児童相談所長送致決定　67
知的障害　202, 316
地方更生保護委員会　324
仲介機能　306
調査官　18
調停機能　307

つ

通告　255-256
付添人　22, 27, 31, 57, 315

て

ディヴァージョン　380
Defense Initiated Victim Outreach　382
適正手続　16, 31

と

動物虐待　204
東部メノナイト大学　378, 384
特別改善指導　190
特別活動　173
特別教科指導　192
特別遵守事項　214
特別調整　277
トレーニングと技術的援助のためのセンター　361

に

二次的被害　286, 324, 353
日本司法福祉学会　xi
認知行動療法　275

は

発達障がい　133
ハワード・ゼア　367, 378, 382, 384
犯罪少年　13
犯罪捜査　313
犯罪対策閣僚会議　36
犯罪被害者基金（Crime Victims Fund）　359
犯罪被害者参加制度　317
犯罪被害者支援　281, 316, 325, 383

犯罪被害者対策室（Office for Victims of Crime）　360
犯罪被害者等基本計画　27, 326
犯罪被害者等基本法　284, 326, 349
犯罪被害者等施策　224, 322, 327-328, 335, 350
犯罪被害者法（Victims of Crime Act）　359
犯罪予防活動　225

ひ

PFI（Private Finance Initiatives）手法　183
被害者　382
被害者遺族　371, 382
被害者加害者対話　369, 379
被害者加害者対話の会運営センター　126, 380
被害者参加制度　317, 383
被害者担当保護観察官　323, 353
被害者調査　46
被害者等通知制度　326, 332, 348, 352
被害者の視点を取り入れた教育　176, 190-191, 199
被害者の審判傍聴　28, 31
被害者への配慮　25, 31
被害者リエゾン　382
被害少年　104
被疑者　314
被虐待体験　131
非行事実　79
非行少年　8, 104

ふ

不処分決定　64
婦人補導院仮退院者（5号観察）　213, 241

プリズン・ペット・プログラム　204
不良行為少年　104

へ

平和構築　384
弁護士　315
弁護人　314, 382

ほ

法廷証言活動　xii
法的調査　41
法務教官　175
法律記録　41, 70
暴力団離脱指導　190-191
暴力防止プログラム　258
保護観察　65, 78, 92, 211, 238, 246, 323, 325
保護観察官　227, 240, 274, 322, 353
保護観察事件調査票　221, 251
保護観察所　80, 202, 236, 274
保護観察状況等報告書　80
保護観察処分少年（1号観察）　212, 241
保護観察付執行猶予者（4号観察）　212, 241
保護観察の実施計画　221, 251
保護観察の停止　257
保護司　227, 240, 274, 276
保護者　45, 218
保護主義　13
保護処分　19, 333
保護処分終了後における救済手続　23, 31
保護処分取消　243
補習教科指導　192
補導委託　60, 88
補導援護　217, 246-247, 261
ボランティア　320

ま

満期釈放　202

み

身柄事件　40, 72
見立て　113
民間支援団体　300
民間被害者支援団体　359

も

盲導犬パピー育成プログラム　205
戻し収容　243

や

薬物依存離脱指導　190, 199

ゆ

優遇措置　193-194

よ

要保護性　17-18, 24, 30, 34, 73

り

リーガルマインド　110
良好・不良措置　219

る

類型別処遇　253

編著者略歴

伊藤冨士江（いとう・ふじえ）
早稲田大学第一文学部（心理学専攻）卒業
アメリカ・ウィスコンシン州立大学マディソン校
ソーシャルワーク大学院修士課程修了
東洋大学大学院社会学研究科博士後期課程修了
社会福祉学博士
2009年度フルブライト研究員として、東部メノナイト
大学・正義と平和構築センターにて研究
現　在　上智大学総合人間科学部社会福祉学科　教授
主　著　「ソーシャルワーク実践と課題中心モデル」
　　　　川島書店、2001年
　　　　「わが国におけるソーシャルワーク実践の
　　　　展開」（編著）川島書店、2008年など

司法福祉入門　第2版〈増補〉
―非行・犯罪への対応と被害者支援

2010年8月4日	第1版	第1刷発行
2013年3月27日	第2版	第1刷発行
2014年2月28日		第2刷発行
2015年8月10日	第2版増補	第1刷発行
2015年11月10日		第2刷発行

編著者：伊　藤　冨士江
発行者：髙　祖　敏　明
発　行：Sophia University Press
　　　　上　智　大　学　出　版
〒102-8554　東京都千代田区紀尾井町7-1
URL：http://www.sophia.ac.jp/

制作・発売　㈱ぎょうせい
〒136-8575　東京都江東区新木場1-18-11
TEL　03-6892-6666　FAX　03-6892-6925
フリーコール　0120-953-431
〈検印省略〉　URL：http://gyosei.jp

©Ed. Fujie Ito
2015, Printed in Japan
印刷・製本　ぎょうせいデジタル㈱
ISBN978-4-324-09983-4
(5300244-00-000)

［略号：(上智) 司法福祉2版増補］
NDC 分類326.3

Sophia University Press

　上智大学は、その基本理念の一つとして、
「本学は、その特色を活かして、キリスト教とその文化を研究する機会を提供する。これと同時に、思想の多様性を認め、各種の思想の学問的研究を奨励する」と謳っている。
　大学は、この学問的成果を学術書として発表する「独自の場」を保有することが望まれる。どのような学問的成果を世に発信しうるかは、その大学の学問的水準・評価と深く関わりを持つ。
　上智大学は、(1) 高度な水準にある学術書、(2) キリスト教ヒューマニズムに関連する優れた作品、(3) 啓蒙的問題提起の書、(4) 学問研究への導入となる特色ある教科書等、個人の研究のみならず、共同の研究成果を刊行することによって、文化の創造に寄与し、大学の発展とその歴史に貢献する。

Sophia University Press

One of the fundamental ideals of Sophia University is "to embody the university's special characteristics by offering opportunities to study Christianity and Christian culture. At the same time, recognizing the diversity of thought, the university encourages academic research on a wide variety of world views."

The Sophia University Press was established to provide an independent base for the publication of scholarly research. The publications of our press are a guide to the level of research at Sophia, and one of the factors in the public evaluation of our activities.

Sophia University Press publishes books that (1) meet high academic standards; (2) are related to our university's founding spirit of Christian humanism; (3) are on important issues of interest to a broad general public; and (4) textbooks and introductions to the various academic disciplines. We publish works by individual scholars as well as the results of collaborative research projects that contribute to general cultural development and the advancement of the university.

New Directions in Juvenile & Criminal Justice and Victim Services
Second Revised and Enlarged Edition

©Ed. Fujie Ito, 2015

published by
Sophia University Press

production & sales agency : GYOSEI Corporation, Tokyo
ISBN 978-4-324-09983-4
order : http://gyosei.jp